怪
帝

괴제 나폴레옹 3세

가시마 시게루鹿島茂 지음 | 정선태 옮김

글항아리

차례

수수께끼의 황제

"뤼팽에게는 손자가 있었다. 그 이름도 뤼팽 3세!" 아시다시피 이 말은 몽키 펀치 작 『뤼팽 3세』의 캐치프레이즈인데, 뤼팽을 나폴레옹으로 바꾸어 "나폴레옹에게는 손자가 아닌 조카가 있었다. 그 이름도 나폴레옹 3세!"라고 했을 때, 뜻밖에도 '나폴레옹 3세'도 '뤼팽 3세'와 같은 솜씨의 패러디라고 생각하는 일본인이 적지 않을 것이다.

말할 것까지 없이 나폴레옹에게 루이 나폴레옹이라는 조카가 있었다는 것은 틀림없는 사실이고, 더욱이 그 조카가 나폴레옹 3세라는 이름으로 프랑스 황제가 되어 제2제정을 세운 것 또한 확고한 역사적 진실이다.

하지만 나폴레옹 3세의 존재를 알고 있는 사람이라도 그에 대해서는 결코 좋은 이미지를 품고 있지는 않다. 그렇기는커녕 역대 프랑스 군주 중에서도 나폴레옹 3세의 평가는 최악이라고 할 수 있지 않을까.

예를 들면 프랑스 근대사를 조금 맛본 사람이 나폴레옹 3세에 대해 품고 있는 이미지는 대략 다음과 같을 것이다.

즉, 나폴레옹의 빛나는 영광을 본뜨고자 한 평범한 조카가 음모와 쿠데타로 권력을 장악하고 폭력과 돈을 동원하여 정치·경제를 20년 동안 지배했는데, 최후에 체제를 바로잡으려다 실패하고 게다가 어리석게도 비스마르크의 책략에 휘말려 프로이센-프랑스 전쟁에 돌입, 스당에서 프로이센군의 포로가 되는 바람에 실각했다.

요컨대 나폴레옹 3세는 위대한 나폴레옹의 형편없는 소극笑劇, farce밖에 연기할 수 없었다는 것이다.

이러한 부정적인 이미지는 특히 중년 이상의 인텔리들 사이에서 뿌리가 깊다. 왜냐하면 이 이미지는 그들의 우상이었던 마르크스에 의해 만들어졌기 때문이다.

헤겔은 어디선가 이렇게 말했다. 모든 세계사적 대사건이나 대인물은 두 번 등장한다고. 그러나 그는 다음과 같이 덧붙이는 것을 잊었다. 한 번은 비극으로, 또 한 번은 소극으로. 당통 대신 코시디에르, 로베스피에르 대신 루이 블랑, 1793에서 1795년에 이르는 시기의 산악당 대신 1848년에서 1851년에 이르는 시기의 산악당, 숙부 대신 조카.
—마르크스, 『루이 보나파르트의 브뤼메르 18일』

적어도 마르크스를 조금이라도 아는 사람이라면 『루이 보나파르트 브뤼메르 18일』 첫 부분에 나오는 이 구절을 읽었음에 틀림없다. 그러나 안타깝게도 대부분의 사람은 그 구절밖에 읽지 않았다. 그리고 나폴

레옹 3세를 뭔가 빠진 듯한 소극을 연기한 만화
적 인물, 요컨대 바보 그 이상도 이하도 아닌 인
물로 단정해버렸다. 끝까지 읽어보면 마르크스가
가장 깊이 미워한 것은 나폴레옹 3세의 쿠데타로
일소된 티에르 등 오를레앙 왕조파 부르주아지이
고, 나폴레옹 3세는 프롤레타리아 혁명을 준비하
기 위해 등장한, 일종의 '역사적 필연'이었다고 주
장하고 있다는 것을 알 수 있을 터인데…….

그런데 나폴레옹 3세에 대한 이러한 희화적인
이미지는 일본에서보다 본국 프랑스에서 훨씬 강
렬하게 사람들의 머릿속에 새겨져 있다. 그 증거
로 아직까지 나폴레옹 3세를 '바댕게Badinguet'라는
별명, 또는 '나폴레옹 르 프티Napoleon Le Petit'라는
멸칭으로 부른 사람도 있다. 이것은 그저 공화국
의 상징이었던 빅토르 위고의 영향을 받은 것에
지나지 않는다.

1851년 12월 쿠데타로 망명할 수밖에 없었던
위고는 영국해협의 저지 섬과 건지 섬에 머물면
서 『어떤 범죄 이야기』 『작은 나폴레옹』 『징벌시
집』 등 나폴레옹 3세를 철저하게 몰아세우는 시
와 산문을 잇달아 썼는데, 이 작품들은 실제로 읽
혔는지 여부를 불문하고 나폴레옹 3세의 희화화
에 크게 공헌했다. 어쨌든 위고는 프랑스의 국민

마르크스
『루이 보나파르트 브뤼메르 18일』
을 통해 세계 지식인의 머릿속에
루이 보나파르트 나폴레옹을 뭔
가 빠진 듯한 소극을 연기한 만화
적 인물로 기억하게 하는 데 성공
한다.

빅토르 위고
처음에는 나폴레옹이라는 이름에
현혹되어 루이 나폴레옹을 지지했
지만 쿠데타를 기점으로 가장 격
렬한 반나폴레옹 투사로 바뀐다.
나폴레옹 3세를 매도하는 책을 잇
달아 출판하여 반나폴레옹 여론
을 조성하는 데 기여했다.

적 시인이고 『레미제라블』의 작자다. 그런 위고가 악당이라고 단정한 이상 나폴레옹 3세는 악당임에 틀림없다. 프랑스 사람 대부분이 그렇게 생각하는 것도 무리는 아니다.

그런데 그것뿐이었다면 나폴레옹 3세의 패러디화는 완성되지 않았을지도 모른다. 가장 좋지 않았던 것은 나폴레옹 3세 자신의 서툰 일처리, 특히 그의 실각 방식이다. 일찍이 스스로 전장에 나갔다가 적에게 포위되어 항복한 황제는 없었다. 이런 바보 같은 짓으로 체면을 구길 대로 구긴 그의 최후가 '나폴레옹 3세는 바보'라는 설에 결정적인 근거를 제공했던 것이다. 그리고 이러한 결말이 시간적으로 거슬러 올라가 쿠데타라는 체제의 시작을 한층 더 더러운 이미지로 바꾸어버렸다. 결국 희화화를 부른 것은 결국 나폴레옹 3세 자신이었던 셈이다.

하지만 설령 이처럼 뒤틀린 이미지를 만들어낸 것이 본인의 과실이었다 하더라도, 그것이 왜곡된 이미지라면 잘못된 것을 바로잡고, 그런 다음에 역사적 진실을 밝혀내는 것이 후세를 살아가는 자의 사명이 아닐까. 이렇게 말하는 나도 지금까지 『신문왕 전설』을 비롯한 몇몇 저작에서 분명히 나폴레옹 3세에게 악역을 맡기는 글을 써왔다. 하지만 다른 한편으로 조사를 진행함에 따라 종래와 같은 틀에 박힌 이미지로는 나폴레옹 3세의 전모를 포착해낼 수 없을 것이라는 생각이 점점 강해졌다. 확실히 말하면 나는 나폴레옹 3세에게 다양한 상황에서 흠이 있는 조연 역할을 맡기는 사이에 이 이상하기 짝이 없는 인물의 매력에 빠져들기 시작했던 것이다.

나폴레옹 3세는 바보도 멍청이도 아니다. 이것은 말할 것도 없이 분명하다. 또 마르크스가 말한 것과 달리 무뢰한도 아니고 교조주의자들이 주장한 것과 달리 군사독재 파시스트도 아니다.

그렇다면 나폴레옹 3세는 드골주의 역사가가 말한 것처럼 선의가 넘쳐나는 민중의 호민관이었던 것일까. 그렇게 간단하게 평가를 바꾸기에는 역사적 사실로 남아 있는 부정적인 요소가 너무 많다. 쿠데타와 언론을 탄압한 억압 체제, '자, 즐겨라!'라는 호령에 따라 거행된 '제국의 축제'는 도대체 무엇이었는지 문제가 된다.

하지만 그런 의문을 안고 이런저런 문헌에 비춰 보아도 수수께끼는 점점 미궁으로 치달을 뿐 풀릴 기미가 보이지 않는다. 왜 그럴까. 나폴레옹 3세는 "거의 말이 없고 글로 써서 남긴 것은 더욱 없는"(Th. 젤딘, 『나폴레옹 3세의 정치 시스템』) 스핑크스와 같은 인물, 결국 어떤 정의定義의 그물로도 잡아낼 수 없는 수수께끼의 황제, 어떤 사람인지 가늠할 수 없는 괴제怪帝이기 때문이다.

그러나 아무리 수수께끼의 황제라 해도 언제까지나 그것을 태풍의 눈과 같은 공허의 중심으로 둘 수는 없는 노릇이다. 왜냐하면 19세기의 역사 아니 근현대사는 프랑스 역사뿐만 아니라 거의 세계적인 규모로 나폴레옹 3세와 제2제정을 역사의 갈림길로 간주하기 때문이다.

예를 들어 제2제정을 괄호 안에 넣고서 프랑스의 역사를 조망한다면 어떻게 될까. 다시 말해 1848년 12월 대통령 선거 시점에서 현실에서 일어났던 것과 다른 일이 벌어졌다면 어떻게 되었을까. 2월 혁명을 6월 사건의 노동자 탄압으로 훌륭하게 수습한 부르주아 공화파가 구세력인 오를레앙 왕조파나 정통왕조파와 손을 잡고 카베냐크 장군을 대통령으로 뽑았다고 가정해보자. 그리고 그 후 공화제라는 이름만 남고 실질은 상층 부르주아 독재 체제로 이행했다고 생각해보자.

그랬다면 이것은 그대로 1871년 파리코뮌 후의 제3공화정 체제와 이어진다. 결국 나폴레옹 3세와 제2제정은 마치 나쁜 꿈을 꾼 것처럼 '없었던 것이나 마찬가지'인 셈이 된다. 실제로 제3공화제의 지배자들은 그렇게 생각하려 했다.

하지만 현실에서 세계사의 패러다임은 나폴레옹 3세와 제2제정의 출현으로 크게 변화하고 말았다. 그것은 프로이센-프랑스 전쟁으로 발생한 알자스-로렌 귀속 문제가 훗날 제1차 세계대전과 제2차 세계대전의 먼 원인이 되었다거나 또는 보나파르티즘이 20세기 군사독재체제나 파시즘의 모형을 준비했다는 등 마이너스 유산만이 아니다.

예를 들면 나의 책 『절경, 파리 만국박람회』에서 지적했듯이, 나폴레옹 3세가 인위적으로 탄생시킨 가속형 자본주의는 그 후의 산업사회, 특히 소비자본주의의 골조를 결정짓기도 했다. 또 평판이 좋지 않았던 파리 개조도 오늘날에는 도시계획의 효시로 재평가되고 있다.

따라서 나폴레옹 3세를 단지 바보 같은 음모가로 단정 짓는 것도, 제2제정을 억압적인 체제로 간주해버리는 것도, 역사의 흐름에 흥미를 가진 자로서 취해야 할 태도가 분명히 아니다. 그렇기는커녕 이 시대와 이 황제를 틀에 박힌 관점에서만 포착한 결과 빠뜨린 점이 너무 많았다는 것을 반성하지 않으면 안 된다.

우리는 무엇보다 먼저 나폴레옹 3세라는 인물을 색안경을 벗고 바라보아야 한다. 그러기 위해서는 나폴레옹 3세라는 특이한 인물의 됨됨이를 그의 출생 시점으로 되돌아가 해명하는 것부터 시작하지 않으면 안 된다.

제1장

음모가 루이 보나파르트

1
성장

출생에 얽힌 소문

훗날의 나폴레옹 3세, 즉 샤를 루이 나폴레옹 보나파르트(이하 루이 나
폴레옹)는 1808년 4월 20일 밤부터 21일 아침에 걸쳐 태어났다. 어머니
는 나폴레옹의 첫 번째 아내 조세핀 드 보아르네의 딸 오르탕스 드 보
아르네, 아버지는 나폴레옹의 동생 네덜란드 왕 루이 보나파르트다. 결
국 루이 나폴레옹 쪽에서 보면 나폴레옹은 큰아버지이면서 의붓외할아
버지라는 복잡한 관계에 있다. 왜 이렇게 관계가 복잡해졌을까. 나폴레
옹과 결혼하고서 아이를 갖지 못한 조세핀이 자신의 핏줄을 이을 자식
을 남기고 싶어서 전 남편과의 사이에서 태어난 딸 오르탕스를 1802년
에 나폴레옹의 동생 루이에게 강제로 시집을 보냈기 때문이다.

조세핀의 딸일 뿐 아니라 아름답고 매력적이며 자유분방한 열여덟
살 오르탕스가 아무리 나폴레옹의 동생이라 해도 음침한데다 질투심

아버지 루이 보나파르트

나폴레옹의 동생으로 제1제정 시대에 네덜란드 왕이 된다. 루이 나폴레옹과의 친자관계를 부인했다는 소문이 떠돌았다.

어머니 오르탕스

나폴레옹의 첫 번째 아내 조세핀이 첫 남편 보아르네 자작과의 사이에서 얻은 자식으로 조세핀의 뜻에 따라 루이 왕과 결혼. 남들의 입길에 오른 애인은 그 수를 알 수 없을 정도인데, 나중에 쿠데타 연출자가 되는 모르니 백작도 플라오 장군과의 사이에서 태어난 자식이었다.

많고 병을 달고 사는 루이를 사랑할 리 없었다. 아니나 다를까 두 아들(장남 나폴레옹 샤를과 차남 나폴레옹 루이. 장남은 다섯 살에 사망)을 낳은 후 오르탕스는 남편에게서 뛰쳐나갔고, 1807년까지 이전 관계로 돌아오지 않았다. 그 동안 당연하게도 오르탕스는 플라오 장군을 비롯한 몇몇 애인과 함께 생활하고 있었기 때문에 1808년에 태어난 셋째아들 루이 나폴레옹의 출생의 정통성에 관하여 의문이 일었던 것도 무리는 아니다. 루이 나폴레옹은 오르탕스가 "어쩌다가 만든, 아버지를 알 수 없는 자식"(위고)이라는 소문이 나돌았다. 또 루이 왕 자신이 친자관계를 부정했다는 소문도 끈질기게 따라다녔다. 그러나 이 부부에게도 장남을 잃은 1807년에 아주 짧은 기간이나마 기적적으로 재결합한 시기가 있었고, 게다가 그 시기가 루이 나폴레옹의 임신과 맞아떨어지기 때문에 최근에는 루이 나폴레옹의 아버지가 루이 왕일 가능성이 높다고 보는 역사가가 많다. 또 루이 왕이 오르탕스와 이혼한 후에 만든 사생아 카스텔베키오 백작과 루이 나폴레옹이 빼다 박은 듯이 닮았다는 증언도 있다.

어쨌든 이것은 두 사람의 유해에서 유전자를 추출해 비교라도 한다면 모를까 결론이 날 수 없는 문제이고, 하염없이 이것에 얽매어 있어봐야 뾰족한 수가 생길 리 없다. 다만 루이 나폴레옹이 외견상 나폴레옹과 전혀 닮지 않았다는 이야기도 있으니만큼 출생에 얽힌 소문은 그럴싸하게 들리기도 하며, 그가 무엇을 하든 반드시 따라다니는 것만은 사실이다.

어머니와 아들

그런 사정이 있어서인지 나폴레옹 몰락 후 일족이 망명할 수밖에 없는 상황에 처했을 때 형 나폴레옹 루이는 피렌체에 거처를 정한 아버지에게 맡겨졌고, 아우 루이 나폴레옹은 어머니 오르탕스를 따라 1818년 스위스의 아레넨베르크 성에 안주하기까지 유럽 각지를 전전하게 된다.

이러한 불안정한 여행은 사춘기 소년 루이 나폴레옹의 육체와 정신에 큰 영향을 끼칠 수밖에 없었다. 루이 나폴레옹은 달을 채우지 못하고 태어나서인지 원래 병약한 체질이었는데, 형과 떨어지면서 성격적으로도 말이 없고 내성적인 소년이 되고 말았다. 밤이면 종종 악몽에 가위 눌리곤 해서 열두 살이 되어서도 시녀가 방을 떠나지 않았다고 한다. 어머니는 자기에게 남겨진 이 아들을 다시없을 응석받이로 키웠다.

아라넨베르크 성 자체는 아담했지만 콘스탄츠 호수와 라인 강이 내려다보이는 환경은 아주 아름다웠고, 이러한 환경은 소년 루이 나폴레옹이 로맨틱한 꿈을 키우는 데 크게 공헌하게 된다.

다만 어머니로서는 언제까지나 자식을 꿈속에만 빠져 지내게 내버려 둘 수 없다. 그래서 가정교사로 적당한 인물이 있는지 짚이는 곳을 여기저기 찾아봤는데, 처음 고용한 베르트랑 신부는 너무 다정해서 루이 나폴레옹의 응석받이 성격을 바로잡기에는 어울리지 않았다. 다음으로

루이 나폴레옹은 안은 오르탕스

루이 왕과 별거한 오르탕스는 두 명의 자식을 낳은 후 루이 나폴레옹만을 맡았는데, 아레넨베르크에 숨어 살았기 때문에 루이 나폴레옹을 응석받이로 키웠다.

많은 사람 중에서 특별히 고용된 사람이 나폴레옹 원정에도 참가한 적이 있는 퇴역군인으로 지금은 시청에 근무하고 있는 필리프 르바였다. 르바는 국민공회에서 루이 16세의 처형에 찬성투표를 한 사람을 아버지로 둔 열렬한 공화주의자였는데, 높은 급료에 이끌려 아내와 함께 루이 나폴레옹의 양육을 맡게 되었던 것이다.

가정교사 르바의 스파르타식 교육

르바는 1820년 처음으로 루이 나폴레옹을 만났을 때 열두 살짜리 왕자가 완전히 무지하고 타락한 상태에 방치되어 있는 것을 보고 깜짝 놀랐다. 그래서 그는 소년의 생활습관을 하나에서 열까지 고쳐나가기로 하고, 아침 6시에 시작하여 밤 9시에 끝나는 아주 빡빡한 공부 시간표를 작성했다. 갑자기 생활습관이 바뀐 소년은 밤이면 또 악몽에 시달리게 되었지만, 르바는 단호하게 시녀가 곁에서 자는 것을 금지하고, 루이 나폴레옹이 밤새 울도록 내버려두었다. 밤새워 우는 소리는 몇 주 후에 그쳤다. 이윽고 소년은 혹독한 공부를 견딜 수 있을 만큼 성장했다. 아버지가 없는 고독한 루이 나폴레옹의 인생에서 르바는 엄격한 아버지 역할을 했던 것이다.

아레넨베르크 성

루이 나폴레옹이 소년시절을 보낸 스위스 콘스탄츠 호수 근처의 성. 아레넨베르크는 독일어권 스위스에 속하기 때문에 루이 나폴레옹은 독일어 발음을 쉽게 버리지 못했다.

소년이 충분히 공부를 해낼 수 있게 된 것을 본 르바는 아우구스부르크의 김나지움에 입학시킬 것을 어머니에게 진언했다. 지금까지 또래 아이가 없는 환경에서 자라온 것을 걱정했기 때문이다. 이리하여 나폴레옹이 세인트헬레나 섬에서 죽은 1821년 루이 나폴레옹은 통학생 자격으로 김나지움에 들어갔다. 성적은 특별히 뛰어나지 않았지만, 그래도 입학했을 때에는 94명 중 50등이었던 것이 24등까지 올랐다. 특히 독일어 실력은 눈에 띄게 늘어 제2의 모국어가 되었다. 이렇게 김나지움에서 익힌 독일어 악센트 때문에 훗날 프랑스 국회에서 처음으로 연설했을 때 모든 사람으로부터 비웃음을 사기는 했지만.

매일 김나지움에서 돌아오면 르바 부부가 친부모 대신 그를 돌보았다. 그의 열렬한 공화주의가 루이 나폴레옹의 사상 형성에 영향을 주었다고 보는 역사가도 많다. 특히 주권은 국민에게 있다는 루이 나폴레옹의 사상은 르바의 가르침과 깊이 관련되어 있었다.

하지만 성장하면서 루이 나폴레옹은 어머니의 살롱에 드나드는 젊은 아가씨나 부인들과의 사교생활에서 즐거움을 찾게 되었고, 르바의 엄격한 가르침에 반발을 느끼기 시작했다. 이리하여 1827년 루이 나폴레옹이 열아홉 살이 되었을 때 르바는 갑자기 가정교사 자리에서 물러나게 된다.

스포츠 청년 루이 나폴레옹

청년 루이 나폴레옹은 보통 몸집에 보통 키라는 점을 빼면 큰아버지 나폴레옹과 닮은 점은 조금도 없었다. 긴 몸통에 짧은 다리, 아래로 축 처진 눈꺼풀, 일반적인 표준에 비춰보면 결코 '멋진 남자'는 아니었다. 다

여덟 살의 루이 나폴레옹
오르탕스가 그린 여덟 살의 루이
나폴레옹. 코와 입에서 훗날의 모
습을 볼 수 있다. [C]

열아홉 살의 루이 나폴레옹
루이 나폴레옹은 큰아버지 나폴
레옹과 전혀 닮은 구석이 없고, 미
남자라고는 말하기 어렵겠지만 뭐
라 표현할 수 없는 매력이 있었던
듯하며, 여성에게는 인기가 있었
다. [C]

만 몸 전체에서 발산되는 뭐라 말하기 어려운 매
력이 있었고, 꿈꾸는 듯한 눈동자와 수수께끼를
감춘 미소는 젊은 여성의 눈길을 끌기에 충분했
다. 아무래도 젊은 시절부터 루이 나폴레옹에게
는 여성의 애정 본능을 자극하는 불가사의한 힘
이 갖춰져 있었던 듯한데, 이 힘은 루이 나폴레옹
의 인생에서 몇 번씩이나 그를 위기에서 구하게
된다. 그를 위해서라면 모든 것을 내던져도 괜찮
다고 생각하는 여성이 그때마다 나타나 그를 궁
지에서 구해내기 때문이다. 이 무렵 루이 나폴레
옹은 활발하고 발랄한 청년이었던 듯한데, 그런
만큼 만년의 굼뜬 동작의 나폴레옹 3세의 이미지
로 그의 전모를 판단하는 것은 삼가는 게 좋을지
도 모른다. 나중에 영국의 외무상이 되는 맘즈버
리 경은 『전직 외무상의 회상』에서 스무살 루이
나폴레옹의 초상을 이렇게 그린다.

그는 프랑스인이 '허세'라고 부르는, 제멋대로인데
다 소란스러운 청년으로, 다른 사람들의 눈치도 살
피지 않고 대로에서 아무렇지도 않게 말을 타고 내
달린다. 펜싱과 사격을 즐기며, 얼핏 무엇 하나 진지
한 생각을 갖고 있지 않은 것처럼 보인다. 하지만 다
른 한편으로 언젠가는 자신이 프랑스의 지배자가 될

것이라고 확신하고 있다. 승마의 명수이며, 스포츠도 만능이다. 키는 작지만 대단히 활발하고 근육도 울퉁불퉁하다. 표정은 무겁고 우울해 보이지만, 이 상할 정도로 맑은 미소가 떠오르면 순식간에 밝아진다.

—윌리엄 H. C. 스미스, 『나폴레옹 3세』

나폴레옹 3세가 된 후 그려진 그의 초상을 떠올리면 이 활발한 스포 츠 청년의 이미지는 당혹스럽기까지 하지만, 그건 그렇고 이 시점에서 이미 프랑스의 지배자가 될 것을 확신하고 있었다는 것은 적잖이 놀랍 다. 루이 나폴레옹이 스위스의 툰Thun에 있는 포병학교에서 군사훈련을 받고 싶다고 말한 배경에는 틀림없이 이러한 야심이 있었을 것이다. 그 리스 독립전쟁에 지원하고자 한 것도 동기는 같았을 것이다. 하지만 아 버지 루이 왕은 아들의 그리스 행을 허락하려 하지 않았다. 바로 그런 때다. 7월 혁명과 부르봉 왕조 붕괴 소식이 그에게 전해진 것은.

2

운명의 별을 믿고

7월 혁명과 야심의 자각 그리고 음모가 루이 나폴레옹의 탄생

1830년 7월 말 파리의 7월 혁명 소식을 들었을 때 유럽 각지에 흩어져 있던 나폴레옹주의자(보나파르티스트) 잔당은 제정이 부활한 줄 알고 완연 활기를 띠었지만, 오를레앙 왕가의 루이 필리프를 내세운 티에르에 의해 혼란은 곧 수습되었고, 그들의 바람도 덧없이 무너져버렸다.

　그 원인 중 하나가 나폴레옹 제정을 부활하려 해도 대를 이을 만한 인재가 없다는 것이었다. 왜냐하면 나폴레옹과 오스트리아 황녀 마리 루이즈 사이에서 1811년에 태어난 나폴레옹 2세 즉 로마 왕은 나폴레옹 몰락 후 어머니의 친정인 오스트리아 궁정에 맡겨져 그곳에서 라이슈타드 공으로 양육되고 있었는데, 오스트리아 궁정에서 엄중하게 감시를 받고 있는데다 병약해서 도저히 보나파르티스트들을 지휘하는 임무를 감당할 수 없었기 때문이다. 한편 나폴레옹의 형제들도 현재의 안정된 생활을 포기하면서까지 행동에 나설 만한 기력이 없었다.

나폴레옹 일족 중에서 유일하게 7월 혁명에서 제정 부활의 야망을 품은 사람이 바로 루이 나폴레옹이었다. 툰 주둔지에서 한참 군사 훈련을 받고 있다가 혁명 소식을 접한 그는 어머니 오르탕스에게 보낸 편지에 이렇게 쓴다.

7월 혁명

1830년 7월 말에 발발한 7월 혁명으로 부르봉 왕조의 샤를 17세는 추방되고 방계 오를레앙가의 루이 필리프가 왕좌에 올랐다. 이와 함께 보나파르티스트가 꿈꾸고 있던 제정 부활의 꿈은 무너졌다.

지금 프랑스에는 삼색기가 펄럭이고 있습니다. 최초의 봉기에 나설 수 있었던 사람들은 정말이지 행운이었겠지요.(…) 이 혁명 후 우리가 프랑스의 시민권을 회복할 수만 있다면 얼마나 좋겠습니까.

—앙드레 카스텔로, 『나폴레옹 3세』에서 재인용

헛된 소원이었다. 루이 필리프는 부르봉 왕조 때와 마찬가지로 나폴레옹 일족의 추방령을 해제하려 하지 않았기 때문이다. 실망한 루이 나폴레옹은 어머니와 함께 이탈리아로 피서를 떠났는데, 그때는 이탈리아가 큰아버지처럼 운명의 대전환을 맞이하리라는 것을 미처 알지 못했다. 당시 이탈리아는 나폴레옹 군대가 물러간 후 다시금 분열국가 상태로 되돌아가 있었다. 이탈리아라는 명칭은 지리적인 이름에 지나지 않았고, 롬

로마 왕

나폴레옹이 두 번째 아내인 오스트리아 황녀 마리 루이즈(마리아 루이자)와의 사이에서 1811년에 얻은 황태자. 곧바로 로마 왕이 되었지만 나폴레옹 몰락 후에는 어머니와 함께 오스트리아로 돌아가 라이히슈타트 공작으로서 일생을 마쳤다(1832년 사망).

바르디아와 베네토는 오스트리아 영토, 나머지 부분도 로마 교황령과 작은 공국으로 분열되어 있었다. 오스트리아와 로마 교황의 지배에 반발하는 공화주의자들은 카르보나리라는 비밀결사를 조직해 각지에서 봉기를 일으키고 있었다. 7월 혁명은 이들에게 엄청난 희망이었다. 루이 필리프의 등장으로 프랑스의 공화주의 혁명의 꿈은 무참하게 깨졌지만, 이탈리아 곳곳에서는 아직 음모의 불씨가 꺼지지 않았다.

1830년 가을 로마에 머물고 있던 루이 나폴레옹은 이러한 음모단의 일원과 접촉했다. 그 결과 12월 11일 음모단의 봉기가 실패했을 때 당국의 손길은 루이 나폴레옹에게까지 뻗쳤고 그는 국외추방 명령을 받았다. 그래서 그는 형 나폴레옹 루이가 있는 피렌체로 향했다.

형 나폴레옹 루이는 피렌체의 안전한 환경에서 아버지의 손에 자라서인지 아우와는 전혀 다른 성격의 소유자가 되어 있었는데, 그 또한 카르보나리 운동에는 은밀하게 관여했던 듯하다. 오랜만에 다시 만난 형제는 이탈리아 각지에 퍼져 있는 혁명의 숨결에 의해 자신들의 사명이 싹트는 것을 느끼고 혁명을 위해 함께 일어설 결의를 다졌다. 루이 나폴레옹은 로마에 머무르고 있던 어머니에게 인질이 될 우려가 있으니 즉시 로마를 떠나라고 알리고 이렇게 덧붙였다.

우리는 결심을 굳혔습니다. 다시 뒤로 돌아갈 수는 없습니다. 우리의 이름이, 우리를 부르는 불행한 사람들을 구제하는 길로 나서라고 재촉하고 있습니다.

—스미스, 앞의 책

형제는 함께 음모단에 가입하여 봉기를 계획했지만, 얼마 지나지 않아 정보를 손에 넣은 오스트리아 관헌에게 쫓기는 몸이 된다. 형제가 포를리의 어떤 마을에 숨어 있을 때 생각지도 못한 사고가 일어났다. 1831년 3월 19일 형 나폴레옹 루이가 홍역에 걸려 사망한 것이다. 루이 나폴레옹도 같은 병에 걸렸지만, 소식을 듣고 달려온 어머니의 간병으로 간신히 목숨을 건질 수 있었다. 바닷길로 이탈리아를 탈출한 모자는 파리를 경유하여 런던으로 갔다가 배스Bath에서 온천 치료를 한 다음 아레넨베르크 성으로 돌아갔다. 런던으로 가는 도중 며칠 동안 비밀리에 파리에 머물면서 루이 필리프 왕에게 영구 체재 허가를 요청했지만, 보나파르티스트의 반란을 두려워한 그는 이 요청을 받아들이지 않았다.

형의 죽음과 병의 후유증으로 루이 나폴레옹은 정신과 육체 모두 깊은 상처를 입었다. 그런데 참으로 이상하게도 이러한 불행을 겪으면서 그는 자신의 천명을 더욱 깊이 자각하게 된다.

그 계기가 된 것은 1832년 보나파르티스트들의 희망의 별이었던 로마 왕이 스물한 살의 젊은 나이에 세상을 떠난 것이다. 그 해 말 런던에서 은밀하게 열린 보나파르트 일족의 친족회의에서 후계 문제를 검토했고, 그 자리에서 나폴레옹의 형 조제프는 황위 계승자에서 루이 나폴레옹을 배제하기로 결정했다. 하지만 루이 나폴레옹은 그런 결정에 조금도 개의치 않고 마침내 자신이 나폴레옹 3세가 될 때가 왔다는 생각을 굳힌 다음, 『스위스에 관한 정치적·군사적 고찰』이라는 소책자를 통해 황제의 자격과 후계 문제에 관한 생각을 피력한다.

이와 함께 영국에 머무르면서 관찰했던 산업혁명의 모습에서 사회 문제에도 강한 관심을 갖게 되었고, 귀국하자마자 죽은 형의 양육을 담당했던 나르시스 뷔야르를 선생으로 모셔 생시몽주의를 공부하기 시작한다.

생시몽주의와의 만남 그리고 민중주의로

생시몽주의는 생시몽 백작이 주창한 사상을 에콜 폴리테크니크(이공과학교) 학생들이 받아들인 일종의 산업지상주의로, 사기업을 육성하여 산업을 무제한 발전시키고 그럼으로써 민중의 생활 수준을 향상시키자는 생각이었다. 그들의 표어는 "인간에 의한 인간의 착취 대신 인간에 의한 자연의 활용을!"이라고 표현할 수 있을 것이다. 단, 1830년 무렵부터는 생시몽의 『새로운 기독교』를 따르는 앙팡탱의 지도력이 커지면서 이 그룹은 자유연애를 주장하는 종교색 짙은 비밀결사적 경향을 강화하고 있었다.

생시몽주의 운동 자체는 1832년 메닐몽탕에서 공동생활을 하고 있던 동지들이 풍기문란죄로 당국에 일제히 검거되면서 끝났지만, 산업계 곳곳에 흩어져 있던 미셸 슈발리에나 페레르 형제 등 이전의 동지들은 각자의 분야에서 생시몽주의의 원리를 실천하고자 노력했고, 제2제정 개시와 함께 나폴레옹 3세의 지식창고가 된다.

루이 나폴레옹이 생시몽주의를 안 것은 아마 1833년 여름 무렵일 터인데, 그렇다면 생시몽주의는 대단히 빠른 시기부터 루이 나폴레옹의 사상 형성에 영향을 미쳤다고 할 수 있다. 하지만 처음에는 뷔야르가 말하는 것을 이해하지 못했던 것 같다.

지금까지는 당신과 생시몽주의적인 논의를 할 때마다 저는 마치 맹인이 색깔 이야기를 하는 것처럼 느끼면서 당신이 신봉하는 주의를 이야기하는 상태입니다.

—스미스, 앞의 책

생시몽 백작

마르크스가 공상적 사회주의의 아버지라 부른 생시몽 백작(『회상록』으로 알려진 생시몽 공작은 그의 큰아버지). 그의 사상은 사회주의라기보다 가속형 산업자본주의로, 1830년대에는 커다란 영향을 미쳤다. 루이 나폴레옹은 가장 빨리 그 사상을 흡수한 사람 중 한 명이다. [Z]

그러나 루이 나폴레옹의 머릿속에는 영국에서 견문한 산업사회의 이미지가 남아 있었기 때문에 다시 학습하면서 어렵지 않게 이해했을 것이다. 이렇게 스위스의 콘스탄츠 호숫가의 성에서 루이 나폴레옹은 혼자 생시몽주의 관련 저작을 읽으면서 혁명으로 실현해야 할 유토피아의 이미지를 구체화한다.

그런데 여기에서 하나 주목해야 할 것은 주권이 어디에 있는지 그다지 관심을 갖지 않았던 생시몽주의와 달리 루이 나폴레옹이 이 시점에서 이미 주권은 민중에게 있다는 사상을 확실하게 내세웠다는 점이다. 그것은 『스위스에 관한 정치적·군사적 고찰』에서 분명하게 볼 수 있다. 그 때문에 이 소책자를 받아든 아버지 루이 왕은 자식을 이렇게 비난한다.

젊은 날의 루이 나폴레옹

런던에서 돌아온 루이 나폴레옹은 공화파 가정교사 뷔야르를 선생으로 모시고 생시몽주의를 공부하기 시작한다. 그 공부는 『스위스에 관한 정치적·군사적 고찰』로 열매를 맺는다. [C]

너의 책 26페이지에 이런 구절이 있다. "민중은 모든 당파 중에서 가장 강하고 가장 올바르다. 민중은 예속과 마찬가지로 지나친 행동을 혐오한다. 민중을 농락하는 것은 불가능하다. 민중은 언제나 자신에게 어울리는 것을 감지한다." 유감스럽지만 여기에서 너에게 확실하게 말해두어야 할 게 있다. 이 구절은 한 글자 한 글자 모두 틀렸다. 나라면 너의 책의 이 구절을 보다 이성적으로 다음과 같이 고쳐 썼을 것이다. "민중은 가장 강하지만 종종 모든 당파 중에서 가장 큰 부정을 저지른다. 민중은 지나친 행동으로 내달리기 쉽고, 또 용이하게 몸을 예속상태에 내맡긴다. 민중은 아주 간단하게 농락당하며, 자신에게 어울리는 것을 감지하는 경우는 대단히 드물다."

―앙드레 카스텔로, 앞의 책

그 나름대로 쓴맛을 본 인물인지라 루이 왕의 말이 상당히 옳은 것처럼 보이기도 하지만, 이상에 불타는 혈기왕성한 젊은이에게는 이런 어른의 시니컬한 말이 통용될 리 없다. 게다가 루이 나폴레옹은 사상이든 방침이든 한번 믿어버리면 절대로 굽히지 않는 끈끈한 기질의 소유자였던 듯하다. 결국 여기에서 그가 피력하고 있는 민중 주권에 대한 생각은 죽을 때까지 최대의 신념으로 남는다.

흔들림 없는 신념

그런데 여기에서 민중 주권을 주장하는 사람이라면 누구든 루이 나폴레옹의 이러한 입장이 어떻게 되었을지 의문을 가질 수밖에 없을 것이다. 민중 주권에 기초한 황제가 과연 존재할 수 있을까. 루이 나폴레옹 자신도 이 모순을 알고 있었다. 하지만 그는 일찍이 1883년 시점에서 그것이 실현 가능하다고 확고하게 믿고 있었다.

제 입장은 대단히 복잡하긴 하지만 그것이 어떤 것인지는 자신이 잘 알고 있습니다. 이 점은 믿어주십시오. 이름은 거물이지만 저 자신은 아직 보잘 것이 없습니다. 귀족으로 태어났지만 성격과 사상은 민주주의자입니다. 이전에는 모든 것이 유전으로 결정되었지만 지금은 모든 것이 선거로 결정됩니다. 사람들의 환대를 받을 경우 그것은 저의 이름 때문이기도 하지만 저의 칭호 때문이기도 합니다. 제가 자신의 행동 범위에서 한 발자국이라도 벗어나면 개인적인 야망을 갖고 있다고들 말하지만, 저만의 자리에 꼼짝 않고 있으면 무기력하고 무관심하다면서 비난합니다. 요컨대 저는 이름의 영향력 탓에 자유파와 절대왕권파 모두에게 공포를 불러일으키기 때문에 저에게는 정치적인 벗이라고 할 만한 사람이 거의 없습니다. 있다면 그것은 운명의 장난에 익숙해져서 어쩌면 장래에 저를 발판 삼아 유용한 일을 할 수 있을지 모른다고 생각하는 이들뿐입니다. 저는 어떤 길을 선택하든 첫걸음부터 온갖 어려움에 직면하리라는 것을 잘 알고 있는 까닭에, 유익한 목적을 위해 유효하게 행동하고자 할 때에는 자신의 마음과 이성과 양심이 이끄는 대로만 따르고, 부차적인 이익을 고려해 걸음을 멈추는 일은 절대 없도록 할 작정입니다. 다시 말해 도중에 그 어떤 어려움을 만나더라도 똑바로 걸어갈 것이며, 세인트헬레나 섬에서 보내오는 빛에 다시 한 번 비춰질 수 있도록 스스로를 드높이고 싶습니다.
—「뷔야르에게 보낸 편지」, 스미스, 앞의 책

이런 말을 하면 역사를 거슬러 올라가 파악한다는 비판을 받겠지만, 스물다섯 살 루이 나폴레옹의 고백은 적확한 자기 인식과 견고한 신념 등 읽는 이의 감탄을 자아내기에 모자람이 없다. 말은 추상적이지만 한 마디 한 마디가 훗날의 나폴레옹 3세를 정확하게 예언하고 있기 때문이다. 이후 루이 나폴레옹의 인생행로는 다양한 곡절을 경유하지만 그것들은 '온갖 어려움'의 한 부분에 지나지 않고, 스스로 설정한 최종 목표로부터는 한 걸음도 벗어난 것이 아니다. 요컨대 루이 나폴레옹의 행동은 외견상으로는 되는 대로 부딪치는 것 같지만, 마음속에서는 모든 것이 수미일관하고 있었던 것이다.

심복 페르시니와 만나다

하지만 1834년부터 1835년에 걸쳐 루이 나폴레옹은 자신이 나아가야 할 구체적인 길에 관하여 적잖이 헤매고 있었던 것처럼 보인다. 예컨대 툰의 포병학교에서 배운 성과를 『포병학 입문』이라는 형태로 발표하여 큰아버지 나폴레옹의 군사적 영광과 자신의 연결 지점을 찾으려 하지만 그렇다고 뭔가 적극적인 행동에 나선 것은 아니다. 바로 그때쯤 루이 나폴레옹은 한 남자와 운명적으로 만난다.

그 사람은 경기병輕騎兵 출신으로 열렬한 나폴레옹주의자인 저널리스트였던 장질베르 빅토르 피아랭, 통칭 피아랭 드 페르시니Fialin de Persigny 자작이다. 페르시니는 공화주의적 사상 때문에 군대에서 해고된 뒤 보나파르티스트의 정치신문 『쿠리에 프랑세』를 창간하여 공화주의적 보나파르티즘 운동을 일으키려 하고 있었는데, 그 신문의 창간호를 우연히 본 조제프 보나파르트가 그를 조카 루이 나폴레옹에게 소개했던 것이다. 페르시니는 나폴레옹주의자라기보다 나폴레옹 신도라고 부르는 게 좋을 정도로 확고한 신념을 가진 열광적인 보나파르티스트였다.

루이 나폴레옹과 페르시니는 1835년 아레넨베르크에서 만났는데,

그 순간부터 상대야말로 각자가 간절히 바라던 사람이라는 것을 알았다. 즉 몽상만 할 뿐 아무런 행동 수단을 갖지 못한 머리밖에 없는 존재였던 루이 나폴레옹은 페르시니에게서 자신의 몸통과 손발이 될 인물을 발견했고, 반대로 나폴레옹을 대신할 제2의 나폴레옹을 찾고 있던 페르시니는 자신의 머리가 될 존재를 발견했다고 생각했다. 일심동체란 정말이지 그들을 두고 하는 말이었다. 두 사람은 성격적으로는 정반대였지

페르시니 자작
피아랭 드 페르시니 자작의 본명은 장 질베르 빅토르 피아랭. 열렬한 공화주의적 보나파르티스트로 1835년에 루이 나폴레옹을 만나면서 가장 충실한 심복이 되었다.
[E]

만, 그랬기 때문에 돈키호테와 산초 판사처럼 서로 보완하는 부분도 많았고, 또 사상적으로도 공화주의적 보나파르티즘이라는 동일한 이념을 신봉하고 있었기 때문에 그 이상 좋을 수 없는 최고의 짝이었다고 할 수 있다. 그리고 둘 다 어떤 어려움이 있더라도 확고하게 자신의 운명의 별을 믿는다는 점에서 서로 통했다.

무엇보다 실천의 인물인 페르시니는 루이 나폴레옹에게 즉각 행동에 나서라고 권했지만, 루이 나폴레옹은 이해에 또 다른 사람을 만나면서 그쪽에 보다 많은 정열을 쏟고 있었기 때문에 페르시니의 권유를 받아들이는 선까지 나아가지는 않았다.

마틸드 황녀와의 혼약

사춘기 무렵부터 여성에게 특별한 관심을 보여 열세 살 때 엘리자라는 시녀와 첫 경험을 한 루이 나폴레옹은 성장하면서 끊임없이 여자의 꽁

무니를 따라다니는 엽색꾼이 되었다.

이 당시 그가 마음에 두고 있던 사람은 이웃집 딸 루이즈 드 쿠르네였지만, 동시에 아레넨베르크에서 한두 번밖에 만난 적이 없는 여성, 예를 들면 드 르당 등에게 적극적인 애정 공세를 펼치기도 했고, 때로는 침실에 갑자기 나타나 강간이나 다름없는 수단으로 호소하기도 했다고 한다.

아들의 이러한 태도에 불안을 품은 어머니는 그의 품행을 바로잡기 위해 파두Padoue 공작의 딸과 결혼시키려는 계획을 세웠지만 조건이 맞지 않아 성공하지 못했다. 그러던 때 루이 나폴레옹 앞에 미모의 소녀가 모습을 드러냈다. 게다가 그 소녀의 성姓은 그와 마찬가지로 보나파르트였다.

마틸드 보나파르트는 나폴레옹의 막내 동생이자 베스트팔렌 왕 제롬의 장녀로, 1835년 아버지와 함께 루이 나폴레옹이 있는 아레넨베르크 성을 방문했을 때에는 아직 열다섯 살의 소녀에 지나지 않았다. 이미 스물일곱 살이었던 루이 나폴레옹은 처음에는 마틸드를 아이 취급하여 상대하지도 않았지만, 점차 하얀 피부에 날씬한 아름다운 소녀에게 끌리는 것을 어찌할 수 없었다. 그런 아들의 모습을 지켜보고 있던 어머니 오르탕스 여왕은 시동생에게 두 사람을 결혼시키는 게 어떻겠느냐고 털어놓았다. 사촌 간의 결혼이긴 하지만 소원해진 보나파르트 일가를 가깝게 한다는 의미에서는 나폴레옹 황제의 유지를 받드는 일일 터이다. 게다가 마틸드의 어머니는 뷔르템부르크 왕녀이기 때문에 유럽의 황실과 관계가 있다. 제롬 왕도 맘에 들어 하며 만약 결혼을 한다면 딸은 뷔르템부르크 왕과 러시아 황제로부터 지참금을 받을 것이라고 말했다. 오르탕스 여왕은 이 이야기에 푹 빠져버렸다. 루이 나폴레옹의 아버지 루이 왕은 아우 제롬 왕의 재정 상태를 알고 있던 터라 결혼에 강하게 반대했지만, 제롬 왕은 오르탕스 여왕과 루이 나폴레옹을 설득하는 데 성공했다.

이듬해 아레넨베르크를 방문한 마틸드는 눈에 띄게 여성스러워져 있었다. 저녁식사에 모습을 드러낸 마틸드는 대담하게도 목이 깊게 파인 드레스 차림이어서 제롬 왕도 딸을 나무랄 정도였다. 오르탕스 여왕의 시종이었던 발레리 마쥐에르는 이렇게 증언한다.

> 아버지가 말씀하신 대로였습니다. 마틸드는 거의 벌거벗은 모습이었어요. 하지만 드러낸 몸이 너무나 아름다워서 그 모습을 보고는 엄청난 쾌감을 느꼈습니다. 왕자님은 온통 관능에 사로잡혀서 탐하듯이 그녀를 바라보고 있었습니다.
> —앙드레 카스텔로, 앞의 책

열여섯 살 마틸드는 서른 살 여성 못지않게 요염했던 것이다. 게다가 마틸드는 루이 나폴레옹이 목이 깊게 파인 드레스를 입어서 드러난 어깨에 약하다는 것까지 꼼꼼하게 계산하고 있었던 듯하다. 따라서 오르탕스 여왕이 그녀에게 빌려준, 속살이 비쳐 보일 정도로 얇은 제정풍帝政風 드레스로 몸을 감싸고 나타날 것도 없이 승부는 이미 판가름이 났던 셈이다. 마틸드가 키스를 거부하면 거부할수록 루이 나폴레옹의 정욕은 거세졌다. 그리고 마틸드도 루이 나폴레옹이 생각했던 것보다 훨씬 매력적이고 지적이라는 것을 알아차렸다. 이리하여 루이 나폴레옹

마틸드 황녀
나폴레옹의 막내 동생으로 베스
트팔렌 왕이었던 제롬 보나파르트
의 장녀. 루이 나폴레옹과는 사촌
사이였지만 보나파르트 일족의 관
계를 돈독하게 한다는 명목으로
결혼 이야기가 오갔다. 플롱-플롱
이라 불리는 나폴레옹 제롬의 누
나다.

의 아버지 루이 왕이 반대하긴 했지만 둘은 약혼
을 했고, 지참금을 비롯한 재산 분여 조건도 결정
되었다.

그렇지만 그해 10월 30일, 루이 나폴레옹은 누
구도 예상하지 못한 당돌한 행동에 나선다.

3
너무 이른 봉기

스트라스부르의 봉기

1836년 10월 30일 이른 아침, 스트라스부르의 주둔지에서 포병 제4연대가 루이 나폴레옹에게 충성을 맹세한 오도레 대령과 팔캥 소령 등 15명 남짓한 장교의 지휘 아래 궐기하여 주둔 부대를 장악하려 했지만 보기 좋게 실패하는 바람에 루이 나폴레옹을 포함한 반란군 전원이 그 자리에서 체포되었다. 그것은 심문 담당관이 어이없어 할 정도로 조잡한, 반란이라 부르기도 민망한 반란이었다.

반란군을 이끈 오도레 대령은 페르시니가 정부情婦 엘레오노르 부로(통칭 고르동 미망인)를 이용한 미인계를 써서 동료로 끌어들인 인물이다. 그런데 대령 자신이 신념이 있는 나폴레옹 숭배자가 전혀 아니었던 데다 주둔 부대 안에서 영향력도 없었기 때문에 부하 장교 몇 명을 끌어들였을 뿐 다른 연대와는 전혀 사전 접촉을 하지 못했다.

스트라스부르의 봉기
1836년 10월 30일, 루이 나폴레옹은 포병 제4연대를 이끌고 스트라스부르 주둔지에서 봉기를 기도했지만 참담한 실패로 끝난다. [C]

한편 주둔 부대의 사단장 보와롤 장군에 대해서는 루이 나폴레옹이 '편지'로 접촉을 시도했다. 하지만 그는 루이 나폴레옹이라는 정체를 알 수 없는 인물을 상대하지 않고, 그 편지를 파리의 술트Nicolas Jean-de-Dieu Soult 원수에게 보내 경계를 호소했다. 술트 원수도 보와롤 장군도 루이 나폴레옹이 정말로 반란을 일으키리라고는 생각도 하지 않았기 때문에 예방조치는 강구하지 않았다.

반란이 늘 그렇듯이 이 반란 역시 아닌 밤중에 홍두깨 격으로 '불의의 일격'이긴 했다. 그러나 아무리 불의의 일격이라 해도 그것이 제대로 수행되지 않으면 반란에 성공할 리가 없다. 사단장 보와롤 장군은 깊이 잠들었을 때 습격을 당했지만 틈을 노려 탈출했고, 즉각 휘하 장교에게 명하여 반격을 개시했다. 이리하여 반란은 개시 후 두 시간도 지나지 않아 간단하게 진압되었던 것이다.

봉기 계획과 예심재판

루이 나폴레옹과 페르시니의 계획에 따르면, 알자스 지방의 수도 스트라스부르는 원래 반정부 감정이 강한 곳이어서 '나폴레옹의 조카'라는 말을 반란군이 꺼내기만 하면 주둔 부대는 전원 공손한 자세로 나폴레옹이 엘바 섬에서 탈출했을 때 그랬던 것처럼 스트라스부르에서 파리를 향한 승리의 진군을 개시할 터였다. 하지만 예상과 달리 '나폴레옹의 조카'라는 말에 복종하는 장병은 한 사람도 없었다.

그렇기는커녕 그 말을 듣고도 그곳에 있는 신통찮아 보이는 작달막한 사내가 설마 '나폴레옹의 조카'이겠냐며 누구 하나 믿으려 하지 않았다. 장병들의 이러한 반응에 루이 나폴레옹은 자신이 얼마나 보잘것없는 존재인지를 뼈저리게 느꼈다.

그러나 체포된 루이 나폴레옹은 예비판사의 심문에 당당하게 자기의 의견을 피력했고, 봉기의 이유와 책임의 소재에 관하여 이렇게 대답했다.

질문: 군사정권을 수립하려 했는가?
대답: 보통선거에 기초한 정권이다.
질문: 지배권을 장악했다면 무엇을 하려 했는가?
대답: 국민공회를 소집할 것이다. 이번 사건은 나 한 사람이 조직한 것이다. 벗들은 내가 끌어들였을 뿐이다. 내가 죄가 가장 무거운 범인이다. 법의 엄중한 심판을 받아야 할 것은 바로 나다.
—앙드레 카스텔로, 앞의 책

나중에 밝혀지겠지만 스트라스부르 봉기를 둘러싼 재판에서 개진한 루이 나폴레옹의 사상과 권력 탈취 방법은 1851년 12월 2일의 쿠데타에 이르기까지 기본적으로 거의 변화하지 않는다. 즉, 프랑스혁명에서 인정받은 '민중의 의지를 반영한 국가'를 만들기 위해서는 보통선거에 기초한 정권을 수립할 수밖에 없지만, 프랑스 시민권을 인정받고 있지 못한 루이 나폴레옹에게는 합법적인 권력 탈취의 길이 닫혀 있었기 때문에, 이상을 실현하는 데에는 이러한 비합법적 방법밖에 없다는 것이다.

심문에 답하는 루이 나폴레옹은 아주 성실하게 몇 해 전부터 자신이 품고 있던 생각을 피력한 것에 지나지 않았지만, 예심판사에게는 당연하게도 이러한 논법이 범죄행위를 합리화하기 위한 애들 장난 같은 농담으로밖에 비치지 않았다.

루이 필리프 왕의 생각도 다르지 않았다. 왕은 봉기 발생 소식을 접하고 엘바 섬에서 파리로 진격한 나폴레옹의 기적이 다시 일어나는 게 아닌지 깊이 우려했지만, 봉기가 참담한 실패로 끝났다는 것을 알고는 거꾸로 자신의 권력 기반이 강하다는 데 자신감을 갖고 관대한 기분에 젖었다. 루이 필리프의 딸 클레망틴은 아버지의 생각을 다음과 같이 전한다.

나는 이 기도에 그다지 화가 나지 않는다. 이 기도는 보나파르티스트 패거리가 얼마나 무력한지를 증명한다. 왜냐하면 프린스 나폴레옹이 그곳에 존재하고 '황제 만세'를 외치는 소리가 병영에 울려 퍼졌음에도 우리의 용감한 장병들은 조금도 동요하는 모습을 보이지 않았기 때문이다.

—앙드레 카스텔로, 앞의 책

정부는 이 사건을 한갓 어리석기 짝이 없는 시위로 처리하기로 결정하고 주동자들에게 관대한 태도를 취하기로 했다. 이리하여 루이 나폴레옹이 자신의 의견을 프랑스 전역에 알리기 위해 통일공판統一公判을 요구했음에도 당국은 루이 나폴레옹 한 사람을 개별 심리하여 아메리카로 국외 추방하는 처분을 내렸다. 다른 용의자들도 전원 무죄 석방되었다.

이처럼 봉기 자체는 참담한 실패로 끝났고, 그것을 계기로 자신의 존재를 알리겠다는 루이 나폴레옹의 전략도 결국 목표에 이를 수는 없었다. 하지만 루이 나폴레옹은 이 사건으로 딱 하나 큰 이익을 끌어내는 데 성공했다. 그것은 이 봉기에서 바로 자신이 나폴레옹 일족의 희망의 별이라는 것을 보나파르티스트들에게 강하게 호소하는 데 성공했던 것이다.

큰아버지 조제프와 작은아버지 제롬은 사건 소식을 듣고 격노했고 마틸드와의 혼약도 당연히 깨졌지만, 루이 나폴레옹은 이러한 친족들의 비난에 조금도 주눅 들지 않았다. 큰아버지 조제프에게 보낸 편지에서 그는 이렇게 쓴다.

저의 기도는 실패했습니다. 그것은 사실입니다. 하지만 이를 통해 황제 일족은 아직 죽지 않았다는 것이 증명되었고 동시에 저에게 많은 벗이 있다는 것이 프랑스 곳곳에 알려졌습니다. 요컨대 황제 일족은 정부에 마음을 써달라고 조르는 게 아니라 외국과 부르봉 왕가가 파괴한 것을 국민을 위해 되찾고자 한다는 것이 분명해진 것입니다. 이상이 내가 한 것입니다. 이런데도 큰아버지께서는 저를 원망하시겠습니까.

—앙드레 카스텔로, 앞의 책

문면을 보아도 짐작할 수 있듯이 루이 나폴레옹은 자신이 한 일을 조금도 반성하지 않는다. 오히려 황제가 되어 민중 주권을 실현하고자 하는 그의 신념은 점점 강고해지고 있었다. 윌리엄 스미스가 지적하듯이

"보나파르티즘은 스트라스부르 사건과 함께 태어났"던 것이다.

망명과 어머니의 죽음

스트라스부르 사건의 주동자를 태운 안드로메다 호는 정부의 지시에 따라 일부러 리우데자네이루를 경유하여 멀리 우회하는 항로를 택했기 때문에 1837년 3월 말에야 미국 버지니아 주 노퍽에 도착했다. 루이 나폴레옹은 뉴욕의 사교계에서 호의적인 대우를 받았지만, 아메리카 사회를 관찰할 틈도 없이 어머니가 보낸 편지를 받았다. 편지를 읽고 어머니가 자궁암으로 살날이 얼마 남지 않았다는 것을 알아챈 그는 곧바로 영국행 조지 워싱턴 호에 올라 프랑스 정부의 의뢰를 받은 각국 관헌의 추적을 뿌리치고 8월에 아레넨베르크에 도착했다.

오르탕스 여왕은 그로부터 2개월 후 자식의 품에 안겨 숨을 거뒀다. 그녀는 아버지로부터 소원해진 그에게는 유일한 육친이자 생애에서 그가 사랑한 유일한 여성이었다. 제2제정 붕괴 후 런던으로 망명했다가 죽은 황제의 지갑에는 병을 알리는 어머니의 마지막 편지가 들어 있었다고 한다.

어머니의 막대한 유산을 상속한 루이 나폴레옹은 아레넨베르크를 떠나 1838년 10월 런던에 거처를 마련했다. 정든 아레넨베르크를 떠난 것은 프랑스 정부가 정치범의 퇴거를 요구하면서 군대를 국경으로 이동시켜 스위스의 지방정부에 압력을 가했기 때문이다. 이와 같은 프랑스 정부의 강경한 태도는 역으로 루이 나폴레옹의 존재를 그들이 얼마나 두려워하고 있는지를 널리 알리는 결과를 낳았다. 루이 나폴레옹은 이제 적으로부터도 나폴레옹의 후계자로 인정받았던 것이다.

어머니에게 물려받은 유산은 연금으로 300만 프랑이 훌쩍 넘었기 때문에 루이 나폴레옹은 런던의 웅장한 저택에 살면서 집사 역할을 하는 페르시니를 비롯해 하인을 몇 명씩이나 고용하고, 독수리가 그려진 가문家紋을 장식한 고급 마차를 타고 외출하는 등 대단히 호화로운 생활을 할 수 있게 되었다. 런던의 상류 귀족사회에서도 인정을 받았고, 오르세 백작이나 레이디 블레싱턴의 친구가 되는 한편 디즈레일리와 멜번 같은 정치가들과도 깊이 사귀었다. 디즈레일리는 프랑스인 치고는 희귀할 정도로 과묵하고 침착한 그의 태도에 호감을 가졌고, 가끔씩 던지는 짤막한 말에 담긴 깊은 의미에 강한 인상을 받았다.

여성과의 관계 역시 화려해서 마리 탈리오니Marie Taglioni, 카를로타 그리지Carlotta Grisi 같은 발레리나와 사귀는 한편, 양가의 딸과의 결혼도 생각해 에밀리 롤즈 양과는 약혼 직전까지 가기도 했다.

그러나 이와 같은 화려한 사교생활은 어떤 의미에서는, 『주신구라忠臣藏』의 오이시 구라노스케大石內藏助가 그랬던 것처럼, 남을 눈을 속이기 위한 연기였을 수도 있다. 그도 그럴 것이 루이 나폴레옹의 생활은 기본적으로 그가 정한 생애의 목표, 즉 황제가 되어 민중을 위한 유토피아를 건설한다는 목표에서 한 걸음도 벗어난 적이 없었기 때문이다. 그는 대영박물관에서 역사와 사회과학 등의 저작을 읽으면서 이상사회의 구상을 다듬는 한편, 관광 여행을 구실로 영국의 공업지대를 돌아보고 기술자나 과학자에게 질문을 던져 실질적인 지식을 익히는 데 온힘을 쏟았다.

레이디 블레싱턴
당시 제일의 프랑스통으로 알려진 런던 사교계의 중심적인 존재. 루이 나폴레옹은 그녀의 살롱에서 오르세 백작과 디즈레일리 등 저명인사와 만난다. |C|

DES IDÉES

NAPOLÉONIENNES;

LE PRINCE
NAPOLÉON-LOUIS BONAPARTE.

PARIS,
PAULIN, LIBRAIRE ÉDITEUR,
33, RUE DE SEINE-SAINT-GERMAIN.

『나폴레옹적 이념』
루이 나폴레옹이 망명지 런던에서 집필한 첫 번째 본격적 저작. 이 책에서 그는 민중의 의지를 직접적으로 반영하는 선거와 그 의지의 대행자로서의 황제라는, 이른바 황제민주주의를 설파한다. |C|

저작 활동의 개시

그 성과는 1839년 『나폴레옹적 이념』의 출판으로 세상에 모습을 드러낸다. 이 저작은 지금까지 진지한 연구의 대상이 되지 못한 채 루이 나폴레옹이 자기의 권력에 동기를 부여하기 위해 집필한 프로파간다에 지나지 않은 책으로 취급되어왔다.

그러나 훗날 제2제정 시기에 나폴레옹 3세가 채택한 정책과 비교해보면 대부분이 이미 맹아의 형태로 이 안에 드러나 있기 때문에 주의 깊게 검토할 필요가 있다. 하지만 지금 그 작업을 하면 뒤에서 또 다시 되풀이해야 하므로 여기에서는 다음과 같은 점만을 확인해두는 선에서 멈추고자 한다. 『나폴레옹적 이념』의 목표는 두 가지다.

하나는 큰아버지 대ㅅ 나폴레옹이 프랑스혁명에서 내세운 민중 주권과 자유의 이념을 이어받는 동시에 대혁명에 포함된 파괴적이고 부정적인 측면을 제거한 유일한 '대혁명의 유언 집행인'이었다는 것을 명확하게 보여주는 것이다. 오늘날 사회에 진보가 있다고 한다면 그것은 모두 나폴레옹이 최초로 착수한 것에 다름 아니라는 주장이다.

또 다른 목표는 미래에 번영과 평화를 실현하기 위해서는 민중의 의지를 직접 반영하는 제도와 그 의지를 질서 있게 그리고 권위를 갖고 실행에 옮기는 지도자 즉 황제의 존재가 역사적으로 보아 필연적이고도 필요불가결하다는 것을 증명하는 것이다. 반동세력과 공화파 사이의 불모의 싸움을 지양하고 민중의 생활 향상을 도모하기 위해서는 나폴레옹 사상에 기초한 황제 민주주의가 긴급히 필요하고, 그것을 실현할 수 있는 것은 나폴레옹의 조카인 자신 외에는 없다는 것이 루이 나폴레옹의 핵심적인 호소다.

어떤 의미에서는 오랫동안 망명 생활을 한 황제의 후손이 세상 물정 모르고 으스대면서 내뱉는 표현이라고도 할 수 있겠지만, 또 다른 의미 에서는 대단히 실제적인 주장이라고도 말할 수 있다.

그도 그럴 것이 대혁명 후 국민은 이념적으로는 다양한 권리를 인정 받았지만 실제 생활수준은 앙시앵 레짐 즉 구체제 때와 거의 다르지 않 았고, 민중의 대다수는 변함없이 굶주림의 불안에 괴로워하고 있었기 때문이다. 그럼에도 공화파는 이러한 민중생활의 향상이라는 문제를 적극적으로 문제 삼으려 하지 않았다. 따라서 "정체政體의 선택보다는 실행력 있는 통치자에 의한 생활본위의 정치를!"이라는 목소리는 사회 의 모든 계층에서 말하자면 소리 없는 소리로 울려 퍼지고 있었다. 그 런 까닭에 관점에 따라 다르긴 하겠지만 이러한 주장은 하나의 커다란 세력이 될 수 있는 가능성을 품고 있었던 것이다.

그리고 또 국민들 사이에서 일찍이 볼 수 없었던 정도로 나폴레옹을 숭배하는 감정이 되살아나고 있었다. 그럴 만도 한 것이 외교정책 특히 1840년 알제리 문제로 확장주의적 태도를 문제 삼아 유럽 열강이 비난 을 퍼붓자, 루이 필리프는 국민적 영광으로 기억되고 있는 나폴레옹 신 화를 되살려 배외주의를 선동하겠다는 마음을 먹고, 조앵빌 왕태자에게 세인트헬레나 섬에 가서 나폴레옹의 유해를 인수해오라는 명을 내렸기 때문이다. 따라서 루이 나폴레옹의 저작이 많은 독자에게 받아들여질 수 있는 토대는 충분히 갖춰져 있었다고 해야 할 것이다.

그런데 참으로 이상하게도 루이 나폴레옹은 어렵사리 자신의 신념을 책의 형태로 내보이면서도 그것을 프랑스 국민 사이에 널리 알리는 일에는 그다지 열심이지 않았다. 즉, 이러한 나폴레옹 숭배 감정에 편승하여 의회에서 보나파르티스트 당의 의원 수를 늘리는 합법적인 전술이 가능해졌음에도 그런 차려진 밥상을 이용하는 것을 그는 전혀 고려하지 않았던 것이다.

기회는 다가오고 있었다. 그에게 '황제민주주의'는 '황제'→'민주주의'가 아니면 안 된다는 고정관념이 있었다. 실제로는 '민주주의'→'황제' 쪽이 몇 배나 용이할 터인데도 그 시점에서는 아직 그것을 알아채지 못했던 것이다. 그리고 다시금 루이 나폴레옹은 스트라스부르의 전철을 밟는다.

불로뉴의 봉기

1840년 8월 4일 이른 아침, 영국해협의 해안 마을 불로뉴의 앞바다에 한 척의 소형 증기선 에딘버러캐슬 호가 닻을 내렸다. 배를 빌린 사람은 누페를로ス ペル ム라는 도시의 주식중매인으로, 동료들과 프랑스 여행을 한다는 이야기였다. 물론 그 배에는 루이 나폴레옹과 54명의 부하가 타고 있었는데, 스트라스부르 봉기에 참가했던 페르시니와 팔캥 소령 그리고 나폴레옹의 부관으로서 세인트헬레나 섬까지 수행했던 몽토롱 장군의 얼굴도 보였다. 화물은 마차와 말 외에 다수의 무기와 제40보병

연대의 군복 54벌이 준비되어 있었다. 불로뉴가
선택된 데는 이유가 있었다. 나폴레옹이 영국 상
륙작전을 노리고 군대를 집결시켰던 곳이 이 해
안 마을이었기 때문이다. 마을 변두리에는 나폴
레옹을 정상에 모신 기념 기둥이 세워져 있었다.

불로뉴 봉기
1840년 8월, 루이 나폴레옹은 영
국해협의 마을 불로뉴에서 동지들
과 함께 상륙하여 다시 봉기를 일
으켰다. [H]

　보트를 타고 상륙한 루이 나폴레옹 일행은 곧
바로 불로뉴의 제42보병연대 병영으로 향했다.
작전은 스트라스부르 때와 거의 같았다. 우선 군
복으로 바꿔 입은 이들이 병영 안에서 '황제 만
세!'를 외치면서 장병들에게 격문과 돈을 나눠준다. 이어서 루이 나폴
레옹이 격문을 낭독하고 궐기를 호소한다. 감격한 장병들이 잇달아 독
수리 깃발 아래로 몰려들 것이다…….

　하지만 지난번과 마찬가지로 루이 나폴레옹이 아무리 연설을 해도
누구 한 사람 호소에 응하지 않았다. 기대했던 사태는 무엇 하나 일어
나지 않았다. 부하들은 작전이 실패했음을 알아차렸다. 남은 길은 그
자리를 피해 배로 되돌아가는 것밖에 없다.

　그런데 그때 루이 나폴레옹이 내린 명령은 퇴각이 아니었다. 그는
불로뉴 항구 근처에 있는 나폴레옹의 기념 기둥 아래에서 다함께 죽자
고 말했다. 동지들은 그를 강제로 해안까지 끌고 와 보트에 태웠다. 하
지만 때는 이미 늦었다. 뒤를 쫓던 헌병대에 루이 나폴레옹 이하 전원
이 붙잡혔다.

　심복 파브르는 사살되었고, 에낭 백작은 익사했다. 루이 나폴레옹
자신도 팔에 총탄을 맞았다. 지난번에는 멋지게 탈출했던 페르시니도

체포되었다. 작전 개시부터 궤멸까지 걸린 시간은 스트라스부르 때와 거의 같았지만 내용은 한층 처참했다.

작전이 너무 무모했기 때문에 당초부터 불로뉴의 병영에 있었을 터인 루이 나폴레옹의 동조자가 배반한 것은 아닌가, 처음부터 동조자로 위장한 자가 미끼로서 한패에 가담하고 있었던 것은 아닌가 등 이런 저런 소문이 떠돌았다. 또 루이 나폴레옹이 선포할 예정이었던 임시정부 수반에 티에르의 이름이 올라 있어서 티에르가 뒤에서 조종하고 있는지 모른다는 소문도 끈질기게 따라다녔다.

그러나 그렇다고 해도 루이 나폴레옹의 희망적인 프로그램과 객관적 현실의 격차는 너무 컸다. 나폴레옹 숭배열은 높아지고 있었지만 핵심인 루이 나폴레옹과는 전혀 결부되어 있지 않았던 것이다.

한 마디로 말해 스트라스부르 봉기 때와 마찬가지로 민중은 물론 군대 내부에서조차 루이 나폴레옹의 이름은 거의 알려져 있지 않았던 것이다.

현재로서는 나폴레옹의 이름은 신화이지만 루이 나폴레옹은 일화에 지나지 않는다.

그러나 역사는 그 일화가 어떤 여과과정을 거친 후에 신화로 바뀌었다는 것을 증명한다. 다만 그 여과장치 즉 보통선거가 완성되는 것은 아직 훗날의 일이다.

4

영광을 찾아 탈옥하다

불로뉴 봉기 재판과 자기주장

불로뉴 봉기의 실패로 루이 나폴레옹은 자신의 존재가 얼마나 보잘것
없는지 새삼 절감했다.

　하지만 아이러니컬하게도 지난번의 실패에 질린 당국이 불로뉴 봉기
참가자에게 엄중한 태도로 임할 것을 결정하고 파리의 상원에 설치한
특별법정에 피고들을 세우면서부터 루이 나폴레옹의 이름은 갑자기 사
람들의 입에 오르내리기 시작했다. 루이 나폴레옹은 인정심문 모두에
서 진술 기회를 얻어 이렇게 말했다.

　저는 지금에야 태어나 처음으로 프랑스 국내에서 자신의 목소리로 자유롭게
　프랑스 국민에게 말할 수 있다는 허락을 받았습니다.(…) 이미 50여 년 전에
　민중 주권의 원리는 세계에서 가장 격렬한 혁명 끝에 확립되었습니다만, 그

이후 제국헌법 제정 즈음에 국민이 국민투표로 그 의지를 표시했을 때만큼 광범하고 자유로운 투표가 이뤄진 적은 한 번도 없습니다. 국가는 이 민중 주권의 위대한 행위를 무효로 선언하지는 않습니다. 나폴레옹은 "민중 주권 없이 행해지는 것은 모두 비합법적이다"라고 말했습니다. 따라서 제가 개인적인 이해에 이끌려 프랑스의 의지에 반해서 제정의 부활을 도모했다고는 생각하지 말아주십시오. 여러분이 상기해주셨으면 하는 것은 하나의 원리, 하나의 대의, 하나의 패배입니다. 원리, 그것은 민중 주권이고, 대의, 그것은 제국의 대의입니다. 패배, 그것은 워털루입니다. 민중 주권의 원리, 이것은 여러분도 인정할 수 있을 것입니다. 제국의 대의, 여러분도 이를 위해 목숨을 바쳤습니다. 워털루의 패배, 여러분과 저 사이에는 어떠한 불일치도 존재하지 않습니다.(…) 만약 여러분이 승리자라고 생각하신다면 저는 여러분에게 공정한 판단을 기대하지 않겠습니다. 저는 여러분의 관용을 바라지 않습니다.

—앙드레 카스텔로, 앞의 책

이 얼마나 당당한 변론인가. 루이 나폴레옹을 그저 바보나 광신자쯤으로 간주했던 상원의원들은 이제 재판을 받는 것은 오히려 자신들일지도 모른다고 느끼는 처지에 이르렀다. 그도 그럴 것이 그들 대다수는 작위나 지위를 나폴레옹으로부터 부여받은 사람들이었기 때문이다.

검사가 나폴레옹의 진짜 후계자는 루이 나폴레옹이 아니라 루이 필리프라고 그럴싸하게 말하면 말할수록 루이 나폴레옹의 존재가 더욱 두드러지는 결과를 낳았다. 어떻게 처리해야 할지 곤혹스러워하던 당국은 형법에도 없는 벌칙을 만들어 '프랑스 영토 내 요새에서의 종신금

고형'을 언도했다. 이리하여 1840년 10월 루이 나폴레옹은 부관 몽토롱과 의사 코노를 수행원으로 데려가도 좋다는 허락을 받고 암Ham 요새에 수용되었다.

'암 대학'에서 맹렬하게 공부하다

암은 파리 북쪽 135킬로미터 지점에 위치한 솜 Somme 주의 작은 마을. 솜 강을 따라 세워진 이 요새는 잔다르크를 비롯한 유명한 반역자를 유폐한 곳으로 알려져 있었다.

당국은 루이 나폴레옹의 신분을 고려하여 요새 내 건물 한 쪽에 방 두 개짜리 아파트와 시중을 드는 사람들을 위한 방을 주고 통상적인 일상생활을 허가했다. 요새 안은 습기가 많아 쾌적하다고는 할 수 없는 상태였지만 외부와 통신도 할 수 있었고 책도 자유롭게 가져다 볼 수 있었기 때문에, 루이 나폴레옹은 일찍부터 염원했던 학구적인 생활에 흠뻑 빠질 수 있었다. 그는 훗날 암 요새의 수인 생활을 회고하면서 이곳을 '나의 암 대학'이라고 부른다.

책과 함께 당국은 루이 나폴레옹의 또 다른 열정의 대상인 '여성'에 관해서도 관대한 조치를 취했다. 세탁부라는 명목으로 엘레오노라라는 시골

암 요새
솜 주의 작은 마을 암에는 중세의 고성이 있어서, 옛날부터 신분이 있는 죄수를 가두는 데 사용되고 있었다. 불로뉴 봉기에 실패한 루이 나폴레옹은 지난번과 달리 엄벌을 받고 종신 금고범으로 이곳에 수용되었다.

코르뉘 부인
루이 나폴레옹의 어머니 오르탕스의 시녀의 딸로 루이 나폴레옹의 소꿉동무. 루이 나폴레옹을 헌신적으로 받들었고, 그가 원하는 책을 암 감옥에 넣어주기도 했다.

루이 나폴레옹의 학구적인 나날들

암 요새에 유폐된 나날은 루이 나폴레옹에게 다시없는 학습의 기회가 되었다. 이곳에서 그는 생시몽, 프루동을 비롯한 사회사상을 탐독했고, 산업 발전에 의한 사회혁명과 파리 개조 등을 구상했다. 루이 나폴레옹은 이 감옥을 '암 대학'이라 불렀다.

아가씨를 곁에 두는 것을 허락했던 것이다. 엘레오노르는 1843년에 장남 외젠, 1845년에는 차남 루이를 낳았다. 루이 나폴레옹은 두 아이의 양육을 소꿉동무였던 코르뉘 부인에게 맡겼다. 두 사생아는 오랫동안 그 존재가 감춰져 있다가 1870년에 이르러 작위를 받고 각각 오륵스Orx 백작, 르벤Rebenne 백작이 되었다.

그러나 암 요새에서 루이 나폴레옹이 누린 최고의 쾌락은 몽상이었다. 어느 편지에서 그는 이렇게 쓴다.

행복은 현실 속보다 오히려 상상력 속에 있습니다. 저는 추억과 희망으로 이루어진 상상의 세계를 갖고 있는 까닭에 이렇게 격리되어 있지만 군중 속에 있는 것과 마찬가지로 자신을 강렬하게 느낄 수 있습니다.

—스미스, 앞의 책

루이 나폴레옹은 이러한 몽상을 표현하기 위해 즐겨 펜을 들었다. 집필에 필요한 자료는 코르뉘 부인이 특별허가를 얻어 파리의 왕립도서관(오늘날의 국립도서관)에서 모두 빌려다주었다.

결혼하기 전 이름이 오르탕스 라크르와인 코르뉘 부인은 루이 나폴레옹의 어머니 오르탕스 여왕의 시녀의 딸로 태어났다. 아레넨베르크 성에서는 고독한 루이 나폴레옹의 유일한 놀이동무였고, 남매처럼 그를 아끼고 격려해주었다. 루이 나폴레옹과는 남녀 관계에까지 이르지는 않았지만 오히려 그랬기 때문에 두 사람을 잇는 끈은 튼실했던 듯하며, 화가 세바스티앙 코르뉘와 결혼한 후에도 상담 상대가 되어 실의에 빠진 루이 나폴레옹을 지켜주었다. 그녀는 소꿉동무의 운명을 굳게 믿고 미래의 황제를 위해서라면 그 어떤 헌신도 마다하지 않았다. 암의 유폐생활은 처음부터 끝까지 코르뉘 부인 한 사람의 힘으로 지탱되었다고 해도 지나친 말은 아닐 것이다.

코르뉘 부인의 헌신에 힘입어 루이 나폴레옹은 옥중에서 몇 편의 저작을 완성할 수 있었다. 그중 하나는 이전에 썼던 『포병학 입문』의 개정판 『포병술의 과거와 미래에 관한 고찰』이다. 이 저작에 몰두한 루이 나폴레옹은 언젠가는 자신도 큰아버지처럼 전군을 지휘하게 될 것이라고 확신하기에 이르렀다.

큰아버지의 업적에서 배운 것은 포병학뿐만이 아니다. 사탕무 연구도 그중 하나다. 대륙 봉쇄에 따른 설탕 부족 사태에 대처하기 위해 사탕무에서 설탕을 추출하는 방법을 연구하라고 명했던 큰아버지를 따라 루이 나폴레옹은 사탕무 재배법과 설탕 정제법 연구에 온힘을 기울였다. 사탕무는 가난한 북부 프랑스 농가의 수입을 안정시킬 것이라고 믿었기 때문이다.

또 전기의 무한한 가능성을 예견한 그는 작은 실험실을 만들고 화학실험에 열중했다. 훗날 만국박람회를 적극적으로 추진하고 산업 육성에 공을 들인 '산업 황제'의 맹아는 이미 이 무렵에 싹을 틔우고 있었던 것이다.

루이 나폴레옹 사상의 결실 『빈곤의 근절』

그러나 '암 대학'의 연구 생활에서 거둔 최대의 성과는 뭐니 뭐니 해도 1844년『빈곤의 근절』을 마무리한 것이라 할 수 있다.

루이 나폴레옹은 애덤 스미스, 장 바티스트 세이 등 자유주의 경제학자에서부터 루이 블랑, 프루동 등 사회주의자까지, 특히 앙팡탱이나 미셸 슈발리에 등 생시몽주의자의 저작을 널리 섭렵하면서 사회를 근본적으로 개조할 수 있는 방법을 연구했는데, 이 책은 그러한 연구 성과를 바탕으로 열 명 중 한 명이 누더기를 걸친 채 굶주리다 죽어가는 프랑스 사회에 대한 개조 방안을 제출한 것이다.

이 책의 핵심은 다음과 같다.

> 노동자 계급은 어떤 것도 소유하고 있지 않다. 어떻게 해서든 이들을 가질 수 있는 자로 바꾸지 않으면 안 된다. 노동자 계급의 재산은 두 팔뿐이다. 이 팔에 만인에게 도움이 되는 사용법을 제공할 필요가 있다. 그들은 방탕한 놀이꾼들 사이에 놓인 노예와 같다. 사회 안에 그들에게 어울리는 장소를 제공하여 그들의 이익을 대지의 이익과 결부시키지 않으면 안 된다. 요컨대 노동자 계급에게는 현재 조직도 없고, 연대도 없고, 권리도 없고, 미래도 없다. 그들에게 권리와 미래를 제공하여 협동과 교육과 규율에 따라 그들을 바로 세우지 않으면 안 된다.
>
> —『나폴레옹 3세 저작집』

이 선언에서 우리는 4년 후에 발표되는 마르크스와 엥겔스의 『공산당선언』과 같은 주장을 발견하고서 놀라워해야 할까, 아니면 이 정도는 동시대의 누구라도 말할 수 있었을 것이라며 아무렇지 않은 듯한 표정을 지어야 할까.

어떤 입장에 서든 한 가지 염두에 두어야 할 것은 당시 '노동자 계급'이라는 관념은 정치가는 말할 것도 없고 문학자, 저널리스트 등 '지식을 소유한 인간들' 사이에서도 지극히 희박했고, 빈곤과 노동자 계급의 존재는 의식되지 않았다는 점이다.

자칭 사회주의자나 공산주의자라는 자들도 관념적으로 이상적인 사회를 말할 뿐 노동자 계급의 현상도 몰랐고, 생활수준 향상을 위한 구체적인 방안을 마련하는 데는 힘을 쏟지 않았다.

따라서 이 정도의 말을 하기 위해서는 빈곤의 원인에 대한 적확한 현상 분석과 그 해결책을 고려하기 위한 추론 능력이 필요했던 것이다.

게다가 『빈곤의 근절』에서 주장하는 것은 어떤 측면에서는 대단히 현실적이었다. 예컨대 빈곤은 무절제한 낭비 때문이므로 저축을 장려하면 된다는 의견에 대하여 루이 나폴레옹은 이렇게 반론한다.

> 저축은행은 아마 노동자 가운데 부유한 자들에게는 유익할 것이다. 하지만 저축을 하려 해도 대책이 없는 대다수 노동자에게 이 시스템은 조금도 충분하지 않다. 먹을 것도 없는 사람에게 갖고 있을 리가 없는 돈을 매년 저축하라고 권하는 것은 말도 안 되는 폭언이자 완전한 난센스다.
> —『나폴레옹 3세 저작집』

따라서 빈곤을 해결하기 위해서는 어떻게든 정치가 개입할 필요가 있다. 그때 가장 먼저 주목해야 할 것은 세금의 징수와 예산의 분배다.

이것을 루이 나폴레옹은 다음과 같은 비유로 표현한다.

세금 징수는 태양의 활동과 유사하다. 대지에서 증기를 흡수하고 그것을 비의 형태로, 잉태와 생산을 위해 물을 필요로 하는 대지의 모든 지점에 내리게 하는 태양과 같은 것이다. 비가 골고루 내리면 풍요로운 결실을 얻을 수 있을 테지만, 만약 하늘이 분노하여 뇌우나 호우나 폭풍우의 형태로 흡수한 증기를 불공평하게 뿌려댄다면 생산의 싹은 파괴되고 농사는 흉작으로 끝날 게 뻔하다.(⋯) 행정도 이와 같다고 할 수 있다. 만약 매년 모든 주민으로부터 징수한 세금을 필요하지도 않은 관직을 증설하거나 쓸데없는 기념비를 건립하거나 평화로운 시절에 아우스터리츠 전투 때보다 돈이 많이 드는 군대를 창설하는 것과 같은 비생산적인 용도에 쓴다면, 그때 세금은 무거운 압박이 되고 나라를 피폐케 하며 거둘 만큼 거두기는 했지만 아무에게도 도움이 되지 않는 흉기가 된다⋯⋯. 따라서 국가 예산 안에서 모든 제도를 바꿀 수 있는 지렛대의 최초의 지점을 찾아야 한다. 아울러 국가 예산의 목적은 노동자 계급의 생활 향상이어야만 한다.

―『나폴레옹 3세 저작집』

몇 번씩 되풀이하여 말하거니와 현재라면 이러한 주장은 당연하게 받아들여질 것이지만, 당시는 아직 국민 대다수를 차지하는 노동자 계급에게는 선거권을 비롯해 정치적 권리가 거의 주어지지 않았기 때문에, 이러한 주장을 내세워서 루이 나폴레옹이 손에 넣을 수 있는 이익은 전혀 없었다. 결국 대중에게 아부하는 것이라 해도 그 대중에게 권리라는 게 일절 없다면 그것을 아부라 할 수 있을지 의문이다.

황제민주주의로

그렇다면 이러한 정치와 행정의 개혁을 실현 가능하게 하려면 어떻게 해야 한다고 루이 나폴레옹은 생각했을까? 마르크스가 말한 대로 노동자 계급이 일치단결하여 권력을 탈취한 다음 노동자 정부를 수립하면 되는가. 사실 『빈곤의 근절』에서는 소비에트의 집단농장kolkhoz과 유사한 '농민 콜로니'나 '노동자 콜로니' 등 사회주의적인 정책도 제안하고 있다.

따라서 이것을 에틴엔 카베Etienne Cabet가 그랬듯이 사회주의적 유토피아의 하나로 분류하지 못할 것도 없다. 하지만 기본적으로는 사회 전체의 생산력을 늘리지 않으면 안 된다는 생시몽식의 발상에서 자본과 생산수단의 사유를 인정하는 것이어서 그 근간은 사회주의적이라기보다 오히려 수정자본주의적이다.

그러나 루이 나폴레옹이 꿈꾸는 사회에서 정말로 중요한 것은 그러한 이데올로기적 구별이 아니다. 중요한 점은 무엇보다 자신이 황제로서 이러한 개혁을 실현해야 하며, 그 황제를 노동자 계급이 지탱한다는 인식이다.

'황제'와 '민주주의'는 국민의 '머리'와 '몸통'인 까닭에 어느 한쪽도 없어서는 안 된다. '민주주의'만으로는 중우정치衆愚政治로 빠지고, '황제'만으로는 독재정치가 된다.

'민주주의'에 의해 지탱되는 '황제'만이 유일하게 노동자 계급의 해방을 완수할 수 있고 빈곤을 근절할 수 있다. 두 번째 봉기의 실패와 긴 유폐 생활에도 불구하고 프랑스가 자신이 황제가 될 날을 기다리고 있다는 루이 나폴레옹의 확신은 강해졌으면 강해졌지 조금도 수그러들

탈옥하는 루이 나폴레옹
1846년 5월, 루이 나폴레옹은 아파트 개수 공사가 진행되는 틈을 타 일꾼 옷으로 갈아입고 탈출하는 데 성공했다. 대역을 맡은 일꾼의 이름은 광제였다. 그의 이름에서 연상한 것인지는 모르겠지만 이후 루이 나폴레옹은 바당게라는 별명을 얻는다.

기미를 보이지 않았다. 그것은 야심이라기보다 거의 메시아적인 사명감에 가까웠다.

1843년 그는 뷔야르에게 보낸 편지에 이렇게 쓴다.

제가 목숨보다 중요한 평판이라는 것을 두 번씩이나 위험에 처하게 한 것은 개인적인 야심 때문이 아닙니다. 그리고 또다시 저의 개인적인 애정과 휴식을 희생시킨 것은 지배하고자 하는 야심 때문이 아닙니다. 저를 이끌고 지탱하는 것은 가장 고상하고 신비로운 감정입니다.

—스미스, 앞의 책

뤼팽을 보는 듯한 대탈옥

따라서 막연했던 몽상과 감정이 점점 분명한 형태를 띨수록 감옥에 갇혀 있는 자신의 처지가 견딜 수 없어지는 것은 당연하다. '민주주의'를 실현하고 노동자 계급의 생활을 향상시키기 위해서는 자신이 황제가 될 수밖에 없다. 그런데 그런 자신은 이렇게 영구히 자유를 빼앗긴 처지다.

게다가 암 감옥에서 생활하는 데 드는 비용도 무료가 아니어서 시중을 드는 사람들의 몫까지 포함하여 모두 자신이 부담해야 한다. 다른 감옥에 있는 공범자들의 가족에게도 부양수당을 지급하고 있다. 여기에 드는 비용은 연간 20만 프랑을 웃돈다. 아레넨베르크 성을 팔고 런던의 자택에 있는 가재도구를 경매에 붙여도 감당할 수가 없다. 그뿐만 아니라 감옥 안의 지독한 습기로 발에 류머티즘이 와 육체적으로도 유폐 생활을 견딜 수가 없다. 어떻게든 탈출할 방법이 없을까.

그때 아버지 루이 왕이 위독하다는 소식이 날아들었다. 이 소식을 접한 그는 루이 필리프에게 가출옥을 허가해 달라는 편지를 직접 쓰기도 하고 오딜롱 바로Odilon Barrot를 비롯해 면식이 있는 의원들에게 부탁을 하기도 했지만 모두 허사로 돌아가고 말았다. 이렇게 된 바에야 감시의 눈을 피해 탈옥하는 수밖에 없다.

사실 루이 나폴레옹은 이전부터 탈옥 계획을 세워놓고 있었다. 그것은 나가는 자에 대한 경계는 삼엄하지만 들어오는 자에 대한 검색은 그렇지 않다는 맹점을 노리는 것이었다. 특히 감옥 내 아파트 등에서 이런저런 공사가 진행될 때에는 일꾼이 자재나 도구를 가지러 드나들기 때문에 일꾼으로 변장하면 탈옥은 결코 불가능하지 않으리라고 생각했던 것이다.

루이 나폴레옹의 경우 일단 결심하면 실행에 옮기는 것은 빠르다. 이리하여 차근차근 탈옥 계획을 세워나갔다.

우선 그는 거주하고 있는 아파트 개수 공사를 자비로 하고 싶다는 내용의 신청서를 제출했다. 마침내 허가가 나오자 부하에게 공사장에 드나드는 석공의 옷을 준비하라고 명했다. 그러는 가운데 모습이 자신과 닮은 팡게라는 이름의 석공이 눈에 띄자 그 사내인 것처럼 행세하기로 했다. 결행 날짜는 1846년 5월 25일로 잡았다.

그날 아침 5시, 잠자리에서 일어난 루이 나폴레옹은 트레이드마크인 콧수염과 턱수염을 밀고 일꾼옷으로 갈아입었다(팡게가 벗어놓은 옷을 입었다는 설도 있다). 그리고 몰래 가져다 둔 마네킹을 침대에 눕히고 이불을 덮었다. 자리에 없다는 사실이 미리 발각되지 않도록 의사 코노는 루이 나폴레옹이 아파서 하루종일 침대에 누워 있다고 옥리들에게 일러두었다.

6시 45분, 팡게가 그랬듯이 파이프를 입에 물고 널조각을 어깨엔 맨 루이 나폴레옹은 부하 텔란을 앞세우고 아파트를 나왔다. 텔란은 미리 생캉탱Saint-Quentin에 볼일이 있어 나간다는 명목으로 외출 허가를 얻어 둔 터였다.

첫 번째 관문은 어렵지 않게 통과했지만, 두 번째 보초 앞을 지날 때에는 긴장했던 탓인지 물고 있던 도자기 파이프를 땅에 떨어뜨리고 말았다. 하지만 그는 조금도 당황하지 않고 깨진 파이프 조각을 하나하나 모은 다음 그것을 천천히 호주머니에 넣었다.

보초는 그 모습을 웃으며 바라볼 뿐 누구냐고 묻지도 않았다. 다리를 건너 문을 나서려고 했을 때 맞은편에서 오던 일꾼 두 명이 본 적이 없는 석공의 얼굴을 의아한 표정으로 바라보았다. 그 대단한 루이 나폴레옹도 이제 끝났구나 생각했다. 하지만 그들은 별다른 소리 없이 그대로 지나갔다.

저녁 무렵, 침대에 마네킹이 누워 있는 것이 발견되었지만 루이 나폴레옹은 이미 브뤼셀에 도착해 있었다. 이틀 후, 무사히 런던에 닿은 그는 친구 레이디 블레싱턴의 저녁식사 초대를 받았고, 그 자리에서 마치 남의 일인 것처럼 차분하게 사건의 전말을 털어놓았다.

정말이지 괴도 뤼팽도 울고 갈 만큼 극적인 탈출극이었다. 다음 날, 신문은 일제히 이 사건을 이리저리 윤색해 보도했다. 루이 나폴레옹은 이리하여 하룻밤 사이에 파리와 런던의 유명인사가 되었다.

그런데 이 사건으로 그는 딱 하나 커다란 불이익을 감수해야 했다. 그것은 대역을 맡은 석공 팡게의 이름을 연상하게 하는 바당게라는 이상한 별명을 얻었던 것이다. 이 별명은 죽을 때까지 그를 따라다니게 된다.

5

혁명을 이용하라

아버지의 막대한 유산과 여성에 대한 열정

1846년 9월, 아버지 루이 왕이 피렌체에서 삶을 마감했다.

당시 피렌체는 오스트리아령이었기 때문에 루이 나폴레옹은 5월 말 런던에 도착하자마자 오스트리아 대사관에 비자 발행을 신청했지만 입국이 허용되지 않아 아버지의 임종을 지키지는 못했다.

상속으로 루이 나폴레옹은 평생 놀며 살아도 남을 만큼의 돈을 손에 넣었다. 그럼에도 유산은 눈 깜짝할 새에 바닥이 나고 말았다. 낭비의 이유는 딱 하나, 그가 여전히 황제가 되는 꿈을 버리지 않기 때문이었다. 윌리엄 스미스는 『나폴레옹 3세』에서 이렇게 말한다.

금전에 관하여 루이 나폴레옹은 어처구니가 없을 정도로 무능했다는 둥, 병적이다 싶을 정도로 씀씀이가 헤펐다는 둥 말이 많지만 실제로는 그렇지 않앉다. 그에게 돈이란 자신에게 주어진 운명을 완수하는 하나의 방법에 지나지 않았다. 또 그가 자신의 미래에 대하여 품고 있는 생각은 조금도 흔들리지 않았다. 40세를 눈앞에 둔 1847년, 두 번의 커다란 실패를 경험했지만 그는 변함없이 자신의 별을 믿고 있었다. 그 별은 20년 전과 똑같은 밝기로 빛나고 있었다.

다시 말해 루이 나폴레옹은 여전히 프랑스의 황제가 될 것이라는 자신의 별을 믿고 쿠데타에서 행동을 함께 할 부하와 그 가족에게 연금을 보내고 있었던 것이다.

하지만 유산이 이러한 대의명분을 세우는 목적을 위해서만 사용된 것은 아니다. 그의 또 다른 열정의 대상인 여성이 이 유산의 상당 부분을 빨아들이고 있었던 것 역시 사실이기 때문이다.

런던의 사교계에 복귀한 루이 나폴레옹이 처음으로 관계를 맺은 것은 코메디 프랑세즈Comedie Française의 유명 여배우로 공연차 영국에 와 있던 라셀이다. 그런데 라셀은 루이 나폴레옹에게 돈을 실컷 쓰게 하고서는 다음 날 그를 팽개쳐두고 때마침 피렌체에서 런던에 와 있던 그의 사촌동생 나폴레옹 제롬(약혼자였던 마틸드의 동생)과 함께 파리로 도망쳐버렸다.

루이 나폴레옹은 제2제정 확립 후 공화사상의 소유자인 사촌동생 제롬을 권력에서 멀리하여 한직으로만 돌게 했는데, 틀림없이 이 사건이 그러한 불화의 먼 원인이 되었을 것이다.

그러나 모험과도 같은 연애가 루이 나폴레옹의 재정을 갉아먹기만 했는가. 반드시 그렇다고는 말할 수 없다. 왜냐하면 1847년에 만나 우

미스 하워드

암 요새를 탈출한 후 루이 나폴레옹이 런던에서 만난 미스 하워드는 늘 빚 걱정에 시달리는 루이 나폴레옹을 자신의 풍족한 재산으로 지속적으로 지원했다. [C]

연히 깊은 관계를 맺게 된 미스 하워드는 훗날 그의 재정을 남몰래 지탱하는 중요한 인물이 되기 때문이다.

미스 하워드는 가난한 구두장수의 딸로, 본명은 엘리자베스 앤 해리엇이라고 한다. 처음에는 무대를 마음에 두었지만 싹을 틔우지 못한 채 제자리걸음을 하고 있는 사이 그 미모가 어느 부유한 군인의 눈에 띄었고, 이윽고 그의 애인이 되어 남자아이 한 명을 낳았다. 군인은 자식을 받아들이지 않는 대신 그녀에게 거액의 연금을 주었는데, 주식이나 채권에 투자된 연금이 큰 재산으로 불어났고, 미스 하워드는 런던의 사교계에서도 선두를 다투는 미모와 자산을 갖춘 여성이 되어 있었던 것이다.

당시 스물세 살이었던 미스 하워드에게는 몇 명의 부유한 구혼자가 있었지만, 루이 나폴레옹을 만난 순간 일종의 계시를 받고 그 자리에서 애인이 되었다고 한다. 루이 나폴레옹에 대한 그녀의 헌신은 전혀 사심이 없는 것이어서, 늘 빚 걱정에 시달리는 루이 나폴레옹을 지속적으로 지원했을 뿐만 아니라 제2제정 그 자체도 그녀의 지갑에서 태어났다 해도 결코 지나친 말은 아닐 것이다.

이처럼 루이 나폴레옹은 1847년부터 1848년

2월 혁명

1848년 2월, 개혁 연회 중지에 분노한 민중이 봉기하면서 2월 혁명이 일어났다. 루이 필리프는 망명했고, 임시정부에서는 공화제를 선언했다. [L]

초까지 미스 하워드의 사랑에 감싸여 섭생에 힘쓰면서 감옥생활로 쇠약해진 건강을 회복하는 데 온힘을 다하고 있었지만, 그렇다고 자신에게 부여된 천명을 잊은 것은 아니었다.

그런데 프랑스의 정치 상황은 그에게 호의적인 방향으로 흘러가지 않았고, 기회는 오랫동안 찾아올 것 같지 않았다. 그는 심복 비코프에게 보낸 편지에 이렇게 쓴다. "이렇게 된 이상 당분간 행동을 단념하고 뭔가 사건이 일어나기를 기다릴 뿐이다."(스미스, 같은 책)

그렇지만 시간은 오래 걸리지 않았다. 마침내 그 '사건'이 일어난 것이다. 저 유명한 1848년 2월 혁명이다.

2월 혁명에 대한 태도

2월 혁명이 일어나고 '프랑스인 왕'으로 군림하고 있던 루이 필리프가 왕좌에서 쫓겨나 영국으로 망명했을 때, 그와 엇갈리기라도 하듯이 루이 나폴레옹은 프랑스 땅을 밟았다. 18년 전 7월 혁명 때에는 파리에 없었기 때문에 보나파르티스트 세력을 결집할 수 없었지만 이번에는 그때의 전철을 밟지 않겠노라고 마음속으로 다짐하고 있었다.

루이 나폴레옹은 파리의 호텔에 짐을 풀자마자 임시정부에 자신의 도착을 알리고 공화국에 대한 충성을 맹세했다.

하지만 갑작스런 귀국 의도를 이상하게 여긴 임시정부의 라마르틴은 루이 나폴레옹에게 "국내가 평정을 되찾고 제헌의회가 성립될 때까지 런던으로 돌아가 기다리라"고 요청했다. 이 요구는 루이 나폴레옹에게 전적으로 부당한 것이었지만, 프랑스 국내에 아무런 세력 기반도 갖고 있지 못했던 그로서는 자신에게 야심이 없다는 것을 보여주기 위해서라도 요청에 응할 수밖에 없었다. 그러나 여기에서 신중하게 행동하여 프랑스에 머무르지 않았던 것이 루이 나폴레옹에게는 오히려 긍정적이었다. 그 이유는 두 가지다.

하나는 그의 주장이 혁명적 열광과 함께 생겨난 많은 유토피아적 정치사상의 소용돌이 속에 묻히지 않았기 때문이다. 처음의 열광이 지나가면 이러한 물거품과 같은 당파들은 곧 잊히기 마련인데, 만약 루이 나폴레옹이 이 시점에서 정치활동에 나섰다면 도리어 그를 수상쩍게 바라보는 사람들 사이에서 위험인물로 간주되었을지도 모른다. 또, 보나파르티스트들의 책동에 놀아나 무력으로 권력을 탈취하고자 했다면 확실히 스트라스부르나 불로뉴의 전철을 밟았을 것이다.

두 번째 이유는 그의 정치적 포지션의 문제다. 다시 말해, 정치 일정이 거리투쟁에서 선거로 이동하면 혁명의 실질적 주체가 된 노동자나 사회주의자와 사태를 잘 수습하고자 하는 부르주아 공화파 사이에 커다란 균열이 발생해 좌우 충돌의 위기가 불가피해질 터인데, 이런 상황에서 그가 만약 일찍 정치활동을 개시했다면 어느 한쪽 진영에 이용만당하고 버려졌을 가능성이 있기 때문이다.

루이 나폴레옹은 그런 사정을 명확하게 고려하고 있었던 듯하다. 그는 런던으로 돌아가자마자 페르시니에게 이렇게 쓴다.

나에 대한 혁명의 상황은 분명히 변화하고 있다. 그렇다고 나에 대한 생각이 바뀐 것은 아니다. 바뀐 것은 두 계급의 이해관계다. 일찍이 나를 필요로 하지 않았던 공화파는 나를 평가하면서도 적으로 간주한다. 다른 한편 왕당파는 나의 승산과 능력을 의심하면서도 벗으로 생각한다. 이런 상황을 바꿀 수 있는 것은 시간뿐이다.

지금 무력으로 권력을 탈취하느니 마느니 하는 것은 문제가 아니다. 내가 파리로 돌아가면 국민병 부대가 나를 떠메고 가 파리 시청의 의자에 앉힐지도 모르지만 그 자리에는 일주일도 앉아 있지 못할 것이다.(…) 질서를 대표하는 인물의 의견이 통하려면 모든 환영幻影이 사라지는 날까지 기다리지 않으면 안 된다.

—앙드레 카스텔로, 앞의 책

루이 나폴레옹, 신중해지기로 작정하다

사실 좌우 대립의 구도는 4월 말에 치러진 헌법제정의회 선거에서 결정적으로 드러났다. 혁명정부의 기대와 달리 선거 결과는 전체 900석 중 여당인 공화좌파와 사회주의자 100석, 부르주아 공화파 500석, 왕당파 300석으로 임시정부의 완패였다. 임시정부의 무능이 초래한 인플레이션과 실업의 증가로 질서를 갈망하는 목소리가 높아지고 있었던 것이다.

루이 나폴레옹은 심복 페르시니의 간절한 요청이 있었음에도 제1회 보통선거에는 끝내 후보로 나서지 않았다. 그는 그 이유를 선거 후인 5월 11일 스승 뷔야르에게 이렇게 말한다.

프랑스 사회가 냉정을 찾지 않는 한, 바꿔 말해 헌법이 제정되지 않는 한, 프랑스에서 저의 포지션은 몹시 난처하고 성가실 것입니다. 아니, 그보다 저 자신에게 대단히 위험한 것이 될지도 모릅니다.

—앙드레 카스텔로, 같은 책

6월 사건

1848년 6월 21일, 실업자 대책으로 개설된 국립작업장의 폐쇄를 계기로 파리 동부의 민중이 일제히 봉기하여 바리케이드를 쌓았지만 정부로부터 전권을 위임받은 카베냐크 장군은 철저하게 이를 탄압했다. 이후 부르주아 공화파와 민중 사이에는 깊은 골이 파인다. [Q]

실제로 상황은 그가 우려했던 방향으로 흘러갔다. 먼저, 5월 15일에 과격파가 의회에 난입하는 사건이 발생했는데, 이때 루이 나폴레옹이 뒤에서 조종하고 있다는 유언비어가 나돌았고, 루이 나폴레옹의 국외추방을 결의하려는 움직임이 일었다. 루이 나폴레옹은 의원으로 선출된 뷔야르에게 보통선거로 구성된 의회에 절대적 충성을 맹세하는 내용의 편지를 보내면서 그 편지를 의회에서 낭독해달라고 요청하지 않을 수 없었다. 이와 동시에 그는, 더 이상 기다리지 못하고 보나파르티스트의 프로파간다를 개시한 페르시니에게 이렇게 경고했다. "프랑스의 상황에 관하여 생각하면서, 나의 입장을 고려하면서, 나아가 나의 기분과 능력과 희망에 관하여 돌이켜보면서, 나는 당분간 지금 일어나고 있는 그 어떤 일에도 관여하지 않겠다고 결심했다. 나는 나 자신이 생각한 대로 행동하고, 자신에게 어울리는 역할을 하고 싶다. 그렇지 않으면 아무것도 아닌 사람으로 있을 수밖에 없다."

하지만 본인의 신중론과는 정반대로 루이 나폴레옹을 대망하는 목소리는 특히 농민들 사이에서 점차 높아지고 있었다. 6월 4일 보궐선거가 실시되었을 때, 입후보도 하지 않은 나폴레옹이 파리를 비롯해 욘Yonne, 샤랑트-앙페릴, 코르시카 네 곳에서 당선했다. 소설가 프로스페르 메리메는 편지에 이렇게 쓴다.

"샤랑트에서 돌아온 친구 얘기를 들으니 루이 나폴레옹에게 투표한 농민들은 그의 큰아버지에게 투표한 셈이라고 한다더군요."

이를 기회로 페르시니 등의 프로파간다는 힘을 얻었고, 몇몇 보나파르티스트의 기관지가 생겨났다. 군대 내부에서도 친나폴레옹 세력이 형성되었다. 이러한 루이 나폴레옹의 인기에 공화파는 전율했다.

그러나 루이 나폴레옹은 공화파의 공포를 없애기 위해 의원직에서 물러날 뜻을 의회에 전했다. 일보 후퇴 이보 전진의 전략이다. 이 방침이 옳았다는 것은 그 후의 상황에 의해 곧 증명된다. 6월 사건이 발생한 것이다.

6월 사건과 루이 나폴레옹

6월 사건은 5월 폭동에서 공포를 느낀 의회의 다수파가 6월 21일을 기점으로 실업자 구제를 목적으로 개설되어 있던 국립작업장을 폐쇄한다고 갑작스럽게 통고하면서 일어났다. 파리의 노동자는 이 조치에 항의하여 "파리가 아니면 총탄을!"이라는 구호를 외치며 동부지구를 중심으로 400여 곳에 바리케이드를 쌓고 농성에 들어갔다.

정부로부터 전권을 위임받은 카베냐크 장군은 언론·집회의 자유를 금지하는 법률을 가결시킨 다음, 철저한 탄압에 돌입하여 나흘 동안의 전투를 거쳐 봉기를 완전히 진압했다. 사망자는 5000명, 체포자는 1만 5000명을 넘었다. 대혁명 이래 서로를 의심하면서도 몇 차례 혁명에서 함께 싸웠던 부르주아와 노동자 사이에는 6월 사건을 경계로 깊은 골이 파인다. 노동자는 부르주아를 증오하고 부르주아는 노동자를 두려워하는 상호불신의 구도가 형성되었던 것이다.

루이 나폴레옹이 6월 사건 당시 프랑스에 있지 않았던 것은 큰 보탬

이 되었다. 만약 루이 나폴레옹이 어떤 형식으로든 이 사건에 개입했다면, 죄수가 될 것인지 간수가 될 것인지 최악의 양자택일 상황에 직면했을 것이다. 그렇지 않아도 6월 사건은 노동자 사이에 숨어든 보나파르티스트가 야기한 것이라는 그럴싸한 소문이 나돌았고 경찰청 밀정들은 루이 나폴레옹의 개입을 파헤치는 데 필사적이었기 때문에, 그가 파리에 있었더라면 무슨 혐의든 뒤집어쓰고 체포되었을지도 모른다. 루이 나폴레옹은 코르뉘 부인에게 보낸 편지에서 이렇게 말한다. "아무리 생각해도 의원직에서 물러나길 잘한 것 같습니다. 그렇게 하지 않았다면 틀림없이 이 무서운 사건의 주모자 취급을 받았을 겁니다. 물론 파리에 있지 않았는데도 나를 헐뜯는 자들이 있어 내가 폭동을 지원했다는 소문이 퍼지고 있다는 것은 알고 있습니다. 하지만 그런 소문은 어차피 사실이 밝혀지면 사라질 것입니다."

이렇게 루이 나폴레옹은 자신의 방침이 옳았다는 것을 확인하면서 런던에서 한 걸음도 벗어나지 않은 채 파리의 상황을 냉정하게 지켜보고 있었다.

카베냐크 장군에게 전권을 위임했다는 소식을 레이디 블레싱턴이 마련한 저녁식자 자리에서 들었을 때 그는 이렇게 중얼거렸다고 한다. "저 사람은 나에게 길을 열어줄 것이다."

등장의 기회, 무르익다

여름이 지나고 상황은 조금씩 진정 국면으로 접어들었다. 9월에 보궐선거가 실시되었을 때 루이 나폴레옹은 지금까지의 방침을 바꾸어 프랑스 13개 주에서 입후보했다. 그렇다고 런던을 떠난 것은 아니었고 페르시니를 비롯한 여러 사람을 통해 후보자 명부에 이름을 올렸을 뿐이다. 적극적인 선거운동을 펼친 것도 아닌데 5개 주에서 당선했다. 파리의 센 지구에서는 당당히 일등으로 당선했다.

마침내 기회가 무르익은 것이다. 9월 25일, 루이 나폴레옹은 다시 도버 해협을 건너 큰아버지의 연고지 방돔 광장에 면한 라인 호텔에 모습을 드러냈다. 이 인물의 얼굴을 알아보는 사람은 아무도 없었다. 그래서 그가 당선 인사를 하기 위해 의원석에 등장하기까지 의원들은 마른침을 삼키며 연설을 기다렸다.

완전한 실망이었다. 루이 나폴레옹이 들릴 듯 말 듯한 소리로 자신을 다시 받아들여준 공화국에 감사하는 짤막한 연설을 마치고 서둘러 연단을 내려오는데, 회의장 곳곳에서 "저 사람 누구냐"며 혀를 차는 소리와 함께 비웃음 소리가 들렸다. '레뷔블리크république(공화국)'를 '레퓌블리크'라고 발음하는 독일식 억양은 말할 것도 없고, 무엇보다 산뜻하지 않은 그의 풍모가 온 회의장에 조롱의 씨앗을 뿌렸다. 오를레앙파의 거물 레뮈자Rémusat는 다음과 같이 묘사한다.

긴 얼굴에 무거워 보이는 표정. 병자와 같은 잿빛 얼

방돔 광장

1848년 9월, 기회가 무르익었다고 생각한 루이 나폴레옹은 도버 해협을 건너 나폴레옹과 인연이 있는 방돔 광장에 면한 라인 호텔에 모습을 드러냈다. [C]

루이 나폴레옹의 첫 의회 등장

9월 25일, 루이 나폴레옹은 처음으로 의회에 나와 당선 인사를 했는데, 독일어 억양이 심해 온 회의장의 비웃음을 샀다. 티에르는 "그저 바보일 뿐"이라고 결론지었다. 이 그림은 전 가정교사로 보나파르티스트당 의원이 된 뷔아르가 루이 나폴레옹을 뒤에서 떠받치고 있는 것처럼 묘사하고 있다. [N]

카베냐크 장군
공화국 초대 대통령으로 유력시되
었던 카베냐크 장군. 온건공화파
계열의 신문 대부분이 그를 지지
했지만, 처음으로 선거권을 부여받
은 민중은 6월 사건을 탄압한 자
라 하여 그를 싫어했다. [N]

굴. 앵무새와 같은 커다란 코. 보아르네 집안 특유
의 칠칠치 못한 입매.(…) 얼굴은 몸에 비해 너무 길
고, 몸은 다리에 비해 너무 길다. 몸짓은 둔한데다
어색하고, 동작은 마치 허리라도 좋지 않은 듯이 무
겁다. 소리는 코에 막혀 잘 나오지 않고, 말투도 열정
이 없이 단조롭기만 하다. 요컨대 겉모습만 보아서는
느낌이 아주 나쁘다.
―『내 인생의 회상』에서 인용

티에르는 한 마디로 "그저 바보일 뿐"이라고
결론지었다. 티에르의 이 말은 모든 것을 요약하
고 있다. 루이 나폴레옹에 대한 의회의 기대는 이 연설로 완전히 사라
져버린 것이다.

하지만 이와 같은 나쁜 인상은 오히려 루이 나폴레옹에게 긍정적으
로 작용했다. 모두가 그에 대한 경계심을 풀어버렸기 때문이다. 그리
고 좌우 가릴 것 없이 이 바보는 이상할 정도로 인기를 끌고 있기 때문
에 어쩌면 이용 가치가 있을지도 모른다고 생각했다. 내가 메는 가마
는 모름지기 장식이 화려하고 가벼운 게 좋은 법이다.

그러나 이 가마는 영화 「2001 스페이스 오디세이」에 나오는 인공지
능 컴퓨터 이상으로 놀라운 심모원려深謀遠慮를 감추고 있었다.

공화국 대통령으로

11월 들어 헌법제정의회에서 논의가 좁혀져 공화국의 정치형태가 결

정되었다.

행정의 집행권은 직접보통선거로 선출된 임기 4년의 대통령이 갖는다. 대통령은 의회에 책임을 지지 않고 내각을 임명 및 해임할 수 있지만 의회해산권은 갖지 않는다. 요컨대 미국의 정치형태를 모방한 대통령제인 셈인데, 대통령과 의회가 대립할 경우 어느 쪽에 더 강한 권력을 부여할지 규정되어 있지 않았고, 게다가 대통령은 연임할 수 없다는 규정이 있어서 이것이 두고두고 커다란 화근이 된다.

어쨌든 제2공화제의 헌법은 다수의 찬성으로 가결되었다. 정치 일정은 당연히 대통령 선거로 옮겨간다. 투표일은 12월 10일로 정해졌다. 입후보자는 카베냐크 장군, 라마르틴, 르드뤼 롤랭Ledru-Rollin, 라스파유Raspail 그리고 루이 나폴레옹 다섯 명이다.

이 가운데 가장 유력시되는 인물은 6월 사건의 중심인물 카베냐크 장군이다. 그는 의회의 다수파인 온건공화파(부르주아)의 전면적인 지지를 확보하고 있었다. 내무장관 뒤포르는 전국의 지사들에게 프로파간다에 나설 것을 명했다. 지지로 돌아선 신문은 온건공화파의 양대 일간지 『나시오날』과 『시에클』을 중심으로 온건보수의 『주르날 드 데바』, 공화파의 풍자신문 『샤리바리』 등이다.

한편, 임시정부의 각료를 지낸 라마르틴과 르드뤼 롤랭은 혁명의 한 축이었던 민주공화파가 지지기반이어야 했지만, 6월 사건으로 환멸에 빠진 이 계층의 지지를 잃어 대항마로서 실력을 발휘할 수 없는 형편이었다. 아직 혁명에 희망을 걸고 있는 좌익이나 사회주의자는 오히려 5월의 의회 난입 사건으로 체포되어 옥중에서 입후보한 라스파유의 지지로 돌아서 있었다.

그 결과 전혀 가망이 없는 후보자로 간주되었던 루이 나폴레옹이 갑자기 예상을 크게 뒤집고 유력 후보로 떠올랐고, 마침내 선거전이 중반에 접어들었을 무렵부터 당당한 대항마가 되었다.

제2장

___

대통령 취임

1
사면초가

대통령 선거 압승

대통령 선거 중반부터 루이 나폴레옹의 인기가 급상승하면서 이기는 말에 올라타려는 사람들이 잇달아 그의 지지로 돌아섰다.

처음부터 지지를 표명했던, 나폴레옹 콤플렉스로 똘똘 뭉친 것 같은 두 사내 빅토르 위고(신문 『에벤망』)와 에밀 드 지라르댕(신문 『프레스』) 외에, 양대 보수세력인 오를레앙 왕조파와 정통왕조파도 적의 적은 아군이라는 논리로 그의 진영에 가담했다. 오를레앙 왕조파의 티에르는 공공연하게 이렇게 말했다. "루이 나폴레옹이 뽑히는 게 좋다는 말은 아니지만 우리 같은 온건한 인간에게 그것은 최소한의 악이다."

이리하여 역사상 최초의 보통선거에 의한 대통령 선거는 기묘한 대결 구도를 드러냈다. 다시 말해 공화파의 유력 후보 카베냐크 장군은 6월 사건의 학살자라 하여 공화주의의 주체가 되어야 할 터인 노동자와

루이 나폴레옹의 풍자화
맨 위 소(나폴레옹)와 누가 힘이 센
지 겨루려고 하는 개구리(루이 나
폴레옹)
가운데 루이 나폴레옹을 치켜세우
려 하는 위고와 지라르댕
아래 루이 나폴레옹을 조종하는
티에르. 루이 나폴레옹은 꼭두각
시 모습을 하고 있다. [N]

지식인의 기피 대상이 된다. 한편, 대항마인 루이 나폴레옹은 민중의 적인 위고와 자주독립의 개혁파 지라르댕의 지지를 얻고는 있지만, 괴뢰화를 꾀하는 구체제파로부터도 지원을 받고 있다. 그리고 대통령제 탄생을 이끈 임시정부의 후보는 전혀 인기가 없다.

정말이지 티에르의 말마따나 좌우 어느 쪽의 유권자에게도 대통령 후보는 마이너스가 조금이라도 적은 후보, 다시 말해 덜 나쁜 후보밖에 없었던 것이다. 그 때문인지 선거전은 처음부터 끝까지 정책 논쟁보다 상대의 나쁜 이미지를 과장하고 스캔들을 파헤치는 폭로전 양상을 띠었다.

그중에서도 카베냐크 지지로 돌아선 공화파 저널리스트 쥘 에첼은 새롭게 창간한 삽화 풍자신문 『르뷔 코미크』에서 도미에, 나달, 샴 등 풍자화가를 총동원하여 루이 나폴레옹을 철저하게 우롱했다. 캐리커처는 루이 나폴레옹이 티에르의 꼭두각시라는 둥, 그가 대통령 선거에 나선 것은 빌린 돈을 갚기 위해서라는 둥 근거 없는 소문을 반복해서 강조했다. 이러한 야유가 각인한 인상은 상당히 강렬해서 루이 나폴레옹에 대한 지식인의 이미지는 거의 이 선에서 굳어지고 만다.

한편 루이 나폴레옹 편에 섰던 지라르댕의 『프

레스』는 카베냐크의 당선은 1793년의 공포정치의 귀환이며, 사회와 경제의 대혼란을 야기할 것이라고 경고했다.

하지만 이러한 프로파간다는 어디까지나 후보자의 사상이나 신념에 흥미를 가진 지식계층에게만 영향을 끼쳤다. 유권자의 대다수를 차지하는 농민들은 그 무엇이 폭로되든 전혀 신경을 쓰지 않았던 것이다.

그도 그럴 것이 그들은 대부분 읽고 쓸 수가 없었고, 신문은커녕 선거공보에 적혀 있는 후보자의 이름조차 해독할 수 없었기 때문이다. 투표에 즈음에서는 그저 후보자의 이름이 귀에 익은 사람인지 여부만이 선택의 기준이 되었다. 이 점은 오늘날 일본 대도시의 시장 선거와 조금도 다를 게 없다. 차이는 이름이 텔레비전이 아니라 입소문에 의해, 예를 들면 마을 카페의 대화나 교회의 설교를 매개로 여러 사람에게 알려졌다는 점뿐이다. 이들 농민에게는 카베냐크도 라마르틴도 르드뤼 롤랭도 외국인의 이름과 다르지 않았다. 들은 적이 있는 것이라곤 '나폴레옹 보나파르트'라는 이름뿐이다. 큰아버지와 무슨 차이가 있는지도 중요하지 않았다.

선거 결과는 모든 예상을 훌쩍 뛰어넘었다. 루이 나폴레옹은 총투표수의 74.2퍼센트, 즉 550만 표를 획득했다. 한편 카베냐크는 20퍼센트를 얻는 데 그쳤다. 르드뤼 롤랭은 고작 5퍼센트, 라스파유와 라마르틴은 1퍼센트에도 미치지 못했다. 그중에서도 라마르틴의 총득표수는 고작 1만7940표로 국민이 보기에도 딱할 정도였다. 2월 혁명의 주체였던 노동자들은 기권하거나 루이 나폴레옹에게 투표했던 것이다.

헌법에는 1등을 차지한 후보의 득표수가 과반을 넘지 않을 경우 의회의 투표로 대통령을 결정한다는 규정이 있었지만, 이 규정이 적용될

의회에서 선서하는 루이 나폴레옹

12월 10일 실시된 최초의 대통령 보통선거에서 루이 나폴레옹은 74.2퍼센트의 득표율로 압승, 프랑스 공화국 초대 대통령으로 선출되었다. 12월 22일, 마치 낙하산병처럼 의회의 연단에 내려선 루이 나폴레옹은 선서를 마친다. [C]

오딜롱 바로

어떤 당파의 협력도 얻지 못한 채 조각에 고심하고 있던 루이 나폴레옹은 7월 왕조에서 최후의 수상을 지낸 오딜롱 바로에게 조각을 명했는데, 오딜로 바로는 보수파로 뭉친 내각을 만들어 저항했다. [I]

여지는 전혀 없었다.

스트라스부르와 불로뉴의 봉기로 두 차례 죄수가 되고 석공으로 변장해 탈옥한 사내가 고작 2년 반 후에 프랑스공화국의 초대 대통령이 되리라는 것을 본인을 제외하고 그 누가 예측할 수 있었을까. 옥중에서 꿈꾸었던 보통선거에 의한 제정帝政의 실현이라는 루이 나폴레옹의 이상하기 그지없는 꿈이 구체적인 실현을 향해 한 발짝 다가섰던 것이다.

혼자서 대통령 관저로

1848년 12월 22일, 입법의회에서 선서를 마친 루이 나폴레옹은 대통령 관저인 엘리제 궁에 자리를 잡았다. 그 후 그는 나폴레옹 3세로서 황제 자리에 오르기까지 황태자 대통령prince president으로 불리게 된다.

그런데 경의敬意로 가득한 이 호칭과는 정반대로 루이 나폴레옹은 의회에서도 관저에서도 외국의 기숙학교에 중도 입학한 학생처럼 철저하게 고독했다. 아니, 오히려 적진에 내린 낙하산병처럼 고립무원, 사면초가였다고 말하는 게 적절할지도 모른다.

파리에는 런던과 달리 누구 한 사람 마음을 열

어놓을 수 있는 벗도 지기知己도 없었다. 물론 충실한 부하 페르시니는 늘 그와 행동을 함께했지만, 페르시니마저 10개월 전에야 감옥에서 석방된 터여서 정계와 재계 그리고 사교계에 연줄이 전혀 없었다. 정치가들은 좌든 우든 이 틈입자에 대해 어디 솜씨 좀 보자는 표정으로 구경만 하기로 마음먹은 것 같았다. 그보다도 사실은 그 누구도 대통령제라는 것을 제대로 이해하지 못했기 때문에 이 '스위스인'(독일어권 스위스 출신인 루이 나폴레옹은 이렇게 불렸다)을 어떻게 다루어야 좋을지 짐작할 수가 없었던 것이다. 게다가 루이 나폴레옹의 사상이라는 것이 종래의 관점에서 볼 때 우파적인 것인지 좌파적인 것인지 확인할 수가 없었다.

사정을 제대로 몰랐다는 점에서는 루이 나폴레옹 쪽도 마찬가지였다. 아군이 되어줄 만한 유력 정치가는 한 명도 없었다. 나폴레옹 치세로부터 이미 30년 이상이 지났고, 황제의 위광을 아는 장군들도 남아 있지 않았다. 하지만 대통령이 된 이상 조속히 수상을 지명하고 조각을 명하지 않으면 안 된다.

선거전 과정을 고려하여 순리대로 하자면 수훈갑인 지라르댕이나 티에르가 수반으로 지명될 터였다.

정책 면에서는 생시몽주의에 공감한다는 점에서 루이 나폴레옹과 지라르댕은 통하는 부분이 있었다. 그러나 지라르댕은 정계에서는 그야말로 독불장군이어서 내각을 운영하기에는 적이 너무 많았다. 게다가 지라르댕은 독자적인 급진적 개혁안을 갖고 내각을 조직했을 때에는 즉각 그것을 실현하고자 할 터이기 때문에 조만간 루이 나폴레옹과 대립하리라는 것은 불 보듯 뻔했다. 질서의 회복을 첫 번째 과제로 내세운 루이 나폴레옹으로서는 이 선택지는 너무 위험하다.

한편 최종 단계에서 루이 나폴레옹의 옹립으로 돌아선 티에르는 지라르댕을 수반으로 하는 데에는 강경하게 반대했지만, 처음부터 난항이 예상되는 정국에서 자신이 진흙을 뒤집어쓸 생각은 털끝만큼도 없었다. 그가 생각하고 있었던 것은 루이 나폴레옹을 보다 쉽게 조종할 수 있는 꼭두각시로 삼는 것뿐이었다. 그래서 루이 나폴레옹이 상담을 하자 루이 필리프 아래에서 7월 왕정 최후의 수상을 지낸 오딜롱 바로를 추천했다. 티에르는 무능한 오딜롱 바로라면 생각대로 수족처럼 부릴 수 있으리라고 예상했던 것이다.

루이 나폴레옹은 망설였다. 오딜롱 바로는 그가 암 감옥에 있을 때 아버지 루이 왕의 임종을 지키기 위해 루이 필리프에게 임시 석방을 요청한 편지의 중개자이기도 해서 전혀 모르는 사람은 아니었지만, 자신의 이상을 실현하는 데 어울리는 수상이라고는 생각하지 않았기 때문이다.

오딜롱 바로보다는 차라리 공화파에게 내각을 조직하게 하는 것이 나을 듯했다. 그러나 공화파 정치가들은 대통령 선거에서의 인연도 있고 해서 거의가 협력을 거부했다. 루이 나폴레옹은 훗날 에밀 올리비에에게 이렇게 말했다고 한다. "처음에 공화파 내각을 조직할 수가 없어 프와티에 거리의 패거리들(티에르와 모레를 중심으로 한 왕당파 연합)에 조각을 맡길 수밖에 없었던 것은 나에게 커다란 불행이었다."(올리비에, 『자유제정』)

공화파에게 거부당한 루이 나폴레옹은 라마르틴을 떠올렸다. 미온적인 공화파인 라마르틴이라면 좌우 화합을 목표로 하는 루이 나폴레옹으로서는 함께하기 쉬운 상대다. 게다가 민중의 복지라는 자신의 이상도 이해할 것임에 틀림없다. 그래서 불로뉴 숲을 산책을 하다가 우연히 만난 것처럼 꾸며 라마르틴에게 접근, 수상이 되어줄 것을 간청했다.

라마르틴은 자신은 프랑스에서 가장 인기가 없는 사람이라며 수상 취임을 극구 사양했다. 루이 나폴레옹은 인기라면 자신이 두 사람 분을 갖고 있다고 대답했다. 그러자 라마르틴은 자기는 바로를 추천하지만 바로가 사퇴하다면 그때는 받아들이겠다는 내용의 답을 했다.

결국 오딜롱 바로는 수상 자리를 받아들였고, 라마르틴 내각은 실현되지 않았다.

내각과의 불화

오딜롱 바로는 『회상록』에서 처음 엘리제 궁에 갔을 때의 모습을 이렇게 적는다.

"당신은 빈곤에 관한 나의 책(『빈곤의 근절』)을 읽었습니까?"라고 그가 나에게 물었다.

"예, 대충 읽었습니다."

"뭐랄까, 새로운 내각의 프로그램이 전부 그 책에 적혀 있다고 생각하지는 않았습니까?"

"발상은 자못 훌륭하더군요. 하지만 실제로 실현 가능한 것은 하나도 없는 것 같았습니다."(…)

"그렇게 생각하셨군요. 분명히 당신의 말이 맞을지도 모릅니다. 그러나 나와 같은 이름을 가진 사람이 정권을 잡았을 때에는 뭔가 위대한 사업을 이루어 정부의 영광으로 사람들의 마음을 감동시키지 않으면 안 됩니다."

"그런 정부라면 저는 전혀 어울리지 않는 사람입니다."

확실히 오딜롱 바로는 루이 나폴레옹의 이상을 실현하기에는 '전혀 어울리지 않는 사람'이었다. 하지만 루이 나폴레옹으로서는 달리 수상 자리를 맡을 사람이 없었기 때문에 선택의 여지가 없었다.

아니나 다를까 오딜롱 바로는 공화주의자 빅시오를 제외하고는 각료 전원을 오를레앙파(루이 필리프 왕조파)와 정통왕조파의 고참 정치가로 채운 내각을 구성했다.

그러나 티에르와 모레, 몽타랑베르와 같은, 실제로 당파의 의향을 대표하는 실력 있는 정치가는 자신들이 위험에 처할 것을 두려워하여 입각하지 않았고, 각료는 하나같이 이류 정치가뿐이었다. 말하자면 그들은 무엇을 하기 위해 입각한 것이 아니라 대통령이 아무것도 하지 못하게 하기 위해 입각했던 것이다. 사실 각료들은 루이 나폴레옹이 의도한 정치를 무엇 하나 실행에 옮기려 하지 않았을 뿐만 아니라, 사사건건 대통령의 존재를 무시하고 그의 손발을 묶으려 했다.

하지만 처음 얼마 동안은 루이 나폴레옹은 내각의 이러한 태도에 저항하려고 하지 않았다. 각료회의가 열려도 거의 입을 열지 않았고, 몽유병자와 같은 태도로 각료들이 지껄이는 소리를 듣기만 했다. 자신의 의지도 피력하려 하지 않았다. 제2차 오딜롱 바로 내각에서 외무장관을 맡았던 토크빌은 루이 나폴레옹에 관하여 이렇게 말한다.

말하는 것은 서툴렀고 말해봐야 실익도 별로 없었다. 그는 다른 사람에게 말을 시키거나 그런 사람과 친밀한 관계를 맺는 기술을 갖고 있지 않았다. 자기 자신의 생각을 분명하게 피력하지는 못했지만 얼치기 문인 같은 습성은 있어서 어느 정도는 문필가로 자부하기도 했다. 자신을 드러내지 않는 그의 성격에는 음모를 일삼는 생활을 보낸 사람에게서 흔히 볼 수 있는 그 무엇이 깊이 뿌리를 내리고 있었는데, 그의 경우는 특히 표정의 변화도 없고 눈빛도 흐리멍덩해서 그런 성격이 더욱 도드라져 보였다. 그의 눈은 게슴츠레한 것이 마치 안개에 가려진 듯해서 선실 채광창의 두터운 유리와 같았다.

─토크빌, 『프랑스 2월 혁명의 나날─토크빌 회상록』

요컨대 각료들과 루이 나폴레옹 사이에는 서로가 외국인이라도 되는 것처럼 완전한 커뮤니케이션 갭이 가로놓여 있어 거의 의사소통이 이루어지지 않았던 것이다.

서로가 상대의 생각을 읽지 못한 채 양자는 한참 동안 눈치를 살피다가 마침내 정면으로 대립하게 된다. 최초의 알력은 루이 나폴레옹이 오딜롱 바로 내각의 내무장관 말빌에게 스트라스부르 사건과 불로뉴 사건 관련 서류 일체를 내놓으라고 명하면서 표면화했다. 말빌은 이 명령을 단호하게 거부했고, 내각도 말빌에게 동조하여 총사퇴로 응하려 했다.

그런데 오딜롱 바로가 사표를 들고 관저에 나타나자 루이 나폴레옹은 자신이 취한 조치를 정중하게 사과하면서 내각 총사퇴를 거둬달라고 요청했다. 결국 내무장관 말빌과 그에 동조한 빅시오가 사임하는 선에서 사건은 일단락되었다. 이 사건으로 보수파 정치가들은 루이 나폴레옹이 아무래도 그저 바보인 것은 아닌 것 같다고 생각하기 시작했다. 오딜롱 바로는 이렇게 말한다. "처음에는 저항에 직면한 그가 자신의 마음속 비밀스런 곳으로 물러나 충고자들의 의견에 귀를 기울이는 것처럼 보인다. 하지만 실제로는 일단 공격을 연기한 다음 대기하고 있는 것에 지나지 않는다."

내각이 전혀 움직이려 하지 않는 것을 보고 루이 나폴레옹은 방침을 바꾸기라도 한 것처럼 군복으로 몸을 감싸고 열병을 하거나 시내 곳곳으로 시찰에 나섰다. 병사나 민중 사이에서 그의 인기는 엄청났다. 가는 곳마다 "나폴레옹 만세!", 나아가 "황제 만세!"를 외치는 소리가 들렸다. 사람들은 루이 나폴레옹은 엘리제 궁을 나와 튀일리 궁으로 들어가고자 한다(황제가 되고자 한다)고 수군댔다. 사실 쿠데타 소문이 몇 차례나 나돌았다. 하지만 루이 나폴레옹은 절호의 기회를 앞에 두고도 야심을 전혀 내비치지 않았다. 국민군 및 파리 주둔부대의 사령관 샹가르니에 장군 등은 "제국은 저런 겁쟁이 자식을 바라지 않는다"라고까지 떠들어댔다.

루이 나폴레옹의 진의를 읽지 못한 정치가들은 이렇게 수군거렸다. "적당히 여자나 붙여주면 그만이지 뭐."

화려한 여성 관계

실제로 이 방면에서 대통령의 활약은 눈부실 정도였다. 런던 망명 시절부터 애정의 측면에서나 재정의 측면에서 그를 지탱해온 미스 하워드(엘리자베스 앤 해리엇)는 엘리제 궁 바로 옆 시르크 가에 살고 있었다. 집무가 끝나면 루이 나폴레옹은 말리니 가의 뒷문을 빠져나와 애인의 굉장한 아파트에서 휴식을 취했다. 미스 하워드는 파리에서는 너무 눈에 잘 띄는 큰 몸집의 금발 미인이었기 때문에 낮에는 같은 마차에 타지 않고 불로뉴 숲에서 정해진 시간에 만나곤 했다.

미스 하워드의 아파트에는 파리 사교계에서 이름을 날리고 있는 하트포드 후작, 그의 동생으로 자키 클럽Jockey Club 설립자인 헨리 시모어 경, 그들의 조카로 공공음수장에 그 이름을 남기는 리처드 월라스 등 영국인 댄디와 루이 나폴레옹의 심복인 군인들이 출입했다.

물론 여성에 대한 루이 나폴레옹의 호기심은 미스 하워드 한 사람으로 채워질 리가 없다. 런던 시절 알고 지냈던 여배우 라셀과 다시 만났고, 화가 샤세리오의 애인이자 모델로 세계에서 가장 아름다운 몸을 가진 여성으로 알려져 있던 알리스 오지와도 관계를 맺었다. 루이 나폴레옹이 알리스 오지를 그린 샤세리오의 「잠자는 님프」를 뚫어지게 바라보다가 그 그림을 꼭 사고 싶다고 말하자, 관계자가 "차라리 오리지널을 사는 게 어떻겠습니까?"라고 했다는 이야기는 유명하다.

불로뉴 봉기로 약혼을 파기했던 사촌누이 마틸드 황녀를 다시 만난 것도 이 무렵이다. 마틸드는 정략결혼으로 러시아의 대부호 데미도프 공에게 시집을 갔는데, 남편의 폭력을 견디지 못해 별거 중이었다. 마틸드는 벌써 많이 뚱뚱해진데다 그렇게 아름다웠던 어깨에도 살이 붙어 있었기 때문에 마른 여성을 좋아하는 루이 나폴레옹의 눈

열병하는 루이 나폴레옹
바로 내각과 대립한 루이 나폴레옹은 군복차림으로 열병을 하기도 하고, 시내 시찰에 나서 민중이 자신을 지지하고 있다는 것을 확신하기에 이른다. 이 무렵부터 루이 나폴레옹의 쿠데타 소문이 퍼지기 시작했다. [C]

「잠자는 님프」
세계에서 가장 아름다운 몸을 가진 여성이라고들 했던 알리스 오지. 루이 나폴레옹이 오지를 그린 샤세리오의 이 그림을 갖고 싶어 하자 관계자가 "차라리 오리지널을 사는 게 어떻겠습니까?"라고 권했다는 이야기는 유명하다. [C]

길을 더 이상 끌지 못했다. 다만, 번뜩이는 마틸드의 지성은 변함이 없어서 루이 나폴레옹은 그녀의 살롱을 자주 찾아갔다.

마틸드의 살롱에서 루이 나폴레옹은 어깨가 눈부시게 아름다운 젊은 여성을 만났다. 어머니와 함께 파리에 사윗감을 찾으러 와 있던 스페인 대귀족의 딸 에우헤니에 데 몬티호(외제니 드 몬티조)다.

그녀와 어머니는 1849년 가을 베르사유에서 말을 능숙하게 다루는 루이 나폴레옹의 모습을 멀리서 지켜본 후 몰래 관심을 갖고 있었다. 물론 루이 나폴레옹은 그때에는 그녀를 알지 못했지만, 마틸드의 살롱에서 만났을 때에는 곧바로 그녀의 눈부신 아름다움에 이끌렸다. 이전부터 미스 하워드에게 반감을 품고 있었던 마틸드는 자진해서 중매 역할을 맡았다.

루이 나폴레옹에게 소개된 몬티호 양은 『빈곤의 근절』을 읽은 적이 있다고 말해 그를 놀라게 했다. 그녀는 스트라스부르 봉기 때 큰 역할을 한 아담 고루동을 피레네의 온천에서 만나 루이 나폴레옹에 대해 칭찬하는 것을 들었다고 말했다. 루이 나폴레옹은 몬티호 양에게 한층 더 깊은 흥미를 보였다. 하지만 현명한 어머니는 딸이 황태자 대통령의 애인이 되는 것을 허락하지 않았다. 결혼 약속 이외에는 어떤 말도 듣지 말라고 입버릇처럼 딸에게 말해두었던 것이다. 몬티호 모녀는 외제니의 동생인 알바 공작 부인의 진언도 있고 해서 일단 파리를 떠났다. 루이 나폴레옹과 재회한 것은 2년 후의 일이다.

2
의회와의 암투

입법의회 선거의 생각지 못한 결과

1848년 말에 대통령이 되고 나서 거의 반년 동안 루이 나폴레옹은 내정 면에서는 성과다운 성과를 거둘 수 없었다.

내각이 손발이 되어 움직여주지 않는 것이 최대 원인이었지만, 헌법제정의회에서 온건공화파와 질서파(오를레앙파와 정통왕조파)가 세력을 양분하여 대통령을 지지하는 당파가 거의 없는 것이나 다름없었던 것도 크게 영향을 끼쳤다.

그러나 5월이 되면 헌법제정의회가 해산하고 입법의회 선거가 실시될 예정이어서 사태는 다소 호전될 가능성이 있다. 국민들 사이에서 루이 나폴레옹의 인기는 여전히 대단했기 때문이다.

그런데 5월 13일과 14일 이틀에 걸쳐 치러진 입법의회 선거(정원 750) 결과는 그 누구도 예상하지 못한 것이었다.

황태자 대통령 시절의 루이
나폴레옹

대통령이 된 루이 나폴레옹은 황
태자 대통령prince president으로 불렸
다. [C]

헌법제정의회에서 다수파였던 온건공화파는 80석으로 곤두박질쳤고, 반대로 질서파는 오를 레앙파와 왕조파를 합쳐 450석을 획득해 과반수를 훌쩍 넘었다. 한편 르드뤼 롤랭의 산악당(공화 좌파와 사회주의자의 연합)도 약진하여 210석을 얻었다.

핵심인 보나파르티스트당은 인재도 없는데다 조직마저 정비되어 있지 않았기 때문에 지사나 시장을 장악하고 있는 질서파의 상대가 되지 못했고, 당파라고 부르기도 민망할 만큼 보잘것없는 의석을 차지하는 데 그쳤다. 루이 나폴레옹의 개인적인 인기는 의회 선거에서는 조금도 영향을 미치지 못했던 것이다.

사실 질서파에게도 이 선거 결과는 불만스러웠다. 그도 그럴 것이 압도적 승리로 공화파를 일소할 수 있을 것으로 예상하고 있던 터에, 산악당이 210석이나 획득하면서 "꿈꾸었던 만큼의 승리를 얻지 못한 까닭에 몹시 실망해서 정말로 패배한 것만 같은 분위기"(토크빌, 『프랑스 2월 혁명의 나날』)였기 때문이다. 이에 비해 산악당은 "기쁨에 취해 지나칠 정도로 대담해졌고 이 선거로 구성된 새 의회에서 다수파가 된 것처럼"(같은 책) 행동했다.

그러던 때, 오래전부터 연기만 피우고 있던 이탈리아 문제가 불을 뿜기 시작했다.

이탈리아 문제와 공화좌파의 6월 봉기

오스트리아에 국토의 절반 이상을 지배당하고 있던 이탈리아에서는 2월 혁명 후 로마에 공화정부가 수립되었고, 교황 피우스 9세는 1848년 11월 24일 난을 피해 가에타로 갔다.

루이 나폴레옹은 대통령 선거 때 가톨릭의 지원을 받는 대신 교황의 로마 귀환을 약속했었다. 그 약속에 기초하여 4월 24일 치비타베키아에 군대를 파견했는데, 이것은 오스트리아의 진출을 저지한다는 훌륭한 명분이 있었기 때문에 프랑스의 좌우 어느 쪽에서도 이의를 제기할 수 없는 조치였다.

그러나 5월 초, 대통령으로부터 명령을 받은 프랑스군이 로마에 입성하려다 로마공화국군의 격렬한 저항에 부딪혀 격퇴당하는 사태가 발생했다. 루이 나폴레옹은 국제연합의 평화유지군과 같은 역할을 했으면 좋겠다는 마음으로 군대를 파견했던 것이지만, 로마공화국에서는 이를 침략으로 받아들였던 것이다. 큰아버지가 그랬듯이 이탈리아의 해방자를 자처하고 있던 루이 나폴레옹은 이 저항에 프랑스군의 영광이 더럽혀졌다고 격노하면서 군대의 증원을 결정했다.

이에 대해 프랑스의 공화파 신문은 군대를 동원해 외국 혁명에 간섭하는 것을 금지한 헌법을 방패삼아 이 간섭을 격하게 비난했다. 특히 산악당은 비판의 최선봉에 서고, 앞서 말한 5월 입법의회 선거에서는 이탈리아 문제를 정치의 핵심으로 내세워 기대 이상의 성과를 거뒀다. 6월 들어 입법의회가 열렸을 때, 다시 로마 공격 소식을 접한 산악당의 르드뤼 롤랭은 대통령과 내각에 대한 비난결의안을 제출하는 한편 대중에게 시위행진을 호소했다. 이에 응답하여 6월 13일 샤토도Chateau d'

Eau 광장에 8000명의 군중이 모였다.

이제 막 구성된 제2차 오딜롱 바로 내각은 혼란에 빠져 우왕좌왕했지만, 폭동에 의한 사회의 혼란을 무엇보다 싫어하는 루이 나폴레옹은 오히려 좌익세력의 일소를 도모할 기회가 왔다고 생각하고 냉정하게 상황을 관리했다. "이제야 선인은 마음을 놓고 악인은 떨 때가 왔다"라는 포고령을 내린 그는 직접 군복을 입고 상가르니에 장군과 함께 기병부대의 선두에 서서 의회를 향해 행진해오는 시위대 안으로 들어가 폭도들을 뿔뿔이 흩어지게 했다. 파리의 민중은 루이 나폴레옹의 용맹한 모습에 박수갈채를 보냈다.

르드뤼 롤랭을 비롯한 산악당의 의원들은 거점인 공업기술학원에서 농성을 벌였지만, 민중은 그들의 호소에 전혀 답하지 않았고 바리케이드도 조금밖에 만들지 않았다. 르드뤼 롤랭은 간신히 탈출하여 벨기에로 망명했다. 산악당은 이 무장봉기의 실패로 30명의 의원이 체포되거나 망명하여 세력이 크게 줄어들었다.

좌우 대립의 조정자로 나서다

하지만 폭동에 놀란 질서파는 이것에 만족하지 않고 산악당 잔당을 무력으로 일소하도록 루이 나폴레옹을 부추겼다. 그런데 루이 나폴레옹은 질서파의 꼭두각시가 되어 쿠데타를 일으키는 바보 같은 짓은 하려 하지 않았다. 라퐁텐의 우화를 예로 들면, 원숭이 베르트랑의 꾐에 빠져 불 속에서 밤을 꺼내는 고양이 라통이 되지는 않았던 것이다.

거꾸로 루이 나폴레옹은 질서파의 멍에로부터 벗어나기 위한 공작을 개시한다. 6월에 시작된 전국 유세가 그것이다.

페르시니가 사전에 잘 준비해놓은 이 전국 유세에서 루이 나폴레옹은 가는 곳마다 "황제 만세!"라는 압도적인 환호와 함께 뜨거운 대접을 받았다. 그는 연설에서 질서파에서 제의한 쿠데타 계획을 뿌리친 것을 밝힌 다음, 자신은 좌파의 혁명과 우파의 쿠데타를 모두 배격하고 좌우의 조정자가 되어 공화국을 지키겠다는 결의를 피력하여 혼란에 지쳐 질서와 안정을 바라는 국민 특히 농민과 노동자로부터 강력한 지지를 얻었다.

질서파는 이러한 루이 나폴레옹의 움직임에 불쾌감을 감추지 못했는데, 10월 이탈리아 문제가 재발하면서 양자는 더욱 심각한 대립에 휩싸였다.

사태의 발단은 7월 로마를 탈환한 프랑스군에 의해 교황의 자리로 돌아온 피우스 9세가 혁명의 교훈을 이해하지 못하고 다시 반동정치를 시작한 것이었다. 루이 나폴레옹은 이를 우려하여 내각에 알리지도 않고 파견부대 총사령관 에드가르 네이 대령에게 다음과 같은 편지를 보냈다.

"프랑스공화국은 이탈리아의 자유를 압살하기 위해 로마에 군대를 보낸 것이 아니다.(…) 교황권을 잠정적으로 부활시킨 목적은 전면적 휴전, 정부의 환속還俗, 나폴레옹법전의 시행, 자유로운 정부의 확립이다."

산악당의 6월 봉기
이탈리아 문제를 계기로 산악당의 르드뤼 롤랭은 민중의 지지를 기대하고 봉기했는데, 루이 나폴레옹은 군대를 내세워 이를 분쇄했다. 르드뤼 롤랭 일당은 자칫하면 처형될 수도 있었다. 이후 산악당은 세력을 잃는다. [H]

전국유세
황제민주주의자였던 루이 나폴레옹은 부지런히 지방을 돌며 유세했고, 각지에서 농민과 노동자로부터의 인기를 굳힌다. [H]

이 편지는 처음 이탈리아에서, 이어서 프랑스에서 공표되어 큰 논란을 불러일으켰다. 루이 나폴레옹을 멋지게 이용하여 이탈리아 문제를 처리한 것으로 믿고 있던 질서파 특히 가톨릭을 지지하는 정통왕조파는 배신이라면서 격분했고, 반대로 공화파는 대통령의 뜻밖의 리버럴한 모습에 놀랐다. 외무장관을 역임한 토크빌은 루이 나폴레옹에 관하여 이렇게 쓴다.

> 대통령에 대한 나의 평가. 그 진영 사람들이 이러이러했으면 좋겠다고 바라던 모습에 훨씬 미치지 못하는 인물. 그의 적대자와, 그를 지배하다가 때가 되면 내쫓으려 마음먹고 그를 대통령 자리에 앉힌 사람들이 생각하고 있던 것보다 훨씬 못한 인물.
>
> —토크빌, 앞의 책

토크빌은 보수파 중에서는 루이 나폴레옹의 성격을 가장 정확하게 파악한 정치가로, 외무장관으로서 이탈리아 문제 처리를 맡고 있었다. 하지만 그런 그도 이 편지 건은 이해할 수가 없었다. 제2차 오딜롱 바로 내각은 총사퇴했다.

스스로 새로운 내각의 수반이 되다

이를 기회로 질서파와 결별할 마음을 굳힌 루이 나폴레옹은 수상을 두지 않고 자신이 실질적인 수반을 맡기로 했으며, 11월 2일 루에르Eugéne Rouher, 풀드Achille Fould, 파리외Félix Esquirou de Parieu 등 실무관료만으로 이루어진 가벼운 내각을 조직했다.

새로운 내각이 내세운 정책은 루이 나폴레옹이 지향하는 정치를 판단하는 데 있어 대단히 흥미로운 것이지만, 거기에서 일관한 정치이념을 읽어내기란 오늘날 우리에게마저 지난한 일이다. 예를 들어 지사에게 산악당에 동조적인 관리를 해고하라는 명령을 내리는 등 반동정책을 실시하는 한편 1848년 6월 사건 관련자들을 석방하기도 하는데, 이처럼 정책의 기축이 어디에 있는지 섣불리 판정하기가 어렵기 때문이다.

딱 하나 말할 수 있는 것은 루이 나폴레옹의 사고가 정치상의 좌우 구별을 초월해 있다는 점이다. 그가 봉사하려는 생각을 하고 있는 민중이란 정치가나 인텔리의 정치사상과는 아무런 관련이 없는 곳에 있는, 자신의 말을 갖지 못한 존재였다.

어쩌면 잡담하기 좋아하는 프랑스인이 아니라 '스위스인'인 루이 나폴레옹은 쓸데없이 말장난이나 하는 정치가들을 좌우 구별 없이 싫어했던 것인지도 모른다. 어찌됐든 그는 정치가와 민중은 동떨어져 있다는 확신을 갖고 있었다.

그리고 이것은 대단히 정확한 직감이었다. 왜냐하면 1848년 6월 사건 이래 공화파는 더 이상 민중의 대변자 역할을 하지 못했고, 양자 사이에는 깊은 골이 파여 있었기 때문이다. 혁명이 있었음에도 불구하고, 아니 몇 차례에 걸친 혁명 탓에 그때마다 경제 성장이 정체하고 민중의 생활수준은 뚜렷하게 하락하고 있었다.

그런데 정쟁으로 날을 지새우는 정치가들은 좌든 우든 그 중요한 사실을 알지 못했다. 민중은 자유니 평등이니 하는 말보다 빵을 원하고 있었다. 입법의회 선거에서 질서파가 약진한 것은 민중이 그들에게 기대를 했다기보다 공화파에 환멸을 느끼고 있었다는 것을 말해준다. 그래서 공화파를 몰아내는 반동정책에도 민중은 반발하지 않았고, 6월 사건 죄수들의 석방에만 박수를 보냈다. 1850년 생캉탱의 철도제막식에 참석한 루이 나폴레옹은 이렇게 연설했다.

> 나의 확신은 날마다 깊어지고 있습니다. 가장 가깝고 가장 헌신적인 나의 벗은 궁정 안이 아니라 쓰러져가는 집 안에 있습니다. 그들은 금박을 입힌 천정 아래가 아니라 작업장과 밭에 있습니다.
>
> —앙드레 카스텔로, 앞의 책

한 마디로 말하면 루이 나폴레옹이 머릿속에 그리고 있던 프로그램은 질서파 세력을 이용하여 먼저 혁명을 선동하여 사회를 어지럽히는 좌익(악인)을 제거하고 이어서 질서파를 억누른 다음, 민중(선인)의 생활을 향상시키기 위한 개혁에 착수하는 것이었다. "국내에서는 질서, 권위, 종교 민중의 복지, 국외에서는 국가의 위신"이라는 그의 말은 이러한 청사진을 잘 보여준다.

한편, 성주城主로 불렸던 티에르와 모레 등 질서파 수령들은, 그저 꼭두각시에 지나지 않는다고 생각했던 루이 나폴레옹이 뜻밖에도 만만찮은 상대라는 것을 알고 경계를 강화했지만, 루이 나폴레옹의 내각에서 최초로 제출한 정책이 문구 하나 고칠 데 없는 반동적인 것이었기 때문에, 민중을 보호하는 듯한 언사가 눈에 거슬리기는 했으나 반대로 돌아서지는 않았다.

팔루법

그 전형은 제1차 및 제2차 오딜롱 바로 내각에서 문부장관으로 일했던 팔루Alfred de Falloux가 제출한 교육개혁법안, 이른바 팔루법이다.

팔루

오딜롱 바로 내각에서 문부장관을 역임한 정통왕조파의 가톨릭 지지자. 루이 나폴레옹은 의회 다수파인 오를레앙파를 견제하기 위해 중고등교육에서 사학의 인가와 초등교육에서 가톨릭 권력의 도입을 골자로 하는 팔루법을 내밀었다. [E]

오를레앙파(300석)와 온건공화파(80석)의 중간적 존재였던 오딜롱 바로 내각 안에서 정통왕조파(150석)를 대표하는 팔루는 이색적인 존재였다. 정통왕조파는 토크빌의 말처럼 "그들을 타도한 7월 왕정을 무너뜨리고 그들에게도 권력으로 가는 길을 열어주는 것이었기 때문에 지속되고 있는 공화정에 대해 그 어떤 사람들보다 만족하고"(토크빌, 앞의 책) 있다는 점에서 루이 나폴레옹과 강하게 연결되어 있었다. 다시 말해 루이 나폴레옹의 최대의 적은 공화파가 아니라 오를레앙파였기 때문에 그 적의 적인 정통왕조파와 가톨릭은 루이 나폴레옹의 아군이 되는 셈이고, 팔루는 오를레앙파를 견제하는 데 없어서는 안 될 존재였던 것이다.

그런데 로마 사건과 관련한 그 리버럴한 편지 때문에 팔루는 맨 먼저 사표를 내던지고 내각에서 나가버렸다.

이것은 루이 나폴레옹에게는 결코 바람직한 일이 아니었다. 그래서 그는 팔루가 이전부터 주장해온, 중고등 교육에서 사학의 인가와 초등교육에서 가톨릭 권력의 도입을 골자로 하는 교육개혁법안을 의원 입법이라는 형태로 내세워 가톨릭과 정통왕조파의 비위를 맞추기로 했다. 물론 팔루 쪽에서도 "처음부터 루이 나폴레옹의 어떤 점을 그 자신의 목적을 위해 이용할 수 있을지를 희미하나마 미리 알고 있었던"(토크빌, 앞의 책) 것이다.

1850년 3월 팔루법이 시행되면서 공화사상을 지닌 초등학교 교사들이 한꺼번에 쫓겨났다. 플로베르의 『부바르와 페퀴셰』를 보면 공화파를 지지하는 가난한 초등학교 교사 푸치가, 외딴 곳으로 전근을 보낼수도 있다는 뜻을 넌지시 비치면서 종교교육을 강요하는 사제 뒤푸르와의 협박에 굴복하여 눈물을 떨구는 장면이 나오는데, 이는 혁명의 이념을 믿었던 인텔리가 루이 나폴레옹과 가톨릭의 타협에 희생되어 비참한 생활을 강요당했던 역사적 사실을 훌륭하게 표현한 것이라 할 수 있다. 인텔리의 루이 나폴레옹 혐오는 이러한 점에 뿌리를 두고 있는지도 모른다.

보통선거를 무력화하기 위한 질서파의 책동

그런데 일련의 반동정책은 공화파의 좌익 쪽을 자극했고, 같은 시기에 실시된 보궐선거에서는 산악당이 또다시 약진하여 30석 중 20석을 획득했다. 이러한 좌익의 기세 회복은 반동세력의 공포를 불러일으켰다. 그러자 질서파는 결정적인 반격에 나섰다. 유권자 자격에 3년 이상의 정주기간이라는 제한을 둠으로써 보통선거의 핵심을 제거하려 했던 것이다.

질서파의 바람은 루이 나폴레옹과 산악당에 세력 확대의 길을 열어준 보통선거를 폐지하는 것이었다. 하지만 직접적으로 그것을 요구했다가는 또다시 폭동을 야기할 수도 있다. 그래서 좌익적 성향의 도시 노동자들로부터만 선거권을 빼앗을 수 있는 방법은 없는지 궁리했다.

그리하여 생각해낸 것이 유권자 자격을 정주기간 3년 이상인 자로 한정한다는 법안이다. 당시 도시 지역 노동자 대다수는 여기저기 옮겨 다니며 돈을 버는 계절노동자였기 때문에 이 제한으로 1000만 명의 유권자 중 300만 명 이상이 참정권을 잃었다. 특히 파리에서는 유권자의 62퍼센트가 선거 자격을 박탈당했다. 이리하여 사실상 보통선거의 핵심이 완전히 빠져버리게 되는 셈이다.

그것만이 아니다. 이 제한을 둠으로써 의회는 대통령 선거까지도 뜻대로 조종할 수 있을 것으로 계산하고 있었다. 그도 그럴 것이 대통령의 유효 당선 자격 200만 표라는 규정은 바뀌지 않아서, 만약 다음 대통령 선거에서 이 득표수를 얻은 후보가 없을 경우(그 가능성은 개정 결과 아주 커졌다) 규정에 따라 상위 세 명의 후보자 중에서 입법의회가 대통령을 뽑게 되어 있었기 때문이다. 마르크스가 지적한 대로 "이 법률은 대통령 선거를 인민의 손에서 국민의회의 손으로 몰래 넘길 수 있는 내용을 담고 있었던"(마르크스, 앞의 책) 것이다.

당연하게도 산악당은 격분했지만, 여기에서 또 봉기라도 일으키면 권력의 계략에 빠질 것이라 생각하고 반대는 원내에서만 하고 직접 행동은 자제했다. 그 결과 선거법개정안은 1850년 5월 31일 입법의회에서 순조롭게 가결되고 말았던 것이다.

질서파는 감쪽같이 잘 속였다며 흐뭇해했다. 그러나 이것이 일 년 반후에 일어날 쿠데타의 크나큰 구실이 되리라고 그 누가 예측할 수 있었을까.

3
마침내 칼을 빼들다

루이 나폴레옹의 심모원려

루이 나폴레옹은 자신의 권력이 보통선거 덕분이라는 것을 충분히 알고 있었고 또 그렇게 공언하기도 했다. 따라서 질서파의 이러한 책동은 그에게 결코 바람직한 것으로 비치지 않았을 것이다. 그는 늘 보통선거로 뽑힌 대통령과 민중의 직접적인 연결을 주장하지 않았던가. 대통령 재선을 금지하는 방향으로 헌법을 개정하더라도 차기 대통령 선거에 출마한다는 계획을 갖고 있던 그야말로 반동운동의 선두에 서서 질서파의 음모와 싸워야만 하는 게 아닐까.

그런데 루이 나폴레옹은 선거법 개정에 관해서는 반대를 표명하긴 했지만 아무런 행동도 하지 않은 채 질서파가 하는 대로 지켜보고 있었다. 하지만 그의 경우 아무것도 하지 않는다는 것이 찬성을 의미하는 것은 아니다. 그럴 때면 그는 그저 "생각하고 있을" 따름이다.

루이 나폴레옹의 행동에 의문을 품고 있던 코르뉘 부인이 "보통선거로 태어난 자식인 당신"에게 선거법 개정에 찬성하는지 물었을 때 그는 이렇게 대답했다.

"당신은 아무것도 모르는군요. 나는 지금 의회에 있는 자들을 어떻게 몰아낼 수 있을지 생각하고 있을 따름입니다."
"그렇다면 의회와 함께 당신 자신도 물러나야 하는 게 아닐까요?"
"그럴 리가요. 의회가 절벽 위에 있을 때를 노려 목숨 줄을 끊어버릴 생각입니다."
—앙드레 카스텔로, 앞의 책

확실히 루이 나폴레옹의 생각이 한 발 앞서 있었던 듯하다. 의회의 질서파는 선거법 개정을 통해 루이 나폴레옹의 지지자를 끊어버릴 작정이었지만, 반대로 강고한 지지자를 만들어내고 말았던 것이다. 왜냐하면 루이 나폴레옹은 선거법 개정의 책임을 모두 질서파에 돌리고, 자신은 보통선거의 옹호자로서, 민중의 잃어버린 권리를 되찾아주는 호민관으로서 맞서 싸울 결의를 다졌기 때문이다.

5월 31일, 법안 가결 소식을 듣고 엘리제 궁을 찾은 '성주들' 중 한 사람인 모레는 정치적 후각이 뛰어난 정치가답게 루이 나폴레옹의 반응을 보고 약간 불안을 느꼈다. 그는 티에르에게 이렇게 말했다.

대통령에 관해서는 확신할 수 있는 게 아무것도 없습니다. 저 사람이 법안 가결을 두고 기뻐하는지 아니면 화를 내는지 좀처럼 알 수가 없습니다. 나는 나폴레옹 1세, 루이 18세, 샤를 10세, 루이 필리프의 측근이었는데, 그들의 표정을 보고 무슨 생각을 하고 있는지 대략 읽을 수 있었습니다. 하지만 저 황태자는 그들과 전혀 다릅니다.

—같은 책

저널리스트 귀스타브 클로댕Gustave Claudin은 "성주들은 이 법안으로 국왕의 재건을 도모할 작정이었지만 실제로는 제국을 위해 움직였던 것에 지나지 않는다"(같은 책)라고 갈파한다.

봉급 증액 요구를 둘러싼 공방

선거법 개정으로 혁명의 위기가 멀어졌다고 생각한 질서파는 이번에는 루이 나폴레옹을 몰아내려고 했다. 하지만 갑자기 힘으로 몰아낼 수는 없어서 뭔가 다른 방법을 강구해야 했다. 그때 루이 나폴레옹 쪽에서 그 방법을 가르쳐주었다. 이른바 '군자금' 공세다.

루이 나폴레옹은 음모가들이 그렇듯 아군을 만드는 데 금품을 이용하는 습관을 버리지 못했다. 그 때문에 아군이 늘어나면 늘어나는 만큼 나가는 돈도 많아지고, 대통령의 연봉 60만 프랑과 연간 기밀비 60만 프랑(현재의 화폐가격으로 환산하면 연봉과 기밀비를 합쳐 약 60억 원)으로는 도저히 감당할 수가 없었다. 애인 미스 하워드에게 빌리기도 하고 고급 마차를 팔기도 했지만 여전히 부족했다.

그러자 의회에 연봉을 300만 프랑으로 올려달라고 요구했다. 마르크스는 루이 나폴레옹의 이러한 처사는 깡패에게나 어울리는 수법이라며 다음과 같이 통렬하게 비판했다.

보나파르트는 긴 방랑생활 덕분에 자신의 부르주아로부터 돈을 빼앗을 수 있는 취약한 순간을 찾아내는 아주 예민한 촉각을 갖고 있었다. 그는 공식적으로 공갈chantage을 했다. 국민의회가 인민 주권을 침범한 것은 보나파르트의 원조 아래 그와 함께 모의한 결과였다. 그래서 그는 만약 의회가 지갑 끈을 풀어 입막음용으로 매년 300만 프랑을 넘겨주지 않으면 의회의 범죄를 인민의 재판에 고발하겠다며 협박했다. 의회는 프랑스인 300만 명으로부터 투표권을 빼앗았던 것이다. 그래서 그는 쓸 수 없게 된 프랑스인 한 명당 쓸 수 있는 돈 1프랑을, 그러니까 딱 300만 프랑을 요구했다.

—마르크스, 『루이 보나파르트 브뤼메르 18일』

의회는 기다렸다는 듯이 그의 요구를 뿌리쳤다. 루이 나폴레옹의 약점이 무엇인지 알았던 것이다. 쿠데타 따위를 일으키지 않고도 군자금 공세를 밀고 나가면 머지않아 항복할 것이고, 뭐든 하자는 대로 할 것이다. 미스 하워드의 지갑이 화수분일 리는 없으니까.

그러나 너무 몰아세우면 탈이 날지도 모른다. 무슨 생각을 하고 있는지 알 수 없는 사내이기 때문에 불끈해서 터무니없는 짓을 할 우려도 있다. 그리 되면 이자는 고사하고 본전까지 날리게 될 터이니 이번에는 봉급이라는 형태가 아니라 선거법 개정 협력에 대한 사례비로 일시금을 지급하기로 하자. 이리하여 1850년 여름, 의회는 임시봉급 260만 프랑을 대통령에게 지급하기로 결의했다. 루이 나폴레옹은 일단 안심했다. 그에게는 마음속으로 몰래 기대하는 것이 있었기 때문이다.

룸펜 프롤레타리아트와 마르크스

1850년 8월 의회가 여름휴가에 들어가자 루이 나폴레옹은 일거에 반격에 나섰다. 의회가 휴회하고 각 당파의 거물 정치가들이 국민의 눈에 띄지 않게 되자 루이 나폴레옹이 갑자기 힘을 내는 패턴은 지난해와 동일하다. 즉, 지난해와 마찬가지로 지방 유세에 나서 자신이야말로 공화국 헌법의 옹호자이며, 좌파의 폭동과 우파의 쿠데타를 동시에 봉쇄하고 국내에 평화와 번영을 가져올 수 있는 유일한 존재라고 호소했던 것이다.

다만 그해에는 유세를 통해 인기몰이에 힘쓰는 한편, 누구도 알아채지 못하게 훗날 역사의 전환에서 대단히 중요한 포석을 두고 있었다는 점이 예년과 달랐다. 질서파가 의지하는 군대에 쐐기를 박을 준비에 착수한 것이다.

하나는 훗날 히틀러가 돌격대를 조직한 것처럼 자신이 대통령으로 당선한 날을 기념하여 퇴역군인들의 친목단체 '12월 10일 모임'을 만들고, 이 단체를 지방 유세에 대동한 것이다.

위 도미에는 광신적인 보나파르티스트 '라타포왈'이라는 인물을 창조하여 페르시니가 조직한 보나파르티스트 단체 '12월 10일 모임'을 풍자한다.
아래 농촌에서 선교활동을 마치고 돌아오는 라타포왈. "저 친절한 라타포왈 씨는 여기에 서명하면 통닭구이가 하늘에서 떨어질 것이라고 약속했다." [1]

기차에 발 디딜 틈도 없이 채워져 지방으로 내려온 이 모임의 분견대는 여행 도중 그를 위해 즉석에서 공중公衆이 되어 공중의 열광을 실연實演했는데, 고래고래 '황제 만세Vive l'Empereur'를 외쳐대면서 공화주의자를 모욕하는가

하면 두들겨 패기를 마다하지 않았다.

—마르크스, 같은 책

마르크스는 이 모임의 멤버 대부분이 페르시니가 돈으로 끌어모은 불량배나 룸펜 프롤레타리아트였다고 하는데, 확실히 그런 면이 있었을지도 모른다.

하지만 마르크스가 "룸펜 프롤레타리아트의 두목이 된 보나파르트, 자신이 개인적으로 좇고 있는 이익을 대중적인 형태로는 이런 데서밖에 찾을 수 없는 보나파르트, 이러한 모든 계급의 찌꺼기, 부스러기, 쓰레기야말로 자신이 무조건 믿을 수 있는 유일한 계급이라고 생각하는 보나파르트, 이 보나파르트가 진짜 보나파르트이자 있는 그대로의 보나파르트다"(같은 책)라고 거칠게 매도하는 어조를 보면, 현실의 루이 나폴레옹을 마르크스 자신이 이랬으면 좋겠다고 바라는 왜소한 이미지로 환원하여 혼자 즐거워하는 모습이 떠오를 따름이다.

룸펜 프롤레타리아트의 모습을 한 루이 나폴레옹
이래서는 괴이한 인물 루이 나폴레옹의 실상을 보지 못할 뿐 아니라 역사를 스스로의 손으로 왜곡해버릴지도 모른다. 마르크스가 가장 싫어한 것은 자본가도 반동정치가도 아니고 루이 나폴레옹이다.

반대로 마르크스가 이상화하는 것은 '올바른 직업'을 가진 '청빈'한 조직노동자이고, 같은 프롤레타리아트라도 '탁빈濁貧'한 룸펜 프롤레타리아트는 뱀이나 전갈처럼 혐오해마지 않았다. 마르크스에게 루이 나폴레옹이라는 인물은 이러한 룸펜 프롤레타리아트의 '황제'로밖에 보이지 않았던 것이다. 굳이 루이 나폴레옹을 편들 필요는 없겠지만, 마르크스가 만들어낸 이러한 감정적인 이미지를 그대로 받아들이는 것도 엄격히 경계하지 않으면 안 된다.

라이벌 샹가르니에 장군과 암투 시작

어찌됐든 루이 나폴레옹이 이러한 사병조직으로 군의 정규부대에 대항할 수 있다고 생각했을 리는 없다. 권력을 장악하려면 무엇보다 먼저 군대를 아군으로 끌어들일 필요가 있다. 누구든 그렇게 생각할 수는 있다. 하지만 어떻게 해야 군대를 끌어들일 수 있을까. 음모가의 습성을 버리지 못한 루이 나폴레옹은 생각했다. 잽싸게 돈으로 사들이면 된다!

샹가르니에와 암투를 벌이는 루이 나폴레옹

처음에는 산악당의 탄압으로 루이 나폴레옹과 협력관계에 있었던 파리 관구 총사령관 샹가르니에는 질서파에 의한 쿠데타 계획의 중심인물로 지목되었는데, 루이 나폴레옹에 의해 경질되었다. 이리하여 질서파는 무장해제당한 것이나 마찬가지인 상태가 된다. [1]

> 그는 먼저 시작 삼아 엘리제 궁의 한 방에서 사관과 하사관에게 엽궐련과 샴페인, 차가운 닭고기와 마늘이 들어간 소시지를 대접했다.
> ―같은 책

이러한 성대한 대접은 열병식이나 관병식 때마다 되풀이되었다. 이래서는 대통령의 봉급을 아무리 많이 인상해도 모자랄 터다.

하지만 이런 식으로 대중적인 인기몰이만 해서는 쿠데타를 일으켰을 때 군대가 아군이 되어줄 것이라는 보증은 어디에서도 받을 수 없다. 군대는 사관과 하사관이라는 '몸통'으로만 구성되어 있는 것이 아니라 그 위에 장군과 사령관이라는 '머리'가 붙어 있기 때문이다. 그런데 '몸통'은 제쳐두고 '머리' 부분은 현재 거의 전원이 '적'이었다. 이들을 '아군'으로 돌려놓지 않으면 안 된다.

음모가 루이 나폴레옹의 재능은 이 방면에서 유감없이 발휘된다.

그의 첫 번째 표적은 파리 관구管區 총사령관 샹가르니에 장군이었다. 샹가르니에는 루이 나폴레옹과 질서파가 밀월관계일 때에는 대통령의 후원자 역할을 해 헌법제정의회를 포위하여 해산을 강행하기도 하고 산악당의 탄압에 협력하기도 했다. 루이 나폴레옹에게 공화파를 쓸어버릴 쿠데타를 부추긴 적도 있었다. 하지만 대통령과 질서파의 균열이 깊어지면서 공공연하게 질서파에 가담하여 "입법의회 의장이 요청하면 언제라도 대통령을 방센 감옥에 처넣을 것"이라고 큰소리치는 지경에 이르렀다.

더욱이 샹가르니에는 루이 나폴레옹이 입회한 열병식에서 병사들이 "나폴레옹 만세!" "황제 만세!"라고 외치지 못하도록 휘하의 장군에게 명했기 때문에 두 사람의 불화는 더욱 깊어졌고, 사람들은 어느 쪽이 먼저 쿠데타를 일으킬지 모른다면서 수군대기까지 했다.

특히 1850년이 저물 무렵에는 샹가르니에를 앞세운 질서파의 쿠데타 일정이 상당히 구체적으로 제시되고 있었다. 지금은 군대의 전권이 샹가르니에의 손 안에 있다. 게다가 루이 나폴레옹 수하의 병사는 거의 없는 것이나 다름없다. 루이 나폴레옹을 체포하려면 이때밖에 없다.

하지만 질서파는 오를레앙파와 정통왕조파 사이에서 의견이 통일되지 않아 루이 나폴레옹에 대한 체포 명령은 결국 내리지 않았다.

샹가르니에 장군을 몰아내는 데 성공하다

한편 루이 나폴레옹은 자신의 목을 겨누는 비수와 다를 바 없는 샹가르니에를 어떻게 하면 제거할 수 있을지 이런저런 궁리를 하고 있었다.

1851년 1월 2일, 보나파르트 계열의 신문에, 위기에 처하면 의회나 대통령의 문민 통제civilian control를 따를 필요가 전혀 없다는 일일 명령을 1850년 5월 샹가르니에가 부하에게 내린 사실이 폭로되었다. 샹가르니에를 몰아내려는 공작이 시작된 것이다. 1월 3일, 샹가르니에는 의회에서 항변했지만 루이 나폴레옹은 그날 밤 바로 각료회의를 소집하여 샹가르니에의 경질을 알렸다. 티에르가 샹가르니에를 옹호하려 하자 루이 나폴레옹은 이상하다는 표정으로 말했다. "그렇다면 자네는 나를 방센 감옥에 처넣겠다고 큰소리치는 사람을 휘하에 두란 말인가?"

자택 침대에서 잠자고 있다가 갑작스럽게 사령관 해임 편지를 받은 샹가르니에는 "프랑스는 이런 기이한 방식으로 나의 노고에 보답하려는 것이냐"고 소리쳤지만 이미 모든 게 끝난 뒤였다.

이처럼 갑작스런 총사령관 경질은 의회는 물론 내각의 반발까지 불러 질서파 각료 몇 명이 사표를 제출했을 뿐만 아니라 내각불신임안이 가결되는 소동으로까지 번졌다. 하지만 루이 나폴레옹은 꿈쩍도 하지 않고 이미 정한 방침이라 하여 샹가르니에의 경질을 밀고 나갔고, 각료 자리에 자기편을 채워 새로운 내각을 출범시켰다.

지금까지는 결코 자기 쪽에서 먼저 움직이려 하지 않고, 마치 『대보살 고개大菩薩峠』의 기 류노스케机龍之助처럼 '소리 없는 자세'를 취하고 있던 루이 나폴레옹이 드디어 칼을 빼들었던 것이다. 그의 기세에 눌린 질서파는 자신들이 무장해제되었다는 것도 모른 채 맥없이 결정에 따를 수밖에 없었다. 이러한 루이 나폴레옹의 '소리 없는 자세'에 관하여 막심 뒤캉은 『반세기의 회상』에서 이렇게 말한다.

그 어떤 당파도 말도 없고 얼핏 보면 무감동하게 보이는 이 사내를 궁지로 몰아넣을 수 없다. 이 사내는 하나의 고정관념에 사로잡혀 있는데, 편집광적인 끈질김으로 그것을 실현하고자 한다. 그는 연설자가 게거품을 물며 뭐라 해도, 저널리스트가 어떤 험담을 늘어놓아도, 의원들이 논쟁을 벌이고 경질된 장군이 그를 비난하고 당파의 주인들이 더러운 욕설을 퍼부어도, 그저 혼자서 입을 꾹 다문 채 꿈쩍도 하지 않는다. 적들은 그를 바보 취급하고 안심해버리지만, 그는 엘리제 궁에 틀어박혀 긴 턱수염을 쓸어내리면서 담배를 피우거나 그렇지 않으면 큰 나무 그늘 아래를 고개를 숙이고 걸으면서 멀리서 들리는 온갖 떠들썩한 소리를 뒤로 하고 몰래 계획을 가다듬는 것이다.

샹가르니에의 전격적인 해임은 바로 이러한 숙고 끝에 나온 것이다.
나중에 『자유제정』의 담당자가 되는 에밀 올리비에는 이 잡지에 이렇게 쓴다. "샹가르니에 경질은 의회에 대한 대통령의 쿠데타의 서곡은 아니었을지도 모른다. 하지만 의회 쪽에서 대통령을 노리고 기획하고 있던 쿠데타를 미연에 예방하는 견제가 되긴 했다."
마르크스는 더욱 확실하게 단언한다.

샹가르니에가 자리에서 쫓겨나면서, 다시 말해 군사 권력이 보나파르트의 손에 떨어지면서 지금 우리가 살펴보고 있는 시기, 즉 질서파와 집행 권력 간 싸움의 제1막이 끝난다. 양 권력 사이의 전쟁이 이제 공공연하게 선포되었다. 그것은 공공연하게 수행된다. 하지만 그때는 이미 질서파가 무기도 병사도 다 잃어버린 다음이다.

—마르크스, 앞의 책

이리하여 샹가르니에의 경질과 함께 질서파 쪽으로 크게 기울고 있는 것처럼 보였던 운명의 저울은 다시 균형을 찾아 양자의 한가운데에서 딱 멈췄다.

루이 나폴레옹의 머리 위를 뒤덮고 있던 구름은 말끔히 사라지고 운명을 인도하는 별이 다시 빛나기 시작했다.

4

'선수들', 쿠데타로 모여들다

헌법 규정이 쿠데타를 압박하다

샹가르니에의 전격적인 해임에 따라 루이 나폴레옹은 질서파의 큰 이빨 하나를 뽑는 데는 성공했지만, 객관적으로 보면 아직 질서파 쪽이 압도적으로 우월한 위치를 유지하고 있었다.

왜냐하면 공화국 헌법 제45조에 대통령의 재선은 인정되지 않는다는 규정이 있었기 때문이다. 루이 나폴레옹은 입법의회가 정수 3분의 2 이상의 찬성으로 헌법 개정에 동의해주지 않는 한, 당선 후 4년째 즉 1852년 5월 둘째 주 일요일에 임기를 마쳐야 한다. 게다가 정수 750석인 입법의회는 질서파 450석, 산악당 200석, 온건공화파 80석으로 배분되어 있었기 때문에 헌법이 개정될 가능성은 거의 없는 것이나 마찬가지였다.

바꿔 말하면 앉아서 보고만 있다가는 루이 나폴레옹의 권력 유효기간은 시시각각 줄어든다. 루이 나폴레옹에게 남은 길은 어려움을 인식하고 합법적으로 헌법 개정에 도전하거나 쿠데타를 통해 폭력적으로 의회를 굴복시키는 것 말고는 없었다. 마르크스는 이러한 공화국 헌법에 포함된 모순과 위험성을 다음과 같이 지적한다.

> 헌법 제45조부터 제70조까지 각각의 조항을 보면 국민의회는 대통령을 헌법에 따라 축출할 수 있지만 대통령은 입법의회를 헌법을 위반하는 것으로만, 다시 말해 헌법 그 자체를 폐기처분함으로써만 정리할 수가 있다. 따라서 여기에서 보자면 헌법은 나를 폭력으로 파괴해보라고 도발하고 있는 것이다.
>
> ―같은 책

따라서 루이 나폴레옹이 이 도발에 올라탈 가능성은 임기 만료 기일이 가까워지면 가까워질수록 점점 커질 터다. 게다가 루이 나폴레옹은 샹가르니에 해임으로 의회를 무방비 상태로 두는 데 성공했다. 그 때문에 1851년 봄부터 여름에 걸쳐 파리에서는 두세 명만 모이면 대통령이 언제 쿠데타를 일으킬지를 두고 이런저런 이야기를 주고받았다.

결실을 얻지 못한 헌법 개정 노력

하지만 루이 나폴레옹은 결단을 내리라고 압박하는 페르시니에게 아무런 지시도 내리려 하지 않았다. 오히려 헌법 제45조의 개정을 의회와 함께 모색하겠다며 '평화공존'의 방향으로 키를 잡았다. 대통령의 임기 만료를 대공세의 기일로 정하고 활동을 개시한 산악당과 혁명세력에 대한 거부반응 때문에 질서파와 온건공화파 일각에서 헌법 개정을 승인해도 좋다는 의원들이 나오고 있었기 때문이다.

그 전형적인 인물이 오딜롱 바로 내각에서 외무장관으로 일한 적이 있는 고명한 역사가 알렉시스 드 토크빌이었다. 그는 만약 의회가 헌법 개정에 동의하지 않을 경우 루이 나폴레옹은 조용히 임기 만료를 기다릴 리가 없으며 반드시 쿠데타로 내달릴 것이라고 예상했다. 더욱이 티에르 등과 달리 쿠데타의 성공 확률은 상당히 높을 것이라고 판단했다. 그렇다면 대통령이 독재 권력으로 이행하지 못하도록 족쇄를 채운 다음 헌법 개정을 받아들이는 것이 낫다는 의견으로 기울었던 것이다. 질서파 안에서 토크빌처럼 생각하는 의원이 점차 많아지고 있었다. 하지만 3분의 2라는 벽은 높았다.

7월 19일, 입법의회는 6일 간의 뜨거운 논의 끝에 보나파르티스트와 오딜롱 바로파 의원이 제안한 헌법개정안을 찬성 278표, 반대 446표로 부결시켰다. 의원으로 복귀한 샹가르니에 및 티에르 등 오를레앙주의자 일당이 산악당과 공화파에 보조를 맞춰 반대표를 던졌기 때문이다.

이리하여 사태는 전혀 출구가 보이지 않는 막

토크빌

오딜롱 바로 내각에서 외무장관을 역임한 알렉시스 드 토크빌. 그는 헌법의 모순 때문에 루이 나폴레옹의 쿠데타는 불가피하다고 판단하고, 대통령의 재선을 위한 헌법 개정을 의회에 요구했지만 부결되었다. [I]

생아르노

쿠데타를 계획하고 있던 루이 나폴레옹은 군대에 교두보를 구축하기 위해 터키에서 여단장으로 근무하고 있던 생아르노 장군을 발탁하여 육군장관 자리에 앉혔다. [A]

다른 골목으로 치달았다. 남은 것은 루이 나폴레옹이 '언제' 쿠데타를 일으킬 것인지, 시기의 문제뿐이었다.

그러나 그 기한이 다가오는데도 티에르와 샹가르니에는 루이 나폴레옹의 힘을 얕잡아보고 있었다. 오딜롱 바로가 쿠데타에 대해 묻자 샹가르니에는 내가 명령만 내리면 군대는 무조건 따를 것이고 경시총감 카를리에도 나에게 충성을 맹세했다고 대답했다.

하지만 샹가르니에의 생각은 너무 안이했다. 그도 그럴 것이 의원들이 여름휴가를 맞아 한가롭게 쉬고 있는 사이, 루이 나폴레옹은 착실하게 군대와 경찰에 포석을 두고 있었기 때문이다.

군대와 경찰에 교두보를 쌓다

샹가르니에를 파리의 총사령관에서 해임했지만 루이 나폴레옹에게는 하나의 결정적인 약점이 있었다. 그것은 군대 내부에 자신의 뜻대로 움직여주는 장군이 거의 없다는 것이다. 나폴레옹의 영광의 기억은 군대의 간부들 사이에서는 이미 희미해지고 있었다. 사관이나 하사관에게 아무리 인기가 있다 해도 장군 중에 자기 사람이 없으면 쿠데타가 성공할 가능성은 거의 없다.

루이 나폴레옹이 이리저리 궁리만 하고 있는데 심복 페르시니가 생각지도 못한 제안을 했다. "그렇다면 차라리 우리가 그런 장군을 만들어버리는 게 어떻겠습니까?" 그러니까 젊은 야심가로 식민지에서 찬밥을 먹고 있는 장군 중에서 샹가르니에의 입김이 닿지 않는 인물들을 선발하여 그들을 총사령관이나 육군장관으로 발탁하자는 것이다.

페르시니의 의뢰로 인재를 찾으러 떠난 부관 플루리가 특별히 선택한 사람은 터키의 콘스탄티노플에서 여단장으로 근무하고 있던 생아르노Jacques Leroy de Saint-Arnaud 장군이었다. 이 사람은 젊은 시절 앙비귀Ambigu 극장에서 단역배우와 코믹 가수로 일한 적이 있는 괴짜인데, 그의 독수리 같은 눈과 날카로운 눈매는 야심을 위해서라면 어떤 일이라도 물불 가리지 않고 태연하게 수행할 수 있는 인물이라는 것을 웅변하고 있었다.

페르시니는 이 사람을 일단 파리 관구 총사령관에 앉혔다가 곧 육군장관으로 내세울 계획이었다. 그러나 육군장관이 되려면 최소한 사단장 급은 되어야 한다는 규정이 있었기 때문에 페르시니는 생아르노를 위해 카빌리아 부족에 대한 전투를 '만들어내' 전공을 세울 수 있게 했다. 이리하여 생아르노는 순조롭게 출세의 길에 들어서서 1851년에는 파리 관구 제2사단장이 되었고, 10월에는 육군장관 자리에 올랐다.

이때 파리 관구 총사령관은 오래전부터 루이 나폴레옹의 심복이었던 마냥Bernard Pierre Magnan 장군이 맡고 있었다. 이것으로 군 관련 준비는 마친 셈이었다. 하지만 군을 억누른 것만으로는 아직 쿠데타는 불가능하다. 합법적으로 체포하려면 경찰을 장악해둘 필요가 있다.

마냥
오래전부터 루이 나폴레옹의 심복이었던 마냥. 그는 파리 관구 총사령관 자리에 앉아 있었다. [E]

모르니
오르탕스 왕비와 플라오 장군 사이에서 태어난 모르니 백작은 오를레앙파 의원이었지만 이복형인 루이 나폴레옹의 요청을 받아들여 쿠데타의 '총괄 연출자'가 될 것에 동의한다. [A]

루이 나폴레옹은 물론 경찰조직에도 똑같은 포석을 두고 있었다. 정확하게 말하면 그럴 작정이었다.

루이 나폴레옹이 기대를 걸고 있던 사람은 2월 혁명으로 수립된 임시정부 시대부터 공안경찰의 수장으로 일하고 있던 카를리에였다. 카를리에는 루이 나폴레옹이 대통령에 당선되자 접근을 시도해 신뢰를 얻었고, 1949년 11월에는 경시총감 자리에까지 올랐다. 공안경찰답게 파리의 모든 계층에 밀정을 풀어 정보를 수집하는 것이 카를리에의 특기였다. 그 덕분에 극좌파의 음모에 관해서는 말할 것도 없고 질서파의 쿠데타 움직임에 관해서도 카를리에는 상당한 정보망을 갖고 있었다.

쿠데타의 총괄 연출자 모르니 공작

이리하여 쿠데타라는 장엄한 심포니를 연주하기 위한 오케스트라 멤버는 모두 갖춰지게 된다. 하지만 이 오케스트라에는 가장 중요한 지휘자가 빠져 있었다. 루이 나폴레옹이 지금까지 몇 차례 쿠데타 기회가 있었음에도 실행으로 옮기지 못한 것은 이 때문이었다. 지휘자만이 아니었다. 연주회를 준비할 연출자도 없었다.

어딘가에 지휘는 물론이고 입안에서 실행까지 쿠데타의 모든 것을 맡아줄 총괄 연출자는 없을까? 스트라스부르와 불로뉴 봉기의 실패를 보면 알 수 있듯이, 강경일변도인 페르시니에게 맡겼다가는 이번에도 너무 서두르다가 실패할 우려가 적지 않다. 그렇게 되면 나폴레옹 제국 재건의 꿈은 산산이 부서지고 만다. 그러나 그렇다고 다른 사람에게 맡겼다가는 언제 배신당할지 모른다. 누군가 절대적으로 믿을 수 있을 뿐만 아니라 권모술수에 능한 인물이 없을까?

하지만 그렇게 딱 맞는 인물이 과연 있을까? 있었다. 그것도 그의 집안에. 배다른 아우인 모르니 백작(나중에 공작), 호적명 오귀스트 드 모르니Charles Auguste de Morny가 그 사람이다.

어머니 오르탕스가 나폴레옹의 부관이었던 플라오 장군과의 사이에서 얻은 동생이 있다는 사실을 루이 나폴레옹이 안 것은 어머니의 장례식 자리에서였다. 그렇다고 이때 두 형제 사이에 모종의 교류가 시작된 것은 아니다. 서먹서먹한 관계는 루이 나폴레옹이 대통령에 취임한 후에도 변하지 않았다.

모르니는 시원시원한 멋쟁이로, 다른 사람보다 한 걸음 앞을 내다보는 총명한 두뇌, 민첩한 판단력, 확고한 의지, 빈틈없는 사람 대접 등 성격적으로도 형과 전혀 닮지 않은 동생이었다. 군대를 떠난 후 실업계에 들어가 설탕공장, 탄광 등을 잇달아 운영하여 큰 부를 쌓았고, 1842년에는 여당에서 입후보하여 국회의원이 되었으며, 사교계에서도 자키 클럽 회원으로서 이름을 떨치고 있었다.

루이 나폴레옹과는 1849년 1월 처음으로 만났지만, 대통령의 추종자들 특히 페르시니와 마음이 맞지 않아 보나파르티스트파에는 가담하지 않았고, 의회에서는 오를레앙주의자로 활동하고 있었다.

그런 그와 루이 나폴레옹이 1851년 7월의 헌법 개정 부결 후에 빠르게 가까워진 것은 둘 다 상대를 필요로 하는 사정이 생겼기 때문이다. 모르니는 사업상 뜻하지 않게 많은 돈을 빌릴 필요가 있었고, 루이 나폴레옹은 말할 것도 없이 쿠데타 준비를 위한 인재가 필요했다.

1851년 7월 상순, 엘리제 궁에 나타난 모르니는 루이 나폴레옹과 나란히 나뭇잎 그늘을 걷고 있었다. 모르니가 남긴 수기를 바탕으로 전기

작가 앙드레 카스텔로가 『나폴레옹 3세』에서 재현한 대화는 대략 다음과 같았다.

"전하, 드디어 최후의 단계에 이르렀습니다. 더 이상 망설이고 있을 때가 아닙니다. 전하께서 어떻게 미래를 그리고 계신지는 모릅니다. 하지만 제가 보는 바로는 전하를 위해서나 국가를 위해서나 남아 있는 해결책은 단 하나, 쿠데타뿐입니다."

"전적으로 동의하네. 나도 진지하게 생각하고 있어. 하지만 이 일을 맡아줄 사람이 없으니 어쩌겠는가."

"저 말고 인재가 없다는 말씀이라면 저를 이용해주십시오."

쿠데타 계획의 재검토

이리하여 모르니는 쿠데타의 총괄 연출자general producer 역할을 받아들였다. 하지만 막상 준비에 들어가 경시총감 카를리에가 작성한 쿠데타 계획을 본 모르니는 놀라지 않을 수 없었다. 너무나 엉성했기 때문이다. 쿠데타 포고문의 내용은 어설프기 짝이 없었고, 계엄령 관련법도 엉터리였으며, 취해야 할 조치도 마련되어 있지 않았다. 체포 예정자 리스트에는 거의 무명이나 다름없는 사람만 500명이나 올라 있을 뿐 샹가르니에나 카베냐크파인 전직 군인 샤라스와 라모리시에르 등의 이름은 보이지 않았다. 모르니가 카를리에를 추궁하자 그런 군인들은 경찰의 힘으로는 체포할 수 없으니 국민위병國民衛兵을 쓸 작정이라고 대답했다. 모르니는 깜짝 놀라 뒤로 자빠질 지경이었다.

"이 장군들을 국민위병이 체포하게 한다고! 성공할 자신이 있는가?"

"100퍼센트 확실합니다." 카를리에가 이렇게 말하면서 작전의 성공을 보증할 장교 네 명의 이름을 들었다.

모르니는 카를리에에게 대답했다.

"그들의 용기는 의심하지 않는다. 하지만 그들은 여차하면 샹가르니에 장군에게 발포는 할 수 있을지 몰라도 체포는 할 수 없을 것이다. 쿠데타에서는 바로 그것을 피하지 않으면 안 된다. 쿠데타라는 것은 상대에게 그 어떤 상처도 입히지 않고, 머리카락 하나 건드리지 않고 성공해야만 하는 것이다. 우리가 전투보다 쿠데타를 선택한 것도 그 때문이다. 만약 전투에서 누군가 저명한 인물을 죽이면 그대의 얼굴에 그 사람의 피를 묻히게 된다. 그리고 그의 죽음은 그대 때문이라며 영원히 비난받을 것이다."(앙드레 카스텔로, 앞의 책)

루이 나폴레옹은 모르니의 말이 옳다는 것을 인정하지 않을 수 없었다. 만약 카를리에의 계획에 따라 쿠데타를 결행했다가는 참담한 패배를 맛볼 것이 확실하다. 설령 성공한다 하더라도 유혈의 참사를 피하기 어려울 것이다. 그것은 "민중에게 봉사하는 황제"가 되고자 하는 루이 나폴레옹에게도 결코 바람직하지 않다.

이리하여 9월 22일로 예정되어 있던 쿠데타는 일단 연기하기로 결정했다. 그러나 하기로 결심한 이상 가능한 한 빨리 결행하지 않으면 안 된다. 그렇지 않으면 역으로 쿠데타를 부를지도 모른다. 하지만 그 전에 해결해야 할 두 가지 문제가 있었다.

하나는 무능하고 믿음직스럽지 않은 카를리에를 해임하고 유능한 인물을 경시총감으로 삼는 것이다. 루이 나폴레옹은 생클루의 궁전으로 후보자 두 사람을 불러 모르니에게 누구를 택할지 물었다. 모르니는 한쪽은 나이가 많고 한쪽은 젊은데 이왕이면 젊은 사람이 좋겠다고 말하고, 툴루즈의 경찰청장으로 있는 모파Charlemagne-Émile de Maupas를 선택했다.

또 다른 현안은 돈이었다. 쿠데타는 무력으로 결정되지만 무력을 지탱하는 것은 돈이다. 하지만 만성적인 돈 부족 상태에 있는 루이 나폴레옹은 지난해의 임시 보너스 등은 벌써 다 써버린 터라 의지할 곳이라곤 여자밖에 없었다. 약혼녀였던 마틸드 황녀로부터 4000프랑, 애인이었던 캄파나 후작 부인 즉 에밀리 로루즈로부터 3만3000프랑, 현재의 애인인 미스 하워드로부터 10만 프랑, 이것이 루이 나폴레옹이 손에 넣은 군자금의 전부였다. 미스 하워드는 마차를 팔았고, 런던의 집을 저당 잡혔다. 쿠데타는 애인들의 헌신으로 버틸 수 있었던 것이다!

사태, 절박해지다

10월 27일 내각을 재정비하여 생아르노를 육군장관에, 모파를 경시총감에 앉히고 자신감을 얻은 루이 나폴레옹은, 11월 4일 의회 개회식에서 선거 자격을 제한한 예의 5월 31일 법의 폐지를 호소해 질서파를 도발했다.

의회는 이 도발에 응하여 의회의 의장이 직접 군대를 동원할 수 있도록 한 헌법제정의회의 1848년 5월 정령政令을 법문화하는 의원 입법안을 제출했다. 만약 이 법안이 통과되면 군대의 통수권은 대통령에서 의회로 넘어가게 된다. 결국 의회는 자신들에게도 쿠데타를 일으킬 권리가 있다는 것을 공언한 셈이다.

11월 11일, 파리에 질서파가 쿠데타를 일으킬 것이라는 소문이 돌았다. 작가 비에르 카스텔은 이렇게 쓴다. "다음 날 의회가 대통령을 고발해 즉석에서 방센으로 호송할 것이라는 소문이 퍼지고 있다. 다른 한편에서는 대통령이 의회의 기선을 제압하고 쿠데타를 일으킬 것이라는 소문도 있다."(앙드레 카스텔로, 앞의 책)

모파

모르니는 쿠데타에 필수불가결한 인물로 툴루즈 경찰청장으로 있던 모파를 선택한 후 그를 경시총감 자리에 앉혔다. [E]

어찌됐든 사태는 절박해지고 있었다.

11월 13일, 의회는 대통령이 제안한 선거자격 제한법의 철폐를 부결했다. 이것으로 루이 나폴레옹은 이제 개운한 마음으로 보통선거를 옹호하는 호민관으로 행동할 수 있게 되었다. 쿠데타의 비단 깃발이 루이 나폴레옹의 손으로 넘어간 것이다.

하지만 루이 나폴레옹에게 쿠데타 결행의 좋은 구실이 될 수 있었던 의원 입법은 뜻밖에도 4일 후인 11월 17일 부결되고 만다. 가결 즉시 쿠데타를 결행할 예정으로 임전태세를 갖추고 있던 생아르노와 모파는 맥이 빠졌다. 쿠데타는 또다시 연기되었다.

하지만 결과적으로 루이 나폴레옹에게는 좋은 징조였다. 몇 번씩이나 내일 쿠데타가 일어날 것이라는 말을 들어온 의회 쪽에서는 양치기 소년의 경고를 믿지 않았던 사냥꾼들처럼 경계심을

쿠데타 모의

왼쪽부터 모파, 생아르노, 모르니, 페르시니, 루이 나폴레옹. 쿠데타는 이 다섯 사람에 파리 관구 총사령관 마냥을 더해 총 6명에 의해 입안, 실행되었다. [C]

완전히 풀어버렸던 것이다. 샹가르니에는 변함없이 강경한 태도로 질서파 의원들 앞에서 쿠데타 따위는 단숨에 분쇄해버리겠다고 큰소리쳤다. 어떤 대비를 하고 있느냐고 묻자 그는 이렇게 대답했다. "내 아파트는 작은 요새다. 주민들은 모두 내 편이다. 특히 일층 빵집은 무슨 일이 있으면 냄비를 두드려 내게 알려줄 것이다."(같은 책)

샹가르니에의 냄비에 대비해 생아르노와 마냥은 군대를 총동원하여 만반의 태세를 갖추고 있었다.

5
주사위는 던져졌다

쿠데타 결행

잘 준비된 쿠데타는 올림픽 경기와 흡사하다. 준비하는 데만 몇 개월 또는 몇 년이 걸리지만, 일단 시작했다 하면 짧으면 수십 초, 길어야 몇 시간이면 끝장이 난다.

1851년 12월 2일 아침, 안개가 자욱했고 하늘은 음울한 구름으로 뒤덮여 있었다. 빗방울도 떨어지고 있었는데, 기온은 4도, 서리는 내리지 않았다. 빵을 사러 나온 파리 시민들은 거리에 일제히 뿌려진 다음과 같은 공화국 대통령의 포고 전단을 보고 깜짝 놀랐다.

공화국 대통령은 아래와 같이 포고한다.

제1조 국민의회는 해산한다.

제2조 보통선거는 부활한다. 5월 31일의 법률은 폐지한다.

포고 전단

1851년 12월 2일 이른 아침, 파리 곳곳에 루이 나폴레옹과 내무장관 모르니가 서명한 포고 전단이 일제히 뿌려졌다. 이 전단은 국민의회와 국무원의 해산과 함께 보통선거의 부활을 알렸다. [A]

제3조 프랑스 국민은 12월 14일부터 21일 사이에 투표소에 나온다.

제4조 계엄령은 육군 제1사단 관구에서 시행한다.

제5조 국무원은 해산한다.

제6조 내무장관은 이상의 포고를 책임을 다하여 수행한다.

엘리제 궁에서 1851년 12월 2일

루이 나폴레옹 보나파르트

내무장관 드 모르니

이 포고문을 읽은 파리 민중들의 입에서 분노의 말은 끝내 나오지 않았다. 오히려 6월 사건을 탄압한 자들의 모임인 국민의회가 해산되고 보통선거가 부활되는 것에 쾌재를 불렀다.

"보나파르트 놈들 끝내 일을 저질렀군. 의회에 있는 놈들 참 고소하다. 국민은 투표소로 나가라고 했는데, 이건 쿠데타에 찬성하는지 반대하는지 국민투표에 부치겠다는 얘기 아닌가. 잘 된 일이야. 하는 짓을 보고 아니다 싶으면 반대투표를 하면 그만이니까."

많은 노동자가 이렇게 수군거렸다. 그들은 아무 일도 없었다는 듯이 조용히 일터로 발걸음을 재촉했다. 거리에서는 군대와 헌병대가 요소요소에 진을 치고 엄중한 경계태세를 펼치고 있었지만, 특별한 혼란은 빚어지지 않았고 하루 종일 평온했다.

파리의 담벼락에는 이것과는 별도로 루이 나폴레옹이라고 서명한 '국민에게 고함'이라는 제목의 선언문이 붙어 있었다.

지금까지 나에 대해 그야말로 온갖 도발, 비방, 모욕을 일삼으면서 우리를 아무것도 할 수 없는 무리라고 매도해왔다. 하지만 헌법을 존중해야 할 사람들이 헌법 그 자체를 무시하고, 이제까지 두 번의 군주제를 짓뭉갰던 사람들이 지금 공화국을 전복하고자 나의 손을 묶으려 하고 있다. 이에 나는 분연히 일어서 그들의 불순한 시도를 분쇄하고 공화국을 지켜야 한다고 결심했다. 내가 프랑스 유일의 군주로 인정받는 사람, 즉 인민의 엄중한 판정을 받들어 나라를 구하는 것이 나의 의무라고 생각한 것이다. 따라서 나는 국민모두에게 호소한다. 만약 여러분이 여전히 나를 믿는다면 여러분이 의뢰한위대한 사명을 수행하기 위한 수단을 나에게 달라. 그 사명이란 인민의 정당한 욕구를 충족시키고 그것을 파괴적인 정열로부터 지킴으로써 혁명의 시대에 종지부를 찍는 것이다. 특히 사람들이 죽은 후에도 남을 제도를 만드는 것이다. 그 제도는 틀림없이 영속적인 것을 수립하기 위한 기초가 될 것이다.

—앙드레 카스텔로, 앞의 책

루이 나폴레옹은 민중의 빼앗긴 권리 즉 의회 질서파에 의해 축소된선거권을 되찾을 호민관으로서 어쩔 수 없이 쿠데타를 일으켰노라고호소하고자 했던 것이다. 그리고 이 호소는 거의 완벽하게 민중에게 받아들여졌다.

민중은 오를레앙파의 티에르, 왕당파의 베리에, 공화파의 카베냐크장군, 샹가르니에 장군 등이 줄줄이 체포된 것을 알고 이제야 6월 사건의 복수가 이뤄졌다며 루이 나폴레옹의 '사명'을 칭찬해마지 않았다.

체포를 면한 빅토르 위고 등 공화파 의원들이 민중의 거리 포부르 생앙투완 등에 바리케이드를 쌓고 싸울 것을 호소했지만 민중은 전혀 반응을 보이지 않았고, 저항은 출동한 군대에 의해 순식간에 진압되고 말았다. 위고와 신문왕 지라르댕은 벨기에로 망명했다.

쿠데타는 싱거울 정도로 쉽게 성공했던 것이다.

쿠데타 전야의 만찬회

그러면 텔레비전 뉴스 해설식으로 이 역사적인 하루를 순차적으로 따라 가보자(앙드레 카스텔로. 앞의 책 참조).

전날인 1851년 12월 1일은 월요일이었다. 매주 월요일에는 대통령 관저에서 만찬회가 열렸다. 루이 나폴레옹은 늘 그랬듯이 이 방 저 방을 돌아다니며 손님들에게 빠짐없이 말을 건네고 있었다.

밤 10시 조금 전, 루이 나폴레옹은 최근 파리 국민위병대장으로 승진한 비에이라 대령 앞을 지나다가 갑자기 발을 멈추고 잠깐 할 말이 있다고 했다. 두 사람은 난롯가로 가서 목소리를 낮춰 얘기를 나눴다.

"대령, 지금부터 중요한 이야기를 할 텐데 얼굴빛을 바꾸지 않고 아무 일도 없는 듯이 들을 수 있겠습니까?"

"그건 걱정하지 마십시오."

"좋습니다. 오늘밤 결행합니다. 내일 아침 국민위병의 집회가 일절 열리지 않도록 할 수 있겠습니까?"

"예, 부하들에게 잘 일러두었습니다만."

"그러면 생아르노가 있는 곳으로 가세요. 필요한 만큼 사람을 준비해 줄 겁니다."

비에이라는 가볍게 인사하고 나왔지만 그 표정이 너무 굳어 있어서 외무장관 튀르고 백작은 별다른 생각 없이 옆에 있던 사람에게 이렇게 말했다.

"비에이라는 마치 국가기밀이라도 쥐고 나온 것 같군요."

튀르고 백작은 당연히 아무것도 모르고 있었던 것이다.

이보다 몇 시간 앞서 오페라 코미크 극장에서는 「푸른 수염의 성」이 처음으로 상연되고 있었다. 3막으로 이뤄진 코믹 오페라로 음악은 니모 나데르, 각본은 생조르주가 맡았다. 인도의 마드라스에서 펼쳐지는 사랑과 정치 드라마인데, 관객들은 이것이 최근의 정치 상황을 빗댄 풍자극

코미크 극장의 모르니
1851년 12월 2일 이른 아침의 쿠데타 전야, 모르니는 「푸른 수염의 성」이 상연되고 있는 오페라 코미크 극장으로 가서 리아델 양의 칸막이석을 찾았다. 이야기가 쿠데타 건에 이르자 모르니는 "쏠려가는 쪽이 아니라 쏠어내는 쪽 사람입니다"라고 말했다. [H]

이라는 것을 금방 알아챘다. 제1막에서 "이제 부끄러움도 체면도 벗어던지고 여기에서 놈들을 모두 체포하자!"라고 외치는 대사를 들은 관객들의 시선은 일제히 무대 옆 칸막이석에 앉아 있는 모르니 백작을 향했다. 모르니가 크게 고개를 끄덕이자 객석이 술렁이더니 박수갈채가 쏟아졌다.

막간에 모르니는 주연배우 리아델 양을 찾았다. 화제가 쿠데타 이야기로 옮겨갔다.

"백작님은 어느 쪽이죠?"

"그야 물론 쏠려가는 쪽이 아니라 쏠어내는 쪽이지요, 마담."

모르니는 끝까지 보지 못하고 도중에 극장을 나왔다. 엘리제 궁으로 달려갔던 것이다.

쿠데타로

비에이라가 관저를 떠나고 10시 종이 울리자 손님들은 돌아갈 채비를 했다. 루이 나폴레옹은 사무소에서 일하고 있는 비서 모카르에게 웃으면서 말을 걸었다.

"오늘 모두가 무슨 얘기를 했는지 아는가? 의회가 나를 겨냥해 쿠데타를 기도하고 있다는 얘기야."

마지막 손님이 떠나고 모르니 백작이 도착하자 루이 나폴레옹은 손을 잡고 이층 집무실로 들어갔다. 그곳에는 생아르노 육군장관, 모파 경시총감, 페르시니, 모카르가 모여 있었다. 루이 나폴레옹은 열쇠로 사무용 책상의 서랍을 열고 서류를 꺼냈다. 서류에는 푸른색 글자가 적혀 있었다.

루이 나폴레옹은 서류 중에서 포고문으로 뿌릴 문장을 뽑아냈다. 이것을 국립인쇄소에 인쇄를 맡기고, 인쇄된 전단은 동이 트기 전에 거리에 뿌려야만 한다.

루이 나폴레옹은 다른 서랍에서 커다란 자루를 꺼냈다. 4만 프랑이 들어 있었다. "이것을 출동한 병사들에게 수당으로 주도록 하라"고 그는 생아르노에게 말했다.

모든 것을 미리 촘촘하게 상의했었기 때문에 루이 나폴레옹과 다섯 명의 배우는 더 이상 할 얘기가 없었다. 모르니가 마지막으로 말했다.

"그럼 됐습니다. 각자 맡은 대로 자신의 역할을 다해주기 바랍니다."

일동은 해산했다. 12시, 한밤중이었다. 헤어지면서 모르니가 루이 나폴레옹에게 말했다.

"어차피 내일 아침에는 문에 보초가 서 있겠지요."

그렇다고 해도 모르니뿐만 아니라 쿠데타를 모의한 여섯 명 중 그 누구도 쿠데타가 실패할 경우를 대비하지 않았다는 것은 참 이상하다. 돈도 여권도 은둔처도 준비되어 있지 않았다.

비에르 카스텔은 마치 옆에서 지켜보기라도 한 것처럼, 혼자 집무실에 남은 루이 나폴레옹은 다음과 같은 우스꽝스런 노래를 노트에 옮겨 적었다고 전한다.

인쇄소 모습
국립인쇄소에서 포고문이 인쇄되기 시작한다. 대부분이 공화주의자였던 문선공들은 인쇄를 거부했지만 기동헌병대에 둘러싸여 있었기 때문에 어쩔 수 없이 작업을 개시했다. [H]

그가 입을 열면

그건 결국 제국이라는 말

그가 아무 말도 하지 않으면

그건 음모를 꾸미고 있다는 증거

말을 해도 반역자

잠자코 있어도 반역자

—앙드레 카스텔로, 앞의 책

노트를 덮은 다음 루이 나폴레옹은 천천히 일어나 비서에게 아침 5시에 깨워달라고 이르고는 잠자리에 들었다.

행동 개시—인쇄소와 경찰

가장 먼저 행동을 개시한 것은 대통령 직속 부관

행동 개시
국민의회가 있는 팔레 부르봉을 폐쇄하러 나가는 제42보병연대 대장 에스피나스 대령. [H]

비에빌 대령이었다. 대령은 사람 눈에 띄지 않도록 영업용 마차를 빌려 타고 국립인쇄로로 달려갔다. 인쇄소 문 앞에는 풀리 소령이 이끄는 기동헌병대가 대기하고 있었다. 마차는 안마당으로 들어섰고, 마부에게는 와인을 대접했다.

인쇄소 안에는 생조르주가 비에빌 대령이 도착하기를 기다리고 있었다. 생조르주는 모르니가 관람했던 코믹 오페라 「푸른 수염의 성」의 작자로 이때 국립인쇄소 소장을 맡고 있었다. 그도 쿠데타 음모에 가담하고 있던 한 사람이다. 생조르주는 이날 밤 긴급한 인쇄가 있다면서 야근하는 인쇄공을 대기시켜놓고 있었다.

비에빌 대령이 생조르주에게 포고문을 건네자 문선공들은 즉시 활자를 집어 드는가 싶더니 곧 일을 거부했다. 문선공 대부분이 공화주의자여서 쿠데타 관련 글을 활자로 찍어내는 것을 떳떳하게 생각하지 않던 것이다. 그러자 생조르주는 아래쪽에 있던 헌병기동대를 불렀다. 문선공들은 어쩔 수 없이 작업에 착수했다. 비에빌 대령이 포고문을 몇몇 부분으로 나누어놓았기 때문에 문선공들도 전체 내용을 추측할 수는 없었다.

세 시간 반 만에 작업이 끝나자 비에빌과 생조르주는 인쇄된 포고문을 타고 왔던 마차로 경찰청까지 운반해 모파에게 건넸다. 파리 전역에 뿌리기 위해서다.

또, 경찰청과 각 구역 경찰서에는 전날 밤부터 800명의 경찰관이 모여 있었다. 영국에서 들어오는 망명자를 검속한다는 구실이었다.

모파는 각 구역 48명의 경찰서장에게 오늘밤 임무는 망명자를 체포하는 것이 아니라 공화국 대통령에 대한 음모를 적발하는 것이라고 전했다. 하지만 각각의 경찰서장은 관할 구역에서 체포해야 할 사람 수만 전달받았을 뿐 전체적인 체포자 수와 규모에 관해서는 알지 못했다.

경찰서장들은 헌병대 옆에 준비되어 있던 마차를 타고 각 경찰서로 돌아갔다. 마차에는 만일의 경우에 대비해 한 사람씩 자물쇠 장수가 딸려 있었다. 경찰서에 도착한 경찰서장들은 대기하고 있던 경찰관에게 포고문을 거리에 뿌리라고 지시하는 한편 리스트에 오른 국민의회 의원과 회계관 그리고 주로 공화파 활동가들을 체포하라고 명했다.

4시 30분, 파리의 포석鋪石 위에 둔중한 마차 소리가 일제히 울렸다. 거리는 아직 모두가 잠들어 고요했지만 곳곳에서 쿠데타를 위한 작업이 착착 진행되고 있었다. 7월 혁명과 2월 혁명 당시 큰 역할을 했던 국민위병 대기소에서는 비상소집용 큰 북에 구멍이 뚫렸고, 교회의 종루도 병사들에게 점거되었다. 도망하는 자들이 들를 마차대여소는 엄중한 감시 아래 있었고, 집회실이 있는 카페는 폐점을 명하는 포고가 내려졌다.

체포자 리스트 중에서 가장 신중하게 처리해야 할 자는 국민의회가 있는 팔레 부르봉에 사는 회계관이었다. 그들을 체포하고 의회를 봉쇄하는 데에는 헌병대만으로 부족해 육군 제42보병연대의 힘까지 빌려야만 했다.

42연대는 루이 나폴레옹과 인연이 깊은 연대였다. 그도 그럴 것이 1840년 불로뉴에서 봉기했을 때 귀순을 거부하고 그를 체포한 것이 바로 이 연대였기 때문이다.

42연대 연대장은 에스피나스 대령이었다. 대령은 오전 3시 페르시니가 깨우는 바람에 눈을 떴다.

상가르니에의 체포

중요한 일이 있을 때는 아래층 빵집에서 냄비를 두드려 알려줄 것이라며 큰소리쳤던 상가르니에는 잠을 자고 있다 습격당해 체포되었다. [C]

"대령, 내일은 그대가 연대장이다. 지금 국민의 회로 가서 문을 봉쇄하고 회계관들 체포에 협력하게."

에스피나스는 벌떡 일어나 채비를 마쳤다.

5시 30분, 에스피나스가 이끄는 42연대는 국민의회가 있는 위니베르시테 거리에 도착했다. 에스피나스는 팔레 부르봉의 경비대장 니오르와 회계관 바스 그리고 회계관 르 플로 장군을 잠옷을 입은 채로 체포하여 마자스 형무소로 보냈다.

이어지는 거물들의 체포

같은 시각, 각 구역에서는 경찰서장이 이끄는 경관대가 질서파와 공화파의 유력 의원 체포에 나서고 있었다.

티에르의 체포

질서파의 두목 티에르는 위보 경감에게 잠옷차림인 채 체포되어 마자스 형무소로 보내졌다. [H]

중대한 일이 일어나도 아파트 아래층에 있는 빵집에서 냄비를 두드려 알려줄 것이기 때문에 아무 걱정 없다고 큰소리쳤던 상가르니에 장군은 자고 있다가 습격을 당했다. 빵집에서는 냄비를 두드릴 틈이 없었던 듯하다. 장군은 머리맡에 놓인 권총을 쥐고 저항하려 했지만 경찰서장의 회유에 권총을 놓았다. 상가르니에는 하인의 도움을 받아가며 옷을 입었다.

대통령 선거 때 루이 나폴레옹과 경쟁했던 카

베냐크 장군도 조용하게 체포되었다.

군인 중에서 유일하게 저항한 사람은 2월 혁명 당시 육군장관을 지낸 부두 장군이었다. 그는 경찰서장 위보 경감이 자신을 체포하러 나타나자 이렇게 말했다. "그대는 사법관이다. 자네의 의무는 법을 존중하는 것이지 법을 파괴하는 것이 아니다. 나를 체포하는 것은 법에 대한 공격이다."

위보 경감은 모파가 서명한 체포장을 제시했다. 그것을 본 장군은 옷을 갈아입을 테니 경관을 방 밖으로 내보내라고 명했다. 그런데 옷을 다 갈아입었는데도 자리에서 일어서지 않고 이렇게 말했다.

"그대에게 말했듯 나는 헌법에 의해 보호받고 있다. 만약 나를 체포하고 싶으면 경관을 들여보내 연행해보라."

위보 경감은 충실하게 그 말을 따랐다. 경감이 목덜미를 잡는 것을 신호로 경관대가 장군에게 달려들어 건물 밖으로 끌어냈다. 장군은 여전히 소리를 질러댔다.

"배신이다. 동지 여러분, 도와달라. 나는 부두 장군이다."

질서파의 두목 중 한 사람인 티에르는 깊은 잠에 빠져 있다가 일어나야 했다.

"도대체 무슨 일인가?"

"당신을 체포하러 왔습니다." 위보 경감이 대답했다.

티에르는 잠자리용 모자를 쓴 채 보기 민망할 정도로 쩔쩔매면서 밑도 끝도 없는 말을 쏟아냈지만 결국은 순순히 연행되었다. 마자스 형무소로 끌려가는 도중 티에르는 위보 경감에게 법률이 무엇인지 아느냐고 물었다. 위보 경감을 이렇게 대답했다.

"저는 당신이 내무장관이었을 때 명령을 실행한 것처럼 경시총감의 명령을 실행하고 있습니다."

민중들은 질서파나 공화파의 거물들이 초라한 모습으로 마자스 형무소로 연행되는 것을 보고 박수를 치며 기뻐했다.

쿠데타는 아침 6시에 종료되었다.

제3장

황제에 이르는 길

1
모르니의 덫

반쿠데타파 의원 200명, 구청에 집합

루이 나폴레옹 보나파르트의 쿠데타를 1851년 12월 2일로 한정한다면 그것은 역사상 유례를 찾아볼 수 없을 정도로 완벽한 쿠데타였다고 말할 수 있다. 주요 목표였던 의회의 질서파와 공화파 의원들을 거의 피한 방울 흘리지 않고 체포, 구금할 수 있었기 때문이다.

자택에서 잠을 자다가 체포된 티에르나 샹가르니에 등 거물급 의원이나 장군에 관해서는 이미 서술했다. 그 이외의 의원들은 어떻게 행동했을까.

오전 9시. 소식을 들은 40명 정도의 의원들이 봉쇄를 빠져나와 국민의회가 있는 팔레 부르봉으로 모여들고 있었다. 헌병대 지휘관이 회의장에서 떠나라고 명하자 그들은 모두 제각각 격렬하게 항의하며 "공화국 만세! 헌법 만세!"를 외쳤지만, 국민의회 의장 앙드레 뒤팽이 저항

회의장을 떠나는 뒤팽
국민의회 의장 앙드레 뒤팽은 회의장을 떠나라는 헌병대의 명령에 아무런 저항도 하지 않고 회의장을 넘겨주었다. [H]

할 기력조차 보이지 않고 회의장을 넘겨주는 데 동의했기 때문에 다른 의원들도 어쩔 수 없이 그 의견에 따랐다.

쫓겨난 의원들은 팔레 부르봉 근처에 있는 의회부의장 다뤼의 저택에 재집결했다. 이미 10시가 넘은 시각이었다. 얼마 지나지 않아 제10구 구청을 국민위병이 지키고 있다는 소식을 전해들은 의원들은 구청으로 자리를 옮겼다. 이 소식은 금세 널리 알려져 11시에는 200명에 가까운 의원들이 구청 2층 대회의실로 몰려들었지만, 늘 그렇듯 너나없이 나서서 할 말을 하느라 정작 중요한 행동방침도 정하지 못한 채 시간만 흘려보내고 있었다.

바로 그 무렵, 루이 나폴레옹은 파리의 모습을 보기 위해 기마소대의 호위를 받으면서 말을 타고 엘리제 궁을 나왔다. 민중의 반응을 무엇보다 신경 쓰고 있던 그는 자신이 내린 포고와 국민의회 의원 체포의 반향을 알고 싶었던 것이다.

엘리제 궁을 나서는 루이 나폴레옹
쿠데타의 반향을 알아보기 위해 루이 나폴레옹은 말을 타고 엘리제 궁을 나섰다. '12월 10일 모임' 소속 보나파르티스트들이 "황제 만세!"를 외치며 환호했다. [H]

민중은 생각보다 훨씬 냉정하게 그를 맞았다. 루이 나폴레옹 일행은 튀일리 공원을 가로질러 다리를 건넌 다음, 오르세 강변에서 팔레 부르봉 앞까지 갔다가 엘리제 궁으로 돌아왔다. 팔레 부르봉 앞 강변을 지날 때 수비대 쪽에서는 "황제 만세!"라는 환호가 들렸지만, 그 앞에 모여 있던 구경꾼 쪽에서는 "공화국 만세!"라고 외치는 소리가 들렸다. 하지만 반발은 지극히 미미했고, 민중들은 쿠데타에 이렇다 할 반응을 하지 않았다고 할 수 있다. 그 증거로 사람들은 여느 때와 다름없이 일상을 시작하고 있었다. 상점은 쇠살문을 열고, 승합마차는 같은 노선을 달리고, 재판소는 심의를 개시했다.

루이 나폴레옹 일행이 엘리제 궁으로 되돌아가려 했을 때 전령이 제10구 구청에 의원 200명이 모여 있다는 소식을 총사령부에 전했다.

의원들의 일제 체포

소식을 접한 쿠데타 총사령관 모르니는 즉시 파리 관구 총사령관 마냥에게 지령을 내려 의원들 전원을 체포, 구금하라고 명했다.

구청에서 의원들이 루이 나폴레옹의 군대에 대항하기 위해 로리스톤이 지휘하는 제10연대를 부를 것을 결의하려는 순간 안뜰에 병사들의 모습이 나타났다. 복도에 요란스런 발소리가 들리고 방센 제6저격보병대 대장인 대령이 모습을 드러냈다.

"명령을 집행하여 당신들을 체포합니다."

"헌법 제68조의 규정에 따라 의회는 대통령의 권리와 기능을 박탈했다. 따라서 군대와 경찰은 의회의 지휘 아래 놓인다. 즉각 물러가라." 임시의장으로 뽑힌 브느와 다지가 말했다.

"그럴 수 없습니다. 명령을 받았습니다."

"우디노 장군이 파리의 전군 지휘를 맡기로 했다. 그의 지휘를 따르라." 브느와 다지가 명했다.(이상 앙드레 카스텔로, 앞의 책)

구청에서 농성하는 의원들
쿠데타 소식을 들은 국민의회 의원들은 제10구 구청에 모여 "의회는 대통령의 권리와 기능을 박탈했다"면서 저항했다. [H]

이때 파리경찰청의 경감 두 명이 체포장을 보이며, 군대는 경찰보다 엄중하게 명령을 이행하니까 순순히 체포에 응하는 게 나을 것이라고 설득했다. 때마침 대대의 대령이 "제10구 구청을 점령하고 필요하다면 저항하는 의원을 체포하여 마자스 감옥으로 보내야 한다"는 내용의 육군장관의 명령서를 읽었다.

의원들은 체포할 수 있으면 해보라고 허세를 부리면서 순교자를 자처했다. 그들의 소망은 즉각 이루어졌다. 의원 200명이 전원 체포되어 승합마차에 태워졌기 때문이다. 다만, 예정되었던 마자스 감옥은 이미 체포자로 꽉 차서 의원들은 방센과 몽발레리앙의 병영으로 이송되었다.

빅토르 위고, 발을 동동 구르며 분해하다

연행되는 의원들
제10구 구청에서 농성하고 있던 의원 200명은 전원 체포되어 방센과 몽발레리앙의 병영으로 이송되었다. [H]

넓은 길을 호송용 승합마차가 큰 소리를 내며 달리는 것이 여느 때와 달랐을 뿐 12월 2일은 별다른 소동도 없이 저물고 있었다. 구름이 낀 탓인지 해가 짧아서 3시에 이미 주위는 어두워지고 있었다. 민중들은 아무 일도 없었던 것처럼 일상생활을 이어나갔다.

저녁이 가까워오면서 극장 지배인들은 막을 올릴 것인지 말 것인지 고민했다. 테아트르 프랑세의 경우 배우 대부분이 공화주의자여서 "이런 큰일이 일어났는데 연극을 하는 것은 말도 안 된다. 막을 올리지 말아야 한다"라는 소리가 있었지만, 지배인 아르센 위세는 결단했다. "대통령과 의회 중 어느 쪽이 옳은지는 언젠가 역사가 판단할 것이다. 일단 오늘은 연극을 하자. 이것이 우리의 일이니까."

이리하여 모든 극장에서 막을 올렸다. 거리에서는 다소 소란이 일기도 했지만 민중들은 생각했던 것보다 차분했다. 정치를 하기보다 즐기는 것이 우선이라고, 모두 그렇게 판단했던 것이다.

그러나 민중이 아닌 사람들 중에는 다른 생각을 하는 사람도 있었다. 빅토르 위고와 외젠 쉬 등 공화좌파의 의원들이다. 구청에서의 체포를 면한 그들은 저녁 무렵 블랑쉬 가나 쇼세 당탱 가에 있는 지인의 집에 모여 쿠데타에 어떻게 대처할 것인지 협의하고 있었다.

그중에서도 가장 격렬하게 의견을 토로한 사람이 위고다. 위고는 즉각 시가전에 나서 바리케이드를 쌓아야 한다고 주장했다. 이에 대해 프루동은 격분한 위고를 일부러 바스티유 광장까지 데리고 가 요소를 굳게 지키고 있는 군대를 가리키며 말했다.

벗으로서 충고합니다만, 당신은 환상을 품고 있습니다. 민중은 집에 틀어박힌 채 움직이려 하지 않습니다. 보나파르트가 이겼습니다. 보통선거의 부활이라는 저 어리석기 짝이 없는 책략이 얼간이들의 마음을 사로잡은 것 같습니다. 지금 보나파르트는 사회주의자로 통합니다. 보나파르트는 성공하고 당신은 실패할 겁니다. 보나파르트에게는 군대와 대포가 있고, 민중의 잘못과 의회의 어리석음이 우리 편입니다. 더 이상 반항하지 마십시오. 이런 상황에서 싸우는 것은 미친 짓입니다.

—앙드레 카스텔로, 앞의 책

하지만 위고는 설득되지 않았다. 그는 밤새 플래카드에 선언문을 휘갈겨 썼다. "루이 나폴레옹은 배신자다! 놈은 헌법을 능욕했다! 놈은 스스로를 법 밖에 두었다!"

모르니의 심모원려

빅토르 위고의 선언문
쿠데타 소식에 격노한 위고는 시가전을 주장했지만 아무도 따르려 하지 않자 밤새 플래카드에 반보나파르트 선언문을 휘갈겨 썼다. [A]

어둠이 완전히 내렸다. 엘리제 궁에서는 루이 나폴레옹이 불안에 사로잡혀 있었다. 실제로 민중은 거의 소동을 피우지 않았고 선동에도 전혀 귀를 기울이지 않았지만, 밤이 되자 공화파 의원과 활동가들이 곳곳에서 바리케이드를 쌓고 라 마르세예즈를 부르면서 대로를 행진하고 "공화국 만세!"를 외치고 있다는 소식이 그에게 전해졌던 것이다.

루이 나폴레옹은 내심 앉지도 서지도 못할 만큼 안절부절못했지만, 그 어떤 불안한 기색도 보이지 않고 집무실에 틀어박혀 줄담배를 피우고 있었다.

루이 나폴레옹 이상으로 신경이 예민해진 사람은 경찰총감 모파다. 모파는 경찰 관료가 흔히 그렇듯이 사태를 비관적으로 바라보는 버릇이 있었다. 그래서 총지휘관인 모르니에게 생마른과 생앙투완 등 민중의 거점에 바리케이드가 구축되고 있다는 소식을 전하고 다음과 같이 경고했다. "44연대가 그들을 감시하고 있습니다만, 그들은 밤새 동료들을 모아 경찰청을 습격할 계획을 세우고 있는 듯합니다. 언제든 제가 대포를 사용할 수 있도록 허락해주시지 않겠습니까?'

그런데 모르니와 마냥은 모파의 경고도 아랑곳하지 않고 이미 정한 방침대로 군대를 병영으로 되돌리라고 명했다. 주요한 위병소 외에는 파리 시에 군대의 모습을 보여서는 안 된다는 것이다.

그러자 모파가 강하게 반발했다. 파리의 폭도에 관해서라면 경찰총감보다 잘 아는 사람이 없다. 만약 군대가 물러나면 무슨 일이 일어날지 불 보듯 뻔하다는 것이다.

하지만 바로 그것이 모르니의 노림수였다. 모르니는 종양을 제거하려면 부어오를 만큼 부어오를 때까지 기다렸다가 단숨에 제거해야 한다고 생각했다. 이쪽의 결의는 확고하며 거스를 경우 호되게 당할 것이라고 알려둘 필요가 있다. 거스르지 않은 사람을 구인하면 탄압이지만 거스른 사람을 처벌하는 것은 합법적이다. 게다가 폭도를 앞에 두고 극한까지 긴장을 높이는 군대나 경찰을 민중과 대치하게 두면 무슨 계기로 어떤 참극이 벌어질지 모른다. 정말로 '나쁜' 놈만을 붙잡으려면 풀어주는 것처럼 하다가 일망타진하는 것이 제일이다.

보댕, 바리케이드에서 죽다

쿠데타로부터 하루가 지나 12월 23일 날이 밝았다. 전날보다 날씨는 따뜻했지만 하늘은 변함없이 무거운 구름으로 뒤덮여 있었다.

이윽고 구름이 걷혔지만 모파가 두려워하고 모르니가 기대했던 사태는 일어나지 않고 있었다. 바리케이드가 전혀 구축되어 있지 않았던 것이다.

빅토르 보댕

쿠데타 이튿날인 12월 3일 아침, 민중파 의원이 포부르 생앙투완에 바리케이드를 쌓았는데 보댕은 혼자 바리케이드에 올랐다가 병사들이 쏜 총에 목숨을 잃었다. [A]

8시 30분 무렵, 빅토르 보댕을 선두로 15명 정도의 민중파 의원이 허리에 삼색기를 두르고 포부르 생앙투완에 나타났다. "무기를 들어라! 공화국 만세!"라고 외치면서 그들은 격문을 뿌리기 시작했다.

하지만 사람들이 아무런 반응도 보이지 않고 차갑게 지켜보기만 하자 의원들이 물었다. "당신들은 제정의 부활을 바랍니까? 공화국을 지키고 싶지 않습니까?" 그러자 한 사람이 대답했다. "왜 우리가 싸워야만 합니까? 의회에 있는 사람들이 지난 6월에 우리를 학살했습니다. 게다가 나폴레옹은 선거권을 되돌려준다지 않습니까."

의원 중 한 사람인 빅토르 셸쉐르Victor Schoelcher는 그때 민중이 보인 태도를 이렇게 증언한다. "그들은 우리에게 인사를 했다. 그리고 공화국 만세를 외쳤다. 하지만 그뿐이었다. 확실하게 고백하건대 민중은 무기를 들 생각이 없었다"(앙드레 카스텔로, 앞의 책).

빅토르 위고도 이렇게 말한다. "당통과 같은 웅변가라도 혁명적인 열기를 불러일으킬 수는 없었을 것이다. 우리는 외로웠다."

어쩔 수 없이 일부 의원과 저널리스트들이 미숙한 솜씨로 바리케이드를 쌓기 시작했다. 민중 중에서는 이것을 지켜보다가 도우려는 자도 있었다. 그 덕분에 어렵사리 바리케이드 비슷한 것을 쌓을 수 있었다. 9시 30분이었다.

그때 바스티유 광장 수비를 맡고 있던 여단의 3중대가 포부르 생앙투완 거리를 천천히 걸어 올라오는 모습이 눈에 들어왔다.

그것을 본 민중이 도망가려고 하자 바리케이드 위에 올라가 있던 의원 보댕이 "모두 바리케이드로 올라오라!"라고 외쳤다.

그러자 민중 한 사람이 이렇게 대답했다. "우리가 당신들에게 일당 25프랑을 보증해주기 위해 죽고 싶지는 않다!" 일당 25프랑은 국민의회 의원에게 지급되는 보수였다.

이 말을 들은 보댕은 이렇게 큰소리쳤다. "좋다. 그렇다면 우리가 일당 25프랑을 위해 어떻게 죽는지 보여주겠다."

확실히 의원들은 용감했다. 그도 그럴 것이 총검을 갖추고 행진해오는 병사들을 향해 일곱 명의 의원이 한 줄로 서서 맞섰기 때문이다. 쉘셰르가 큰 소리로 외쳤다. "우리는 인민의 대표자다. 헌법의 이름으로 여러분이 법을 지킬 것을 요구한다."

"입 다물라! 내려오지 않으면 쏘겠다."

의원들은 죽음을 각오하고 "공화국 만세!"를 외쳤지만 병사들은 계속 전진했고, 일곱 명은 그 자리에서 짓밟혔다. 병사 한 사람이 의원 부뤼크네르를 겨냥하는 자세를 취했으나 탄환은 하늘을 향해 발사되었다.

하지만 보댕과 함께 바리케이드 위에 있던 폭도는 군이 발포했다고 믿고 반격의 총탄을 쏘았다. 이것을 신호로 병사들은 일제 사격을 개시했다. 보댕은 바리케이드 위에서 푹 쓰러졌다. 확실히 그는 일당 25프랑을 위해 목숨을 바치는 용감한 모습을 민중에게 보여준 것이다.

얼마 남아 있지 않은 폭도들은 거미 새끼처럼 뿔뿔이 흩어졌고 바리케이드는 순식간에 철거되었다.

반란, 진압되다

보댕이 죽었다는 소식은 민중들 사이에 금세 퍼졌지만 파리는 여전히 평정을 잃지 않고 있었다.

그러나 오후에 접어들어 시간이 흐름에 따라 불온한 공기가 떠돌기 시작했다. 보댕의 장례식을 구실로 폭도들이 다음 날 대규모 시위를 준비하고 있다는 소문이 돌았던 것이다. 하지만 이 정보의 진위를 묻는 모르니에게 모파는 보댕은 벌써 묻혔고 100명 남짓이 장례식에 참석했을 뿐이라고 대답했다.

모파의 걱정은 다른 데 있었다. 민중들은 움직이지 않지만 어두워지면서 과격한 활동가들이 움직이기 시작해, 오텔 드 빌Hôtel de Ville(시청)과 불바르boulevard(대로)에서 노동자들을 향해 격문을 뿌리며 바리케이드를 쌓고 있다는 소문이 들렸던 것이다. 소문대로 불바르에는 구경꾼들이 몰려들어 경계를 맡고 있던 창기병槍騎兵을 향해 "공화국 만세!"라고 외쳤다.

어둠이 내리자마자 횃불을 든 시위대가 그랑 불바르에 모습을 드러냈다. 시위대는 쇼세 당탱에서부터 두 구의 시신을 끌면서 "복수하자! 무기를 들라!"라고 큰 소리로 외치며 걸었다. 이것은 2월 혁명의 발단이 된 카퓌신 대로의 총격과 꼭 같은 상황이었다.

경찰총감 모파는 점점 더 불안해졌다. 여기에서 폭도들의 움직임을 막지 못하면 반란은 걷잡을 수 없이 번질지도 모른다. 한시라도 빨리 군대를 증원하고 경계를 엄중히 해야 한다.

하지만 모르니, 마냥, 생아르노 세 사람은 이미 정한 방침대로 군대를 일제히 병영으로 불러들이게 했다. 이번에는 반드시 폭도들이 마음껏 바리케이드를 쌓고 봉기를 준비할 수 있게 해야 한다. 그러기 위해서는 밤의 어둠이라는 혁명의 최대 아군을 폭도들에게 내주어야 한다.

하지만 폭도들은 누구 한 사람 그것이 덫이라는 것을 알아채지 못했다. 군대가 병영으로 물러가는 것을 본 공화파 지도자들은 갑자기 활기를 띠더니 서로 연락을 취하여 바리케이드를 쌓기 시작했다.

12월 4일 아침을 맞았다. 공기는 습했지만 날씨는 따뜻했다. 쿠데타 사흘째, 드디어 모르니 등이 기대하고 있던 것이 나타났다. 몽마르트르 대로에서 탕플 대로에 걸쳐 77곳에 바리케이드가 쌓여 있었던 것이다. 그중에는 높이가 이층 건물과 맞먹는 것도 있었다.

그러나 바리케이드 안쪽에 총을 쥐고 있는 폭도의 수는 생각했던 것보다 훨씬 적었다. 많은 것처럼 보였지만 대부분은 바리케이드전을 서커스쯤으로 생각하고 구경나온 사람들이었고, 실제 폭도의 수는 기껏해야 1000명 정도였다.

오후 1시, 모파는 불안의 정점에 이르렀다. 더 이상 반란의 확대를 앉아서 보고만 있어서는 안 된다. 한시라도 빨리 공격 명령을 내려달라고 모르니를 재촉했지만 모르니도 마냥도 총공격 개시를 결정한 2시까지는 전혀 움직이려 하지 않았다.

이윽고 2시가 되었다. 본느 누벨 대로에 구축된 거대한 바리케이드 앞에 늘어선 대포들이 일제히 불을 뿜었다. 바리케이드는 눈 깜짝할 사이에 파괴되었고, 폭도들은 목숨만 부지한 채 간신히 다음 수비 거점으로 빠져나갈 수밖에 없었다.

몇 시간 후, 바리케이드는 모두 철거되었고, 총을 들고 있거나 손에 화약의 흔적이 있는 폭도는 그 자리에서 처형되었다.

이렇게 덫에 걸린 이들은 잇달아 희생의 제물이 되었다. 모든 것이 모르니가 구상한 시나리오대로였다. 의원들을 일망타진하고 폭도들을 뿌리 뽑겠다는 목적은 최소한의 대가만 치르고 일단 달성된 것처럼 보였다.

하지만 모르니의 시나리오대로 일이 진행되었다고 생각한 순간, 뜻밖의 사고가 일어나 사태는 생각지도 못한 방향으로 흘러갔다.

2
성공의 실패

한 발의 총성과 보도의 참극

12월 4일 오후 3시, 파리의 최대 번화가인 그랑 불바르는 군중으로 넘쳐나고 있었다.

2시부터 시작된 군대의 총공격으로 그랑 불바르 서쪽 본느 누벨 대로에 구축된 바리케이드 대부분은 파괴되고 폭도들은 사살되거나 체포되었지만, 그랑 불바르 동쪽에서는 여전히 차도에 군대가 밀집대형으로 대기하면서 경계를 유지하고 있었다.

그것을 둘러싸듯이 모여든 구경꾼들은 모두 프록코트나 짧은 외투를 입고 있었다. 노동자풍의 작업복을 입은 사람은 드물었다. 군대가 바리케이드에 대포를 쏘는 것을 구경하러 나온 부르주아나 프티부르주아가 대부분이었던 것이다. 소풍 나오듯 가족을 동반한 사람도 있었다. 아이들의 모습까지 보였다. 대로에 면한 건물의 창문마다 사람들이 얼굴을

그랑 불바르의 참극

12월 4일 아침, 모르니 등의 도발을 알지 못한 채 폭도들은 그랑 불바르에 바리케이드를 쌓았지만 이것은 간단하게 철거되었다. 그 후 모여 있던 군중 가운데에서 한 발의 총성이 울렸고, 이를 빌미로 군대가 발포하여 400명에 가까운 일반 시민이 희생되었다. [H]

내밀고서 마치 퍼레이드라도 구경하는 듯한 분위기였다.

군중은 이제부터 또 한바탕 멋진 싸움이 벌어지기를 기대하고 있었지만, 기대와 달리 소동은 그대로 끝나는가 싶었다.

하지만 그때 한 발의 총성이 들리고, 무혈 쿠데타로 마무리되었을 사태는 피로 물든 참극으로 반전되고 만다. 그리고 군중은 바로 자신들이 그 참극의 주역이 되리라고는 꿈에도 생각하지 못했다.

최초의 총탄이 어디에서 발사된 것인지는 지금까지도 알려져 있지 않다. 보나파르티스트들은 그 총탄이 상티에 대로의 창문에서 발사되어 나팔수가 쓰러졌다고 주장하고, 공화파의 역사가는 차도에 있던 군대에서 쏘았다고 말한다.

어느 쪽이든 알려진 것은 극도로 긴장하고 있던 군대의 병사들이 이 한 발의 총성으로 패닉 상태에 빠져 지휘관이 명령도 하지 않았는데 군중을 향해 무차별적으로 발포했다는 것이다. 장교들이 "쏘지 말라!"라고 소리를 쳐도 흥분한 병사들의 귀에는 들리지 않았다. 공포는 이 부대에서 저 부대로 옮아갔다. 군중이 뿔뿔이 흩어져 도망간다 싶으면 병사들은 그들을 뒤쫓기라도 하듯 총격을 가했다.

이때의 모습을 에밀 졸라는 『파리의 위장』의 주인공 플로랑의 회상을 통해 이렇게 묘사한다.

그때 병사들이 아주 가까운 곳에서 15분 동안 보도에 있는 군중을 향해 총격을 퍼부었다. 플로랑은 군중에게 떠밀려 비비엔느 가의 모퉁이를 돌아가다 땅바닥에 쓰러졌다. 그 후에는 더 이상 뭐가 뭔지 알 수 없었다. 어지럽게 날아다니는 총탄에 놀라 정신을 잃은 군중이 그의 몸을 밟고 지나갔다. 이윽고 아무런 소리도 들을 수 없었다. 플로랑이 일어서려고 하는데 몸뚱이 위에 핑크빛 모자를 쓴 젊은 부인이 엎어져 있었다. 숄이 흘러내려 가는 주름의 깃이 달린 블라우스가 드러나 있었다. 블라우스의 가슴 위쪽에 총탄 두 발이 박혀 있었다. 다리를 빼내려고 플로랑이 부인의 몸을 천천히 밀어냈을 때, 블라우스의 구멍에서 두 줄기 피가 흘러내려 그의 손을 물들였다.

졸라가 묘사한 것처럼 15분 후 몽마르트르 대로 근처의 보도에는 수십 구의 시신이 가로놓여 있었다. 대부분 도망가다 뒤처진 일반 시민이었다. 저기에는 우산을 감싸 쥔 노인의 시신이, 여기에는 어린아이의 시신이 나뒹굴고 있었다. 시테 베르제르라는 막다른 골목에는 30구 이상의 시신이 겹겹이 쌓여 있었다.

쿠데타 연출자들은 이 참극으로 그날 밤 파리에서 광범위한 봉기가 일어나지 않을까 두려워했다. 사실 1848년 2월 혁명에서는 이보다 훨씬 적은 사상자가 혁명의 도화선이 되었었다. 하지만 그것은 기우였다. 테러에 놀란 군중은 더 이상 한 걸음도 집 밖으로 나오려 하지 않았기 때문이다. 나중에 정부 기관지 『모니퇴르moniteur』는 사망 80명, 그중 대부분이 일반 시민이었다는 것을 인정했지만, 실제 사망자가 얼마나 되는지는 아무도 알지 못했다.

참극에 대한 반응

그랑 불바르의 참극은 빅토르 위고와 같은 루이 나폴레옹의 적이 보기에는 당연히 절대로 용서할 수 없는 '계획적 범죄'이자 '대학살'이었는데, 루이 나폴레옹의 편에서 보기에도 그것은 속이 메슥거릴 만큼 참기 힘든 폭거였다. 루이 나폴레옹의 소꿉동무로 그를 가장 잘 이해하는 사람 중 하나였던 오르탕스 코르뉘 부인은 이 참극 소식을 듣고는 마틸드 황녀에게 이렇게 말했다고 한다. "그는 무덤을 팠습니다. 끝내는 암살당해 비참한 죽음을 맞이할 거예요. 틀림없어요."

그렇다면 쿠데타 연출자들은 어떻게 생각하고 있었을까?

먼저 주모자인 모르니는 이틀 후인 12월 6일, 의붓어머니 플라오 부인에게 이런 전보를 쳤다.

파리는 완전히 평정을 유지하고 있습니다. 폭동은 진압되었습니다. 아직 도망 중인 우두머리들도 곧 체포될 것입니다. 지방에서 전해오는 소식도 좋은 것뿐입니다. 국채는 오늘 96프랑으로 어제보다 4프랑 가치가 떨어졌습니다.

—앙드레 카스텔로, 앞의 책

모르니의 입장에서 볼 때 시민 중에 다수의 사상자가 나오는 것 정도는 이미 '예상했던' 일이고, 국채가 쿠데타를 어떻게 받아들일지가 훨씬 염려스러웠던 것이다.

그렇다면 우리의 루이 나폴레옹은 어떻게 생각하고 있었을까?

사실은 가장 중요한 이 부분을 아무래도 잘 알 수가 없다. 앙드레 카스텔로의 『나폴레옹 3세』를 참조하면서 살펴보기로 하자. 이 책에 인용되어 있는 오스트리아 대사 로돌프 아포니의 회상에 따르면, 아포니가 4일 밤 쿠데타 성공을 축하하고자 면담을 요청했을 때 루이 나폴레옹은 자신은 확고하게 사명을 완수하고 프랑스의 선동가들과 맞설 작정이라며 이렇게 말했다.

더 이상 파리에서 시가전을 볼 수는 없을 것입니다. 그러나 다시 한 번 혁명이 일어날 기미를 보인다면 나는 먼저 싸움에 앞서 큰북을 두드리고 대포 소리를 울려 시민에게 평정을 호소하고, 현관문과 창문을 모두 걸어 잠근 채자기 집에서 나오지 말라고 경고할 것입니다. 그리고 그렇게 경고했는데도대로에 남아 있는 자가 있다면 그때에는 방법이 없습니다. 단단히 혼내줄 수밖에요.

만약 아포니의 증언이 맞다면 루이 나폴레옹은 의외로 근성이 만만찮았다는 얘기가 된다. 그러나 다른 증언도 있다. 예컨대 훗날 황후가되는 외제니는 "황제에게 12월 2일부터 4일에 걸쳐 일어난 일은 평생 다리에 매달고 다녀야 하는 죄수의 족쇄가 되었다"고 말한다. 또 바라예Barailler 장군은 "루이 나폴레옹은 자신이 원했던 것을 무엇 하나 할 수가 없고, 이미 저질러버린 일을 원했던 것도 아니다"라고 술회한다.

틀림없이 루이 나폴레옹의 반응은 후자였을 것이다. 사태는 그의 예상을 훌쩍 벗어난 지점까지 나아가고 말았던 것이다.

지방의 반란
특히 예상이 빗나간 것은 지방이 보인 반응이었다. 대도시의 노동자는

지방의 백색 테러
파리에서는 반동적인 의회에 대한 민중의 권리의 부활로 받아들여진 쿠데타도 지방에서는 폭력적인 반혁명으로 간주되어 공화파 농민의 폭동을 불러일으켰다. 이에 동반하여 백색 테러가 횡행했다. 삽화는 바르의 살레룬에서 헌병이 죄수를 학살한 사건을 전하고 있다. [H]

노트르담 대성당의 테데움
국민투표를 통해 압도적인 다수가 쿠데타를 정통正統으로 인정했다. 1852년 새해 첫날, 노트르담 대성당의 테데움에 참석한 루이 나폴레옹은 파리 대주교 시부르로부터 축복을 받았다.

봉기하지 않았지만 공화파 농민들이 들고 일어선 것이다. 그들은 남프랑스의 많은 주에서 각급 관청을 습격, 점거했다.

파리의 민중들은 쿠데타가 의회를 겨냥한 것이라고 '올바르게' 이해했고, 노동자들은 체포된 의원들에게 거의 동정을 보이지 않았다. 2월 혁명 당시 노동자들의 권리를 빼앗고 6월 사건으로 대대적인 탄압을 가한 장본인이 의회인 것으로 널리 받아들여지고 있었기 때문이다. 노동자들은 그랑 불루바르의 참극이 일어나기까지 쿠데타에 박수갈채를 보내고 있었다.

이에 비해 지방에서는 그런 세세한 뉘앙스가 전해지지 못한 채 쿠데타는 그저 폭력적인 반혁명, 좌익에 대한 우익의 반격으로 비치고 말았다. 그랬기 때문에 공화주의 깃발을 지키자는 슬로건 아래 공화파 농민이 봉기했던 것이다.

그러나 권력을 장악한 쿠데타 세력에게 이와 같은 지방의 반란은 설령 오해가 있었다 하더라도 탄압해야 할 반란이라는 것은 변함이 없었다. 필리프 세갱Philippe Séguin이 『대大 루이 나폴레옹』에서 지적하고 있듯이, "파리에서 지방으로 이동함에 따라 쿠데타에 대한 반응은 적어도 부분적으로 성질이 바뀌었다. 그것은 새로운 백색 테러의 양상을 띠게 되었던 것이다."

2월 혁명을 그토록 두려워했던 지방의 부르주아나 귀족 등 질서파는 이때다 싶어 적극적으로 공화파 탄압에 나섰다. 적색 테러에 대한 백색 테러라는 단순한 이분법적 도식이 기승을 부렸고 끝내는 군대의 출동을 기다리는 일만 남는다.

모르니와 생아르노는 즉각 군대를 파견했다. 지방의 반란은 며칠 만에 완전히 강제 진압되었다. 2만6000명에 달하는 수많은 이가 체포되었고 '빨갱이 사냥'이 뒤를 이었다. 절반은 석방되었지만 나머지 절반은 알제리나 기아나로 유형을 떠나야 했다. 빅토르 위고, 에드가르 네이, 피에르 르루, 에밀 드 지라르댕 등 지식인과 저널리스트들은 벨기에나 영국으로 망명했다.

쿠데타, 국민투표로 승인받다

혼란이 가시고 생활이 제자리를 찾았다. 사람들은 "선동가 및 악한과 싸우기 위해 대통령은 어쩔 수 없이 강권을 발동하여 계엄령을 선포했다"는 정부의 주장을 받아들였다. 12월 20일과 21일 이틀 동안 포고를 통해 예고된 국민투표가 실시되었다. 찬성은 743만9216표, 반대는 찬성의 10퍼센트에도 못 미치는 64만6737표. 투표를 거부한 유권자가 160만 명에 가까웠지만 그래도 압도적 다수의 국민이 루이 나폴레옹의 쿠데타에 찬성표를 던진 것이다. 쿠데타가 위고의 말처럼 범죄였다면 프랑스는 그 희생자가 아니라 공범자였던 셈이다.

프랑스 국민이 보여준 반응은 세세한 차이를 빼면 대체로 다음과 같았다.

루이 나폴레옹이 어떤 인물이지는 모른다. 또 쿠데타로 들어선 정권의 실체도 분명하지는 않다. 하지만 어찌됐든 이제 혼란의 시대는 끝났다. 독재든 뭐든 좋다. 하루라도 빨리 질서 있는 생활을!

오스트리아 대사 아포니는 이렇게 썼다. "제국은 언젠가 완성될 것이다. 이미 완성되고 있다. 이미 완성되었다."(앙드레 카스텔로, 앞의 책)

1852년 새해 첫날, 공화국 대통령 루이 나폴레옹 보나파르트는 노트르담 대성당의 테데움Te Deum(축하 미사)에 참석해 파리 대주교 몽셰네르 시부르Monseingneur Sibour로부터 축복을 받았다.

그리고 이날부터 루이 나폴레옹 보나파르트는 대통령 집무실이 있는 엘리제 궁을 떠나 큰아버지 대 나폴레옹이 머물렀던 튀일리 궁으로 들어갔다. 루이 나폴레옹은 정원을 바라보는 방을 거실로 삼았다. 그곳은 일찍이 루이 필리프가, 그 이전에는 마리 앙투와네트가 사용하던 방이었다.

앙드레 카스텔로는 그의 저서 『나폴레옹 3세』의 상권 마지막 부분을 이렇게 끝맺는다.

생각건대 아레넨베르크성과 스트라스부르 봉기에서부터, 또 불로뉴 봉기와 암 감옥에서부터 어쩌면 긴 도정이었을 것이다. 이해 운명론자인 모험가, 후회를 모르는 음모가의 모습을 뒤로 하고 나폴레옹 3세가 역사 속에 등장했던 것이다.

좌우의 조정자로서

나폴레옹 3세의 길로 발을 들여놓은 루이 나폴레옹이 처음으로 한 일은 좌우로 나뉜 국민을 재통합하기 위한 조정자로서 자기를 규정하는 것이었다. 지방의 반란으로 상징되듯이, 루이 나폴레옹은 좌익으로부터는 '피에 굶주린 전제군주'로 원성의 표적이 되고, 우익으로부터는 백색 테러의 구실 노릇을 톡톡히 하고 있다는 강한 위구심을 사고 있었다.

그는 우선 파리와 지방에서 체포된 반란분자에 대한 처분을 가볍게 하라고 요구했고, 그것도 부족하다고 생각했는지 정상 참작을 위한 위원회를 설치해 세 명의 감독위원을 임명했다. 필리프 세갱은 이렇게 쓴다.

> 1852년 3월부터 세 명의 위원은 각자 일을 시작했는데, 서로 일하는 방식이 달라서 결과도 큰 차이가 있었다. 에스피나스 대령이 300명에 이르는 용의자의 집행 면제 또는 감형을 보고한 데 비해 캉로베르 장군은 727명이었다. 그러나 그 숫자는 캉탱 보샤르 국무위원의 그것에 비하면 대수로울 것도 없었다. 캉탱 보샤르는 합계 3441명을 집행 면제 또는 감형한 것이다. 그리고 캉탱 보샤르만이 관대하다는 칭찬을 담은 루이 나폴레옹의 편지를 받았다. "당신만이 내 생각을 제대로 이해해주셨습니다."
>
> —『대 루이 나폴레옹』

루이 나폴레옹은 그것에 만족하지 않고 직접 은사恩赦를 베푼 사례도 많았다. 그 결과 1853년부터 유형수流刑囚 숫자는 점점 줄었고, 1859년 대사면으로 대부분 프랑스로 돌아왔다.

그 가운데 빅토르 위고만 은사를 거부했다. 그는 루이 나폴레옹을 나폴레옹 3세로 인정하지 않고 '소 나폴레옹'이라 부르면서 망명지 건지Guernsey 섬과 저지Jersey 섬에 눌러앉았다. 제2제정이 성립했을 때 루이 나폴레옹은 가장 먼저 그 시인에게 은사를 내리고 싶어 했지만 위고는 다음과 같은 유명한 시로 맞받았다(『징벌시집』에서. 스라는 고대 로마의 독재자로 나폴레옹 3세를 빗댄 것이다).

천 명밖에 남아 있지 않더라도 나는 그중 한 사람
설령 백 명밖에 남아 있지 않더라도 나는 여전히 스라와 싸우리니
열 명으로 줄어든다 해도 나는 열 번째 자리를 지키리라
그리고 마지막 한 사람 남는다면 그것이 바로 나

위고의 거부는 본래 자신이 앉아 있어야 할 대 나폴레옹의 후계자 자리를 저렇게 둔중하기 짝이 없는 조카에게 빼앗기고 자존심에 깊은 상처를 입은 것에 대한 반동이었다. 나폴레옹 3세가 지배하는 프랑스로 돌아갈 수는 없었다. 나폴레옹 3세가 사라진 프랑스로 귀국하는 것이 아니라면 의미가 없었다. "자유가 돌아오는 그날 나는 돌아갈 것이다." 그날은 머잖아 오기는 올 것이다. 하지만 그때까지 위고는 19년 간 망명생활을 이어가야 했다.

쿠데타의 대차대조표

마키아벨리적 관점에서 보면, 루이 나폴레옹이 결단하고 모르니가 실행한 쿠데타는 그랑 불루바르의 참극과 지방에서 탄압이 있었음에도

불구하고, 아니 바로 그런 요소가 있었기 때문에 거의 완전한 성공을 거두었다고 말할 수 있다. 왜냐하면 모르니가 사용한 방법, 그러니까 폭도를 도발하고 폭력으로 굴복시키는 방법이 민중들 사이에 강한 공포심을 심어 반항을 억압하는 효과를 낳았기 때문이다.

그 공포심은 훗날 나폴레옹 3세가 궁정을 열고 사교생활을 리드할 때까지도 사라지지 않았다. 사람들은 이렇게 예절을 잘 아는 선량한 황제가 저와 같은 피로 얼룩진 쿠데타를 명했다고 갑작스레 믿을 수는 없었지만, 그 가면 속에 잔인한 맨얼굴이 있는 게 아닌가 싶어 한층 더 끝모를 전율을 느꼈던 것이다.

하지만 이러한 단기적인 성공의 원인이 장기적으로 보았을 경우 실패의 원인이 되었다. 제2제정이 압제적 요소를 불식하고 자유제정으로 방향을 바꾸는 일에서도 좌익으로부터 동의를 얻지 못하고, 최종적으로 프로이센-프랑스 전쟁의 패배를 계기로 맥없이 무너진 것은 사람들의 기억에 늘 남아 있던 공포의 감정이 화를 초래했기 때문이다. 폭력에 의해 성립한 체제는, 그것이 루이 나폴레옹이 바란 것과는 정반대의 것이었다 할지라도, 폭력에 의해 와해될 수밖에 없었던 것이다.

그것만이 아니다. 제2제정 붕괴 후 평판이 나빴던 것도 주로 쿠데타 특히 12월 4일 참극과 지방의 대탄압 때문이었다.

순수하게 객관적으로 볼 경우, 나폴레옹 3세는 체제의 반대자를 처형한 것도 아니고 탄압이래야 언론 통제에 그쳤기 때문에 20세기에 등장하는 히틀러나 스탈린의 '악'과는 비교할 수 없다.

또 제2제정은 오랫동안 이어져온 프랑스의 혼란과 무질서에 종지부를 찍고, 국내적으로나 국외적으로 대대적인 경제적 발전을 이룩함으로써 제3공화정의 번영을 준비했기 때문에 대단히 적극적인 평가를 받아도 좋을 터였다.

하지만 그럼에도 오랫동안 실로 긴 기간에 걸쳐 제2제정은 역사가에게 모든 면에서 부정적인 평가의 대상이 될 수밖에 없었다. 제2제정은 흔히 나폴레옹의 조카일 뿐 별 볼 일 없는 바보 같은 인물이 음모와 폭력으로 권력을 탈취하고 강권에 의해 지배해온 암흑의 시대로 간주되고 있었다. 재평가가 시작된 것은 1980년대에 들어서다.

이렇듯 후대의 평가가 낮은 것은 모두 쿠데타 당시 지나치게 휘두른 폭력 때문이다. 이런 의미에서 쿠데타의 단기적인 성공과 장기적인 실패는 모두 쿠데타를 연출한 모르니의 책임으로 돌아가는 것이다.

3

무엇보다 질서를

신헌법 발포

1852년 1월 12일, 프랑스공화국의 신헌법이 발포되었다. 기초자는 모르니의 아버지 플라오 백작과 페르시니 그리고 세 명의 법률가 메나르, 트롤롱, 루에르Eugène Rouher다. 그 골자는 전년 12월 20일과 21일의 국민투표에서 압도적 다수로 승인받았기 때문에 루이 나폴레옹은 정식으로 10년의 대통령 임기를 인정받게 된다. 헌법에는 재임을 막는 규정이 어디에도 없는 이상, 루이 나폴레옹이 거의 영구적으로 대통령 자리에 머무르는 것이 가능해졌다.

신헌법은 행정권력자가 루이 나폴레옹 대통령 단 한 사람이라는 점을 제외하면 큰아버지 나폴레옹이 제1집정 때 제정한 공화력 8년(1799)의 헌법을 답습한 것이었다. 그 특징은 대통령의 행정권이 극도로 강화되었다는 점이다.

쿠데타 직후의 루이 나폴레옹
쿠데타에서 제2제정에 이르는 1년을 '제정적 공화제'라고 부른다. 루이 나폴레옹은 염원해오던 민중 복지를 실행하기 위해 오를레앙가의 재산을 몰수했다. 모르니를 비롯한 오를레앙파는 이에 반발해 내각을 떠난다. |C|

대통령은 10년에 한 번 국민투표에 의해 선출되고 내각과 장관을 지명하는 권리를 갖는데, 내각은 입법원에 대해서는 책임을 지지 않는다. 결국 일본의 메이지헌법과 달리 의원내각제는 아닌 셈이다.

대통령은 또 장관, 군인, 지사를 포함해 모든 공무원의 임명권 외에 개전 및 조약의 체결권을 갖는다.

남성 보통선거에 의해 소선거구에서 275명의 의원이 선출되는 입법원은 내각이 제시한 예산과 국무원이 기초한 법률에 대해 토의하고 채결할 수는 있지만, 대통령의 행정권에 제약을 가할 수 있는 권리는 일절 갖지 못한다. 의회와 대통령이 대립할 경우 대통령은 의회를 해산할 수 있다.

40~50명으로 구성된 국무원의 의원은 대통령이 지명하며 브레인 역할을 한다. 국무원은 법률 및 대통령령을 기초한다.

이 외에 대통령이 지명한 종신의원(처음엔 80명, 나폴레옹 일족이 많다)으로 구성된 원로원이 있어 정부가 제안하고 입법원이 가결한 법률이 헌법에 합치하는지 여부를 심의한다. 만약 합치하지 않는 경우 무효를 선언할 수 있다.

이처럼 대통령은 법률의 기초와 최종심의라는 입법권의 두 축을 틀어쥐고 있는 한편, 무엇으로부터도 제약받지 않는 대통령령을 발하는 권리를 갖고 있었다. 그 권한은 가히 절대적이어서 공화제란 이름뿐이고 사실상의 대통령 독재, 아니 군주제에 가까웠다.

오를레앙가 재산 몰수

신헌법 발포 후 독재 권력을 장악한 프랑스 대통령은 가장 먼저 무엇을 할까? 국민투표에서 압도적 다수로 찬성한 민중은 물론 부르주아나 귀족 등 질서파까지 기대와 불안이 뒤섞인 눈길로 지켜보는 가운데, 루이 나폴레옹은 1852년 1월 22일 갑자기 두 건의 대통령령을 발했다.

하나는 이전 국왕인 오를레앙가의 왕자들이 프랑스 국내에서 재산을 소유하는 것을 금하는 법령, 다른 하나는 루이 필리프가 국왕 취임 이전 자식들에게 물려준 자산을 국유화하는 법령. 요컨대 오를레앙가의 재산을 모두 몰수하겠다는 것이다.

반대파는 "그러면 그렇지"라며 수군거렸다. 그들은 빚쟁이인 루이 나폴레옹이 국가의 돈을 훔치기 위해 쿠데타를 결행한 것이라고 생각하고 있었기 때문이다. 그러나 그렇다고 하더라도 그들에게는 대항할 수단이 전혀 없었다. 그저 수수방관할 수밖에 없었던 것이다.

한편, 민중은 오를레앙가의 재산 따위에 거의 관심을 보이지 않았다.

가장 격렬하게 반발한 것은 의외로 쿠데타 연출자였던 내무장관 모르니였다.

모르니는 2월 혁명 이전부터 확고한 오를레앙파였고, 그 때문에 루이 나폴레옹이 대통령으로 당선한 뒤에도 얼마 동안 가까이하려 하지 않았다. 쿠데타 계획에 가담한 것도 루이 나폴레옹의 사상이나 신조에 공명했기 때문이 아니라 쿠데타로 안정된 정권을 세워 질서를 회복함으로써 산업을 번성하게 하고 싶다고 생각했기 때문이었다.

그러나 쿠데타가 너무나도 훌륭하게 성공했기 때문이기도 하겠지만, 모르니는 루이 나폴레옹에 대해 줄곧 보호자와 같은 태도를 취했다. 이것이 루이 나폴레옹의 신경에 거슬렸던 것이다. 누가 진짜 주인인지 절절히 깨닫게 해야 한다.

또 하나, 그랑 불바르의 참극과 폭도에 대한 엄격한 자세도 루이 나폴레옹과 모르니 사이에 균열을 일으키는 원인이 되었다. 루이 나폴레옹은 모르니의 도발 탓에 빛나는 신체제를 피로 물들였다고 느꼈던 것이다.

루이 나폴레옹이 사전에 모르니와 상의도 하지 않고 대통령령을 발한 이면에는 이와 같은 두 사람의 불화가 가로놓여 있었던 것이다.

그 결과 오를레앙가 재산의 몰수는 루이 나폴레옹의 두 번째 쿠데타, 즉 루이 나폴레옹 일당 내부의 오를레앙파 인맥에 대한 쿠데타가 되었다. 사람들은 이것을 '독수리의 첫 비상飛翔, vol'이라고 불렀다. 독수리는 나폴레옹가의 상징이다. 'vol'이라는 말에는 '비상' 말고 '도둑질'이라는 의미도 있다.

허를 찔린 꼴이 된 모르니는 항의의 표시로 오를레앙파 각료 세 명, 즉 루에르, 풀드Achille Fould, 마뉴Pierre Magne와 함께 사표를 제출했다. 루이 나폴레옹은 만류도 하지 않고 사표를 수리했다. 모르니의 후임으로는 제2제정기 내내 모르니의 불구대천의 원수가 되는 페르시니가 임명되어 새로 입각한 모파, 아바튀시, 카사비앙카 등과 함께 적잖이 강제적인 방법으로 내정을 이끌게 된다.

사회복지정책과 신문 규제

그렇다면 모르니 일파와 대립을 야기한 오를레
앙가 재산 몰수의 목적은 도대체 무엇이었을까?
항간에 떠도는 소문처럼 루이 나폴레옹의 빚을
메우기 위해서였을까?

만약 그랬다면 루이 나폴레옹의 됨됨이는 마
르크스나 위고가 그린 대로 부랑배 독재자와 조
금도 다를 게 없어서 설명하기가 아주 쉬웠을 터
이지만, 실제로 그는 그렇게 단순한 이미지로 처
리할 수 있는 인물이 아니었다.

신문규제령
1852년 2월 17일, 루이 나폴레옹
은 신문을 규제하는 대통령령을
발포한다. 이에 따라 인쇄소에는
헌병이 상주하게 된다. [H]

루이 나폴레옹이 몰수한 오를레앙가의 재산을
바탕으로 실행한 것, 그것은 천만 뜻밖에도 그가 오래전부터 염원해온
사회복지정책이었다.

> 이 적지 않은 몰수 재산은 상호부조조합 설립, 노동자주택 건설, 부동산신
> 용은행 설립, 일을 할 수 없는 외근外勤 사제를 위한 저축금고의 설립, 레지
> 옹 도뇌르 훈장을 위한 기금의 창설 등에 분배되었다.
> ─루이 지라르,『나폴레옹 3세』

여기에서 거론하고 있듯이 프랑스 사회복지정책의 대부분은 루이
나폴레옹이 독재자의 지위에 오르면서 비로소 실행에 옮겨졌다. 그때
까지만 해도 부르주아 질서파는 말할 것도 없고 공화파도 사회문제보
다 정치 과제를 우선시했기 때문에 대부분의 사회복지정책은 의회에

제안해봐야 아무 소용이 없었다. 게으른 자를 응석받이로 키워서는 안 된다는 것이 그들의 주장이었지만 재원이 부족한 것도 적잖이 관계가 있었다. 오를레앙파 재산 몰수는 루이 나폴레옹이 사회복지정책의 재원을 찾던 끝에 이끌어낸 결론이었던 것이다.

이런 점에서 보통의 독재자와 루이 나폴레옹은 구별되는데, 허울 좋은 포퓰리스트적 공약을 내걸고서 국가 재산을 사유화하는 부랑배라는 마르크스가 묘사한 이미지로 루이 나폴레옹을 이해하려 하면 금방 발이 걸려 넘어지고 만다. 민중의 생활 향상은 틀림없이 독재자 루이 나폴레옹의 비원悲願이었던 것이다.

그러나 그렇다고 루이 나폴레옹을 완전무결한 민중의 호민관이었다고 할 수 있을까? 이 이미지 역시 현실에 의해 금방 배반당하고 한다. 신문의 보도를 규제한 1852년 2월 17일의 대통령령이 바로 그 현실이다.

보도의 자유는 1848년 2월 혁명으로 거의 완전히 인정되었지만, 그후 시대가 반동으로 향하는 사이 7월 왕정 하에서 신문 규제가 부활하여 보증금, 한 부마다 부과되는 우편세 소인消印, 나아가 경범죄 재판소에서 내리는 발행 정지 등이 일상화되었다.

2월 17일의 대통령령은 이들 규제와 벌칙을 강화하는 동시에 신문의 창간뿐만 아니라 편집인의 변경에도 당국의 허가가 필요하다는 조항이 덧붙여졌다. 게다가 페르시니의 아이디어에 따라 온당하지 않은 기사로 경고를 세 차례 받은 신문은 2개월 발행 정지에 처한다는 규칙도 만들어졌다. 사전 검열은 없었지만 발행 정지를 두려워하는 경영자의 요청에 따라 편집자나 기자는 자기검열을 강요받게 된다.

단, 이러한 규칙은 정치나 경제를 다루는 이른바 '큰 매체'에만 적용되었고, 정치·경제를 취급하지 않는 잡보나 오락기사 중심의 '작은 매체'는 예외였기 때문에 작은 매체들만 우후죽순처럼 창간되기에 이른다. 제2제정을 대표하는 신문 『피가로』도 처음에는 '작은 신문'으로 출발했다.

그렇지만 이러한 사회복지정책과 신문 규제가 거의 같은 시기에 대통령령으로 발포되었다는 것은 반드시 루이 나폴레옹이 모순적인 인간이라는 것을 의미하지는 않는다. 그것은 오히려 그의 지지기반이 어디에 있었는지를 명확하게 보여준다. 즉, 루이 나폴레옹은 저널리즘에 틀어박힌 좌우 양파의 인텔리와 같은 '말할 줄 아는' 대중이 아니라 표현수단을 갖지 못한 하층 민중을 향하여 자신의 정치적 메시지를 전달했던 것이다.

하지만 이처럼 말하지 못하는 대중을 위해서만 정치를 하려고 하는 자세는 그때는 확실히 많은 지지를 얻었지만 훗날 커다란 화근을 남기게 된다. 제2제정 시기에 엄격한 제약 속에서 쓰고 싶은 글을 쓸 수 없었던 인텔리들은 제정 붕괴 후 하나같이 제2제정과 루이 나폴레옹을 싸잡아 비난했기 때문이다. 제2제정이 실상에 비해 오랫동안 평판이 나빴던 것은 루이 나폴레옹이 저널리즘을 혐오해 꼼짝달싹 못하도록 재갈을 물렸기 때문이다.

관허 후보자에 의한 입법원 선거

제2제정에 대한 평가를 떨어뜨린 또 하나의 원인은 2월 8일 대통령령으로 포고된 관허官許 후보자 리스트다. 21세 이상 남자의 보통선거를 주장하면서 피선거인 쪽에는 제한을 가해, 관허 후보자에게는 지사를 비롯한 공적인 입장에서 온갖 지원을 다 해준 데 비해 반대파 입후보자에게는 다양한 방해를 서슴지 않았던 것이다. 또 선거구의 경계를 자의적으로 변경하여 관허 후보자에게 유리하도록 조정하기도 했다. 마르크스 등의 비난은 이러한 선거 방식을 겨냥하고 있었다.

그러나 그 실태를 상세하게 살펴보면 선거가 반드시 정부가 의도한 대로 흘러가지는 않았다는 것을 알 수 있다.

우선 악명 높은 관허 후보자 리스트인데, 이것은 루이 나폴레옹이 시작한 것이 아니라 7월 왕정 하에서도 시행된 제도다.

문제는 정부에서 선발한 지사 등 지방 행정조직이 하나가 되어 관허 후보자를 응원한 반면, 반대파 후보자에게는 이름이나 정견을 알릴 수단이 제공되지 않았다는 점이다. 그러나 그렇게 했는데도 관허 후보자가 패하는 일도 있었다. 투표를 두 번 할 수 있었기 때문이다. 다시 말해 첫 번째 투표에서 과반수를 얻은 후보자가 없는 경우 상위 두 후보자끼리 결선투표를 했기 때문에 하위 연합이 가능해 반대파가 뽑힐 수 있는 길이 열렸던 것이다. 온갖 방해에도 1852년 제1회 입법원 선거에서는 8명의 반대파(정통왕조파와 공화파)가 당선한 것은 그 때문이다.

특히 파리를 비롯한 대도시 지역에서는 입소문을 통해 자신을 알릴 수가 있어서 반대파가 당선하기 쉬웠다. 파리에서 공화파의 거물 카르노와 카베냐크가 당선한 것은 입소문의 영향이 컸다.

또, 선거구 경계 변경으로 당선하기 위해서는 평균 3만5000표 이상의 대량 득표가 필요했기 때문에 전통적인 지방 명망가가 선출되기 어려워지고 새로운 계층이 진출하게 된 것도 예상 밖의 사건이었다고 말할 수 있다.

그러나 정부 특히 내무성에서 선거를 지휘하고 있던 페르시니가 가장 골치아파한 것은 관허 후보자로 적당한 인물을 찾을 수 없다는 것이었다. 공화제에 반대하는 보수정치가는 얼마든지 있었지만, 그들은 대부분 7월 왕정 때의 유명인사여서 오히려 루이 나폴레옹의 정치이념에 적대적인 사람이 많았기 때문이다. 한 마디로 말해 이 단계에서도 제 역할을 할 만한 보나파르티스트당은 형성되어 있지 않았고, 지방 특히 농촌 지역에서는 그저 보수반동가가 반공화파라는 이유 하나만으로 관허 후보자로 선택되었던 것이다.

이는 쿠데타의 성공에도 불구하고 루이 나폴레옹의 정치이념이 국민들 사이에서 거의 이해를 얻고 있지 못하다는 것을 의미했다. 국민 대다수는 주의나 주장을 참작하는 것이 아니라 그저 정권의 안정을 바라면서 관허 후보자에게 표를 던졌던 것이다.

루이 나폴레옹의 이상적인 의원상

그렇다면 루이 나폴레옹과 새로운 정부가 바란 이상적인 관허 후보자는 어떤 인물이었을까? 아마도 모르니가 물러나기 전에 쓴 최후 통첩에서 엿볼 수 있는 다음과 같은 이미지일 것이다.

만약 어떤 사람이 스스로 일을 해서, 그러니까 공업이나 농업 또는 어떤 분야에서 스스로 노력해서 재산을 쌓았다면, 그리고 노동자들의 형편을 개선하는 등 자기의 재산을 올바르게 사용했다면, 그 사람은 정치가라고 부르기에 어울리는 인물이라 할 수 있다. 왜냐하면 그 사람은 법률을 만드는 데에도 실질적인 재능을 발휘할 수 있을 것이고, 정부가 이를 통해 실현하고자 하는 평화와 재건 사업에 도움을 줄 수 있을 것이기 때문이다.

—루이 르나르, 앞의 책

한 마디로 말하자면 새롭게 등장하고 있는 산업자본가, 그것도 노동자의 생활 향상에 뜻을 둔 새로운 유형의 테크노크라트라는 얘기다.

이러한 이미지의 산업자본가는 확실히 제2제정이 안정을 찾아가면서 잇달아 출현하여 새로운 사회계층을 형성하지만, 그러나 그들 대부분은 정부의 의향과는 정반대로 정치의 길에 발을 들여놓으려 하지 않고 더 많은 자유가 허용되는 경제 분야로 진출한다. 이는 루이 나폴레옹과 같은 방법으로 정권을 탈취한 한국의 박정희 정권 하에서 볼 수 있었던 현상과 아주 흡사하다. 이른바 '개발독재' 하에서는 아무래도 정치보다는 경제에 인재가 모이기 마련이다.

그 결과 마르크스가 협잡꾼avanturier이라고 부른, 이권을 노리는 정치꾼이 지방의 권력자에게 교묘하게 빌붙어 관허 후보자로 받아들여지고 의회에서 자리를 차지하는 사태도 발생했다. 졸라의 『루공가※의 운명』은 이러한 협잡꾼의 사회적 상승을 힘찬 필치로 그린 작품이다.

그런데 숫자상으로 보면 마르크스가 뱀이나 전갈처럼 혐오해 마지않은 이와 같은 협잡꾼은 그렇게 많지는 않고, 실제로 관허 후보자로 선발된 사람은 오를레앙가의 통치에 친근감을 품고 있는 지방의 보수정치가가 대부분이었다.

그런 까닭에 관허 후보자가 의원의 대다수를 차지하는 입법원에서 정부가 제출한 예산이 생각과 달리 받아들여지지 않거나 법안이 심의를 거치지 못하는 일도 종종 있었던 것이다. 페르시니 등은 이러한 사태에 분을 삭이지 못하고 이러다가는 다시 의회주의의 함정에 빠지고 말 것이라며 제한선거의 부활을 생각했을 정도다.

하지만 대체적으로는 의회가 보여준 저항은 미미해서, 『콩스티튀쇼 넬constitutionnel』이 적절하게 지적했듯이, 제2제정 하에서 관허 입후보자에게 투표하는 것은 루이 나폴레옹에 대한 국민투표와 같은 성격을 띠고 있었다.

이런 의미에서 1852년에 실시된 신헌법 하의 제1회 입법원 선거는 루이 나폴레옹에 대한 두 번째 신임투표였다고 할 수 있다. 국민은 "지금까지 겪은 것만으로도 혁명에 따른 혼란은 충분하다. 뭘 해도 좋으니까 안정된 생활을 할 수 있는 질서 있는 체제가 바람직하다"라는 마음으로 관허 입후보자에게 투표해 루이 나폴레옹을 신임했던 것이다.

이러한 절대적인 신임을 배경으로 루이 나폴레옹은 3월 19일 원로원과 입법원의 개회식에 참석해 당당하게 이렇게 선언했다. "인민이 나에게 위임한 독재는 오늘로 끝납니다. 사태는 머잖아 일상으로 돌아갈 것입니다"(앙드레 카스텔로, 앞의 책).

루이 나폴레옹이 말한 대로 프랑스는 4년에 이르는 혼란스런 시기에서 빠르게 빠져나와 안정과 번영으로 향했다.

4

마침내 나폴레옹 3세가 되다

스트라스부르 개선

1852년 7월 19일, '황태자 대통령' 루이 나폴레옹은 철도 개통식에 참석하기 위해 스트라스부르로 향하고 있었다.

스트라스부르! 생각하면 프랑스 동북부에 있는 이 군사도시야말로 루이 나폴레옹이 프랑스 역사에 최초로 그 이름을 새긴 곳이었다. 그러니까 1838년 10월 30일, 루이 나폴레옹은 돌연 스트라스부르의 포병연대 동지들과 함께 쿠데타를 일으켰지만, 나폴레옹이라는 이름을 듣고도 동조하는 병사 한 명 없이 쿠데타는 무참한 실패로 끝났던 것이다.

그로부터 거의 16년의 세월이 흘러 루이 필리프의 법정에서 과대망상증에 걸린 미치광이 취급을 받았던 루이 나폴레옹이 이제 황태자 대통령 자격으로 인연이 깊은 이 도시로 개선한 것이다.

특별열차가 플랫폼으로 미끄러져 들어오는 순간 스트라스부르 대성당을 비롯한 모든 교회의 종이 울렸고 축포가 발사되었다. 열차가 멈추고 루이 나폴레옹이 모습을 드러내자 군악대가 일제히 팡파르를 울렸고 역 앞의 환영 인파가 저마다 이렇게 외쳤다.

"나폴레옹 만세! 황제 만세!"

실제로 스트라스부르 그 어디를 가든 루이 나폴레옹은 이미 프랑스 황제가 된 것처럼 '황제 만세'를 외치는 군중의 환호성에 파묻혔다.

페르시니의 음모

퍼레이드용 마차에 앉아 있는 루이 나폴레옹에게 이 환호는 기쁘지 않을 리 없었겠지만 그 옆에는 그보다 더 만족스럽게 인파의 환호성을 받아들이고 있는 인물이 있었다. 모르니를 대신해 내무장관에 취임한 페르시니다. 그렇다, 일찍이 스트라스부르와 불로뉴 봉기 때 루이 나폴레옹과 함께 체포된 적이 있는 저 심복 중의 심복, 루이 나폴레옹이 보기에 유일한 진짜 보나파르티스트, 황제 이상의 황제주의자로 일컬어졌던 페르시니다.

페르시니는 루이 나폴레옹이 쿠데타에 성공하고 국민투표에서도 압도적 다수로 찬성을 얻었을 때 '그 분'이 곧 제정 이관(移管)에 착수할 것이라고 생각하고 있었다. 그런데 페르시니의 예상과 달

스트라스부르에서 돌아오는 루이 나폴레옹

1852년 7월, 철도 개통식에 참석하기 위해 인연이 깊은 장소 스트라스부르에 간 루이 나폴레옹은 '황제 만세' 함성소리에 파묻힌다. 페르시니가 주도면밀하게 준비한 덕분이었다. 이후 페르시니는 열심히 제정화 계획을 추진하게 된다. [C]

루이 나폴레옹의 마르세유 순행

페르시니는 쿠데타 당시 반발이 심했던 중부와 남부를 루이 나폴레옹이 순행하는 것으로 제정화에 대한 동의를 끌어내려 했다. 민중은 이 프로파간다에 '올라탔다'. [A]

리 루이 나폴레옹은 황제가 되려고 하기는커녕 10년 임기의 공화국 대통령으로 충분하다고 생각하는 듯한 뉘앙스마저 보여주고 있다. 그것은 3월의 입법원 개회식에서 "함께 공화국을 지키지 않겠습니까? 공화국은 그 누구에게도 위협이 아닙니다. 공화국은 누구나 안심할 수 있는 나라입니다"라고 말하고 "국민을 분열시키는 일이 가장 적은 체제"라고까지 단언한 것을 보아도 분명하다. 단적으로 말해 '그 분'은 아무리 많은 시간이 지나도 소심한 성격을 극복할 수 없다.

그래서 순정 보나파르티스트인 페르시니는 생각했다. 지금은 무리를 해서라도 그 분을 '소심함'에서 끌어내지 않으면 안 된다. 쿠데타 1주년인 12월 2일까지 '프랑스 제국 재건'을 위해 만반의 준비를 해둘 필요가 있다.

페르시니는 우선 스트라스부르를 제국 재건으로 가는 첫걸음으로 생각하고 지사와 시장에게 루이 나폴레옹을 뜨겁게 환영할 준비를 하라고 명했었지만, 그런 그에게마저 스트라스부르 역두에서 민중이 자연발생적으로 외치는 "나폴레옹 만세! 황제 만세!"라는 압도적인 환호는 뜻밖이었다. 이렇게까지 민중이 제국을 바라고 있을 줄이야!

이렇게 된 이상 스트라스부르의 열광을 프랑스 전역으로 확대할 수밖에 없다.

먼저 페르시니는 8월 15일 파리의 노트르담 대성당에서 거행되는 '성 나폴레옹제'를 활용하기로 했다.

8월 15일은 가톨릭 행사 중 성모 마리아 승천일이라 하여 성모 마리아가 하늘로 올라간 것을 축하하는 날인데, 사실 이날은 루이 나폴레옹의 큰아버지인 대 나폴레옹의 탄생일이기도 했다. 나폴레옹은 황제가 되었을 때 자기와 이름이 같은 수호성인이 가톨릭 성인 명부에 없다는 것을 알고 있었기 때문에(당시 세례명은 교회가 정한 성인 리스트에서 선택했다), 무리해서 성 나폴레옹이라는 성인을 만들어내고 이를 자신의 탄생일인 8월 15일의 수호성인으로 삼아 1805년부터 1814년까지 매년 '성 나폴레옹제'를 열도록 했던 것이다.

페르시니는 루이 나폴레옹을 설득해 '성 나폴레옹제'를 부활시키기로 했다. 루이 나폴레옹은 존경하는 큰아버지의 탄생 제전이라 하여 노트르담 대성당에서 거행된 '성 나폴레옹제'에 직접 참석했다. 이러한 의식을 매개로 루이 나폴레옹과 나폴레옹의 동일화는 한 걸음 한 걸음 착실하게 진행되고 있었던 것이다.

하지만 페르시니가 무엇보다 공을 들여 준비한 것은 9월부터 시작하는 프랑스 중부와 남부 순방이다. 그럴 만도 한 것이 중부와 남부에는 아직껏 반反 나폴레옹 감정이 만만찮은 지역이 남아 그의 '제정화帝政化 계획'에 큰 걸림돌이 되고 있었기 때문이다.

페르시니, 대통령과 내각의 반대를 무릅쓰고 민중 선동 결의

루이 나폴레옹이 전국 시찰 여행에 나서기 직전인 8월 하순, 튀일리 궁전에서는 각료회의가 열리고 있었다. 이 자리에서 페르시니는 루이 나폴레옹을 맞이하는 지방의 행정당국이 '취해야 할 태도에 관한 구체적지시'에 대하여 말했다. 어떤 각료가 구체적 지시라는 게 도대체 뭐냐며 물고 늘어지자 페르시니는 마침내 입을 열어 이렇게 말했다. "민중에게 '황제 만세!'를 외치게 하는 것입니다."

이 말에 회의장은 벌집을 쑤신 듯이 소란스러워졌다. 루이 나폴레옹 자신도 마뜩찮은 표정이었다. 그는 공화국 헌법을 부정하는 듯한 프로파간다를 정부 스스로 기도하는 것을 엄중히 경계하고 있었던 것이다.

그러자 페르시니는 일단 물러서는 척했다가 다시 한 번 음모를 가다듬기로 했다. 페르시니가 자신의 방침을 포기하려 하지 않은 것은 루이 나폴레옹이 이 시찰여행을 하나의 질문을 던지는, 그러니까 민중이 그리는 프랑스의 미래는 어떤 모습인지 묻는 여행으로 생각하고 있다는 점 때문이었다. '그 분'이 대답을 원한다면 내가 그것을 준비해야 할 게 아닌가. 페르시니는 그렇게 생각했던 것이다.

그는 루이 나폴레옹이 순행하기로 한 각 현의 지사들에게 긴급 전보를 쳐 출두하게 한 다음 이렇게 말했다.

동원된 사람들에게 작은 깃발을 들게 하되 겉에는 '황제 만세!', 안에는 '나폴레옹 3세 만세!'라고 쓰게 하라. 로마 왕이 나폴레옹 2세인 셈이니까 황태자는 나폴레옹 3세가 된다. 그리고 황태자가 앞을 지날 때 그 깃발에 적힌 대로 '황제 만세' '나폴레옹 3세 만세'를 외치게 하라. 단, 이 명령은 극비리에 실행할 것.

—앙드레 카스텔로, 앞의 책

지사들은 그날 바로 되돌아가 페르시니의 지시대로 움직였다.

그런데 순행에 나선 루이 나폴레옹이 첫 번째 도시 오를레앙에 내렸을 때에는 "황제 만세! 나폴레옹 3세 만세!"를 외치는 소리가 거의 들리지 않았다. 그도 그럴 것이 오를레앙이 있는 루아레의 지사는 반페르시니파여서 페르시니가 극비 명령을 내리지 않았기 때문이다.

그런데 페르시니의 충실한 부하 파스틸로가 지사로 있는 셰르의 부르주에서는 갑자기 예의 깃발을 든 군중이 연도에 나타나 "황제 만세! 나폴레옹 3세 만세!"라고 외치며 루이 나폴레옹을 환영했다. 군대 열병식에서도 같은 환호가 되풀이되었다. 이윽고 지사가 조직한 군중 이외의 다른 곳에서도 환호가 쏟아졌다. 민중이 프로파간다에 '올라탄' 것이다.

제국은 평화다
루이 나폴레옹은 보르도 상공회의소 연설에서 '제국은 평화다'라고 단언했다. 이는 제정을 향해 루이 나폴레옹이 준비한 프로파간다의 본질을 요약한 것이었다. 당시 악보의 표지. [A]

루이 나폴레옹이 남하함에 따라 군중의 열광은 페르시니의 지시를 훌쩍 넘어섰다. 중부의 공업도시 생테티엔에서는 석탄으로 만든 개선문이 세워졌는데, 그 꼭대기에는 선명하게 '황제 만세!'라고 적혀 있었다.

처음에는 루이 나폴레옹은 페르시니가 준비한 이 '환영'에 노골적인 혐오를 보였지만, 민중의 환영이 자연발생적으로 번지는 것을 보고 서서히 생각을 바꾸었다. 그리고 보르도에 이르렀을 때 마침내 그도 루비콘을 건넜다.

연설 '제국은 평화다'

보르도는 순방한 남프랑스의 도시들 중에서도 유달리 반나폴레옹 감정이 강한 곳이었다. 보르도 와인의 수출로 영국이나 러시아와 관계가 각별했던 이 도시는 대혁명이 발발하면서 수출량이 격감한데다 나폴레옹이 영국에 대항하기 위해 1806년 대륙봉쇄령을 감행하면서 궤멸에 가까운 타격을 입었다. 이 때문에 나폴레옹을 좀처럼 받아들이지 않는 분위기가 오랜 기간 도시를 지배하고 있었다.

따라서 이번 중부와 남부 순방에서도 보르도는 관계자들에게 가장 중요한 도시로 의식되었다. 이곳을 평정하면 '제국' 건설은 단숨에 이뤄질 가능성이 있다.

그랬기 때문에 페르시니는 지롱드 현 지사에게 특별히 주의를 기울여 지시를 했는데, 페르시니의 지시를 충실하게, 아니 그 이상으로 실행한 사람이 훗날 센Seine 현의 지사가 되어 파리 개조를 단행하는 외젠 오스만이다.

오스만은 루이 나폴레옹을 맞이하는 환영 모임을 반나폴레옹 감정의 권화權化인 보르도 상공회의소의 연회실에 마련하고 황태자 대통령을 초대해 연설을 청했다. 이에 답하여 루이 나폴레옹은 처음으로 확실하게 '제국'이라는 말을 사용하면서 이렇게 단언했다.

경계심이 지나쳐 나를 향해 '제국은 전쟁이다'라고 말하는 사람이 있습니다. 그러나 나는 오히려 이렇게 말하고 싶습니다. '제국은 평화다'라고. 그렇습니다. 제국은 평화를 의미합니다. 왜냐하면 프랑스가 그것을 바라기 때문입니다. 프랑스가 만족할 때 세계는 평온할 수 있습니다. 유산으로 이어받은 것은 영광이지 전쟁이 아닙니다.

—『나폴레옹 3세 저작집』

이 '제국은 평화다'라는 연설은 보르도 상공회의소 사람들을 만족시키는 선에 그치지 않았다. 반세기 이상에 걸친 혁명과 전쟁으로 잃어버린 번영을 되찾겠노라며 재출발 신호를 기다리고 있던 프랑스 모든 국민들의 열광적인 지지를 얻었던 것이다.

10월 16일, 루이 나폴레옹이 중부와 남부 순방을 마치고 파리로 돌아왔을 때 파리 민중도 "황제 만세! 나폴레옹 3세 만세!"를 외치며 그를 맞았다. 이미 이때 루이 나폴레옹은 사실상 나폴레옹 3세가 되어 있었던 것이다.

파리 귀환
10월, 루이 나폴레옹이 중부와 남부 순행을 마치고 파리로 돌아왔다. 파리의 민중도 '황제 만세'를 외쳤다. [A]

제국의 재건과 나폴레옹 3세의 탄생

그러나 10월 말까지도 루이 나폴레옹은 마음을 정하지 못하고 있었다.

훗날 자유제정 시기에 수상이 되는 에밀 올리비에는 페르시니가 문부장관을 역임한 바 있는 푸아르에게 이렇게 말했다고 한다. "왜 제국의 탄생이 늦어지고 있는지 그대는 모를 것이다. 실은 황제 그 사람 때문이다, 문제가 되는 것은 황제뿐이다. 소심한 황제는 아직도 어지러워하고 있다." (에밀 올리비에, 『자유제정』)

하지만 11월에 접어들어 주위의 압력에 의해 루이 나폴레옹도 어렵사리 제정으로 이관할 결심을 굳히고, 11월 5일 원로원에 제국 재건에 관한 문제를 검토해달라고 요구했다.

이틀 후, 원로원은 루이 나폴레옹 보나파르트와 그 자손을 황제로 하는 프랑스 제국의 재건 여

국민투표 OUI!
1852년 11월 21일과 22일, 프랑스 제국 재건을 둘러싼 국민투표가 실시되어 96퍼센트의 압도적인 다수로 제국 재건이 가결되었다. 투표용지에 그려진 독수리는 나폴레옹 제국의 상징. [A]

부에 관해 국민투표를 실시한다는 결의를 상정했다. 이 결의에 반대한 사람은 단 한 명, 나머지 전원이 찬성, 국민투표 실시가 결정되었다.

딱 한 장의 반대표는 어린 시절 나폴레옹의 가정교사였던 뷔야르가 던진 것이다. 뷔야르는 순수 공화주의의 입장에서 자신의 제자가 황제가 되는 데 확고한 반대를 표명했던 것이다.

국민투표는 11월 21일과 22일 이틀에 걸쳐 실시되었고, 96퍼센트의 압도적 다수로 프랑스 제국 재건을 승인했다. 찬성 782만4000표, 반대는 고작 25만3000표.

물론 전국적으로 200만 명의 유권자가 기권했기 때문에 네 명 중 한 명은 제정 부활에 찬성하지 않았던 셈이다.

그러나 그렇다 하더라도 프랑스 국민 대부분이 제정의 부활을 찬성한 것은 움직이기 어려운 사실이고, 루이 나폴레옹이 국민을 속이고 무리수를 써서 황제가 되었다는 논의는 별 의미가 없다. 페르시니가 말했듯이 루이 나폴레옹은 국민의 압도적인 소리에 떠밀려 "아니라고 손사래를 치면서도 황제가 되었던" 것이다.

12월 1일 오후 7시, 원로원 의원과 국무원 의원 그리고 입법원 의원 전원은 의례복을 갖춰 입고 식전용 마차에 분승하여 루이 나폴레옹이 있는 생클루의 궁전으로 향했다. 새로운 황제의 탄생을 공식적으로 축하하기 위해서다.

8시 30분, 루이 나폴레옹은 의원들을 궁전의 넓은 홀에서 맞았다. 원로원 의장 아돌프 비요가 공손하게 신임 황제의 앞으로 나와 '국민적 의지의 장엄한 표명'인 국민투표 결과보고서를 제출했다. 루이 나폴레옹은 황제가 되는 과정에서 혈통보다 이 '국민적 의지의 장엄한 표명'

을 무엇보다 중시했고, 국민의 뜻에 의해 황제로 추대된 형식을 취하고자 했던 것이다.

비요가 '각하'라고 부르면서 "일찍이 이 이상 정통적이고 국민적인 지지로 황제의 관을 쓴 적이 있겠습니까"라는 말로 연설의 끝을 맺자, 루이 나폴레옹은 즉석에서 이렇게 답했다. "나의 치세는 1851년에 시작되는 것이 아닙니다. 여러분이 국민의 의지를 나에게 알려준 지금 이 순간에 시작되는 것입니다."(『나폴레옹 3세 저작집』)

나폴레옹 3세는 혈통과 국민투표를 애매하게 연결시킨 비요의 연설을 부정하고, 바로 국민투표가 황제 즉위의 근거를 제공했다는 점을 보여주고 싶었던 것이다.

사실 나폴레옹 3세는 이후 서명할 때면 반드시 '나폴레옹, 신의 은총과 국민적 의지에 의한 프랑스 국민의 황제'라고 쓰곤 했다.

답사에 이어 나폴레옹 3세는 예의 잘 들리지 않는 흐릿한 목소리로 조용히 통치 방침을 밝혔다.

나는 관용의 마음으로 임할 것이다. 누구의 의견에든 귀를 기울이고, 당파에는 관여하지 않을 것이다. 정치범은 해방한다. 프랑스의 과거에 대하여 연대책임을 지고 역사의 한 페이지로서 부정하지는 않을 것이다. 나라 전체를 벗으로 삼는 것이 나의 바람이고, 빈곤을 없애는 것이 나의 사명이다, 운운. 그리고 나폴레옹 3세는 이렇게 마무리했다.

여러분, 부디 나를 도와주시기 바랍니다. 거듭된 혁명으로 몇 번씩 뒤집힌 프랑스의 대지 위에 안정된 정부를 수립하는 일에 꼭 협조해주시기 바랍니다. 정부의 기초가 되는 것은 종교, 소유권, 정의 그리고 고통 받는 계급을

생클루 궁전의 황제 수락

12월 1일, 루이 나폴레옹은 생클
루 궁전의 큰 홀에서 원로원 의장
을 맞아 국민투표 결과를 받아들
였다. 이리하여 루이 나폴레옹은
나폴레옹 3세가 된 것이다. 덧붙
이자면, 나폴레옹 2세는 서류상
으로 두 번째 황제가 된 로마 왕이
다. [H]

**나폴레옹 3세, 파리로 들어
오다**

아우스터리츠의 승전 기념일이자
쿠데타 1주년인 1852년 12월 2일,
나폴레옹 3세는 개선문을 통과
해 파리로 들어 튀일리 궁에 자
리를 잡았다. 이날부터 제2제정이
시작된다. [A]

향한 사랑입니다.

—『나폴레옹 3세 저작집』

제2제정 개시

다음 날 12월 2일 아침, 파리 시청사에서 센 지
사 도랑쥬가 정식으로 프랑스 제국을 선포했다.
1848년 이래 4년 반 동안 이어진 프랑스 제2공화
정이 막을 내리고 제2제정이 시작된 것이다.

이날은 나폴레옹의 아우스터리츠의 전승기념
일이자 쿠데타 성공 1주년이 되는 뜻깊은 날이
었다.

생클루의 궁전을 나온 나폴레옹 3세는 파리 민
중의 열렬한 환호 속에 개선문을 통과해 파리 시
내로 들어왔고, 천천히 샹젤리제를 내려와 카루
젤 광장에서 의장대를 사열한 다음 튀일리 궁으
로 들어갔다.

대연회가 준비된 궁전의 큰 홀 양쪽에 각국 대
사와 원수, 장군, 원로원 의원 등이 늘어선 가운
데 나폴레옹 3세는 여기저기에 눈길을 주면서 천
천히 앞으로 걸어 나왔다.

그것은 오랫동안 품어온 '황제가 된다'는 꿈의
실현을 즐기는 것 같기도 했고, 도중에 깬 꿈속을
헤매고 있는 것처럼 보이기도 했다.

어찌됐든 이날부터 나폴레옹 3세에 의한 제2제정이라는, 그야말로 정의하기 어려운 치세가 시작되는 것이다.

제4장

제2제정—꿈의 시대

1

나폴레옹 3세의 결혼

긴급한 황비 선택

10년 임기의 공화국 대통령에서 세습제인 프랑스 제국 황제가 된 나폴레옹 3세에게 하루라도 빨리 해결해야 할 문제가 있었다. 결혼이다. 1852년 12월 나폴레옹 3세의 나이는 벌써 44세였는데 이는 큰아버지 나폴레옹 1세가 퇴위한 나이다. 아이 갖기와 관련하여 나폴레옹 3세의 능력은 대단히 활발했지만, 후사를 보지 못하면 안정을 찾을 수 없다. 그래서 그 자신도 그리고 페르시니를 비롯한 측근들도 즉위 후 곧바로 황비 간택 작업에 들어갔다. 그들이 무엇보다 두려워한 것은 쿠데타 자금을 제공한 미스 하워드가 황비가 되고 싶어 할지도 모른다는 것이었다. 그럴 만도 한 것이 미스 하워드는 브라이튼의 가죽 직공 딸로 런던에서 고급 창부 노릇을 하고 있을 때 나폴레옹 3세와 알고 지낸 사람 아닌가. 고급 창부였던 사람이 황후가 된다! 이야말로 제국의 반대파에

나폴레옹 3세의 초상
이폴리트 플랑드랭이 그린 군복 차림의 나폴레옹 3세 초상. 황제가 된 1852년에 이미 44세여서 결혼이 긴급한 과제였다. [M]

게 공격의 빌미를 제공할 최대의 스캔들이 아니고 무엇이겠는가.

하지만 측근의 두려움은 기우였다. 나폴레옹 3세는 몰래 황후 자리를 노리고 있던 미스 하워드를 멀리하고, 부관 플루리 대령에게 유럽의 왕후王侯나 황제의 일족 중에서 적령기의 딸이 있는지 알아보라고 명했기 때문이다.

유력 후보로 거론된 사람은 나폴레옹 3세의 큰어머니뻘인 바덴 공비公妃 스테파니와 전 스웨덴 국왕 구스타프 바사 사이에서 태어난 카롤린 바사 대공녀, 영국 빅토리아 여왕의 이복동생이자 벨기에 국왕 레오폴의 조카딸이기도 한 아델라이드 드 호헨로헤 랑겐부르크 공녀 두 사람이었는데, 전자는 나폴레옹 3세를 잘 아는 큰어머니가 반대했고 후자는 종교의 차이를 구실로 호의적인 대답을 보내오지 않았다. 쿠데타로 황제가 된 44세의 남자에게 딸을 시집보내려는 왕실은 유럽 어디에도 없었던 것이다.

이렇게 된 이상 프랑스 국내에서 황비를 찾을 수밖에 없다고 생각한 측근은 프랑스인 대귀족의 딸을 찾기 시작했는데, 갑자기 대단한 다크호스가 떠오른다. 스페인 그라나다 명문귀족의 딸로 테바 백작의 영양令孃인 에우헤니에 데 몬티호(프랑스어로는 외제니 드 몽티조)로, 나이는 스물여섯이었다.

에우헤니에, 나폴레옹 3세를 사로잡다

프랑스군에 참가했던 아버지가 죽은 후, 몬티호 양이 화려하고 여행을 좋아하는 어머니 마누엘라 데 몬티호와 함께 파리의 사교계에 그 성숙한 모습을 다시 드러낸 것은 앞에서 서술했듯이 1849년의 일이었다.

다시라고 말하는 것은 1834년부터 1839년에 걸쳐 몬티호 부인은 두 딸(장녀 파카와 차녀 에우헤니에)을 데리고 잠깐씩 파리에 머문 적이 있었기 때문이다. 몬티호 부인은 유산 상속 때문에 일단 스페인으로 돌아가 장녀를 알바 대공에게 시집보낸 다음 이해 혼기를 놓친 차녀를 결혼시키기 위해 파리의 사교계로 돌아왔던 것이다.

두 사람은 사촌동생 마틸드의 무도회에 초대받았고, 그곳에서 아직 루이 나폴레옹이었던 나폴레옹 3세를 만난다. 이름난 난봉꾼이었던 나폴레옹 3세(이하 시간이 앞선 경우에도 편의상 이렇게 부르기로 한다)는 몬티호 양을 한 번 보고 그 매력에 강하게 이끌린다.

몬티호 양은 붉은색이 섞인 블론드 머리, 청회색 눈동자, 살집 좋은 어깨에서 가슴으로 이어지는 부드러운 하얀 피부가 특징이었다. 그녀도 자신의 매력을 충분히 알고 있었기 때문에 무도회

몬티호 백작 부인과 두 딸

제정시대 프랑스군에 참가했던 몬티호 백작의 미망인은 두 딸을 데리고 종종 파리를 찾았다. 차녀 에우헤니에는 마틸드 황녀의 무도회에서 아직 루이 나폴레옹이었던 나폴레옹 3세를 만난다. [C]

결혼 당시의 외제니 황비

나폴레옹 3세는 어깨가 아름다운 여성에게 유달리 약했기 때문에 주위의 반대에도 개의치 않고 끝내 몬티호 양과의 결혼을 결심한다. 에우헤니에는 외제니 황비가 된다. [M]

에 나올 때면 등이 크게 파이고 젖꼭지를 간신히 가릴 정도로 대담한 야회복 차림으로 속이 훤히 비칠 만큼 투명한 피부가 남자들의 눈에 띄도록 신경을 썼다.

나폴레옹 3세는 그녀의 노골적인 등과 가슴에 홀딱 빠져버렸다. 황제는 이전부터 노출된 투명한 피부에 유독 약했던 것이다.

나폴레옹 3세는 당장 몬티호 양에게 구애해 어떻게든 애인으로 삼으려 했지만, 몬티호 양은 뛰어난 수단을 발휘하여 나폴레옹 3세의 구애를 물리쳤다. 어머니가 적절하게 가르쳐준 대로 결혼 이외의 관계는 절대로 받아들이지 않았던 것이다.

1851년 봄 휴양지인 스파에서 파리로 되돌아온 모녀는 방돔 광장의 아파트에 거처를 마련하고 다시 사교계에 얼굴을 내밀었다. 이 무렵부터 몬티호 양에 대한 나폴레옹 3세의 열애는 더욱 뜨겁게 불타올랐다.

하지만 아무리 구애를 해도 몬티호 양은 꿈쩍도 하지 않았다. 그 결과 황제의 정욕은 거부당할수록 점점 더 걷잡을 수 없는 지경에 이르렀고, 급기야 한 순간도 미룰 수가 없어 은밀하게 결혼 약속을 꺼냈다.

그 무렵, 1853년 1월 1일 튀일리 궁에서 열린 야회에서 몬티호 양이 어떤 장관의 부인으로부터 '황후 자리를 노리는 여자'라는 모욕적인 말을 듣는 사건이 발생했다. 분개한 몬티호 양은 12일에 열린 무도회에 참석했을 때, 두 번 다시 같은 굴욕을 당하고 싶지 않아서 이탈리아로 떠나겠노라고 황제에게 고했다. 이때 두 사람이 주고받은 이야기를 앙드레 카스텔로의 『나폴레옹 3세』를 참고하여 소설의 한 대목처럼 재현해보자.

"왜 떠나려는 겁니까?" 황제가 물었다.

"저는 폐하의 운명에 방해가 되고 싶지 않습니다. 우리 사이를 두고 이런저런 말이 많습니다. 저는 사람들이 말하는 것처럼 황후 자리를 노리는 여자도 아니고, 비호 받는 여자가 되고 싶지도 않습니다. 폐하께서는 약속을 지키지 않으셨습니다. 내일 떠나겠습니다." 몬티호 양은 단호하게 말했다.

"떠나면 곤란합니다." 나폴레옹 3세는 그녀의 눈을 가만히 바라보며 말했다.

"폐하, 이미 준비가 끝났습니다."

"떠나서는 안 됩니다. 왜냐하면 내일 결혼 허락을 받기 위해 어머님을 만날 생각이니까요."

몬티호 양은 방이 빙글빙글 도는 듯한 감각에 휩싸였지만 간신히 버티면서 다음과 같이 대답했다. 그녀는 나폴레옹 3세가 우유부단해서 언제 결단을 뒤집을지 모른다는 것을 알고 있었던 것이다.

"그보다 지금 어머니께 편지를 쓰지 않으시겠습니까? 어머니는 이 문제 때문에 신경이 몹시 날카로워져 있으니까요."

"그렇게 하지요. 이 자리에서 편지를 쓰겠습니다." 이렇게 말하고 나폴레옹은 책상에 앉아 편지를 썼다.

몬티호 양을 배웅하기 위해 황제의 옥좌 앞을 지날 때 나폴레옹 3세는 이렇게 말했다.

"곧 옥좌는 두 개가 될 것입니다. 당신의 옥좌를 주문해두겠습니다."

1월 22일, 나폴레옹 3세와 몬티호 양의 결혼이 정식으로 발표되었다. 사람들은 이것을 '나폴레옹 3세의 두 번째 쿠데타'라고 불렀다. 나폴레옹 3세의 설명은 이러했다.

나폴레옹 3세의 결혼
1853년 1월 30일, 노트르담 대성
당에서 나폴레옹 3세와 외제니의
종교상의 결혼식이 거행되었다. 특
사를 내려 쿠데타 때 체포되거나
국외 추방된 3000명을 사면했다.
[A]

"나는 결혼이 이익과 동시에 희생을 낳을 수
있는 미지의 여성보다 내가 사랑하고 존경하는
여성을 선택한 것이다."

1월 29일 튀일리 궁에서 법적인 결혼식이 거
행되었고, 다음 날 종교상의 결혼식이 나폴레옹
1세와 마리 루이즈의 전례典例를 따라 노트르담
대성당에서 열렸다. 규모는 신부 집안의 격식을
받아들였기 때문인지 아니면 준비기간이 짧았기
때문인지 향연을 좋아하는 나폴레옹 3세에게는
소소하다고 할 수 있을 정도였다.

결혼과 동시에 특사가 내려져 쿠데타 당시 체포 또는 국외 추방된
3000명이 사면되었다.

연애의 수법을 가르친 가정교사

이리하여 프랑스 제국의 황비는 나폴레옹 3세의 일방적인 '사랑'에 의
해 결정되었는데, 그가 '결혼'이라는 두 글자를 편지에 쓴 것은 몬티호
양의 하얀 어깨 때문만이 아니었다. 몬티호 양에게는 두 명의 고명한
가정교사가 있어 그들로부터 '작업flirt'의 기술, 즉 유혹과 거절을 적절
하게 뒤섞어 남자에게 결혼의 결단을 압박하는 사랑의 기술을 전수받
았던 것이다.

첫 번째 가정교사는 스페인인이면서 나폴레옹군에 참가해 싸운 아
버지 몬티호 백작의 프랑스인 전우로 이름은 앙리 베일이었다.

앙리 베일은 전우의 두 딸에게 자신이 참가한 아우스터리츠 전투를 비롯해 나폴레옹의 영웅적 싸움에 관한 이야기를 서사시풍으로 들려주곤 했다. 이 뛰어난 이야기꾼은 처음으로 두 자매의 마음을 설레게 한 남성이었다. 약간 롤리타 콤플렉스 성향을 갖고 있었던 전직 군인이자 외교관 앙리 베일은 특히 차녀 에우헤니에를 좋아해 1842년 눈을 감을 때까지 200통이 넘는 편지를 보냈다.

앙리 베일은 말할 것도 없이 『적과 흑』 『파르므의 수도원』의 작자이자 저 유명한 『연애론』을 쓴 것으로 알려진 스탕달의 본명이다. 에우헤니에는 스탕달로부터 사랑에 있어서 '결정작용結晶作用' 이론, 그러니까 거부당하면 거부당한 만큼 상대를 미화하는 남성의 심리를 전수받았음에 틀림없다.

두 번째 가정교사는 스탕달의 친구로 스페인 주재 외교관이었던 작가 프로스페로 메리메다. 메리메는 1830년 스페인을 여행할 때 에우헤니에의 어머니 마누엘라를 만나 애인이 되었다. 애정의 불꽃이 꺼진 후에도 우정은 이어져 마누엘라가 파리에 올 때마다 메리메는 모녀의 아파트를 찾아가 사교상 필요한 것들을 가르쳐주었다. 특히 1849년 모녀가 파리에 머물면서부터 메리메는 에우헤니에가 나폴레옹 3세를 유혹하는 기술을 지도했을 뿐만 아니라 그녀의 편지를 대신 써주기까지 했다. 나폴레옹 3세는 에우헤니에의 뛰어난 편지에 감동하여 더욱 더 그리움을 키웠던 것이다.

이런 의미에서 나폴레옹 3세는 스페인 딸에게 졌고 동시에 프랑스의 두 작가에게도 졌다고 말할 수 있다. 정말이지 문학의 나라 프랑스답다.

마틸드 황녀, 혼약에 격분하다

마틸드 황녀

나폴레옹 3세와 외제니의 결혼은 나폴레옹 일족의 반발을 샀다. 그 중에서도 중개 역할을 한 것이나 다름없는 전 약혼자 마틸드 황녀 는 격분하여 궁정과 별도의 사교 계를 만들게 된다.

황제와 외제니(황비가 된 이상 이제 프랑스인이므로 이하 외제니라고 부르기로 한다)의 결혼은 모든 프 랑스인들에게 마른 하늘에 날벼락 같았고, 오귀 스탕 필롱이 말했듯이 "첫 번째 쿠데타를 가려버 릴 정도로 놀라운 두 번째 쿠데타"였다.

그중에서도 황족, 다시 말해 나폴레옹 일족에 게는 용납하기 어려운 폭거로 비쳤다. 그들은 나 폴레옹 1세 때 조세핀에게 취했던 것과 같은 태 도로 '황제에게 어울리지 않는 여성' 외제니를 대한다.

반외제니파의 중심이 된 사람은 몬티호 모녀 를 나폴레옹 3세에게 소개한 마틸드 황녀였다.

마틸드 황녀는 나폴레옹의 막냇동생으로 베스트팔렌 왕이었던 제롬 의 딸인데, 이미 서술했듯이 열여섯 살 때 훗날의 나폴레옹 3세와 결 혼 약속을 했었다. 그런데 불로뉴 봉기로 혼약이 자연스럽게 해소되 었기 때문에 하는 수 없이 러시아의 대부호 아나톨 데미도프와 결혼했 다. 그 결혼은 불행하게 끝났지만 러시아 황제의 주선으로 거액의 위 자료를 받음으로써 그녀는 파리에서 자유로운 생활을 할 수 있게 되었 고, 애인인 조각가와 함께 분방한 삶을 살았다. 파리에 문을 연 살롱에 는 많은 문인이나 화가가 몰려들어 마침내 제2제정기 문화의 중심이 된다.

약혼이 파기되었지만 나폴레옹 3세와의 관계는 대체로 양호해서 마틸드는 사교계에서 황비 대리 역할을 하고 있었다. 몬티호 모녀를 그에게 소개한 것도 마틸드였다.

마틸드는 금세 나폴레옹 3세가 몬티호 양에게 빠져들기 시작했다는 것을 알아챘지만, 몬티호 양이 나폴레옹 3세의 애첩이 될 수는 있어도 황비가 되리라고는 생각도 못했기 때문에 특별히 방해하지 않고 내버려뒀었다. 마틸드는 몬티호 양을 그렇게 미인이라거나 기품이 있다고 느끼지 않고 그저 나폴레옹 3세의 많은 애인 중 한 사람으로만 대우했던 것이다.

그래서 약혼 소문이 퍼졌을 때 "저런 여자일 줄 알았다면 그때 소개하지 말았어야 했다"며 크게 화를 냈고, 나폴레옹 3세에게는 "폐하는 운명에 도전할 생각이십니까? 유럽은 분노하고 있습니다. 프랑스도 폐하가 프랑스인 황비를 선택하지 않은 것에 불쾌해하고 있습니다. 친족, 원로원, 국민의회 모두 결혼에는 반대합니다. 재고하실 수 없겠습니까?"라고 확실하게 못을 박았다.

이러한 불화가 있었기 때문에 마틸드는 외제니 황비에 맞서 별도의 사교계를 만들고, 제2제정에 반감을 가진 문인들이나 예술가들에게 반권력의 성채를 제공하게 된다. 외제니 황비에 대한 험구나 악담은 대체로 마틸드 황녀의 살롱에서 시작되었던 것이다.

외제니 황비의 천적들

마틸드 이상으로 이 결혼을 불쾌하게 여긴 사람은 마틸드의 남동생, 그러니까 제롬 왕의 장남 나폴레옹 제롬이다.

그럴 만도 한 것이 이 프린스 나폴레옹, 통칭 프롱-프롱은 황실 전범

나폴레옹 제롬

마틸드 황녀의 남동생으로 서열상 두 번째 황위 계승권자였던 나폴레옹 제롬은 이 결혼에 반감을 갖고 공화주의적 보나파르티스트로서 반나폴레옹 3세, 반외제니 당파를 형성했다. [A]

외제니 황비와 측근들

연애결혼으로 황비의 자리를 차지한 외제니는 '공주님을 좋아하는' 민중의 환영을 받았다. 얼마 안 있어 어깨의 아름다움을 강조하는 외제니의 패션이 생겨나자 측근의 미녀들이 이를 따르면서 제2제정 특유의 유행이 탄생한다. [A]

에 따라 나폴레옹 3세에게 후사가 없을 경우 첫 번째로 황위계승권을 부여받게 되어 있었기 때문이다. 결혼 후에도 얼마 동안 외제니에게 아이가 생기지 않아 나폴레옹 제롬은 나폴레옹 3세가 황음荒淫 탓에 후사를 보지 못하는 것인지도 모른다며 내심 황위 계승을 기대하고 있었는데, 1856년 황태자 외젠이 태어나면서 그의 희망은 산산히 부서지고 말았다. 여기에서부터 외제니에 대한 깊은 원한이 싹트게 된다.

이러한 사정 말고도 나폴레옹 3세와 프린스 나폴레옹은 성격적으로도 물과 기름 같아서 이런저런 면에서 사사건건 대립했다. 쿠데타 때에도 프린스 나폴레옹은 공화파의 입장에 서서 쿠데타 반대를 외쳤다. 아버지가 사는 팔레 루와얄을 근거지로 반나폴레옹 3세, 반외제니 세력을 결집시켰다는 의미에서 그의 존재는 루이 16세와 적대적인 관계였던 필리프 평등공平等公과 흡사하다.

이 외에 나폴레옹 3세의 정권을 지탱하는 장관들도 이 결혼에 불만을 품고 있었다. 그중에서도 측근 중의 측근인 내무장관 페르시니는 약혼 소문을 듣고 저도 모르게 나폴레옹 3세의 옷깃을 잡고 이렇게 외쳤다고 한다.

"우리가 온갖 위험을 무릅쓰면서 쿠데타를 일

으킨 것은 당신을 허튼 계집과 결혼시키기 위해서가 아니었습니다!"

이 말은 나중에 외제니도 알게 된다. 페르시니가 제2제정 초기를 제외하고 권력의 중추에 앉을 수 없었던 것은 황비의 격렬한 분노를 샀기 때문이다. 반교회주의자인 페르시니와 달리 외제니가 경건한 가톨릭 신자였던 것도 두 사람이 반목하는 원인이었다.

쿠데타의 총지휘자였던 모르니도 황비로는 프랑스 대귀족의 딸을 선택해야 한다고 주장하면서 나폴레옹 3세에게 번의翻意를 종용하려 했지만, 그는 황제의 결의가 확고하다는 것을 알고 생각을 바꿨다. 민중의 움직임을 살피는 데 민감했던 모르니는 민중들이 황제의 연애결혼을 환영하고 외제니는 대중적인 인기를 얻을 것이라고 예상했던 것이다. 결론적으로 말하면 그의 예상이 옳았다.

알렉상드르 뒤마는 이 결혼을 이렇게 칭찬했다. "이것은 편견에 대한 사랑의 승리이고, 전통에 대한 미美의 승리이며, 정치에 대한 감정의 승리다."

이윽고 뒤마의 예언대로 외제니는 제2제정기 사교계의 중심이 되었고, 패션을 비롯한 유행은 모두 그녀로부터 시작하게 된다(앙드레 카스텔로, 앞의 책).

2
무장하지 않은 예언자

특이한 독재체제

제2제정은 제1제정과 마찬가지로 군주의 됨됨이와 사상을 강하게 반영하고 있는 체제다.

복고왕정의 루이 18세와 샤를 10세 그리고 7월 왕정의 루이 필리프는 '통치'는 했어도 '정치'는 하지 않았지만, 나폴레옹 1세와 나폴레옹 3세는 모두 '통치'함과 동시에 '정치'를 행했다.

그러나 같은 나폴레옹이라 해도 1세와 3세의 '정치' 형태는 완전히 달랐다. 나폴레옹 1세가 모든 것을 확실하고 명확한 언어로 명령하고 세세한 지시를 내린 것과 달리, 나폴레옹 3세는 명령을 하거나 지시를 하는 경우는 거의 없고 장관이나 콩세유 데타Conseil d'Etat(국무원)의 평정관들에게 마음껏 말하게 하고 또 논의하게 한 다음 마지막에 혼자서 '결정'을 내렸던 것이다. 이런 의미에서 나폴레옹 3세의 제2제정은 나

폴레옹 1세의 제1제정과 달리 이해하기 쉬운 독
재체제는 아니었지만, 그럼에도 국가적 의지가
군주 한 사람의 두뇌 속에서 생겨난 체제라는 점
에서는 차이가 없다.

따라서 제2제정이라는 체제를 이해하기 위해
서는 무엇보다 먼저 나폴레옹 3세와 그 사람에 관
해 알아야만 한다. 우선 육체적인 특징부터 보자.

시의侍醫였던 바르테스 박사에 따르면 나폴레
옹 3세는 키가 작고 다리가 짧은데다 어깨 폭이
넓었다. 결코 볼품 있는 모습은 아니다. 갸름하
고 뼈가 튀어나온 얼굴은 코만 크고 눈꺼풀은 축
처져 늘 졸고 있는 것처럼 보이는데, 의외에도
작은 눈동자는 푸른데다 환할 정도로 맑았다. 암
감옥에서 류머티즘 때문에 고생한 탓인지 각기
병에 걸린 듯한 다리를 끌면서 천천히 걸었고 몸
을 늘 왼쪽으로 기울이고 있었다. 분명히 말하거

여단장 군복을 입은 나폴레
옹 3세

나폴레옹 3세는 극단적으로 말수
가 적었고, 졸음에 겨운 듯한 눈으
로 늘 몽상을 하고 있는 것처럼 보
였다. 그 때문에 얼핏 바보처럼 보
이기도 했지만 사실은 마음속에
감춘 이상의 실현에 집념을 불태
운 이데올로기적인 군주였다. [Y]

니와 통상적인 기준으로 보면 추남이었지만 이상하게도 사람에게 불
쾌감을 주는 것은 아니고, 가끔 빙긋이 웃으면 무감동하게 보이는 표
정이 밝게 빛났다.

나폴레옹 3세는 웅변적이었던 큰아버지와 달리 말수가 대단히 적었
고, 다른 사람의 말에 귀를 기울일 때마저 혼자서 뭔가를 골똘히 생각
하거나 몽상을 하고 있는 것처럼 보였다. 머릿속에 있는 것이 금방 얼
굴에 드러나곤 했던 큰아버지와 전혀 다르게 그는 늘 스핑크스처럼 아

무런 표정이 없었는데, 화가 났을 때에는 그 수염을 쓸데없이 잡아당기는 몸짓으로 자신의 심사를 드러냈다. 긴 침묵 후에 입을 열긴 하지만 그 말은 의미를 파악하기가 쉽지 않아 익숙하지 않으면 의도하는 바를 이해하기 어려웠다.

이러한 특징을 티에르처럼 그저 머리가 나쁜 탓으로 돌리는 자도 있었다. 예컨대 메리메는 나폴레옹 3세가 재치 있는 말을 한 마디도 못했다고 잘라 말한다. 졸라는 나폴레옹 3세의 "지성은 그 시대의 평균적 인간의 수준인데 그것이 도리어 성공의 원인이 되었다"라고까지 말한다.

확실히 나폴레옹 3세는 기성 엘리트 정치가처럼 재치가 넘치는 경구를 포함한 연설을 하는 유형은 아니었고, 또 그가 이 시대 정치가에게 요구되었던 고전적인 교양을 갖추고 있지 않은 것도 사실이었다. 긴 망명 생활 동안 대부분 독학으로 공부했기 때문에 지식이 적잖이 한쪽으로 치우쳐 있었던 것이다. 예를 들면 테크놀로지나 사회사상에 관해서는 동시대의 정치가 그 누구에게도 뒤지지 않는 지식을 갖고 있었지만 라틴어는 거의 몰랐고 문학적 교양도 없었다.

또 각료회의 등 공식적인 자리에서 거의 발언하지 않고 정치적 결단이 필요한 때에도 좀처럼 결정을 내리지 못해 주위 사람들을 당혹스럽게 했다. 졸라는 "우유부단하다는 점에서 일관적이었다"라고 평가한다. 그 때문에 황제는 과거 음모가였을 때의 버릇대로 뭔가를 은밀하게 계획하면서도 그것을 감추고 있는 것은 아닌가라는 의심을 샀다. 누구와도 상의하지 않고 모든 것을 혼자서 추진하려는 태도가 많은 비난을 받았다. 사실 나폴레옹 3세는 자신이 품고 있는 계획에 장관이나 국무원 평정관이 강하게 반대할 것으로 예상되면 그것을 공표하지 않았고, 또 이런저런 논의가 있어도 직접 반박하는 경우는 거의 없었다.

그러나 실제로는 아무리 강고한 반대에 부딪쳐도 결코 단념하지 않는 것이 그의 특징이었다. 일단 계획을 접은 것처럼 보이면서도 몰래 마음을 다잡고 있다가 상대가 이미 잊어버렸다 싶을 때 단숨에 승부를 걸었다. 문부장관을 역임한 팔루는 "그의 경우 일의 연기는 결코 최종적인 포기를 의미하지 않는다"라고 지적한다. 졸라가 말한 것처럼 그는 "목표를 달성하는 데 있어서는 완고"했던 것이다.

최초의 이데올로기적 군주

그렇다면 나폴레옹 3세는 도대체 무엇을 계획하고 실행에 옮기고자 했던 것일까? "인민의 정당한 욕구를 채워줌으로써 혁명의 시대를 마감하는 것"(1851년 12월 2일의 쿠데타 선언)이다.

이제까지 위고나 마르크스를 비롯한 이들은 나폴레옹 3세의 말 가운데 "혁명의 시대를 마감한다"라는 부분을 강조할 뿐 "민중의 정당한 욕구를 채운다"라는 부분에는 짐짓 눈길을 주지 않으려 했는데, 이것은 명백히 공평하지 않은 태도다. 그도 그럴 것이 나폴레옹 3세가 장관이나 콩세유 데타의 강한 반대를 무릅쓰고 굳이 실행하고자 한 계획의 대부분은 20세기 후반에 이르러서야 어렵사리 실현되는 사회보장이나 민중보호정책이었기 때문이다.

드골주의Gaullisme의 입장에서가 아니라 공정한 역사가의 입장에서 나폴레옹 3세가 내세운 정책을 하나하나 검토하여 재평가의 빛을 보게 한 알랭 플레시스는 "민중의 정당한 욕구를 채워줌으로써 혁명의 시대를 마감하는" 나폴레옹 3세의 이러한 정치를 다음과 같이 표현한다.

그것은 반혁명적임과 동시에 야심적이고 온정주의적인 태도다. 왜냐하면 결국 이 시대에 이르러 민중의(그것도 단지 프랑스 민중만이 아니라 넓은 의미에서 민중의) 욕구의 정당성을 유일하게 판단할 수 있었던 사람은 나폴레옹 3세라는, 신으로부터 운명을 부여받았다고 믿는 남자뿐이었기 때문이다. 또, 그는 그 나름의 개량주의적인 사고의 소유자였다(말을 지나치게 엄밀하게 정의하지 않는다면 좌익적이라고 말해도 좋다).

왜냐하면 그는 무엇보다 '대중'에게 흥미가 있었기 때문이다.(…) 티에르의 의붓어머니인 돈느 부인은 나폴레옹 3세가 대통령이었던 시절부터 "그의 고정관념은 민중이었다"라고 지적한다. 그리고 이것이 바로 티에르의 친구들과 나폴레옹 3세의 대립을 낳은 관념이다. 따라서 나폴레옹 3세의 정책을 혁명의 위기를 회피하기 위한 술책으로만 봐서는 안 된다. 황제는 그의 지지기반이 민중이라는 것에 굳은 신념을 갖고 있었다. 그리고 그의 관대함은 대중의 사정을 배려하고 그들에게 행복을 보증하고자 노력하는 지점으로 나아갔던 것이다.

—『신현대프랑스사―제국의 제전에서부터 연맹군의 처형의 벽까지』

이런 의미에서 나폴레옹 3세는 이전의 그 어떤 군주와도 다른, 세계 최초의 이데올로기적인 군주였다. 다시 말해 그는 민중생활을 향상시키기 위해 사회 전체의 변혁을 목표로 삼는 일종의 세계관 즉 이데올로기를 가진 군주이고, 나아가 그것을 위해 스스로 앞장서서 정치를 행하는 정치가였던 것이다.

따라서 나폴레옹 3세가 채택한 통치 방법이나 정치적 방책을 다시 한 번 그의 이데올로기에 비추어 검토할 필요가 있다. 왜냐하면 지금까지의 좌익 사관의 입장에서 "단순한 바보가 쿠데타로 황제가 되어 자신의 욕망을 위해 닥치는 대로 정치를 한" 것으로 보이는 것이 사실은 나폴레옹 3세의 일관된 이데올로기에서 연역되는 정치였을 가능성이 충분하기 때문이다.

나폴레옹 3세의 각료회의

나폴레옹 3세 재평가의 선편을 쥔 윌리엄 스미스의 『나폴레옹 3세』에 따르면, 나폴레옹 3세의 정치는 얼핏 보면 그런 것 같지 않지만 군주가 직접 선두에 서서 민중을 이끄는 유형의 직접적 정치였다. 스미스는 나폴레옹 3세의 저작 『나폴레옹적 이념』에서 다음과 같은 구절을 인용한다.

어떤 정부든 정부의 의무는 대담하게 민중의 선두에 서서 잘못된 사상을 분쇄하고 진실한 사상으로 이끄는 것이다. 왜냐하면 정부가 지도하는 대신 되는 대로 내버려두면 정부는 파산하고 사회를 보호하기는커녕 위험에 빠뜨릴 것이기 때문이다.

요컨대 나폴레옹 3세는 군주란 단순히 통치만 하는 것이 아니라 스스로 선장이 되어 국가를 경영해야 한다고 주장한다. 그리고 제2제정이 실현되자 이 정치적 선언manifesto에서 밝힌 대로 나폴레옹 3세는 큰아버지 못지않게 '친정'을 펼쳤다.

단, 문제는 나폴레옹 3세가 자신의 이데올로기를 실현하기 위해 수족처럼 부리고자 한 정부 고관 중에 그의 이데올로기를 이해하는 사람

생클루 궁전의 각료회의
생클루 또는 튀일리에서 매주 두 번 정도 각료회의가 열렸다. 나폴레옹 3세는 각료들의 발언을 말없이 듣기만 했으나 최종적인 결정은 모두 자신이 내렸다. 제정 후기에는 외제니 황비도 각료회의에 참석한다. [A]

이 거의 없었다는 점이다. 발로슈, 루에르, 마뉴, 폴튀르 등 각료들은 나폴레옹 3세에게 충실하게 봉사하긴 했지만 기본적으로는 오를레앙파의 정치사상을 가진 이들이어서 뭐가 뭔지도 모르면서 황제의 지시를 실행했을 따름이다.

각료들이 남긴 증언을 종합해보면, 그들은 나폴레옹 3세가 있는 궁전(튀일리인 경우도 있고 생클루인 경우도 있다)을 찾아가 담당별로 또는 순번에 따라 보고하고 설명한 후 각료회의에 출석해 의견을 나누었다. 헌법상 규정에는 각료회의가 존재하지 않았지만 실제로는 매주 두 차례 각료회의가 열렸다. 제2제정의 마지막 내각을 조직한 에밀 올리비에는 각료회의에 관하여 이런 증언을 남기고 있다.

각료들은 매주 두 번 아침 9시부터 모였다. 그들이 의견을 나누는 것은 황제가 상세하게 알고 싶어 한다고 생각하는 사안뿐이다. 즉, 행정과 재정과 입법의 담당자 사이에 의견이 일치하지 않을 때 황제는 각각의 입장에서 의견을 피력하게 하는 것이다. 각료회의에서 황제 스스로 결정하고 장관이 그 결정에서 벗어나는 것을 달가워하지 않았다. 단, 논의를 할 때는 전원이 자유롭게 발언할 권리가 주어졌다.(…) 황제는 발언하기보다 각료들의 의견에 귀를 기울이는 경우가 많았다. 각료회의가 끝나면 황제는 혼자 모든 것을 결재했다.
―『자유제정』

이처럼 나폴레옹 3세는 각료회의 때 거의 발언을 하지 않고 말없이 듣기만 했기 때문에 대립하는 진영으로부터 '위대한 무능'이라는 낙인이 찍혔지만, 윌리엄 스미스가 각료들이 황제에게 건넨 보고서를 검토한 바에 따르면 나폴레옹 3세는 보고서를 숙독했을 뿐만 아니라 의문이 있는 부분에 대해서는 질문을 했고, 정보에 불만을 느끼는 부분에 대해서는 보다 상세한 설명을 요구했다. 그것은 그가 보고서에 남긴 필적으로 판단할 수 있다.

> 황제가 적확하게 지적하고 있는 많은 부분을 보면 놀라지 않을 수 없다. 더욱 경탄스러운 것은 그가 세부에 이르기까지 깊은 이해를 보이고 있다는 사실을 손바닥 보듯이 알 수 있다는 점이고, 그 활동 영역이 정부의 다양한 분야에 미치고 있다는 점이다.
> ─윌리엄 스미스, 『나폴레옹 3세』

나폴레옹 3세는 단순히 이데올로기적 인간에 머물지 않고 동시대의 누구보다 행정의 세부를 정확하게 꿰뚫어보았을 뿐만 아니라 전체적인 정치를 행하는 능력을 가진 인물이었던 것이다.

확대각료회의로서의 콩세유 데타의 기능

그러나 나폴레옹 3세가 각료회의를 거쳐 결정한 정책이 그대로 실행에 옮겨지지는 않았다는 것이 제2제정 정치의 특징이었다. 다시 말해 제2제정은 우리가 생각하는 것만큼 독재적인 체재가 아니라 황제의 정책에 제약을 가하는 몇 가지 장치가 마련되어 있었던 것이다.

그 가운데 대표적인 것이 국무원이라 번역할 수 있는 콩세유 데타다. 의회의 권한이 제약된 제2제정에서는 콩세유 데타가 사실상 의회와 같은 역할을 했고, 나폴레옹 3세가 추진하는 정책에 반대하는 사례가 많았다.

물론 헌법상 규정에 따르면 콩세유 데타는 정부의 계획에 이의를 제기하는 기관이 아니라 법률을 기초하거나 의견을 개진하는 권한밖에 주어지지 않았다. 그런데 현실적으로 콩세유 데타는 나폴레옹 3세의 정책에 반대하는 관료들의 아성이 되어 종종 이견을 제시하기도 했다. 나폴레옹 3세는 콩세유 데타에 관하여 다음과 같이 불만을 털어놓았다.

> 나의 각료들로 대표되는 나의 정부가 콩세유 데타 앞에서 패배를 맛보는 일이 있다. 실제로 내가 의장을 맡고 있는 콩세유 데타의 의회에서 한 번 이런 사태를 목격한 적이 있다. 정부에서 내놓은 계획이 콩세유 데타의 공격에 뒤집어진 것이다. 원칙상 이런 일이 있어서는 안 된다. 정부도 나도 콩세유 데타 앞에서 패배하는 일이 다시는 있어서는 안 된다. 왜냐하면 콩세유 데타를 설치한 것은 장관 또는 내가 결정한 것을 가결해달라고 하기 위해서가 아니라 그 결정과 관련하여 편견 없는 의견을 듣기 위해서였기 때문이다.
>
> ―같은 책

이러한 예를 통해서도 알 수 있듯이 나폴레옹 3세는 일부가 그렇게 믿으려 했던 것과는 반대로, 히틀러나 무솔리니와 같은 무제한의 권력을 가진 독재자가 결코 아니라 오히려 민중 복지라는 이데올로기를 현실화하기 위해 노력하면서 그런 독재 권력이 없어서 고심참담했던 이상주의자였다 해도 지나친 말이 아니다. 이와 관련하여 나폴레옹 3세는 다음과 같은 말을 남겼을 정도다.

> 만약 콩세유 데타가 강력한 보좌기관이었다면 노동자 계급을 위해 나는 실제 한 것보다 훨씬 많을 일을 달성할 수 있었을 것이다.
>
> —같은 책

나폴레옹 3세의 결점은 마키아벨리가 말하는 '무장한 예언자'가 아니라 '무장하지 않은 예언자'에 지나지 않았던 셈이다.

3
권위제정의 패러독스

권위제정이란 무엇인가

제2제정은 일반적으로 1860년을 경계로 하여 전반부(1852~1860)의 '권위제정L' Empire autoritaire'과 후반부(1860~1870)의 '자유제정L' Empire libéral'으로 나뉜다.

전반부가 '권위제정'이라고 불린 것은 이미 지적했듯이 입법권에 대한 행정권의 압도적 우세 및 신문·잡지 등 '표현의 자유'에 대한 엄격한 억압 때문인데, 지금까지 이 시기는 모든 자유가 억압된 강권정치의 '겨울 시대'로 간주되었다.

이에 대해 1860년에 갑자기 나폴레옹 3세가 칙령을 내려 입법권을 확대하는 한편 표현의 자유도 일부 허용하면서 시작되는 '자유제정'은 민중의 억누르기 어려운 자유를 향한 욕구에 나폴레옹 3세가 양보한 것으로 간주되어 '권위제정'보다 훨씬 더 긍정적인 가치를 부여받아왔다.

그런데 최근 역사가들의 연구에 따르면 이와 같은 공화주의적인 단순한 재단으로는 도저히 결론지을 수 없는 복잡한 문제를 포함하고 있다는 것이 명확해지고 있다. 왜냐하면 건강한데다 의욕까지 충만했던 나폴레옹 3세가 독재적인 행정권을 행사한 '권위제정' 시대 쪽이 프랑스의 사회 개조라는 관점에서 보면 훨씬 근본적인 변화의 물결로 가득했을 뿐 아니라 이 시기에 프랑스 근대사회의 기초가 마련되었다는 사실은 부정하기 어렵기 때문이다.

실제로 일본의 프랑스 근대사학의 이른바 공식적인 교과서라 할 수 있는 『프랑스 근대사―부르봉 왕조에서 제5공화정으로』(핫토리 하루히코·다니가와 미노루 편저)에서조차 다음과 같이 지적하고 있다.

정치적 반대파에 대한 억압, 언론·출판·집회·결사의 엄격한 통제 등 정치적 자유라는 점에서 권위제정은 분명히 전제체제專制體制다. 그러나 경제적·사회적 측면에서 거둔 성과는 아주 크다. 이 시기는 프랑스 산업혁명의 완성기다. 1840년대에 착수한 철도 건설은 1850년대에 비약적으로 발전하고 제정 말기에는 거의 오늘날의 철도망이 완성된다. 철도 건설과 이와 관련한 공공사업, 산업의 수요에 부응하는 금융제도의 근대화, 제철과 기계, 토목·건축 등과 같은 산업도 크게 발달하지만, 인간과 물자 나아가 정보의 전국적인 연결이 미친 사회적인 영향도 그에 못지않게 중요하다.

그렇다면 우리는 '권위제정'의 억압적인 부분은 물론이거니와 그 억압 때문에 가능했던 '변화'의 부분에 주목하여 나폴레옹 3세 친정시대의 특징을 검토해봐야 한다.

권위제정의 각료들

앞에서도 서술했듯이 각료들은 각료회의에서 토론하고 의견을 개진할 수는 있었지만 최종적 결정은 모두 나폴레옹 3세의 몫이었다. 각료들은 대부분의 경우 그 결정을 관보 『모니퇴르』를 보고서야 알 수 있었다. 알랭 플레시스가 말한 것처럼 "각료들의 역할은 정보 내지 자료를 수집하고 동시에 결정된 정책을 실행하는 등 기술적인 측면에 한정되어" 있었고, "내각은 관방官房 관련 일밖에 하지 않았다(『신현대프랑스사—제국의 제전에서부터 연맹군의 처형의 벽까지』)."

그러나 각료들이 아무리 제한적인 역할밖에 하지 않았다 해도 그들이 특히 권위제정 시대에 나폴레옹 3세의 유능한 관리로서 수행한 기능은 결코 가볍게 보아서는 안 된다. 왜냐하면 그들은 언제든지 교체할 수 있는 로봇이 아니라 오히려 그들만이 할 수 있는 특징적인 행정을 펼친 측면도 있기 때문이다.

먼저 권위제정 초기를 지탱한 몇몇 각료의 프로필을 장편소설의 등장인물 소개 방식을 본떠 간단하게 그려보면 다음과 같다.

내무장관 페르시니(1808~1872, 본명 장 질베르 빅토르 피아랭)

나폴레옹 3세가 아직 음모가에 지나지 않았던 시절부터 그와 함께한 복심으로 쿠데타 실행자 중 한 사람. 정확하게 말해 유일한 보나파르티스트. 1852년 1월 오를레앙가 재산 몰수 문제로 모르니가 내무장관을 사임하자 이 자리를 이어받아 제정을 수립하기 위한 준비를 도맡았다. 권위제정 초기의 내무장관으로서 그가 수행한 역할은 대단히 중요한데, 나폴레옹 3세가 구상한 철도 부설, 도로·항만 개량, 파리 개조 등 사회 인프라의 정비는 페르시니의 고집스러운 수완 없이는 불가능했다. 파리 개조를 위해 외젠 오스만을 센의 지사로 발탁한 것도 그였다. 1854 년 극장 관할 다툼으로 국무장관 풀드와 대립, 내무장관 자리에서 경질되어 스위스 대사로 좌천되지만 다음해 영국 대사로 복귀해 영국과 프랑스 관계의 강화에 힘을 쏟았다. 1860년 자유제정으로 이행하는 시기에 내무장관으로 되돌아오지만 1863년의 선거 책임을 지고 사직한다. 제정 후기에는 공작이 되지만 외제니 황비를 등에 업은 '부황제' 루에르에 의해 권력에서 멀어져 영지인 샤마랑드에 은거한다. 원로원 의원.

페르시니
권위제정 초기에 페르시니는 내무장관으로서 벤처 캐피털 개설, 철도 부설, 파리 개조 등 중요한 분야에서 나폴레옹 3세의 뜻을 이어받아 정력적으로 일을 해치웠다. [E]

국무장관 아쉴 풀드(1800~1867)

유대계의 유력한 은행가 집안에서 태어났지만 프로테스탄트로 개종. 7월 왕정에서 의원으로 선출되고 금융과 재정 전문가로서 유명세를 탄다. 1848년 2월 혁명과 이어지는 혼란 속에서는 티에르와 행동을 함께하고, 오를레앙파에 속했지만 루이 나폴레옹이 대통령이 되자 그에게 접근, 1849년 내각 개편 때 재무장관으로 입각한다. 쿠데타에 즈음해서는 재정적으로는 지원했지만 직접 가담하지는 않았다. 1851년 11월 이후에도 재

아쉴 풀드
권위제정의 실력자. 금융과 재정의 전문가로 재무장관을 역임하면서 '제정의 제2인자' 자리를 확보했다. [E]

무장관으로 일한다. 제2제정 개시 때에는 국무장관 겸 제실帝室장관으로서 나폴레옹 3세에 이어 '제정의 제2인자' 자리에 앉아 권위제정기의 경제 발전에 크게 공헌한다. 1860년 이른바 관세 쿠데타 이후에는 자신의 온건한 경제사상에 근거해 팽창경제에 반대했고, 이 때문에 나폴레옹 3세와 멀어지지만, 1862년 인플레이션 극복을 위해 재무장관으로 복귀하여 1867년 나폴레옹 3세와 군사비용 문제로 대립하기까지 그 자리를 지켰다. 원로원 의원.

재무장관 장 마샬 비노(1805~1855)
에콜 폴리테크니크école polytechnique 졸업생으로 1841년 멘느와 로와르에서 의원으로 당선. 2월 혁명 후 의회에서 질서파에 속했지만 1849년에는 루이 나폴레옹에 의해 공공사업장관(건설장관)으로 발탁되어 1851년까지 이 자리에 머문다. 쿠데타 후에는 재무장관이 되어 1855년 죽을 때까지 재직한다. 1852년 3월 금리를 5퍼센트에서 4.5퍼센트로 인하하여 경기를 자극한 것을 시작으로 페레르 형제가 설립한 동산은행 crédit mobilié에 인가를 내주고, 1854년에는 나폴레옹 3세의 제언에 기초하여 국채 발행의 일반 공모를 처음으로 실시, 전례 없는 투자 붐을 연출한다. 권위제정 하에서 고도성장정책을 잇달아 실시한 책임자. 원로원 의원

외무장관 에두아르 두르앙 드 뤼이스(1805~1881)
실무 외교관으로서 각국을 돌아다닌 후 1842년 센Seine과 마른Marne에서 의원으로 당선. 2월 혁명의 헌법제정의회에서는 온건우파였지만 대

통령 루이 나폴레옹이 지명한 오딜롱 바로 내각에서 외무장관이 되고, 영국 대사로 갔다가 1851년 1월 다시 외무장관으로 복귀한다. 쿠데타 후에는 1852년 7월부터 1855년까지 외무장관으로 일하면서 크림 전쟁 시기의 외교를 혼자 떠맡았는데, 러시아와 화해를 도모했다는 이유로 나폴레옹 3세의 기피 대상이 되어 사임한다. 1862년부터는 이탈리아 문제를 처리하면서 외무장관으로 복귀, 1866년에는 대프로인센 강경파가 되지만 나폴레옹 3세와 대립하면서 사임했다. 원로원 의원.

에두아르 두르앙 드 뤼이스
권위제정기와 자유제정기 두 번에 걸쳐 외무장관으로 일하면서 나폴레옹 3세의 외교에 기여한다. [E]

공공사업(건설)장관 피에르 마뉴(1806~1879)

페리그의 염직물업자의 아들로 태어나 변호사를 거쳐 1843년 의원으로 선출. 그의 재능이 기조의 눈에 띄어 육군성의 부관방장관이 되지만 2월 혁명으로 사직. 1849년 풀드의 부름에 따라 이번에는 재무성의 부관방장관으로 일하다 1852년 1월 공공사업장관에 취임. 쿠데타에는 직접 관여하지 않았고, 또 1852년 1월에는 오를레앙가 재산 몰수사건으로 모르니와 함께 사임한다. 7월에 같은 자리로 복귀, 1853년부터는 농상장관까지 겸하면서 농업·상업·공공사업장관이 된다. 1855년부터 1860년까지는 재무장관을 역임하기도 한

피에르 마뉴
권위제정기의 거물 정치가 중 한 사람. 공공사업장관으로서 제2제정의 사회 개조에 공헌한다. [E]

다. 원로원 의원.

내무장관 자크 피에르 샤를 아바투시(1791-1857)

나폴레옹가에 가세하여 파올리와 싸운 코르시카 아바투시 장군의 손자. 1830년 코르시카에서 의원으로 선출되었고, 2월 혁명 때에는 개혁 모임에서 활약. 대통령 선거 때부터 루이 나폴레옹을 도운 고참 보나파르티스트의 한 사람으로, 1852년 1월부터 죽을 때까지 사법장관 겸 국새상서國璽尙書. 나폴레옹 3세의 신임이 가장 두터운 측근 중 한 사람.

문부·종교장관 이폴리트 폴튀르(1811~1856)

젊은 날에 생시몽주의 운동에 가담한 후 툴루즈 대학과 에크스 대학에서 문학 교수로 취직. 1849년 의원에 당선하고 루이 나폴레옹에게 접근. 쿠데타에는 관여하지 않았지만 다음 날 조각에서 문부·종교장관이 되어 죽을 때까지 이 자리를 지켰다.

이상이 권위제정 초기에 나폴레옹 3세를 지탱한 거물 각료들인데, 이외에 권위제정 후기부터 자유제정에 걸쳐 활약한 비요, 발로슈, 루에르 등 거물 트리오가 있지만, 그들은 자유제정을 다루는 부분에서 언급하기로 하고 여기에서는 나폴레옹 3세와 혈연이 있는 두 명의 거물 정치가에 대해 살펴보기로 한다.

샤를 오귀스트 드 모르니(1811~1865)

출생증명서에는 산토도밍고의 식민자 오귀스트 드 모르니의 자식으로 되어 있지만, 나폴레옹 3세의 어머니인 오르탕스와 나폴레옹 1세의 부관이었던 플라오 백작 사이에서 태어난 아들로 나폴레옹 3세의 이복동생. 플라오 백작 자신은 탈레랑의 서자, 따라서 모르니는 탈레랑의 손자이기도 하다. 출생의 비밀이 알려진 것은 1837년 오르탕스의 장례식 때였는데, 그의 이복형과는 쿠데타 직전까지 교류가 없었다. 플라오 백작의 비호 아래 군대에서 출세, 동시에 사교계의 총아로 떠올라 부유한 은행가의 딸 파니 르웅의 애인이 된다. 이 무렵 드 모르니에서 드 모르니 백작으로 이름을 바꾼다. 1842년 퓌 드 돔Puy-de-Dôme에서 의원으로 선출되어 기조파에 속한다. 2월 혁명 후에도 오를레앙파에 머물렀지만 사업의 실패로 부채를 떠안게 되면서부터 이복형에게 접근, 내무장관으로서 쿠데타를 연출한다. 오를레앙가 재산 몰수로 내무장관을 사임, 그 후에도 은연한 영향력을 발휘하고, 1854년에 입법원의 의장이 되어 죽을 때까지 이 자리에 머무르는데, 그의 활동은 정치보다 경제에 집중되었다. 쿠데타의 지도자였지만 정치사상은 리버럴한 편이어서 좌익과의 완충재 역할을 했는데, 다른 한편 할아버지 탈레랑의 피를 물려받아서인지 여성이나 돈과 관련된 스캔들에는 빠지지 않

샤를 오귀스트 드 모르니
1854년부터 입법원 의장으로서 좌우 세력의 완충재 역할을 했다. 리버럴한 사상의 소유자로 자유제정으로 가는 길을 열었다. [E]

알렉상드르 발레프스키
나폴레옹이 바르샤바에 원정했을 때 폴란드 귀족의 부인 마리아 발레프스카와의 사이에서 만든 서자. 제2제정에서는 어학 실력을 살려 외무장관을 역임한다. 나폴레옹을 꼭 닮은 모습 때문에 나폴레옹 3세를 모르는 외국인은 그를 황제로 착각하기도 했다. [E]

고 등장했다. 제2제정의 고도성장 노선을 기획한 사람 가운데 한 명으로 생시몽주의적인 관점에서 철도·은행을 비롯한 모든 개발사업에 관여했다.

알렉상드르 발레프스키(1810~1868)

1807년 나폴레옹이 바르샤바에 원정했을 때 만난 폴란드 귀족의 부인 마리아 발레프스카와 관계해 낳은 아들. 나폴레옹 몰락 후 폴란드에서 유년시절을 보내고 17세에 파리로 망명. 1830년 7월 혁명 여파로 폴란드에서 혁명이 일어나자 혁명군에 가담하지만, 혁명이 좌절된 후 파리로 돌아와 외교관이 된다. 1848년 루이 나폴레옹이 대통령으로 선출되자 그에게 접근, 쿠데타 후 마드리드와 런던의 대사를 역임하고, 1855년 두르앙 드 뤼이스의 뒤를 이어 외무장관에 취임. 그 후 국무장관, 입법원 의장 등을 두루 거쳤다. 용모와 목소리가 나폴레옹을 꼭 닮아서 큰아버지와 전혀 비슷한 데가 없는 나폴레옹 3세와 대조적이었다. 원로원 의원.

각료들의 특징

권위제정 초기에 활약한 관료들의 프로필을 일람할 때 의외다 싶은 점은 이전 체제 때부터 활동해온 엘리트가 많다는 것이다. 에밀 졸라가 『외젠 루공 각하』에서 묘사한 것과 같은, 쿠데타의 혼란을 교묘하게 이용하여 출세한 협잡꾼은 거의 없다. 7월 왕정 하에서 또는 적어도 제2공화정 시대에 의원이 된 사람이 대부분이며, 하층 중산계급 출신인 마뉴와 같은 각료도 7월 왕정 시대에 의원으로 선출된다.

마르크스나 위고 또는 졸라는 나폴레옹 3세의 측근을 룸펜 프롤레타리아트 출신의 부랑배 정치가 집단으로 묘사했지만, 이는 그들의 머릿속에 머물고 있을 뿐 아무런 실체가 없는 허상이다. 권위제정기의 각료들 대다수는 7월 왕정 하에서 기조 내지는 티에르와 관계를 갖고 있던 오를레앙파의 젊은이, 그것도 혈통과 교육 모두 엘리트인 고급 부르주아지였던 것이다.

그렇다면 왜 후대의 우리는 오랜 기간 마르크스나 위고 등의 말을 그대로 받아들였을까? 그것은 권위제정기의 각료들이 헌법의 규정에 따라 의회 출석을 면제받았을 뿐 아니라 저널리즘에도 보도되지 않아 일반인에게는 거의 그 실상이 알려지지 않았기 때문이다.

이 점이 의회에서 연설을 해야 했고 동시에 각 당파의 기관지에서 펜을 휘둘러야 했던 7월 왕정기 거물 각료들과의 큰 차이다. 위고의 여러 희곡에서 성주城主, Burgrave라고 불렸던 7월 왕정의 각료들은 기조든 티에르든 몽타랑베르든 하나같이 아카데미 프랑세즈의 회원이 될 정도의 명문가이자 그 나름대로 모두가 '유명인사'였다.

이에 비해 제2제정 초기의 각료들은 퍼포먼스를 통해 대중적인 인기를 모을 필요 없이 황제가 맡긴 임무를 실행하면 그만이었다. 권위제정의 각료들은 정치가라기보다 '공무원의 수장'으로서 기능했던 셈이다. 알랭 플레시스는 다음과 같이 규정한다.

그들은 대정치가는 아니었지만(무엇보다 나폴레옹 3세는 그렇게 되는 것을 바라지 않았다), '좋은' 각료가 되기 위한 모든 자질을 갖추고 있었다. 직무와 관련하여 확고한 지식을 갖고 있었다. 그들은 때로 보기 드물게 유능하기도 했고, 대체로 뛰어난 실무능력을 지니고 있었다. 이들은 지칠 줄 모르는 근면한 열정의 소유자였던 것이다.(알랭 플레시스, 앞의 책)

권위제정의 본질

그러나 아무리 유능하고 근면하게 직무를 수행했다 해도, 아니 그러했기 때문에 더욱 더 그들은 누구 하나 나폴레옹 3세의 이데올로기를 이해하지 못했음에 틀림없다. 각료들은 마치 충실한 개가 주인이 바라는 것을 추측하고 그대로 하려고 행동하면서 결국은 주인이 무슨 생각을 하는지 모르는 것과 마찬가지로, '고통 받는 계급에 대한 사랑'이라는 나폴레옹 3세의 사상을 전혀 이해할 수 없었다. 그랬기 때문에 황제의 이데올로기에 스며들지 못한 채 늘 보수적이고 권위주의적인 태도로 일관했다. 왜냐하면 그들은 '공무원의 수장'이라는 성격 탓에 어떠한 변화도 바라지 않고 자신들의 명령이 신속하게 전달되는 것만을 원했기 때문이다. 이렇게 생각하면 권위제정의 패러독스가 선명하게 드러난다.

"민중의 정당한 욕구를 채워줌으로써 혁명의 시대를 마감하는 것"을 목표로 나폴레옹 3세는 모든 권력이 자신에게 집중되도록 행정권 독재의 헌법을 만들어 권위주의적인 체제를 강화했다. 나폴레옹 3세가 품은 민중생활의 향상이라는 이데올로기를 보다 효율적으로 실천에 옮기기 위해서는 부하가 맹목적으로 상관을 따르는 상의하달의 '권위주의적' 시스템, 일본공산당 식으로 말하면 '민주집중제'가 필요했던 것이다.

그런데 아무런 생각이 없는, 효율적인 실천 기계라 해야 할 실무관료 시스템은, 그 무사상성無思想性 때문에 나폴레옹 3세의 이데올로기 실현을 방해하게 된다. 그도 그럴 것이 목적을 달성하기 위한 편법으로 주어진 '권위주의적'이라는 체질이 관료 시스템의 폐쇄성과 결부되어 자기 자신을 '권위'로 간주하는 경향을 낳았기 때문이다. 알랭 플레시스는 이러한 실무관료형 각료들의 정부가 충실한 관리 집단이었던 까닭에 황제 이데올로기의 최대 장해가 된 사실을 이렇게 지적한다.

따라서 정부의 수준에서마저 황제의 의지를 저해하고 뒤흔드는 요인이 존재하게 된다('도구'는 브레이크가 될 수도 있는 법이다). 여기에서 절대적인 개인적 권력을 행사하고자 했던 나폴레옹 3세는 처음으로 장해물을 만나는 것이다.

—같은 책

권위제정, 그것은 나폴레옹 3세가 권위주의적이었다기보다 목적을 실현하기 위해 관료 시스템을 권위주의적으로 재편하면서 그렇게 될 수밖에 없었던 체제에 지나지 않는다.

4
'빈곤의 근절'을 실현하기 위해

나폴레옹 공동주택

나폴레옹 3세가 권위제정이라는 억압적인 체제를 택한 것은 노동자의 생활조건을 개선하여 혁명의 폭발을 방지하기 위한 것이었다고 몇 번씩 되풀이하여 서술했는데, 그것이 구체적으로 어떤 형태로 나타났는지에 관해서는 지금까지 뜻밖이다 싶을 정도로 연구가 이루어지지 않았다. 예를 들면 1851년 12월 2일의 쿠데타 직후, 나폴레옹 3세가 오를레앙가의 재산을 몰수해 노동자 공동주택 건설에 충당했다고 하는데, 그 노동자 공동주택이 어떤 것이었는지에 대해 역사가는 연구를 등한시해왔다.

그런데 최근 사회사 쪽에서 생활습관의 역사를 재조명하기 시작하고 생각지도 못한 자료가 빛을 보게 되면서부터 우연히 나폴레옹 3세의 공적 또는 나폴레옹 3세의 사상의 일단이 밝혀지게 되었다.

줄리아 쎄르고Julia Csergo는 『자유·평등·청결—목욕의 사회사』 제2부 '공공시설의 위생 또는 유토피아의 환멸'에서 나폴레옹 3세가 실제로 파리에 만든 '나폴레옹 공동주택'에 관해 상세하게 기술하고 있다.

평소 영국을 모범으로 삼았던 나폴레옹 3세는 1848년 2월 혁명과 함께 개시된 사회사업을 더욱 강력하게 추진할 결심을 했는데, 그중에서도 그의 큰 관심사는 노동자 주택의 개량과 청결화다. 그는 우선 1850년에 영국의 건축가 헨리 로버츠의 저작 『노동자 계급을 위한 주택』을 프랑스어로 번역하라 명하고, 이어서 그 책을 도서관이나 고등사범학교 등 공공기관에 배포하라고 지시했다. 그것은 이러한 방향성을 보여주고 영국과 같은 시설의 건설을 특히 파리에서 실현하고자 하는 것이었다.

이를 위해 법령이 개정되었고, 1851년 12월 15일 파리위원회는 센Seine 공중위생보건위원회로 개편되었다. 파리의 각 구에도 위생위원회가 설치되었는데, 그 역할은 비위생적인 주거에 대해 1850년 4월 13일의 법률을 적용하여, 신구의 구별을 불문하고 건물 안에서 위생 기준이 지켜지지 않을 경우 건물을 강제 수용하는 것이었다.

하지만 나폴레옹 3세는 헨리 로버츠의 저작을 보급하거나 입법의 방향을 제시하는 선에서 만족하지 않았다. 다시 말해 그는 1852년 1월 22일 대통령령을 발포, 대도시의 노동자 주택을 개선하기 위해 오를레앙가의 재산을 몰수하여 국고에 편입시킨 1000만 프랑의 예산을 쏟아 붓도록 했던 것이다. 이와 동시에 자신의 개인기금으로 건축 콩쿠르를 주최, 가장 뛰어난 노동자용 저가 임대주택 설계도를 제출한 건축가에게 5000프랑의 상금을 수여하기로 했다.

인용문 중에서 특히 눈길을 끄는 것은 날짜다. 그러니까 나폴레옹 3세는 아직 자신의 입장이 안정되지 않은 공화국 대통령 루이 나폴레옹에 지나지 않았던 1850년부터 건축가 헨리 로버츠의 저서 『노동자 계급을 위한 주택』의 번역을 명하고 그 책을 도서관 등에 배포하도록 지시했다고 하는데, 물론 이것은 나폴레옹 3세가 강력한 집행 권력과 예산까지 손에 쥐고 있다면 노동자 계급을 위한 주택을 건설하고 싶다는 열망을 갖고 있었음을 의미한다.

그 정열은 대단히 강렬했음에 틀림없다. 쿠데타로부터 채 2주일도 지나지 않은 1851년 12월 15일, 나폴레옹 3세는 일치감치 파리의 비위생적인 주택을 강제 철거하기 위한 법적 조치를 강구하고 있기 때문이다. 나폴레옹 3세의 첫 번째 정치적 목표가 무엇이었는지를 보여주는 좋은 사례라고 할 수 있다.

그러나 법률은 정비한다 해도 노동자 주택 건설에 필요한 돈이 없다. 예산에 관해서는 새로운 헌법에서도 의회의 심의권을 인정하고 있기 때문에 그렇게 쉽게 자금을 끌어낼 수 없다. 그때 나폴레옹 3세의 머릿속에 떠오른 것이 오를레앙가 재산 몰수라는 방법이다. 1852년 1월 22일의 대통령령은 오를레앙가의 재산 몰수가 노동자 주택을 건설하기 위해서라는 점을 명기하고 있다.

그런데 이 조치는 당연하게도 내무장관 모르니를 비롯한 오를레앙파 각료들의 반발이나 여론의 비난을 야기할 것으로 예상되었다. 하지만 나폴레옹 3세의 열정은 그러한 비난이나 반발을 아랑곳하지 않을 정도로 강했다. 오히려 그가 쿠데타까지 일으키며 강권을 쥔 것은 오랜 기간 마음에 품어온 노동자를 위한 사회 개혁을 실현하기 위해서였다고 말해도 결코 지나치지 않을 것이다.

『빈곤의 근절』에 그려진 방법론

1844년에 출판된 『빈곤의 근절』에서 미래의 나폴레옹 3세는 현재의 정
부 예산은 불필요한 자리를 늘리거나 무의미한 기념물을 세우거나 아
우스터리츠 전투 때와 같은 규모의 군대를 유지하는 등 비생산적인 데
쓰이고 있다고 지적하면서 다음과 같이 서술한다.

> 만약 반대로 이런 예산이 새로운 생산양식의 창출이나 부의 균형 확립에 쓰
> 인다면, 또 노동을 활성화하고 조직화함으로써 빈곤을 근절하고 우리의 문
> 명이 초래한 폐해를 없애는 데 사용된다면, 이는 일찍이 어떤 장관이 의회에
> 서 연설했듯이 가장 '적절한 자금 운용'의 사례가 될 것임에 틀림없다.
> 따라서 노동자 계급의 구제를 목적으로 하는 모든 시스템을 지탱해야 할 최
> 초의 지점은 예산 배분에서 찾아야만 한다.
> ─『나폴레옹 3세 저작집』

젊은 날의 나폴레옹 3세는 이 시점에서 예산이 새로운 생활양식의
창출과 노동의 조직화를 위해 쓰인다면 그것은 '적절한 자금 운용'의
예로서 새로운 부를 낳고 선순환을 이끌 것이라고 주장한다. 그러니까
예산을 적절하게 사용함으로써 노동자의 빈곤을 뿌리 뽑을 수 있다는
말이다.

단, 『빈곤의 근절』에서는 푸리에가 말하는 농업협동체의 영향이 강
해서 미경작지를 개간해 농지를 확대함으로써 노동을 창출할 수 있다

고 말하는데, 그러나 그중에서도 나폴레옹 3세가 반복해서 주장하는 것은 부를 산출하는 노동에는 조직화와 규율이 필요하다는 점이다. "조직화가 이루어지지 않은 대중은 아무것도 아니다. 반대로 규율화하면 그것은 모든 것이다(같은 책)."

그렇다면 구체적으로 대중에게 규율을 부여하기 위해 필요한 것은 무엇일까? 교육과 생활습관의 개선이다. 특히 청결함과 규칙적인 생활을 몸에 익히게 해야 한다. 나폴레옹 3세가 권력을 장악한 후 곧바로 착수한 노동자 공동주택의 목적은 노동자에게 쾌적한 주거뿐만 아니라 청결함과 규칙적인 생활을 '교육'하는 현장을 제공하는 것이었다.

아울러 나폴레옹 3세가 1852년 1월에 결정한 건축 콩쿠르의 요지는 다음과 같다.

아내가 없는 독신 노동자가 거주하는 주택에 요구되는 조건은 청결하고 환기가 잘 될 것, 적절한 난방장치가 갖춰져 있을 것, 채광이 좋을 것, 상수도가 완비되어 있을 것 등이다. 이러한 건물에서는 각 세대가 완전히 분리되어 생활할 수 있어야 하며, 유일한 공동 공간은 세탁장으로 제한된다.
— 줄리아 쎄르고, 『자유·평등·청결』

나폴레옹 공동주택의 실제

나폴레옹 3세가 서둘러 실현하고자 한 노동자 공동주택은 나폴레옹 공동주택cité napoléon이라 하여 1852년 로슈슈아르 대로 58번지에 건설되었다.

나폴레옹 공동주택은 청결하고 환기가 잘 되는 200세대용 저가 임대주택으로 이루어진 거대한 단지로 공용시설도 많이 갖추어져 있었다. 예를 들면 어머니가 일하러 간 동안 아이들을 보살피는 탁아실, 세탁장과 목욕탕을 하나로 합친 널찍한 위생 설비 관련 공간이 그것이다. 30상팀만 내면 공동주택 주민뿐만 아니라 외부 사람도 목욕탕을 이용할 수 있었다.

—같은 책

이외에 각 층에는 화장실이 완비되어 있었을 뿐만 아니라 부엌의 하수를 흘려보내는 배수 시설도 갖춰져 있었다. 단, 건물 위층으로 물을 끌어올리는 시설이 없어서 상수도는 안마당에 수도꼭지가 하나 있을 뿐 개별적으로 사용할 수 있는 설비가 없다는 것이 결점이었다.

그래도 당시 민중이 사는 건물의 열악한 위생 설비에 비하면 나폴레옹 공동주택은 천국과도 같았다. 그랬기 때문에 일부 질투심 많은 미디어는 "장소에 어울리지 않는 사치스러움으로 가득 차 있다"라며 비난을 퍼붓기도 했다. 이에 대해 공사 책임자 샤베르는 나폴레옹 3세의 뜻을 받들어 이것을 "사회주의에 대한 성전의 한 요소"로 자리매김하고, 주거와 주민의 도덕심 향상의 관계를 강조해마지 않았다.

하지만 이 정도의 설비로 더러운 것을 아무렇지도 않게 생각하는 파리의 민중에게 위생 관념과 청결의 습관을 몸에 익히게 할 수는 없는 노릇이었다. 나폴레옹 공동주택에 노동자가 입주한 후, 1853년에 발행된 『자선연보』에 P. A. 뒤포는 이렇게 쓴다.

파리 민중에게 청결의 습관이 배게 하는 것이 얼마나 어려운지는 잘 알려진 대로다. 그들은 청소나 세탁 수단이 바로 옆 손이 닿는 곳에 있어도 좀처럼 청소나 세탁을 하려 하지 않는다. 하물며 그 도구를 가지러 가는 데 시간이 걸릴 경우 그 결과가 어떨지는 새삼 말할 필요도 없다.

—같은 책

이와 같이 나폴레옹 3세는 강력한 집행 권력을 장악하자마자 이것만 해결되면 혁명을 막을 수 있기라도 하듯이 노동자 공동주택 건설에 착수했지만 곧 노동자 공동주택에도 한계가 있다는 것을 알게 된다. 왜냐하면 건설비가 늘어나면서 노동자로부터 인기를 끌지 못했기 때문이다. 아무리 청결하고 환기가 좋은 저가 임대주택을 제공해도 노동자는 그곳에 몰려들기는커녕 여전히 익숙해진 빈민가의 다 쓰러져가는 불결한 집을 좋아했다.

나폴레옹 목욕탕·세탁장

그렇다면 어떻게 해야 할까. 나폴레옹 3세는 틀림없이 이렇게 생각했을 것이다. 빈민가 한가운데 민중이 자유롭게 이용할 수 있는 모범 목욕탕 겸 세탁장을 만들면 어떨까. 이리하여 명실상부하게 황제가 된 나폴레옹 3세는 1853년이 저물 무렵, 자신의 내탕금 40만 프랑(약 40여억 원)을 제공하면서 파리에서 가장 가난한 지역 세 곳에 모범 목욕탕·세탁장을 건설하라고 명한다.

"이용자가 일부러 멀리서 걸어올 필요 없이 이곳에서 맞이할 수 있게 해야 한다"라고 나폴레옹 3세는 말한다.(…) 각료들은 서간이나 통달을 통해 이러한 개명적인 박애 정책을 널리 알리고자 했다. 황실장관을 겸하고 있던 총리는 이렇게 설명한다. "황제는 빈곤계급을 동정해 가장 가난한 지역의 어려운 가정에 사는 사람들이 (…) 아주 싼 요금으로 목욕과 세탁을 할 수 있는 은혜를 베푸셨다." 신문도 나폴레옹 3세에 대해 호의적인 기사를 실었다. "황제가 민중의 목욕과 세탁 문제에 특별한 관심을 보여 이런 유익한 시설을 노동자 계급에게까지 확대하도록 부심하고 있다는 것은 누구나 잘 알고 있다."

―같은 책

예정했던 모범 목욕탕 가운데 완성된 것은 탕플 지구 카파렐리 거리의 목욕탕·세탁장뿐이었다. 흔히 나폴레옹 목욕탕·세탁장으로 불리는 이 시설은 영국의 기사와 건축가에게 의뢰한 것으로 목욕탕과 세탁장으로 이루어져 있었다.

먼저 목욕탕은 공동목욕탕이라고는 하지만 일본식으로 하나의 욕조에 여러 사람이 몸을 담그는 것이 아니라는 것은 말할 필요도 없다. 어디까지나 민중이 공동으로 사용할 수 있다는 의미다. 이곳에 들어가면 왼쪽에 남자용과 여자용 대기실이 서른 개씩 갖춰져 있었다. 각각의 대기실에는 화장실이 딸려 있다. 신설된 중앙시장Les Halles처럼 건물의 지붕은 철골과 유리로 되어 있어서 채광과 환기 모두 더 없이 좋았다. 증기와 뜨거운 물은 석 대의 보일러로 공급되었는데, 보일러를 포함해 거의 모든 설비가 영국에서 직수입한 것이었다. 세탁장에는 세제 두는 곳, 건조기, 다림질 방, 탁아소가 갖춰져 있었다.

이처럼 나폴레옹 목욕탕은 대단히 이상적인 형태로 건설되었지만,

1855년 개장한 후 생각지 못한 어려움에 부딪힌다. 이른바 제3섹터 방식으로 운영되어 경영은 민간인에게 맡겼는데, 경영자는 관리와 보수를 등한시하고 동시에 이용자는 너무 하다 싶을 정도로 지저분해서 상황이 급격하게 열악해졌고, 이에 따라 각종 설비뿐만 아니라 건물까지 망가지기 시작했던 것이다. 경영자가 개보수비 부담을 거부했기 때문에 파산선고는 불가피했고, 현장을 확인해보면 그 비참한 상황은 차마 눈 뜨고 볼 수 없을 지경이었다.

> 수도꼭지에서는 물이 줄줄 새고, 지붕에서는 빗물이 뚝뚝 떨어지고, 지하실은 물에 잠기고, 도자기로 만든 욕조는 여기저기 금이 가고, 바닥 타일은 깨지고, 초인종 줄은 끊어지고, 방치된 속옷은 누더기가 되어 쌓여 있고, 건물 전체에 악취가 진동하고……. 그야말로 불결하기 짝이 없었다.
>
> —같은 책

아무래도 경영자는 증기와 물을 대량으로 사용하는 시설의 유지 관리에 소원하여 물의 침식력이 어느 정도인지를 몰랐던 듯하다. 바뀐 경영자는 더욱 가혹해서 이용자들이 고통을 호소하자 그 지역 경찰서에서는 영업 정지를 명했고, 1864년 나폴레옹 목욕탕·세탁장은 결국 헐리고 만다.

그러나 이러한 실패에도 불구하고 나폴레옹 3세의 민중 복지 정책은 조금도 흔들리지 않고 하나씩 하나씩 노동자 계급이 이용할 수 있는 시설을 늘려간다.

노동자용 재활 시설

나폴레옹 공동주택과 나폴레옹 목욕탕·세탁장의 실패에서 교훈을 얻었는지 나폴레옹 3세는 만국박람회가 개최된 1867년 스스로 설계도를 그리고 내탕금을 제공해 이상적인 노동자 공동주택을 파리 12구 도메닐에 건설한다. 이것은 아파트 내부에 상하수도를 끌어들인 최초의 단지로 알려진다. 시테 도메닐이라 불리는 이 노동자 단지는 오늘날의 타운하우스 양식으로 건설되었고, 셋으로 나뉜 3층짜리 건물에 세 가구가 살도록 설계되어 있었다. 노동자들은 희망하기만 하면 대출을 끼고 아파트를 살 수도 있었다. 당시는 공적 기관이 노동자에게 자기 소유의 집을 공급한다는 발상 자체가 전혀 없었기 때문에 이 방식은 대단히 획기적인 아이디어였다고 할 수 있다.

하지만 노동자 공동주택에 거주하는 자는 대출금을 갚거나 집세를 감당할 수 있는 한창 일할 나이의 고수입 노동자로 한정되어 있었다. 그러나 많은 위험이 따르는 공장이나 건설 현장에서 일하는 이상, 어떤 노동자든 불의의 사고에 휩쓸리거나 과로로 병이 들어 병원에 입원할 가능성이 있다. 특히 노동자가 불안하게 생각하는 것은 퇴원한 후 체력을 회복해 일에 복귀하기까지 재활 기간에 대한 보장이 어디에도 없다는 점이었다. 만일 예후가 좋지 않으면 단지 일자리를 잃을 뿐만 아니라 본인과 가족 모두 길거리에 나앉게 된다.

나폴레옹 3세는 노동자에게 공장이나 건설 현장은 군인의 입장에서 볼 때 전장과 다르지 않기 때문에, 국가는 이러한 산업 전사들이 상처를 입거나 병에 걸릴 때에는 상이군인과 마찬가지로 그 노동자와 가족의 생활을 보장하는 시설을 건설해야 한다고 생각했다. 베지네와 뱅센에 노동자를 위한 재활 시설의 건설을 명한 1855년 3월 8일의 법률은 산재 문제를 선취한 나폴레옹 3세의 사상을 현실화한 것이었다.

1858년부터 1864년까지 6년 동안 병에 걸리거나 부상한 약 3만7000명의 노동자들은 센에 있는 병원을 나오면 뱅센의 시립병원에서 계속 수당을 받을 수 있었다. 또, 1860년에 문을 연 베지네 시료원施療院에서는 매년 약 5000명의 노동자가 조용히 예후를 지켜볼 수 있었다.
—뒤크르도레, 『현대사』

단, 이 가운데 베지네 시료원은 일단 다음과 같은 입원 자격이 필요했다. ①센에서 시행하는 공공사업에 종사한 노동자, ②시료원에 보험료를 납입하는 상호부조 조직에 가입한 노동자, ③시료원에 보험료를 납입하는 공장이나 아틀리에에서 일하는 노동자, ④복지사무소에서 병원으로 보낸 노동자 등이다.

이 규정을 통해 1855년 3월 8일의 법률이 그저 노동자 보호를 외치기만 한 것이 아니라 고용자나 상호부조 조직에 대해 시료원과 보험계약을 맺고 산재에 대비하도록 장려했다는 것을 알 수 있다. 다른 한편, 뱅센의 시립병원은 센에서 일하는 노동자를 모두 수용하는 것이 원칙이었다. 사후 돌봄aftercare의 질은 높지 않았지만 이곳에서는 보험에 들지 않은 노동자도 안심하고 재활에 전념할 수 있었다.

이 외에도 대통령이었던 시절부터 나폴레옹 3세가 잇달아 의회에서 가결시킨 민중 복지 관련 법률은 아주 많다. 눈에 띄는 것만 보아도 곤궁한 자에 대한 재판 비용의 면제나 관선 변호인 등을 정한 법률(1851년

1월 22일), 보호자가 수업료를 지불하지 못하는 아이들에게 무상교육을 보장한 법률(1850년 3월 15일), 노령으로 일할 수 없게 된 노동자를 위한 노령연금을 정한 법률(1850년 6월 13일, 1851년 5월 3일, 1853년 8월 18일, 1856년 7월 7일), 직인의 견습 기간에 관한 계약을 정한 법률(1851년 2월 22일), 버려진 아이나 고아를 보호하는 시설의 건설을 명한 법률(1862년 5월 5일), 일하는 어머니를 위해 위생적인 탁아소를 설치하는 법률(1862년 6월 30일) 등 일일이 거론할 수 없을 정도다.

하나같이 나폴레옹 3세가 강력한 주도권을 쥐고서 시행한 법률이고, 그가 권력을 장악함으로써 실현하고자 했던 것이 무엇이었는지 엿볼 수 있는 충분한 내용이다. 나폴레옹 3세가 표방한 '빈곤의 근절'은 단순한 인기몰이용 슬로건이 아니었던 셈이다.

5

크레디 모빌리에의 시동

효모 역할을 하는 돈

문호 에밀 졸라 사후 100년이 되는 2002년, 일본 후지와라쇼텐 출판사에서 졸라 선집이 간행되었는데, 그중에 『돈』이라는 소설이 눈길을 끈다. 왜냐하면 이 소설은 제2제정 시기 생시몽주의자인 은행가 페레르 형제와 대은행가 로스차일드 사이에 벌어진 격렬한 금융전쟁을 하나의 모델로 삼고 있다는 점에서, 제2제정을 이해하는 데 딱 알맞은 자료라 할 수 있기 때문이다. 예컨대 부유한 자선가 카롤린 부인이 중동에서 보내온 동생의 편지를 읽은 후 주인공 사카르(페레르 형제를 참고하여 창조한 인물)의 말을 떠올리고는 불현듯 돈의 본질을 이해하는 다음과 같은 구절이 있다.

그때 문득 카롤린 부인은 확신을 얻었다. 돈이란 내일의 인류가 자라나는 밑

거름과 같은 역할을 하는 것이다. 사카르의 말, 그러니까 투기에 관한 그의 단편적인 이론이 다시금 떠올랐다. 섹스 없이는 아이가 생기지 않는 것처럼 만약 투기가 없으면 든든하고 풍요를 약속하는 큰 사업도 일으킬 수 없다. 생명이 지속되기 위해서는 그러한 정념의 과잉, 천박하게 낭비되어버리는 생명이 없을 수 없는 것이다. (…) 돈은 독살마이자 파괴자이지만 동시에 모든 사회적 생명체를 낳는 효모이면서 대규모 사업에 필요한 부엽토이기도 하다.

이는 어떤 의미에서 제2제정에 지도적인 금융이론으로 자리 잡은 생시몽주의를 알기 쉽게 설명한 것이라 할 수 있다.

대혁명 이후 줄곧 사회적 혼란에 휩싸여 있었던 프랑스 사회에서는 돈이나 투기의 '독살마이자 파괴자'의 측면이 강조되었기 때문에 사람들은 굳이 그 '효모'나 '부식토'의 측면에는 눈길을 주지 않으려 했다.

그중에서도 대혁명 때 대량 발행된 아시냐(국유지를 담보로 한 국채인데 나중에 불환지폐가 된다)의 폭락으로 재산을 잃은 부르주아들은 그때의 악몽과도 같은 기억을 떨쳐버릴 수 없었고, 공채든 은행권이든 증권이든 어떤 형태의 페이퍼 머니도 전혀 신용하지 않았다. 그 결과 일반 부르주아나 농민의 장롱에 깊이 간직되어 있던 금화와 은화가 페이퍼 머니의 교환시장인 증권거래소에 '투기' 자금으로 흘러들어오지 않는 바람에 상업이나 산업은 크게 발전할 자본을 구하지 못한 채 헛되이 시간만 보내고 있었다. 바꿔 말하면 돈은 물물교환의 대체재라는 원시적인 사용법에 머무른 채 대규모 사업을 낳는 '효모'나 '부식토'가 될 수 있는 계기를 찾지 못하고 있었던 것이다.

그런데 루이 나폴레옹이 쿠데타를 일으키고 그 후 제2제정으로 이행하는 일정이 잡히는 1852년 무렵부터 프랑스 증권시장은 아연 활기를 띠어 일반 시민들의 장롱 저금이 속속 금융시장으로 흘러들어오기 시작한다. 그리고 우왕좌왕하는 사이에 거대한 거품이 발생해 불과 몇 년 사이에 파리는 런던을 능가할 정도의 국제 신용 거래 도시로 성장한다.

이러한 변화의 계기는 도대체 무엇이었을까?

나폴레옹 3세라는 '신용'

첫 번째 요인은 무엇보다도 나폴레옹 3세와 제2제정이라는 금빛 브랜드에 대한 신용이다. 의회라는 저항 세력을 억누른 강력한 집행 권력이 있어서 체제가 당분간 전복되지 않을 것이라는 안도감이 큰 역할을 했다. 독재 권력 하에서는 사회와 경제가 안정된다. 그러나 만약 그 집행 권력의 정점에 있는 사람이 나폴레옹 3세가 아니었다면 국가 그 자체에 대한 민중의 절대적인 신뢰는 기대할 수 없었을 것이다. 다시 말해 단순히 독재 권력이어서가 아니라 거기에 나폴레옹과 제정이라는 명칭이 덧붙은 데 의미가 있는 것이다. 신용은 어디까지나 사람들에게 안도감을 주는 '이름'에 부여된다는 사실을 잊어서는 안 된다.

두 번째 요인은 나폴레옹 3세의 경제사상이다. 아직 루이 나폴레옹 보나파르트에 지나지 않았던 1848년 2월, 그는 대통령 선거에 나서는 이유를 피력한 선언문에서 이렇게 공약한다.

정당하고 강고한 정부는 정신 안에서 또 사물 안에서 질서를 확립해야 한다.(…) 그렇다면 질서를 확립한다는 것은 무엇을 의미하는가? 그것은 신용을 되찾는 것이다. 가질 수 있는 수단의 일시적인 부족을 신용 대출로 채우는 것이다. 다시 말해 금융을 재건하는 것이라 할 수 있다.

—『나폴레옹 3세 저작집』

물론 나폴레옹 3세가 되기 전 루이 나폴레옹은 그런 질서를 확립할 사람은 나폴레옹이라는 이름과 결부된 자신 외에는 없다고 암암리에 주장해왔기 때문에 결국 나폴레옹 3세의 경제사상이라는 두 번째 요인은 첫 번째 요인과 의미상 다르지 않을 터이지만, 그러나 그럼에도 나폴레옹 3세 자신이 이른 시기부터 이러한 신용경제의 확립을 주장했다는 것은 충분히 주목할 만하다.

세 번째 요인은 이 당시 캘리포니아와 오스트레일리아의 골드러시가 시작되어 금의 유통량이 비약적으로 증가하면서 금 가격이 하락했다는 점이다. 즉, 페이퍼 머니의 유통을 보증할 뿐인 금이 국고에 쌓이고 그만큼 태환지폐가 대량으로 나돌게 되면서 통화 공급량이 확대된 것이다. 루이 지라르는 『나폴레옹 3세』에서 이렇게 지적한다.

1850년 이후 캘리포니아와 오스트레일리아의 금이 유럽으로 들어오면서 프랑스의 국제수지는 흑자로 돌아섰다. 금의 대부분이 프랑스로 들어왔다. 대기업은 이 금을 회사채나 증권의 형태로 흡수하여 사용할 수 있었다. 신용 대출을 호소하는 것이 모든 사업의 기초가 되었고, 서민의 저축이 여기에 응했다.

그러나 신용경제를 위한 기초적 요인이 갖춰져 있었다 해도 그것은 그저 권총에 탄환이 장전되어 있는 상태에 지나지 않는다. 신용경제라는 강력한 탄환이 발사되기 위해서는 방아쇠 역할을 하는 네 번째 요소가 필요하다. 바로 그 방아쇠 역할을 한 것이 1852년 여름에 문득 아이디어가 떠올랐고, 11월 15일에 공식 인가가 떨어진 크레디 모빌리에 crédit mobilié, 動産銀行다.

제2제정 개시 직전의 금융 상황

당연한 일이지만 제2제정 이전에도 프랑스에는 몇몇 강력한 은행이 있었다. 오트 방크Haute Banque라고 불리는 전통적인 은행이 그것인데, 다수는 유대계 자본으로 운영되고 있었다. 그중에서도 유명한 것은 로스차일드 일족인 잠 드 로트실트(제임스 로스차일드)가 경영하는 로스차일드 은행이다.

로스차일드 은행을 비롯한 오트 방크는 지방 명망가의 돈을 맡아 그것으로 프랑스 국채나 외국채를 사거나 수표를 할인해 이익을 내고 있었다. 물론 기업가나 금융업자에게 신용대출을 해주기도 했지만 그 경우에는 확실하게 토지나 건물을 담보로 잡았기 때문에, 철도 사업 등에 뛰어들고자 하는 벤처 기업가가 융자를 원해도 담보가 없으면 전혀 상대를 해주지 않았다.

이러한 전통적이고 보수적인 경향은 루이 나폴레옹이 쿠데타를 일으켜 정치 경제의 전권을 장악한 후에도 조금도 바뀌지 않았다. 바뀌기는커녕 오를레앙가와 관계가 돈독했던 로스차일드 은행은 루이 나폴레옹이 쿠데타 직후 오를레앙가의 재산을 몰수하자 완전히 반나폴레옹파가 되었고, 아무리 벤처 금융을 호소해도 전혀 귀를 기울이지 않았다. 그 때문인지 주식시장과 채권시장에는 쿠데타 후에도 돈이 흘러들어오지 않았고, 주가는 계속 바닥을 기고 있었다.

그러자 페르시니를 비롯한 측근들 사이에서는 루이 나폴레옹이 주장하는 새로운 형태의 신용대출을 하는 은행, 즉 벤처 캐피털의 창설이 반드시 필요하다는 소리가 무성했지만, 로스차일드를 적으로 돌리면서까지 벤처 캐피털을 세울 만한 은행가는 좀처럼 나타나지 않았다.

그런데 1852년 9월 9일 갑자기 '공공사업은행'이라는 이름의 벤처 캐피털이 설립되고 취지서가 발표되었다. 이것이 크레디 모빌리에의 전신이다. 설립자는 생시몽주의자 페레르 형제였다.

잠 드 로트실트
프랑스 로스차일드 가문의 총수. 전통적·보수적인 오트 방크의 상징적 존재. 오를레앙가에 충실했기 때문에 제정 초기에는 나폴레옹 3세가 주장하는 벤처 캐피털의 창설에 냉담했다. [A]

'공공사업은행'이라는 이름의 이 새로운 은행은 자본금 6000만 프랑인데, 그 자본금은 액면가 500프랑의 주식 12만 주로 조달할 예정이었다. 그 가운데 최초의 4만 주, 즉 자본금 2000만 프랑만 처음으로 발행되는데, 그것은 모두 창립자가 구입하고 나머지는 수시로 수요가 있으면 사업의 발전에 따라 일반으로부터 공모한다. 이 은행의 목적은 어음할인 외에 산업적·상업적 사업 및 공공사업의 창설과 발전을 용이하게 하는 것이었는데, 해당 기업 주식의 구

에밀 페레르
생시몽주의를 신봉하는 은행가. 아우인 이사크와 함께 사회 개조의 무기로서 '크레디 모빌리에'를 창설했다. 프랑스 경제를 단숨에 고도자본주의 단계로 올려놓았다. [A]

입, 당좌예금 구좌 개설, 대부 등을 통해 그 목적을 달성하고자 했다. 이 목적에 필요한 자금을 확보하기 위해 은행은 회사채를 발행하기로 했다.

—베르트랑 질, 『19세기 프랑스 은행』

베르트랑 질에 따르면 '공공사업은행' 설립에 즈음하여 유대인 은행가 밀레스의 아이디어와 함께 같은 유대계 은행 출신인 국무장관 풀드의 동의도 있었지만, 그 내용을 보면 페레르 형제를 비롯한 생시몽주의자가 일찍부터 주장해온 벤처 캐피털의 이상을 체현한 것이어서 페레르 형제의 주도로 설립되었다고 보는 게 좋을 듯하다. 내무장관 페르시니가 설립 준비를 하면서 재무성 및 공공사업성(건설성)과 사전 교섭을 한 것을 보면 적극 재정론자였던 페르시니의 의향도 강하게 반영되었다고 해야 할 듯하다.

그런데 '공공사업은행'은 인가를 출원한 재무성의 지도에 따라 '방크'라는 명칭을 버리고 '크레디 모빌리에'가 된다(정식 명칭은 소시에테 제네랄 드 크레디 모빌리에). 일본어로는 방크와 크레디 둘 다 은행으로 번역되지만, 전자에는 은행권 발행 업무가 있기 때문에 재무성은 혼동을 피하기 위해 크레디라는 명칭으로 변경하게 했을 것이다. 여기에 발권은행인 프랑스은행을 틀어쥐고 있던 로스차일드 가의 입김이 작용했다고 볼 수도 있다. 사실 잠 드 로트실트는 나폴레옹 3세에게 크레디 모빌리에 설립을 단호하게 반대하는 편지를 보냈다.

마찬가지로 크레디 모빌리에의 약관에 있었던 회사채 발행이라는 항목도 주의를 끌었다. 그도 그럴 것이 대량으로 발행된 장단기 회사채는 은행권과 같은 가치를 갖게 되고, 그러다보면 중앙은행이 프랑스은행

외에 하나 더 생기는 셈이기 때문이다. 이리하여 회사채를 발행할 경우
는 재무성의 인가를 받는다는 조항이 들어갔고, 회사채는 자본금 500
만 프랑에 대해 2500만 프랑을 한도로 정하게 되었다.

이것이 훗날 크레디 모빌리에의 걸림돌이 되어 로스차일드와의 금융
전쟁에서 패배하는 원인이 되기도 하는데, 그러나 그것은 나중의 일이
고 이 시점에서는 산업과 상업을 위한 융자에 부동산 담보를 필요로 하
지 않는 은행이 탄생했다는 점에서 무엇보다 큰 의의를 찾을 수 있다.

크레디 모빌리에 또는 사회 개조의 무기

크레디 모빌리에의 설립, 그것은 나폴레옹 3세가 꿈꾸는 사회의 대수
술에 돈이라는 혈액을 무한으로 공급하는 강력한 인공심장이 만들어졌
다는 것을 의미했다. 이사크 페레느는 1854년의 제1차 주주총회에 즈
음하여 크레디 모빌리에의 이념을 다음과 같이 정의한다.

> 크레디 모빌리에의 이념은 프랑스에서 대규모 사업을 조직하려 해도 자금
> 을 모을 방법이 없고 또 금융을 틀어쥐고 있는 세력이 자기들끼리 똘똘 뭉쳐
> 있는 상황, 금융계를 재편성하려 해도 그것을 추진할 만한 힘을 가진 중심이
> 없는 상황에서 생겨났습니다.
> —같은 책

다시 말해 철도 부설이나 운하 개설, 도시 개조와 같은 거액의 자금
을 필요로 하는 대규모 사업에 무담보로 장단기 신용대출을 해주는 벤
처 캐피털이 긴급히 필요한 상황이었음에도, 로스차일드 은행을 비롯

한 기존의 대은행이 구태의연한 경영을 계속하고 있기 때문에 어쩔 수 없이 크레디 모빌리에를 설립했다는 것이다.

이러한 페레르 형제의 의도는 나폴레옹 3세의 정책 실행 책임자였던 내무장관 페르시니의 생각과 딱 맞아떨어졌다. 페르시니는 훗날 은행가 미레스에게 이렇게 고백한다.

나는 막 탄생한 새로운 권력으로부터 후견인을 제거할 수 있는 수단이 있었으면 좋겠다고 생각했다. 후견인이란 기존의 금융자본가들을 가리키는데, 그들이 바로 정부에 제약을 가하고 있었던 것이다. 이 대자본가들은 새로운 권력에 대해 적의를 품고 영향을 미치려 하고 있었다. 이를 눈치 챈 나는 이것이 점점 위험해질 것이라고 생각했던 것이다. 따라서 만약 크레디 모빌리에가 탄생해 기존의 금융자본가들을 이끌어 억지로 앞으로 나아가게 하지 않았다면, 황제의 정책은 오트 방크의 의향과 타협하지 않을 수 없어 저렇게 대담하게 그리고 저렇게 자유롭게 발전할 수 없었을 것이다.

—같은 책

페르시니의 말에서 볼 수 있듯이, 크레디 모빌리에의 탄생은 단지 철도나 운하, 도시계획 등 대규모 사업에 자금을 제공하는 벤처 캐피털 역할만 한 것이 아니다. 이 방면에 대한 자금 공급에 엉거주춤한 태도를 보이고 있던 오트 방크도 거기에 발을 들여놓을 수밖에 없는 상황에 이르렀다는 점에서 큰 의의가 있는 것이다. 한마디로 말해 크레디 모빌리에의 설립과 함께 그때까지 제대로 기능하지 않았던 프랑스의 신용경제가 단숨에 본 궤도에 올랐던 것이다.

페레르 형제의 출신과 생시몽주의의 흐름

그렇다면 크레디 모빌리에를 성공으로 이끈 페레르 형제는 도대체 어떤 출신의 은행가였을까? 이하 이 점에 대해 가볍게 언급하면서 생시몽주의 운동에 관하여 약간 설명을 덧붙이고자 한다.

1830년대 초반, 금융과 산업을 무제한 발달시킴으로써 사회에서 가난한 사람을 없애고 사회혁명을 달성할 수 있을 것이라고 주장하는 생시몽주의 운동은 이공계 엘리트를 양성하는 에콜 폴리테크니크를 중심으로 젊은이들 사이에 널리 침투하여 많은 전도유망한 청년을 끌어들이고 있었다.

생시몽주의자들은 잇달아 신문과 팸플릿을 발행하여 그 사상의 보급에 힘썼는데, 이러한 프로파간다에 의해 사회 개량에 눈을 뜬 청년은 빅토르 위고, 에밀 드 지라르댕, 발자크, 루이 나폴레옹 등 헤아릴 수 없을 정도로 많다. 1830년대 낭만파 세대는 어떤 형태로든 생시몽주의의 세례를 받는다.

생시몽주의 운동은 얼마 지나지 않아 생시몽의 종교적 부분을 이어받은 주류파인 앙팡탱파와 사회 개혁을 중시하는 바자르파로 분열하는데, 1832년 앙팡탱파가 권력의 탄압으로 많은 사람이 체포되는 사태를 겪으면서 이탈하는 자가 속출해 운동체로서 생명을 마감한다. 그러나 이 운동에 참가한 젊은이들은 대부분 엘리트였기 때문에 사회로 복귀한 다음에도 많은 분야에서 영향력을 발휘하게 된다.

그 전형이 에밀 페레르와 이사크 페레르 형제다. 보르도의 포르투갈계 유대인 가정에서 태어난(형 에밀은 1800년, 동생 이사크는 1806년) 형제는 파리로 올라온 후 큰아버지인 주식 중개인 이사크 호드리구의 가게

파리—생제르망 철도

페레르 형제는 1837년 로스차일드 은행에서 자금을 끌어내어 프랑스 최초의 여객철도인 파리—생제르망 철도를 완공했지만, 사회의 인식은 관광이나 유람을 위한 장난감의 범위를 벗어나지 못했다. [B]

에서 일하고 있었다. 이사크 호드리구의 아들이 생시몽의 수제자 올리비드 호드리구인데, 형제는 사촌형에게 이끌려 생시몽주의 운동에 가담했다.

그러나 형제는 생시몽주의의 경제적·산업적 사상에 강하게 이끌리기는 했지만, 새롭게 교주 père가 된 앙팡탱을 따를 수는 없어 이른바 동조자 sympathizer와 같은 존재로서 주류파와는 거리를 두고 있었다. 그랬기 때문에 운동이 해체된 후 금방 사회에 적응했고, 생시몽의 사상을 스스로 발전시키는 형태로 철도의 보급과 벤처 캐피털의 설립을 실현하기 위해 금융의 세계에 발을 들여놓았던 것이다.

1837년 파리—생제르망 철도를 부설할 때에는 로스차일드와 에슈타르 등 오트 방크에서 자금을 끌어내는 데 성공했고, 이어서 북부철도와 파리—리옹 철도 계획에 착수했다.

그런데 1848년 2월 혁명이 일어나 심각한 불황이 찾아오자 파산을 두려워한 오트 방크가 마음이 완전히 바뀌어 철도 투자에서 손을 뗐기 때문에 페레르 형제는 말하자면 지붕에 올라갔다가 사다리가 치워진 것을 봐야 하는 꼴이 되었고, 이후 그들과 오트 방크 사이에는 깊은 골이 생겼다.

그때 하늘에서 뚝 떨어지듯 등장한 사람이 형제와 똑같이 생시몽주의적 사상을 가진 루이 나폴레옹이다. 형제는 루이 나폴레옹이 쿠데타에 성공해 권력을 장악하자 생시몽주의 운동 시절의 동료인 미셸 슈발리에와 함께 그에게 접근했고, 1852년 루이 나폴레옹이 파리 순환 철도를 계획하면서 매니저로 들어가 다른 생시몽주의자와 함께 그의 브레인이 되었다.

따라서 1852년 가을의 크레디 모빌리에 설립은, 내무장관 페르시니나 은행가 미레스의 협력이 있었다 해도, 같은 생시몽주의 신봉자인 루이 나폴레옹과 페레르 형제가 공동으로 도모한 결과였다고 이해하는 것이 옳을 것이다. 그리고 나폴레옹 3세와 페레르 형제의 크레디 모빌리에가 일심동체와 같은 존재로 결부되었을 때부터 제2제정의 사회 개혁은 본격적으로 시작된다.

제5장

사회 개혁

1

철도전쟁

크레디 모빌리에의 관련 영역

1852년 11월 18일 칙령에 따라 설립 허가가 떨어지자 페레르 형제의 크레디 모빌리에는 프랑스 산업의 개조를 향해 맹렬한 기세로 질주하기 시작했다.

크레디 모빌리에가 제2제정기에 직간접적으로 관여한 영역은 프랑스의 산업계를 뒤덮고 있다. 조금의 과장도 없이 크레디 모빌리에는 프랑스의 산업과 경제에 돈이라는 혈액을 공급하는 심장 역할을 하고 있었던 것이다.

알랭 플레시스는 『신현대프랑스사—제국의 제전에서부터 연맹군의 처형의 벽까지』에서 크레디 모빌리에의 활동을 다음과 같이 분류·정리한다.

대서양횡단기선회사

페레르 형제의 크레디 모빌리에의 관련 회사 중 하나인 대서양횡단 기선회사는 프랑스와 남북 아메리카를 연결하는 정기 항로를 개척, 대륙 간 무역을 본 궤도에 올려놓았다. 이 회사는 페레르 형제가 몰락한 후에도 남았다. 1889년 만국박람회 때의 포스터. [F]

프랑스에서 크레디 모빌리에는 먼저 몇몇 철도회사(미디 철도 · 동부 철도) 및 철도와 밀접한 관련이 있는 산업(로와르 탄전)에 자금을 제공했다. 이어서 대서양 횡단 기선회사를 설립했고, 파리의 여섯 개 가스회사의 합병을 이끌었으며, 파리 승합마차회사를 창설했다. 또 파리의 개조와 미화를 맡은 회사 중에서 가장 중요한 역할을 한 부동산회사도 크레디 모빌리에의 창설과 관련되는 것이다. 이외에 두 개의 중요한 보험회사 설립과 제염업의 재조직화도 여기에 포함시킬 수 있다. 외국에서는 제일급의 중요성을 지닌 무수한 기업에서 그 영향을 볼 수 있다. 오스트리아, 러시아, 스페인의 철도, 각국의 은행 설립(다름슈타트 은행, 스페인 크레디 모빌리에 은행), 스페인 에브로 강의 운하 건설, 기타 광산, 공공사업 등등.

딜리장스

철도 보급 이전 프랑스 각 도시는 딜리장스라고 불리는 대형 승합마차로 연결되어 있었는데, 이 때문에 철도의 보급이 뒤처졌다. 철도의 초기에는 딜리장스를 거치대에서 분리해 철도의 화물칸에 싣고 달리게 했다. [F]

요컨대 제2제정기에 비약적으로 발전한 산업에서 페레르 형제와 크레디 모빌리에가 관련되어 있지 않은 분야는 하나도 없다고 해도 지나친 말이 아니다. 그뿐 아니라 크레디 모빌리에는 프랑스의 번영을 수출한 가장 강력한 동력이었고, 그 영향은 유럽을 넘어 러시아와 중근동에까지 미치고 있었다.

따라서 한정된 지면에서 크레디 모빌리에의 모

든 활동을 설명하는 것은 불가능하기 때문에 여기에서는 주로 페레르 형제의 철도 사업 및 파리 대개조와 관련된 사업을 살펴보기로 한다.

철도 전사

내륙국인 프랑스에 가장 적합한 교통수단은 누가 봐도 철도인 것처럼 보이지만, 의외로 아주 늦게 그러니까 1840년대에 들어서야 철도의 중요성이 널리 인식된다. 영국과 벨기에가 1830년대에 이미 철도망 건설에 착수한 것에 비하면 프랑스는 한참 뒤처져 있었던 셈인데, 그럼에도 아직 철도에 대한 관심은 희박했고 유효성을 의심하는 목소리도 높았다.

첫 번째 이유는 딜리장스diligence라 불리는 대형승합마차와 포스트라 불리는 우편마차가 프랑스 구석구석을 망라하고 있어서 적어도 인간의 이동에 관해서는 별 부족함이 없었기 때문이다. 다시 말해 사람들이 이용하는 교통수단으로서는 틈새가 없어서 철도의 필요성을 느끼지 못했던 것이다. 잘 정비된 마차교통망이 오히려 철도의 출현을 지연시켰다고 할 수 있다.

두 번째 이유는 오늘날에야 믿을 수 없는 얘기지만 과학자들이 적극적으로 철도의 위험성을 주장했기 때문이다. 터널에 들어서면 증기기관차가 뿜어내는 연기에 승객이 질식사할 것이라는 둥, 기차의 속도가 인체에 좋지 않은 영향을 줄 것이라는 둥, 소음과 진동 때문에 철도 주변의 땅값이 폭락할 것이라는 둥 철도를 반대하는 사이비과학적 발언들이 쏟아졌다. 지금도 유럽 여러 도시의 철도역은 시 외곽 조용한 장소에 있는 경우가 많은데, 그것은 아직까지도 이러한 발언들의 영향이 이어지고 있기 때문이다.

게다가 철도를 반대하는 목소리는 의회의 정쟁에 이용되어 1838년 모레 내각이 의회에 제출한 철도망건설계획이 중도좌파 티에르부터 공화파 라고까지 아우른 야당 공동투쟁에 의해 폐기되는 사태까지 발생했다. 야당 의원들은 철도는 공상가의 잠꼬대, 아이들의 장난감이라며 맹렬하게 그 무용성을 주장했다.

그 결과 철도는 민중이 일요일에 교외로 놀러갈 때나 필요한 행락수단으로밖에 인식되지 않았고, 부설된 철도도 1837년의 파리—생제르망 노선, 1839년의 파리—베르사유 우안선右岸選 등 교외 산책용에 머물렀다.

이와 같은 철도에 대한 인식 부족은 자금 계획에 직접 영향을 주었다. 로스차일드를 비롯한 오트 방크는 철도회사 설립에 아주 냉담했고, 벤처 금융은 전혀 움직이지 않았다.

그러한 상황에서 유일하게 철도의 혁명적인 성격을 인식하고 이를 사회 개조의 도구로 삼고자 프로파간다를 전개한 것이 생시몽주의자 그룹이다.

생시몽주의자는 1832년에 조직이 무너진 후에도 각자가 여러 방면에서 철도의 필요성을 지속적으로 호소했다. 예컨대 제2제정에서 나폴레옹 3세의 브레인으로 활동한 경제학자 미셸 슈발리에는 아메리카 시찰 보고서 『북아메리카 서간』에서 철도를 다음과 같이 예찬한다.

그 자신은 약하고 빈약한 존재에 지나지 않는 인류는 기계의 힘을 빌려 이 무한한 지구상에 손을 뻗어 대하의 거친 물결을, 사납게 몰아치는 바람을, 바다의 밀물과 썰물을 우리 것으로 삼는다.(…) 이처럼 끝없는 인간의 힘을

생각하게 하는 것, 그것이 바로 철길 위로 화물을
운반하기 위해 고안된 저 독특한 형태의 증기기관
차다. 그것은 기계 이상의 무엇이다. 그것은 거의
살아 있는 물체에 가깝다. 마치 배를 땅에 바짝 붙
이고 가는 말처럼 달리고 또 앞질러간다.

—장 발슈, 『미셸 슈발리에—생시몽주의 경제학자』

철도 건설 붐
1852년, '산업 황제' 나폴레옹 3세
가 철도 개발 이권을 99년으로 연
장한다고 발표하자 무시무시할 정
도로 철도 건설 붐이 일어났다. 크
레디 모빌리에는 이들 철도 개발
에 자금을 잇달아 투입했다. [F]

하지만 산업 분야 각 방면에 흩어져 있던 생시
몽주의자들의 눈물겨운 노력에도 불구하고 철도
에 대한 인식은 좀처럼 나아지지 않았다.

인식이 바뀌는 것은 1840년 의회에서 철도헌장이 제정되면서부터
다. 이 헌장에 따라 간선철도를 위한 인프라(부지의 정비, 절개 등 건설
공사)는 국가가 감당하고 레일, 역, 기관차, 차량 등은 기업이 각각 비
용을 부담하는 일종의 제3섹터 방식이 결정되었고, 개발 이권의 연수
는 평균 46년으로 정해졌다. 그 결과 파리—루앙 철도와 파리—오를
레앙 철도가 이해에 개통되어 모든 사람이 철도의 속도와 거대한 수송
능력을 확인하게 되었다.

이와 함께 사회의 분위기도 갑자기 철도를 찬양하는 방향으로 바뀌
었다. 주식시장에서는 철도회사의 주식이 전례 없는 붐을 일으켰다.
이 시기를 무대로 한 소설, 예컨대 플로베르의 『감정교육』과 발자크의
『창부의 영광과 비참』 등에는 반드시 철도 투기에 성공한 벼락부자 이
야기가 나온다.

그러나 앞에서 서술했듯이 7월 왕정 하에서는 철도에 대한 오트 방

크의 태도가 엉거주춤했기 때문에 순환적인 불경기가 찾아오면 철도주
식은 일제히 폭락할 위기에 처하곤 했다. 그중에서도 1847년의 주식 대
폭락과 다음해의 2월 혁명은 철도 건설에 치명적인 타격을 주었고, 많
은 철도회사가 철도 건설 중단으로 내몰렸다. 이런 상태는 루이 나폴레
옹이 등장한 후에도 계속되어 제2공화정 하에서도 건설된 철도의 거리
는 거의 늘어나지 않았다. 루이 나폴레옹은 생시몽주의의 영향으로 확
고한 철도 옹호자가 되었지만 의회가 철도 건설을 위한 예산 조치나 입
법 조치 어느 것 하나 받아들이려 하지 않았던 것이다.

철도 대투기 시대의 도래

이러한 상황이 일변한 것은 1851년 12월 2일 쿠데타가 일어난 뒤다. 특
히 루이 나폴레옹이 1852년 초 기존 철도회사에 대해 개발 이권 기간
연장을 최대 99년까지 인정하는 대통령령을 포고한 것이 철도 건설 붐
을 단숨에 정점으로 끌어올리는 결과로 이어졌다. 개발 이권 기간이 늘
어나면 초기 투자의 상환이 용이해질 뿐 아니라 회사채 등 차입금도 장
기간 나누어 갚을 수 있어 자금상 여유가 대폭 확대되기 때문이다.

  이 입법 조치에 따라 프랑스는 전무후무하다고 해도 좋을 철도 투기
시대로 돌입했다. 기존 철도회사가 연장 공사를 기획하는 한편, 지방에
서도 무수한 철도 건설 계획이 세워져 그때까지 갈 곳이 없었던 자금이
철도 투기로 밀려들었다. 철도주는 1852년 중반 무렵부터 계속 상승했
고 제철, 토목, 기계 등 철도 관련주도 덩달아 올랐다. 주식시장의 활성
화는 1850년대 내내 이어졌고, 그 덕분에 철도회사는 풍부한 자금을 배
경으로 노선을 무서운 기세로 확대할 수 있었던 것이다.

1850년대의 철도 확장이 얼마나 굉장했는지는 숫자가 잘 보여준다. 대통령령이 발포된 1852년 국가가 철도회사에 불하한 철도 노선 용지의 총 길이는 7400킬로미터, 실제로 철도가 부설된 것은 3870킬로미터에 지나지 않았다. 그런데 8년 후인 1860년 불하 길이는 1만7000킬로미터, 부설 길이는 9500킬로미터에 이른다. 마찬가지로 민관民官의 철도 부설 지출은 1852년 14억5000만 프랑을 넘지 않았던 것이 1860년에는 47억2500만 프랑에 달했다. 철도회사의 경상이익은 1852년 1억2800만 프랑이었던 것이 1860년에는 4억400만 프랑으로 늘어났다(숫자는 장 튀랄이 엮은 『제2제정 사전』을 따른다).

모두 세 배 가까이 늘어난 셈이다. 1850년대가 철도의 황금시대라 일컬어지는 것도 이 때문이다.

1852년 크레디 모빌리에의 설립은 전례 없는 철도 투기 붐이 도래했음에도 불구하고 오트 방크의 엉거주춤한 태도는 변함이 없는데다 급속히 확대하는 자금 수요를 감당할 벤처 캐피털이 부재하는 상황에 부응한 것이었다. 페레르 형제 스스로도 미디 철도와 동부철도를 경영하고 있었기 때문에 벤처 캐피털은 서둘러 해결해야 할 문제였다.

크레디 모빌리에가 설립되자 아니나 다를까 프랑스 전역의 철도회사가 자금을 구하기 위해 이곳으로 몰려들었다. 페레르 형제는 풍부한 자금력을 활용하여 중소 철도회사의 주식과 회사채를 사들였고, 순식간에 그것들을 자본 계열로 편입시켰다. 그 결과 중소 철도회사가 페레르 자본으로 통합되어 서부와 남부 그리고 동부 지역에서 크레디 모빌리에 계열의 거대한 독점 기업이 탄생했다.

이 성공을 지켜본 로스차일드를 비롯한 오트 방크가 가만히 있을 리 없었다.

당초 철도에 대한 벤처 캐피털에 소극적이었던 오트 방크는 크레디 모빌리에가 무서운 기세로 전국의 철도회사를 산하에 끌어들이는 것을 보고 강한 위기감을 느껴 1856년부터 대대적인 반격으로 돌아섰다. 그 중에서도 로스차일드 은행은 크레디 모빌리에와 정면으로 대결할 자세를 취하면서 크레디 모빌리에가 그랬던 것처럼 중소 철도회사 매수 공작을 개시했다. 프랑스 곳곳에서 자본의 양대 거인이 충돌하는 '철도전쟁'이 시작된 것이다.

철도전쟁의 격화

이와 같은 로스차일드의 반격은 이 무렵부터 정부가 전국의 철도회사를 여섯 개 계열로 합병·통합한다는 방침을 내세운 것과 관련이 있다. 다시 말해 공공사업장관이 된 루에르와 건설장관 프랑크빌이 불황의 도래에 따른 중소 회사의 도산을 우려하여 강력한 자본 아래 철도를 합병·통합하도록 행정적으로 지도했던 것이다. 그 결과 1852년 이후에 깔린 철도의 대부분은 북부철도(로스차일드계), 동부철도(페레르계), 서부철도(일부 페레르계), PLM철도(파리—리옹—마르세유 철도, 유대계), 파리—오를레앙 철도(바르톨로니계), 미디 철도(페레르계) 여섯 계열로 집약 정리되었다.

그러나 이러한 정리·통합 작업이 순조롭게 진행된 것은 아니다. 특히 페레르 자본과 로스차일드 자본의 이해가 충돌하는 지점에서는 불꽃이 튀는 듯한 격렬한 승부가 펼쳐졌다.

자본의 양대 거인이 처음으로 정면 충돌한 것은 모르니가 설립한 그랑 상트랄 철도 매수를 둘러싸고서였다.

공직에서 물러나 있던 모르니는 1852년 프랑스 중앙부에 광대한 철도 처녀지가 있다는 것에 주목하여 그랑 상트랄 철도를 설립했다. 이 철도는 같은 해 페레르 형제의 크레디 모빌리에가 설립한 론 로와르 철도와 1853년 합병하여 노선을 확대했는데, 산이 많은 토지에 철도를 부설하기 위한 비용이 점점 불어나 이익을 내기가 어려워졌고 마침내 1857년 파탄 지경으로 내몰렸다.

동부철도 연선 앨범
페레르 형제의 크레디 모빌리에 그룹과 로스차일드계 그룹 사이에 사활을 건 철도전쟁이 발발했다. 각 철도회사는 자사주를 판매하기 위해 연선沿線의 볼 만한 곳을 그린 그림을 모아 앨범을 발행했다. [F]

페레르 형제가 이끄는 미디 철도는 이전부터 그랑 상트랄 철도와의 합병을 노리고 있었다. 그도 그럴 것이 페레르 형제는 남프랑스의 세트와 보르도를 잇는 미디 철도를 파리로 달리는 노선과 연결하겠다는 야심을 품고, 보르도까지 연장한 파리—오를레앙 철도와 리옹—메디테라네 철도(나중의 PLM)의 중간 지대에 끼어들 생각을 하고 있었기 때문이다. 그랑 상트랄 철도와 론 로와르 철도의 합병에 동의한 것도 그 때문이었다.

따라서 1857년에 그랑 상트랄 철도가 파산했을 때 미디 철도와의 합병이 가장 합당한 선택인 것으로 보였다.

그런데 여기에 파리—오를레앙 철도와 리옹—메디테라네 철도가 끼어들어 그랑 상트랄 철도의 노선을 각각 분할하여 계승하겠다는 의향을 내비쳤다. 미디 철도가 그랑 상트랄 철도와 접속하면 프랑스 남부를 횡단하는 제3의 간선이 탄생하게 된다. 이것을 두려워한 프랑소아 바르톨로니(파리—오를레앙 철도)와 포랑 타라보(리옹—메디테라네 철도)

가 로스차일드의 자본 아래 연합하여 함께 페레르 형제와 대항하겠다고 나섰다.

타라보와 바르톨로니는 로스차일드의 소개로 공공사업장관 루에르를 파고들었고, 마침내 페레르 형제를 밀어내고 그랑 상트랄 철도의 이권을 계승하는 데 성공했다.

이리하여 페레르 형제와 로스차일드·타라보·바르톨로니 연합군의 대결에서는 일단 로스차일드 연합군이 승리했지만, 양자의 대결은 1860년 정계·관계·재계를 끌어들여 다시 불이 붙었다.

이 싸움의 계기는 페레르 형제의 미디 철도가 노선을 세트에서 해안을 따라 마르세유까지 연장하고자 1860년 노선 이권의 불하를 정부에 요청한 것이었다.

페레르 형제는 카마르그 습지 개발을 노리는 그룹, 로와르의 탄전 기업 그리고 론 강의 하천 개발 기업 등의 후원 아래 나폴레옹 3세의 브레인 미셸 슈발리에와 황제 주변에 불하를 진정했다. 이에 대해 마르세유를 거점으로 하는 PLM 철도의 타라보 일족은 그랑 콩브 탄전, 바르톨로니(파리―오를레앙 철도) 그리고 로스차일드의 지원을 얻어 세트―마르세유 노선 이권 불하 저지에 나섰다. 타라보 일족은 건설장관 프랑크빌과 공공사업장관 루에르를 움직였다.

양쪽 다 한 걸음도 물러서지 않으면서 싸움이 끝날 기미를 보이지 않자 1863년 나폴레옹 3세가 직접 중재에 나서 불하를 각하했다. 페레르 형제는 다시 로스차일드에게 무릎을 꿇어야 했다.

이처럼 1850년대 후반부터 1867년까지 프랑스 전역 아니 유럽 전역에 걸쳐 페레르 형제와 로스차일드의 철도전쟁은 정계·관계·재계를 끌어들여 몇 번이나 되풀이되었고, 그때마다 공작금이 무차별적으로 뿌려지면서 일찍이 볼 수 없었던 돈으로 뒤범벅이 된 시대가 출현했던 것이다.

양자는 최후까지 호각지세의 싸움을 이어갔는데, 굳이 말하자면 1850년대는 페레르 형제가, 1860년대는 로스차일드가 우세했다고 할 수 있다. 이것은 제로 상태에서 출발한 크레디 모빌리에가 사업마다 자금을 끌어 모아야 했던 것과 달리, 대를 이어 사업을 해온 로스차일드는 늘 자금상 여유가 있었기 때문이다. 이 차이는 1868년에 펼쳐진 금융전쟁으로까지 이어져 결국 페레르 형제에게 치명타가 된다.

단, 철도전쟁이 오직汚職이나 매수 등 추악한 행위를 초래하기는 했지만 동시에 경쟁에 의한 절차탁마가 프랑스 사회에 활기를 불어넣어 국토 구석구석까지 철도가 퍼지게 하는 긍정적인 효과도 낳았다.

로스차일드와 다른 오트 방크도 페레르 형제가 걸어온 싸움을 받아들이는 가운데 어느새 페레르 형제의 수법을 본떠 어쩔 수 없이 벤처 캐피털, 벤처 비즈니스에 뛰어들게 된다.

이런 의미에서 페레르 형제와 크레디 모빌리에가 프랑스 사회에 끼친 영향은 생각보다 훨씬 컸다고 결론짓지 않을 수 없다.

2
금융전쟁 발발

전면전으로

페레르 형제가 걸어온 싸움을 로스차일드가 받아들이는 모양새로 시작된 '기간토마키아gigantomachia, 거인의 싸움'는 철도뿐만 아니라 프랑스 경제의 모든 분야로 확대되는데, 머잖아 그것은 자금 유통의 하류가 아니라 상류, 그러니까 금융 시스템 그 자체를 둘러싼 싸움으로까지 발전한다. 한 마디로 말하면 철도전쟁이라는 국지전으로 시작한 싸움이 최후에는 금융전쟁이라는 전면전으로 치달았던 것이다.

양자가 금융 시스템을 두고 처음으로 부딪친 것은 1853년의 일이다. 하지만 이때에는 로스차일드가 직접 가세한 것은 아니었다. 간접적으로 정부 쪽 인사를 움직이는 방법으로 영향력을 행사했던 것이다.

1853년 3월부터 6월에 걸쳐 크레디 모빌리에는 약관에 따라 자금을 조달하기 위해 단기(45일과 90일) 연리 3퍼센트의 회사채를 발행하려

했다. 그런데 재무성은 거부권을 발동해 회사채 발행을 중지시켰다.

증권거래소
페레르계와 로스차일드계 사이의 기간토마키아는 철도에서 금융으로 불이 번졌다. 금융 시스템의 패권을 둘러싸고 격렬한 싸움이 거듭 확대되었다. 그들의 주요 전장戰場이었던 증권거래소. [V]

이 거부권의 발동은 1852년 크레디 모빌리에의 발족에 즈음하여 잠 드 로트실트(제임스 로스차일드)가 회사채의 무한발행권을 크레디 모빌리에에 주는 것은 발권은행을 프랑스 은행 외에 또 하나 만드는 것과 같다며 오트 방크를 대표하여 강경하게 반대한 것과 관련이 있다. 하루라도 빨리 벤처 캐피털을 만들고 싶었던 나폴레옹 3세와 내무장관 페르시니는 로스차일드를 비롯한 오트 방크의 요구에 다소 양보를 하는 모양새로 크레디 모빌리에가 회사채를 발행할 때에는 재무성의 인가를 필요로 한다는 조항을 약관에 넣도록 했던 것인데, 이것이 나중에 커다란 문제를 야기하리라고는 미처 예상하지 못했던 것이다.

그런 점에서는 페레르 형제도 지나치게 낙관적이었다. 그들은 그 시점의 정치 정세만 염두에 두고 있었기 때문에 권력이 영원히 자신들을 편들어줄 것으로 믿고, 이 조건을 해결하는 것은 어렵지 않을 것이라고 생각했던 것이다.

한편 로스차일드는 딱 하나 있는 이 쐐기의 효과를 확신하고 있었던 게 아닐까? 왜냐하면 오랜 기간 프랑스의 재정을 뒤에서 틀어쥐고 있었던 로스차일드는 정부의 인허가 정도는 자신의 의지에 따라 얼마든지 조종할 수 있다는 것을 알고 있었기 때문이다. 사실 1853년 크레디 모빌리에가 회사채 발생을 출원했을 때 로스차일드는 재무성에 강력한 공작을 펼쳐 허가를 내주지 않도록 했다.

그러자 페레르 형제는 어쩔 수 없이 그해 말에 두 번째 주식 모집을 단행해 필요한 자금을 조달했지만, 1854년에는 예금 잔고가 1억300프랑까지 이르렀기 때문에 자금상 여유가 있어서 벤처 금융을 위한 투자에 어려움을 겪지는 않았다. 앞에서 열거한 대로 크레디 모빌리에는 모든 산업 분야의 벤처 기업에 자금을 투자할 수 있었을 뿐만 아니라 투자 효과도 타의 추종을 불허해서 거액의 배당이나 이자를 손에 넣을 수 있었다. 그 결과 발족 후 몇 년 동안은 고배당이 이어져 1856년에는 액면가 500프랑의 주권에 대한 배당 금액은 200프랑에 달했다. 자그마치 40퍼센트의 배당률이다.

그랬기 때문에 만약 페레르 형제가 '평범한 은행가'였다면 당분간 이 정도의 투자 활동으로 충분히 만족했을 것이다. 하지만 생시몽주의자 출신인 그들은 자본주의 사회에 대한 하나의 비전을 갖고 있었기 때문에 아무리 이익이 많아도 결코 자족이라는 것을 몰랐다. 그리고 그것이 오트 방크와의 전면전을 불러일으키게 되는 것이다.

크레디 모빌리에 회사채의 혁명성

로스차일드를 비롯한 오트 방크의 신경을 날카롭게 한 것은 크레디 모빌리에가 자신들의 영역을 침식한다는 점뿐만이 아니었다. 사실은 크레디 모빌리에가 발행하는 회사채라는 것이 종래의 회사채와는 성질이 완전히 다른, 일종의 혁명적인 양상을 띠고 있었던 것이 그들의 심기를 불편하게 했던 것이다.

그렇다면 크레디 모빌리에 회사채의 어떤 점이 혁명적이었던 것일까?

그것은 크레디 모빌리에의 회사채가 불안정한 신용을 안정적인 신용으로 바꾸는 여과기 역할을 하는 옴니움omnium(경제 활동을 하는 모든 기업을 소유주를 통해 간접적으로 통합 지배하는 통합주식회사), 요즘 말로 하면 컨글로머릿conglomerate(복합기업)과 펀드 트러스트fund trest(투자신탁)를 합친 조직을 낳을 가능성을 지니고 있었기 때문이다. 로베르 비고는 『19세기 프랑스의 은행』에서 이렇게 지적한다.

페레르 형제가 실현하고자 한 것은 예금자나 투자자로부터 끌어 모은 자금을 그들이 지원할 가치가 있다고 판단한 기업으로 흘러가게 하는 거대한 옴니움이었다. 페레르 형제는 말한다. 대규모 기업을 설립하려 해도 돈을 조금 가진 사람들은 정보가 없어서 신용을 제공할 수 없다. 그런데 크레디 모빌리에는 기업의 신용에 대한 조사와 판단을 위한 강력한 기관이 있기 때문에 기업이 발행하는 주식 대신 스스로 책임을 지고 원리금을 보증하는 회사채를 고객에게 제공할 수 있다. 그리고 일단 당해 기업이 견실하게 확립되면 등급이 매겨지고 배당까지 붙은 그 주식은 고객에게 프리미엄을 붙여 양도될 수 있을 것이다.

여기에서 말하고 있는 것은 펀드 트러스트의 기본적인 원리다. 즉, 소액 투자자들은 각자 신용상태를 확인하지 못한 기업의 주식을 고객이 직접 구입하는 대신 크레디 모빌리에가 발행하는 원리금 보증 회사채를 구입하는 형태로 투자를 한다. 이 투자에 리스크가 적은 것은 크레디 모빌리에가 신용 조사력을 총동원하여 그 기업의 상태를 체크할 수 있어서 이것이다 싶은 기업의 주식을 선택해 구입할 능력이 있기 때문이다. 물론 자금은 회사채라는 형식으로 모은 것을 사용하지만, 그것 말고도 크레디 모빌리에는 풍부한 자금을 동원할 수 있기 때문에 설령 부분적으로 투자에 실패한다 해도 그 구멍을 메울 수 있어 회사채를 상환할 수 없는 일은 벌어지지 않는다. 바꿔 말하면 크레디 모빌리에의 신용 조사력과 장래성 판단력 그리고 기초적인 자본력에 의해 고객이 개별적으로 투자하는 리스크에 대하여 헤지hedge(보증의 산울타리 또는 대비책)을 세우는 것이 가능하다는 의미다.

이것은 이른바 일반 은행이 회사채를 발행하는 형식으로 투자신탁 은행을 겸하는 것과 같은데, 오늘날에는 그렇게 혁명적이라거나 엉뚱하다고 말할 수 없을지도 모른다. 하지만 은행이 신용이 확실하지 않은 기업의 주식이나 회사채를 구입하는 벤처 금융이 아직 발달하지 않았던 당시에는 대단히 혁명적이었다. 그리고 이 아이디어는 바로 페레르 형제가 발 딛고 있는 생시몽주의에서 나온 것이었다.

페레르 형제의 사업은 모든 곳에 생시몽주의가 스며들어 있었다. 우선 비생산적인 자본을 중앙의 조직으로 일원화한다. 다음으로 특별한 심사기구에서 각각의 기업가에게 부여한 평가에 따라 그 기업에 신용(대금)이 제공된다. 이것은 개별적으로 각자 고립되어 있어 불안정할 수밖에 없는 무수한 기업가의 신용을 사회적으로 이름이 있는 은행의 신용으로 치환한다는 것을 의미한다. 그리고 그 모든 것은 앙팡탱과 그 제자들이 반복해서 말한 이론에 바탕을 두고 있다.

—로베르 비고, 앞의 책

오트 방크의 위기감

그렇다면 생시몽주의적인 이 아이디어의 어떤 점이 오트 방크의 입장에서 위험하게 보였던 것일까? 그것은 크게 둘로 요약할 수 있다.

하나는 앞에서도 언급했듯이 페레르 형제가 회사채를 이자가 붙은 지폐와 같은 것으로 이해하고 있었기 때문에 발권은행인 프랑스 은행을 지탱하는 오트 방크가 급격히 불안해질 수 있다는 점이다. 페레르 형제는 1853년 재무보고서에서 이렇게 말한다.

크레디 모빌리에의 가장 중요한 기능 중 하나는 시기가 무르익으면 날마다 이자가 붙는 회사채를 발행하는 것이다. 이 회사채는 은행권의 성격과 정액 이자가 붙는 유가증권의 성격을 함께 지니고 있다. 결국 단기적으로 상환 가능한 한편, 국채 및 주권이나 회사채처럼 장기적으로 갚아나가는 것도 가능하다. 그것은 액면에 기재한 금액만큼 어음으로 유통시킬 수도 있고, 그것에 붙은 이자(가장 훌륭한 신용의 구체적인 사례)를 현금화할 수도 있다. 무엇보다 그것은 매일, 언제라도 결제할 수 있는 형식과 편리성을 지니고 있기 때문이다. (…) 비유컨대 은행권 옆에는 우리들의 회사채가 채워야 할 빈자리가 남아 있는 것이다.

—베르트랑 질, 『19세기 프랑스의 은행』

포즈가 『금전과 그 제도』에서 지적한 바에 따르면, 페레르 형제는 회사채를 분명히 오해하고 있다. 회사채는 하루 단위로 이자가 붙는다 해도 경화硬貨나 지폐로 전환될 수 없고 그렇게 유통되지도 않는다.

끝내 크레디 모빌리에는 회사채를 발행할 수 없었기 때문에 그것이 어떤 혼란을 초래했는지 계측할 수는 없지만. 그럼에도 이자가 붙은 회사채라는 아이디어는 발권은행을 두렵게 하기에 충분했다.

그런데 오트 방크가 정말로 위협으로 느낀 것은 만약 이 회사채 발행이 가능해진다면 그 자금력을 활용하여 크레디 모빌리에가 필연적으로 옴니움으로 변신할 수도 있다는 점이다. 그리고 옴니움이 되면 프랑스 전역의 산업이 크레디 모빌리에의 산하에 편입되어 거대한 독점자본이 탄생하게 된다.

그 경로는 다음과 같을 것이다.

옴니움이 되기 위해서는 무엇보다 먼저 펀드의 양적 확대가 필요하다. 그것은 펀드를 안정시키기 위해서는 투자처의 리스크가 분산되지 않으면 안 되기 때문이다. 적은 자본금으로 투자할 경우 리스크의 헤지를 세우기 어렵지만, 다양한 분야의 기업을 포함한 포트폴리오를 만들어두면 그만큼 헤지를 마련하기가 쉬워진다. 그리고 리스크는 투자처의 수가 많으면 많을수록 적어진다.

하지만 그 경우 같은 산업 분야에서 복수의 기업에 투자하는 것은 비능률적이고, 가능하다면 동종 기업은 합병·통합하는 것이 바람직하다. 설비 투자에 거액의 자금을 요하는 중후장대형重厚長大型 산업의 경우 특히 그러하다.

크레디 모빌리에는 이 원리를 응용하여 모든 산업 분야에 투자했는데, 그 결과 자본의 계열화와 통합이 진척되어 거대한 옴니움이 탄생하게 된다. 그것은 오트 방크에 큰 위협으로 비쳤다.

잠 드 로트실트가 크레디 모빌리에를 인가하면 프랑스 경제의 대부분이 무차별적으로 크레디 모빌리에의 영향 아래로 들어갈 것이라고 예언한 것은 그다지 빗나가지 않았다. 실제로 합병·통합이 실현된 것은 크레디 모빌리에가 이 작전을 확고한 결의를 갖고 실행했다는 것, 그리고 여차하면 어떤 기업이든 다소의 저항이 있다 해도 모두 크레디 모빌리에의 궤도 위에 군소리 없이 편입되었다는 것을 보여준다.

—베르트랑 질, 앞의 책

그럼에도 이러한 크레디 모빌리에의 옴니움화가 국내에 머무르고 있는 동안은 오트 방크로서도 그렇게 초조해하지 않을 수 있었다. 오트 방크에 의한 기업의 계열화도 어느 정도는 진척되고 있었기 때문이다.

그러나 크레디 모빌리에가 옴니움이라는 본질적인 성격에 맞게 보다 큰 규모의 이익scale merit을 찾아 외국으로 활동 범위를 넓혀 외국에 지점을 열거나 그 나라의 은행을 계열에 두는 일이 벌어지면 오트 방크도 적잖은 위기감을 품지 않을 수 없다. 왜냐하면 그렇게 될 경우 자본의 독점이 발생할 뿐만 아니라 경제 시스템 그 자체가 근원적으로 변화하고 말 것이기 때문이다.

만약 페레르 형제가 처방한 경제정책을 철저하게 수행한다면 늦든 빠르든 프랑스뿐만 아니라 유럽 전체의 규모로 경제와 산업의 모든 분야에서 사실상의 독점이 발생한다. 페레르 형제의 마음속에서는 하나의 경제 그룹 내지 하나의 국가에 의한 지배가 아니라 논리적인 조직화, 다시 말해 자본주의적 구조의 진화라는 궁극적인 결말이 문제였을 것이다.

—베르트랑 질, 같은 책

로스차일드 등의 오트 방크가 본능적으로 두려워한 것은 이 점이었을 것이다. 즉, 크레디 모빌리에에 의해 생시몽이 꿈꾸었던 금융·산업 유토피아가 실현되어 자본주의적 구조가 진화한다면 보수적인 부유층에 기초를 둔 자신들의 은행은 설 자리를 완전히 잃어버릴 터이기 때문이다.

여기에서 오트 방크는 전면적인 반격에 나설 것을 결의한다.

크레디 모빌리에 추방 작전

1855년 파리에서 처음으로 만국박람회가 열려 민중들이 열광에 사로잡혀 있을 때, 금융계에서는 오트 방크의 수뇌들이 모여 크레디 모빌리에 추방 작전을 가다듬고 있었다. 그럴 만도 한 것이 지난해(1854) 내무장관으로서 크레디 모빌리에를 후원하고 있던 페르시니가 극장 관할 다툼에서 라이벌인 국무장관 아쉴 풀드에게 패해 스위스 대사로 좌천되는 사건이 발생하면서 정부 내부에 크레디 모빌리에의 강력한 지지자가 사라졌기 때문이다. 페르시니는 이해 영국 대사가 되어 일단 정계에 복귀한 것처럼 보이긴 했지만, 경제적인 면에서 그의 영향력이 불식되었다는 사실에는 변함이 없었다.

황제의 신용을 얻고 있는 정부 관련 인물들 모두가 페르시니처럼 페레르 형제에게 공감하고 있었던 것은 아니다. 그리고 로스차일드가 체제가 안정된 이래 정부와 화해하고 유력자들과 평화적 관계를 맺기 시작했다. 더욱이 페르시니는 영국 대사로 부임해 파리에 없는 상태였다. 페레르 형제의 성공을 근원적으로 무너뜨릴 수 있는 길이 남아 있다. 다시 말해 그들이 정부로부터 얻고 있는 것을 공격할 수 있는 가능성이 열린 것이다.
—론도 카메론, 『프랑스와 유럽의 경제 발전—1800~ 1914』

로스차일드 일당이 표적으로 정한 것은 페레르 형제의 약점, 즉 크레디 모빌리에의 자금 조달의 길을 막는 것이다. 그러기 위해서는 크레디 모빌리에가 신청한 회사채 발행에 대한 인가를 어떻게든 저지하지 않으면 안 된다. 이 결정은 정부 쪽 특히 재무성에 필요한 공작을 펼침으로써 실행에 옮겨졌다. 1855년이 저물 무렵, 크레디 모빌리에의 회사채 발행은 1853년에 이어 각하되었다.

PLM 철도 포스터
생시몽주의자의 본류에 속하는 포랑 타라보는 이교파인 페레르 형제에게 적개심을 불태웠고, 생시몽주의 교회의 아버지 앙팡탱을 최고고문으로 초빙해 PLM 철도를 창설했다. 이들은 로스차일드와 함께 반페레르계 금융연합을 결성했다. [F]

오트 방크의 반격은 여기서 그치지 않았다. 오스트리아에서 크레디 모빌리에의 지점 개설을 저지하고, 스페인, 포르투갈, 이탈리아(피에몬테)에서도 크레디 모빌리에가 독점하고 있던 금융시장에 파고드는 데 성공한다.

나아가 오트 방크는 적진에 진입하기 위한 비밀병기를 만들기 시작한다. 1856년 벽두에 로스차일드를 비롯한 몇몇 오트 방크가 크레디 모빌리에와 똑같은 벤처 캐피털을 설립하기 위해 뤼니옹 피낭시에르L' Union Financière(금융조합)라는 은행 신디게이트를 결성한 것이다.

뤼니옹 피낭시에르의 멤버 중에는 로스차일드 가와 로스차일드 은행의 두 우두머리, 영국계와 스위스계인 프로테스탄트 계열의 은행 두

곳. 그리고 7월 왕정 시대에는 로스차일드의 라이벌이었지만 지금은 오를레앙 철도와 PLM 철도에 관여하고 있는 은행가인 바르톨로니 등의 이름이 보인다.

그러나 가장 많은 주목을 받은 인물은 PLM 철도 총재 포랑 타라보다. 왜냐하면 타라보 역시 어엿한 생시몽주의자이고, 생시몽주의 교회의 아버지였던 프로스페르 앙팡탱의 충실한 신도였기 때문이다. 타라보는 PLM을 설립할 때 앙팡탱을 최고고문으로 맞아들여 철도 자체가 사회혁명의 근간이라는 스승의 주장을 실천에 옮기고 있었다.

그 타라보가 반反크레디 모빌리에 진영이 대동단결한 뤼니옹 피낭시에르에 참가했다는 것은 그가 앙팡탱파의 정통 생시몽주의자로서 이교파離敎派의 생시몽주의자 페레르 형제와 확실하게 대결하겠다는 자세를 취했다는 것을 의미한다. 결국 뤼니옹 피낭시에르 결성은 단순히 로스차일드와 페레르 형제의 대결일 뿐만 아니라 그 이면에는 생시몽주의자끼리의 대결이라는 측면도 포함되어 있었던 것이다.

그렇다면 뤼니옹 피낭시에르 결성이라는 반격의 봉화烽火를 보고 페레르 형제는 그저 손가락을 입에 문 채 바라만 보고 있었을까?

그랬을 리가 없다. 페레르 형제 또한 즉각 반격을 개시했다.

이리하여 금융전쟁은 1856년부터 제2의 국면을 맞이하게 된다.

3
확대되는 금융전쟁

유럽 전역으로

페레르 형제가 이끄는 크레디 모빌리에와 로스차일드를 중심으로 하는 오트 방크 연합의 각축이 전면적인 금융전쟁으로 발전한 것은 1856년 의 일이다.

전년 말에 회사채 발행을 저지당한 페레르 형제는 이해 초에 대항 벤처 캐피털을 목표로 하는 뤼니옹 피낭시에르가 로스차일드 주도로 결성된 것을 보고 맹렬한 적개심을 불태우며 반격에 나설 것을 결의한다.

페레르 형제는 생각했다. 전역戰域을 프랑스로 한정하고 있는 한, 로스차일드가 박아 넣은 정부의 인가라는 쐐기 때문에 자금 조달이라는 약점은 해소되지 않는다. 다시 말해 회사채 발행도 증자도 불가능하다. 하지만 그것은 정부의 인가가 필요 없는 지역, 즉 프랑스 이외의 나라, 예컨대 스페인이나 네덜란드, 독일의 여러 연방과 같은 나라에서는 자금 조달이 얼마든지 가능하다는 것을 의미한다. 그뿐 아니라 이러한 나라들에 크레디 모빌리에와 같은 은행을 차례차례 설립하면 그것만으로 자금 조달력은 비약적으로 확대된다.

보다 넓은 범위에서 일원화한다는 아이디어가 자연스럽게 페레르 형제의 머릿속에 문득 떠올랐다. 그들은 그것만이 아니라 그 아이디어 속에서 국가 간 재정적 관계를 지배하고 있는 오트 방크의 전통적인 구조를 무너뜨릴 방법을 발견했던 것이다.

—베르트랑 질, 『19세기 프랑스의 은행』

유럽 전역에 크레디 모빌리에를 창설한다는 이 아이디어는 페레르 형제가 품고 있는 생시몽주의적인 금융 유토피아의 이상에도 딱 들어맞는 것이었다. 베르트랑 질은 페레르 형제가 이와 같은 유럽적 규모의 금융기관을 창설함으로써 어떤 결과를 기대했는지를 다음과 같이 요약한다.

· 유럽 여러 나라에 흩어져 아마도 헛되이 묻혀 있을 이용 가능 자금을 큰 중심적 금융기관으로 모은다.
· 그렇게 모은 자금이 가장 유효하면서 가장 실리적인 용도에 직접 쓰이게 된다.
· 모든 금융시장에서 이율이 낮아져 조정 국면으로 접어든다.
· 크레디트 페이퍼가 생겨나 유럽 안에서 순환한다.
· 현재 유럽 내부에서 신용 관계를 가로막는 완만하지만 높은 장벽의 대부

분을 단계적으로 소멸시킨다.

· 장기적으로 크레디트와 돈이 하나가 됨으로써 오늘날 어떤 나라에서나 산업인과 경제인이 안고 있는 가장 곤란한 문제가 해결될 것이다.

요컨대 페레르 형제는 오늘날 유럽이 유로 통합으로 실현하고자 하는 것을 150년 전에 예감하고, 그것을 크레디 모빌리에의 확대를 통해 현실화하고자 했던 것이다.

페레르 형제의 시도는 스페인에서는 대성공을 거두었다. 스페인 정부가 적극적으로 후원하여 크레디 모빌리에형 벤처 캐피털 설립을 장려한 덕분에 1856년 한꺼번에 네 개의 조직이 탄생했기 때문이다. 룩셈부르크에서도 독일의 다름슈타트에서도 페레르 형제의 주선으로 국제 벤처 캐피털이 생겨났다.

격화하는 각축전

그러나 이러한 유럽 전역으로의 확대 정책은 로스차일드와 뤼니옹 피낭시에르의 강한 반발을 초래하지 않을 수 없었다. 그들은 오스트리아에서 페레르 형제의 기선을 제압하고 크레디 모빌리에와 유사한 크레디트 안슈탈트Credit Anstalt를 설립한 것을 시작으로 벨기에, 이탈리아, 러시아 등지에서도 페레르 형제의 진출을 저지하는 데 성공했다. 때마침 그랑 상트랄 철도 매수 문제에서도 다툼이 치열해지고 있던 터라, 그들이 매스컴과 정부 관계자를 총동원하여 벌인 반페레르, 반크레디 모빌리에 캠페인은 더욱 더 격렬해졌다.

그 대단한 페레르 형제도 이 공세를 견딜 수 없어 나폴레옹 3세에게 직접 편지를 보내 다음과 같이 어려운 상황을 호소했다.

오늘날 우리와 크레디 모빌리에를 향해 마치 경쟁이라도 하듯이 쏟아지는 질투는 모든 것을 마비 상태로 내몰고 있습니다. (…) 파리의 대부분 신문과 외국 신문의 특파원은 분명히 하나의 명령을 따르고 있습니다. 그것은 크레디 모빌리에뿐만 아니라 크레디 모빌리에가 창설 이래 보호해온 모든 사업에 대한 일제 공격이자 어마어마한 비방의 대합창입니다. (…) 폐하께 말씀드립니다. 폐하의 제국에서 비난과 비방이 머리를 들고 다닐 수 있게 해서는 안 됩니다. 지금 폐하께서 듣고 계신 것은 견디다 못해 터져 나오는 분노의 외침입니다.

—베르트랑 질, 앞의 책

대강의 내용만 보아도 페레르 형제의 전선 확대에 대한 로스차일드 연합의 반격이 얼마나 치열했는지를 알 수 있다.

로스차일드 연합의 반격은 매스컴을 활용한 반페레르 캠페인만으로 끝나지 않았다. 잠 드 로트실트는 1856년 3월 8일 뤼니옹 피낭시에르의 멤버들이 모인 자리에서 철도 자금 융자를 주요 목적으로 하는 크레디 모빌리에형 벤처 캐피털 창설 계획을 털어놓았다. 당국도 호의적이어서 금방이라도 실현될 것처럼 보였다.

하지만 크레디 모빌리에도 가만히 있지만은 않았다. 매스컴을 활용하여 제2의 크레디 모빌리에에 대한 반론을 펼치는 한편 당국자 설득에도 나섰다.

알랭 플레시스는 이와 같은 양자의 격렬한 싸움을 『신현대프랑스사』

에서 이렇게 묘사한다.

크레디 모빌리에는 반격을 개시해 유럽 전역에서 라이벌들 특히 로스차일드와 서사시적이라고도 말할 수 있는 싸움을 이어나갔다. 그것은 거인끼리의 결투였다. 한쪽의 거인은 "로스차일드라는 견고한 금융사상의 소유자인 착실하고 확실한 은행가, 다시 말해 철도 따위는 유리한 투자를 통해 차익금을 벌어들이는 수단으로밖에 보지 않는 은행가"였고, 다른 한쪽의 거인은 "레일 끝에 기대 좋은 사회를 꿈꾸는 로맨틱한 기업가"였다.

양자가 맞붙어 꼼짝하지 못하는 것을 본 뤼니옹 피낭시에르의 일부에서는 이 '기간토마키아'가 경제 전체에 나쁜 결과를 초래할지도 모른다고 걱정하는 사람들이 등장, 둘의 융화를 도모하기 위해서라도 제2의 크레디 모빌리에는 양자가 공동 출자해야 한다고 주장하기 시작했다. 예를 들어 PLM의 바르톨로나 타라보는 사태를 수습하기 위해 은행의 성격을 상업어음 할인은행으로 변경한다는 조건을 제시하며 재무장관의 중재를 요청했지만, 재무장관과 면담한 잠 드 로트실트는 뤼니옹 피낭시에르가 크레디 모빌리에와 이해利害를 나눠 갖는 일은 절대로 있을 수 없다며 이 아이디어를 뿌리쳤다. 그 결과 새로운 상공업 은행 설립 건은 결국 국무원의 판단에 맡겨지게 된다.

1856년 12월, 국무원은 상업 어음의 할인 업무는 기존의 콩투와르 데스콩트의 증자로 충분하다며 불인가 결정을 내렸다. 크레디 모빌리에의 반격이 주효했던 셈이다.

제3세력의 등장과 '소시에테 제네랄'의 탄생

자기 진영의 보조가 뒤엉키는 것이 못마땅했던 잠 드 로트실트는 국무원의 결정이 나온 후 뤼니옹 피낭시에르 그룹에서 빠져나와 일단 제2의 크레디 모빌리에 설립 계획으로부터 손을 뗀다.

그러나 불경기에 따른 철도 자금의 핍박을 날마나 느끼고 있던 PLM의 바르톨로니와 타라보 등은 여전히 새로운 상공업 은행의 설립을 단념하지 않고 글래드스턴과 도넌 등 영국의 은행가와 교섭을 거듭하고, 나아가 모르니 및 앙팡탱을 신봉하는 리옹의 은행가 알레스 뒤푸르Ales-Dufour를 동료로 끌어들여 1857년 국제상공업은행CIC 설립을 출원해 2년 후인 1859년 1월에 마침내 인가를 받는다.

하지만 국제금융가들의 연합체로 설립된 CIC는 어음 할인 업무를 중심으로 하는 영국형 국제상업은행의 성격을 전면에 내세운 것으로, 벤처 캐피털 기능이 적어서 크레디 모빌리에를 위협할 정도는 아니었다. 그리고 로스차일드가 도중에 뤼니옹 피낭시에르에서 빠져나온 터이기도 해서 CIC는 페레르 형제와 로스차일드 양대 세력의 중간을 걷는 제3세력적인 양상을 강화했다.

또, 1860년을 전후한 몇 년은 순환적인 경기 후퇴에 타격을 입어 프랑스 국내의 금융 활동이 활발하지 못했기 때문에 페레르 형제와 로스차일드 연합군 사이의 전쟁도 주로 외국을 전장으로 하여 일진일퇴의 국지전이 되풀이되었다.

그런데 1862년 사보아 은행 처리 문제를 둘러싸고 양자는 다시 프랑스 국내에서 정면으로 충돌하게 된다.

1860년 프랑스와 스위스 국경에 있었던 사보아 공국이 프랑스에 합병되는데, 사보아 공국의 발권은행이었던 사보아 은행의 처리를 재무장관 루에르로부터 일임 받은 페레르 형제는 다시없을 기발한 아이디어를 생각해낸다. 즉, 사보아 은행을 통째로 매수하면 발권 기능도 함께 따라올 것을 안 그들은 은행의 자본을 10배로 증자함으로써 크레디 모빌리에의 회사채에 의탁했던 꿈, 그러니까 프랑스 은행과 대립하는 제2의 발권은행 설립의 꿈을 실현하고자 했던 것이다.

이에 대해 발권 기능을 가진 은행이 페레르 형제의 손에 떨어질 수도 있는 사태의 중요성을 어렵사리 알아챈 로스차일드 진영은 매스컴을 동원하여 단숨에 반격에 나섰다.

소시에테 제네랄 은행
크레디 모빌리에에 대항하기 위해 로스차일드는 같은 형태의 벤처 금융 설립을 획책한다. 반페르니파 생시몽주의자들을 규합하여 소시에테 제네랄 은행을 설립했는데, 자신은 배후 역할로 일관했다. 오스만 대로에 지금도 남아 있는 소시에테 제네랄 본점. |이

양자의 논쟁은 곧 원리적인 양상을 띠기 시작했고, 사보아 은행 문제는 단순한 구실이 되었다. 논전은 이어졌고, 음모가 점점 늘어나 황제의 주변에까지 미쳤다. 1864년 5월, 루에르는 사보아 은행과 페레르 형제 사이에 체결된 계약은 영원히 실행되지 못하도록 한다는 결정을 내렸다.
—베르트랑 질, 『19세기 프랑스의 은행』

이번에는 페레르 형제가 로스차일드 진영에 여

크레디 리요네 은행
1863년 은행법 개정과 함께 크레디 모빌리에형 은행이 속속 탄생했다. 크레디 리요네 은행도 그중 하나. 크레디 리요네는 예금 모집에 뛰어난 실력을 보여 점차 크레디 모빌리에의 영역을 파고들었다. |O|

지없이 패하고 만 것이다.

사보아 은행 사건과 나란히 1863년부터 이듬 해까지 프랑스의 금융계를 요란한 싸움으로 몰아넣은 것이 소시에테 제네랄Société Général 설립 계획이다. 이것은 분명히 1856년 일단 좌절됐던 대항 벤처 캐피털 구상을 로스차일드가 되풀이한 것으로, 그 배경에서 줄곧 페레르 형제를 추방할 기회가 오기를 기다리고 있던 로스차일드의 심모원려가 엿보인다.

로스차일드가 승부에 나선 배경으로 우선 당시 경제 상황의 변화를 들 수 있다.

나폴레옹 3세의 제2의 쿠데타로 불리는 1860년 영·프 통상조약의 체결과 함께 일시적인 불황에 빠졌던 프랑스 산업계는 영국으로부터 값싼 원재료가 유입되면서 경쟁력을 되찾고, 1862년부터는 수출형으로 방향을 바꾼다. 그런데 바로 그때 아메리카에서 남북전쟁이 발발해 면화 수입이 끊기면서 면화 가격이 폭등한다. 그뿐만 아니라 아메리카라는 수출 대상국을 상실함으로써 프랑스의 무역수지 균형이 크게 무너지고, 수출 의존형으로 변화하고 있던 프랑스 산업계는 깊은 상처를 입는다.

국내의 불황을 타개하기 위해서는 수출을 더 늘릴 수밖에 없지만 외화 감소로 통화 공급이 저하하고 있어 수출품을 생산하기 위한 자금이 고갈되고 있는 실정이다. 한 마디로 말하면 수출 의존형으로 변화한 산업계를 지탱하기 위해서는 크레디 모빌리에형의 새로운 벤처 캐피털이 당장 필요하게 된 것이다.

소시에테 제네랄은 이러한 배경에서 탄생한 것으로 보인다. 단, 그렇다 해도 이해하기 어려운 것은 뤼니옹 피낭시에르의 구성 멤버 대다수가, 특히 바르톨로니나 타라보 같은 PLM계 은행가가 소시에테 제네랄 설립 멤버로 얼굴을 내밀고 있음에도 불구하고, 핵심적인 인물인 로스차일드의 이름이 보이지 않는다는 점이다. 아마도 로스차일드는 1856년의 대항 벤처 캐피털이 실패하면서 혼이 난 터라, 자신은 전면에 나서지 않고 배후에서 벤처 캐피털을 조종하고자 했을 것임에 틀림없다.

어쨌든 1863년 은행법 개정과 함께 소시에테 제네랄을 비롯해 크레디 리요네, 방크 데 헤이바, 방크 드 파리 등 새로운 유형의 은행이 속속 탄생한 결과를 보면, 그것이 로스차일드가 구상한 전략의 일환이었다는 것을 알 수 있다. 즉, 이들 신형 은행은 예금 모집 분야에서도 투자 분야에서도 크레디 모빌리에의 독점을 깨고 그 시장을 잠식하기 시작했던 것이다.

이 은행들의 특징은 정기예금이나 당좌구좌의 개설, 수표책 발행 등을 고안함으로써 고객의 신뢰와 예금을 획득해 순식간에 전국으로 지점을 확대했다는 데 있다. 또 끌어들인 예금을 투자하고 대출하는 데 있어서도 대담하기가 크레디 모빌리에를 능가할 정도였다.

그러나 생각해보면 당연한 일이지만 이 은행의 이상적인 목표는, 앙팡탱의 직계인 생시몽주의자가 신형 은행 임원으로 이름을 내걸었다는 사실을 보아도 분명하게 알 수 있듯이, 크레디 모빌리에와 같은 생시몽주의적인 금융 유토피아였다.

요컨대 로스차일드는 독으로 독을 제압하는 수법으로 생시몽주의자의 크레디 모빌리에를 쓰러뜨리기 위해 다른 쪽 생시몽주의자의 힘과 방법을 활용했던 것이다. 하지만 일시적인 편법이었을 터인 소시에테 제네랄이나 크레디 리요네 등 예금·신용 은행이 그 후에도 살아남으리라는 것은 예상하지 못했다. 그 대단한 로스차일드도 금융의 장래가 소액 예금과 소액 대출에 달려 있다는 것은 간파하지 못했던 듯하다.

크레디 모빌리에의 붕괴

어찌됐든 방법이나 이념을 함께하는 이와 같은 라이벌 금융의 등장은 크레디 모빌리에에게는 커다란 위협이었다. 그도 그럴 것이 크레디 모빌리에는 민간의 휴면자금을 빨아들이는 경쟁에서 온갖 생각을 짜내는 신형 은행에 뒤처지면서 서서히 자금이 고갈되기 시작했기 때문이다.

그러나 그렇다고 해서 쉽게 벤처 캐피털의 간판을 내릴 수는 없었다. 그중에서도 소시에테 이모빌리에(크레디 모빌리에의 자회사였던 콩파니 이모빌리에 드 파리가 소시에테 데 포르 드 마르세유를 합병하여 1883년에 출범한 부동산은행)에는 크레디 모빌리에의 자본금을 훌쩍 뛰어넘는 750만 프랑이라는 거액의 자금이 투입되고 있었다. 수에즈 운하 개통을 내다본 페레르 형제가 마르세유가 리버풀과 같은 큰 항구가 될 것을 예상하고 대규모 재개발을 위해 마르세유의 토지를 사들였기 때문이다. 그들은 크레디 모빌리에의 자금 대부분을 소시에테 이모빌리에에 쏟아부었다.

그런데 예상은 멋지게 빗나갔다. 1866년에 불어닥친 부동산 불황으로 재개발한 토지가 애물단지로 남겨졌기 때문이다. 소시에테 이모빌리에가 무너지면 크레디 모빌리에도 무너지리라는 것은 불을 보는 것보다 명확하다.

생각할 수 있는 수단은 하나뿐이었다. 대폭적인 증자다. 1866년 정부를 설득하여 배액증자倍額增資 허가를 얻어낸 페레르 형제는 주주에게는 진상을 밝히지도 않은 채 증자를 강행했고, 이렇게 모은 자금을 모두 소시에테 이모빌리에에 퍼부었다. 하지만 그럼에도 불량채권은 해소되지 않았고, 이윽고 증자의 진상에 대한 정보가 증권시장에 흘러들어 주가는 최고가의 10분의 1로 폭락했다.

1867년 4월, 크레디 모빌리에와 소시에테 이모빌리에는 파산 직전까지 내몰렸다. 다른 일에 전혀 신경을 쓸 여유가 없었던 페레르 형제는 적에게 무릎 꿇는 일이라는 것을 알면서도 재무장관 루에르에게 읍소하여 프랑스 은행으로부터 750만 프랑을 융자해달라고 요청했다. 융자를 거부하고 도산을 방치하면 금융 패닉이 일어날 수밖에 없다고 판단한 루에르는 프랑스 은행 간부 설득에 나섰다. 하지만 크레디 모빌리에에 오랫동안 쌓인 원한을 씻을 절호의 기회라고 생각한 프랑스 은행 간부들은 급격한 처리를 회피한다는 점에서는 동의했지만, 융자 자금은 절반 이하 그것도 페레르 형제와 크레디 모빌리에 경영진의 개인 자산을 담보로 삼는다는 엄격한 조건을 내걸었다. 융자는 최종적으로 250만 프랑에 그쳤다.

1867년 9월, 페레르 형제는 두 개 회사의 대표이사직을 사임했고, 그 자리를 프랑스 은행에서 파견된 이사에게 넘겨줬다. 이리하여 제2제정 기간 내내 이어진 페레르 형제와 로스차일드의 기간토마키아는 이상주의자 페레르 형제의 결정적 패배로 끝이 났다.

4
파리 대★개조에 착수하다

파리 대개조에 대한 집념

지금까지 페레르 형제의 업적에 많은 분량을 할애하다보니 핵심적 인물인 나폴레옹 3세에 대한 언급은 소홀히 하고 말았다. 페레르 형제에 관해서는 앞으로 다룰 파리 대개조의 자금 조달 부분에서 얘기하기로 하고, 다시 나폴레옹 3세로 돌아가보자.

1851년 12월 2일 쿠데타가 성공했을 때 그의 가슴은 하나의 기대로 충만했음에 틀림없다. "이제야 겨우 파리 대개조에 착수할 수 있게 됐다"라는 생각이다. 파리 대개조에 대한 루이 나폴레옹의 집념은 1848년 12월 대통령에 당선한 때부터 이미 누가 보기에도 분명했다.

이해 12월 20일, 대통령 선서식이 엘리제 궁에서 열렸는데 그때 새롭게 센 지사로 임명된 베르제는 루이 나폴레옹의 집무실로 불려갔다. 베르제가 들어서자 벽에는 한 장짜리 파리 지도가 걸려 있고, 새로 닦아야 할 도로와 공공시설이 긴급한 정도에 따라 색깔을 달리하여 구분되어 있었다. 루이 나폴레옹은 지도를 가리키며 이렇게 단언했다. "이 지도대로 즉시 파리 개조에 착수해주시오."(메뤼오, 『파리 시청사의 회상』)

베르제는 깜짝 놀라 뒤로 넘어질 뻔했다. 그럴 만도 한 것이 지금까지 발행된 시채市債를 상환하지 못한 채 거액의 빚을 지고 있는 파리 시의 예산으로는 그런 개조 공사는 꿈도 꾸지 못하고 있었기 때문이다. 베르제는 위기에 처한 재정 상태를 설명하면 대통령도 이내 물러설 것이라고 생각했지만, 기대와 달리 루이 나폴레옹은 한 걸음도 물러서지 않고 무슨 일이 있을 때마다 지사에게 실행에 옮기라고 압박했다. 그러자 베르제는 시의회와 함께 사보타주 전술을 펼쳐 개조를 가능한 한 늦추려고 애썼다.

베르제의 이런 자세에 강한 불만을 느꼈던 것일까, 나폴레옹 3세가 된 루이 나폴레옹은 쿠데타로부터 일년 반이 지난 1863년 6월 갑자기 베르제를 해임하고 지롱드 현 지사였던 오스만을 센 현 지사에 앉혔다.

6월 29일, 지사 취임식에 참석한 외젠 오스만은 그날 밤 튀일리 궁의 나폴레옹 3세 집무실로 불려갔다. 이때 있었던 일을 오스만은 『회상록』에서 이렇게 적는다.

황제는 나에게 지도 한 장을 보여주었다. 그 위에는 황제 자신의 손으로 공사의 긴급한 정도에 따라 개통해야 할 도로가 청색, 적색, 황색, 녹색 네 가지 색으로 나뉘어 칠해져 있었다. 황제는 즉각 착공하라고 나에게 명령을 내렸다.

나폴레옹 3세의 파리 지도
루이 나폴레옹은 1848년 12월 대
통령에 당선하자 센 지사 베르제
를 불러 개통해야 할 도로를 청색,
적색, 황색, 녹색으로 구분하여 표
시한 파리 지도를 보여주었다. [P]

오스만이 본 파리 지도는 아마 베르제가 본 것
과 동일한 지도였을 것으로 보인다. 왜냐하면 베
르제와 오스만 두 지사의 비서관으로 있었던 메
뤼오가 다음과 같이 말하고 있기 때문이다.

〔개조 계획의〕 대략적인 방향성과 개조 시스템은 황
제의 마음속에 대통령 취임 시점부터 이미 결정되어
있었다. 아니, 몇몇 본질적인 부분에 관해서는 그보
다 훨씬 이전부터 생각하고 있었음에 틀림없다.

―메뤼오, 앞의 책

그렇다면 나폴레옹 3세는 도대체 언제부터 파
리 개조를 자신에게 부과된 천명이라고 생각했던
것일까?

파리의 인상

비위생적인 파리의 거리
확장을 거듭해온 파리는 18세기
후반부터 급격한 인구 증가로 도
시 기능이 마비되었다. 특히 건물
이 밀집하고 상하수도가 갖춰지
지 않아서 습기와 악취로 인한 비
위생적인 상태를 피할 수 없었다.
1865년 무렵의 콜로브 거리. [T]

1808년에 파리에서 태어났지만 1815년 프랑스에
서 추방된 루이 나폴레옹의 기억 속에서 고향 마
을의 인상은 당연히 흐릿했을 터다. 그런 그가 파
리와 사실상 처음으로 만난 것은 1831년 4월 하
순, 로마에서 카르보나리의 음모에 가담한 죄로
오스트리아 경찰에 쫓겨 어머니 오르탕스 왕비와
함께 이탈리아에서 프랑스로 들어왔다가 런던으

로 향했을 때다.

이때 루이 나폴레옹은 도중에 형을 잃고 자신도 건강을 해치고 있었는데, 루이 필리프에 의해 보나파르트 일족의 추방 명령이 내려져 있었기 때문에 4월 23일부터 2주일 남짓 동안만 파리 체재를 허락받았다. 또, 런던에서 돌아오는 길에 파리에 들르는 것이 금지되어 우회로를 택할 수밖에 없었다.

그 후 1848년 2월 혁명이 발발하기까지 자유로운 신분으로 파리를 찾은 일은 없다. 1840년 불로뉴 봉기가 실패하고 법정에 섰을 때에는 죄수로서 호송마차의 창을 통해 파리의 거리를 바라본 것에 지나지 않는다. 따라서 파리에 관한 루이 나폴레옹의 인상은 여행자의 인상, 더욱이 너무나 특수한 여행자의 그것일 수밖에 없었다고 말할 수 있다.

그렇다면 이 당시의 파리에 대해서 여행자는 보통 어떤 인상을 품었을까? 그것은 결코 마음에 와 닿는 것이 아니었다. 왜냐하면 파리는 중세의 거리가 그대로 남아 있는 전근대적인 도시였을 뿐만 아니라 수용 한도를 훨씬 넘어선 민중이 살고 있어 숨쉬기도 어려운 인구 과잉의 동네로 변해 있었기 때문이다. 시테 섬이나 오텔 드 빌 지구 같은 민중적인 블럭은 도시계획 등이 전무한 상태에서 지어진 회반죽벽 건물이 처마를 맞대고 늘어서 있었고, 좁은 도로에는 일 년 내내 빛 한 줄기 들어오지 않았다. 부엌 쓰레기가 마차의 바퀴에 짓이겨져 만들어진 유기성 진흙이 포석鋪石을 뒤덮고 있었다. 18세기 후반에는 인구 과밀 상태가 한도에 달해 있었기 때문에 루이 세바스티앙 메르시에는 『타블로 드 파리』에서 이렇게 부르짖는다.

"도로는 어디나 좁고 막다른 골목인데다 지나치게 높은 건물은 공기의 흐름을 막고 있다. 푸줏간, 생선가게, 하수도, 묘지 때문에 공기는 썩을 대로 썩었다."

푸줏간과 생선가게는 중앙시장이나 각 블럭에 있었던 것들을 가리키는데, 위생 개념이 없었기 때문에 버려진 잡육雜肉이나 뼈가 그대로 방치되어 악취를 풍기고 있었던 것이다.

그리고 묘지도 마찬가지여서 마을 한가운데 있었던 이노상 묘지를 비롯한 공동묘지에서는 커다랗게 판 구덩이에 시체가 산처럼 쌓여서 햇볕에 노출된 채 썩어가고 있었다(단, 이노상 묘지는 1780년에 철거).

그러나 동네의 공기를 가장 심각하게 더럽히는 것은 제대로 갖춰지지 않은 하수도다. 변소는 보통 수십 세대가 사는 건물 안마당에 하나밖에 없었기 때문에 사람들은 자기 방에서 요강에 볼일을 보았다가 밤중에 인기척이 없는 틈을 타 창밖으로 내용물을 버렸다.

그 결과 거리는 거의 공동변소와 다를 게 없었지만 배수설비라고는 길 한가운데 파인 좁은 도랑뿐이어서 늘 더러운 물이 괴어 있었고, 코를 찌르는 듯한 악취와 끈적끈적한 습기가 온 마을을 감싼 채 사라질 줄을 몰랐다. 이런 상황은 1838년까지도 여전해서, 로네 자작(신문왕 지라르댕의 아내인 델핀의 필명)은 『프레스』에 기고한 칼럼 「파리 소식」에서 이렇게 쓴다.

파리에서 살다보면 마치 지하도시에 있는 듯한 느낌을 지우기 어렵다. 그만큼 공기는 무겁게 가라앉아 있고 어둠은 깊다. (…) 그럼에도 이 캄캄한 암흑 같은 액체 속에 무수한 사람이 마치 늪 속의 파충류처럼 꾸물거리면서 밀치락달치락 살아가고 있다.

루이 나폴레옹이 1831년 파리를 찾아왔을 때의 모습이 바로 이러했다. 그가 머물렀던 호텔이 있는 라페 거리 일대는 비교적 청결한 구역이었다 해도, 그곳에 도착하기까지 우편마차를 타고 남쪽 문을 거쳐 지나온 생마른Saint-Marne 지구는 파리에서 가장 가난한 곳이었기 때문에 루이 나폴레옹은 틀림없이 놀란 눈으로 그 비위생적인 모습을 관찰했을 것이다. 이탈리아에서 걸린 홍역 때문에 체력이 쇠약해진 탓도 있었겠지만, 파리의 습기와 악취는 루이 나폴레옹에게 짧은 체류 동안 떨쳐버릴 수 없는 강한 인상을 남겼던 것이다.

런던의 인상

이에 비해 파리 다음으로 들른 런던은 그에게 전혀 다른 인상을 주었다. 런던은 17세기의 대화재를 계기로 도시계획이 진전되어 쾌적성amenity이 현저하게 향상되어 있었기 때문이다. 즉, 좁은 도로는 넓혀지고, 방사상放射狀과 바둑판 모양을 결합한 가로가 조성되었다. 또, 상하수도의 설치도 진척되어 하수는 대변과 소변을 동시에 흘려보내는 완전 하수 방류 방식이 채택되었다. 상수도도 아파트 각 가정까지 설치되었고, 가스도 조명용과 취사용으로 사용되기에 이르렀다. 하이드파크나 리젠트파크 등 녹음이 우거진 공원도 조성되어 도시 민중에게 쉼터를 제공하고 있었다.

젊은 루이 나폴레옹의 눈에 런던의 도시계획은 놀랄 만한 기적으로 비쳤다. 공기가 무겁게 가라앉아 축축하고 어두운 파리에 비하면 런던은 특유의 날씨에도 청결하고 기분 좋은 도시 공간으로 보였다. 널찍널찍한 도로에는 푸르른 가로수가 심어져 있고, 영국식 자연공원도 깨끗한 공기를 공급하고 있었다.

루이 나폴레옹은 그 이듬해인 1832년에도 런던을 방문한다. 1832년 7월 나폴레옹의 아들인 로마 왕이 사망하고, 보나파르트가의 당주當主를 결정하는 친족회의가 런던에서 열렸기 때문이다. 이때 루이 나폴레옹은 런던뿐만 아니라 영국의 몇몇 공업도시를 찾았는데 그곳의 발전상을 보고 깜짝 놀랐다. 맨체스터에 관하여 그는 아버지에게 보낸 편지에서 이렇게 말한다. "정말 아름다운 곳입니다. 이 나라의 다른 도시들도 마찬가지입니다. 아름다운 건물이 즐비하고, 길은 넓고 훌륭하게 정비되어 있습니다."

단, 루이 나폴레옹에게 불만스러웠던 것은 영국의 거리가 단조로워 미학을 느낄 수 없다는 점이었다. 리버풀에 대해 그는 이렇게 쓴다. "어떤 도시나 구조가 똑같습니다. 그러다보니 겉모양이 똑같고, 건물도 대부분 붉은 벽돌로 지어져 있습니다.

이런 관찰을 통해 루이 나폴레옹은 마음속에 이상적인 도시계획을 품게 된다. 즉, 파리를 대대적으로 개조하여 런던 같은 합리적인 도시계획에 기초하여 깨끗하게 정비된 동네를 만들고 동시에 파리를 런던처럼 아름다운 건물이 늘어선 도시로 가꿀 수 있지 않을까라는 몽상이다.

이 몽상은 스위스의 아레넨베르크로 돌아와 나르시스 뷔야르를 스승으로 초빙해 생시몽주의 저작 등에 친숙해지면서 보다 확실한 형태를 띠게 된다. 이리하여 스위스의 호수 근처에 그만의 유피아적인 도시계획이 탄생했던 것이다.

『나폴레옹적 이념』과 도시계획의 상상

1836년 스트라스부르 봉기가 실패한 후 아메리카로 건너가 신세계를 본 루이 나폴레옹은 유토피아적 몽상을 단념하기는커녕 점점 더 강고한 사회개량가가 된다. 런던에서 사교생활을 하는 한편 매일 수많은 저작을 섭렵하고 황제민주주의라고도 부를 만한 독특한 사상을 품기에 이른다.

1839년에 발표된 『나폴레옹적 이념』은 황제 나폴레옹의 업적을 구체적인 숫자에 근거해 검토하고 그것을 사회개량의 기초로 삼겠다고 주장하는 저작인데, 여기에서 이미 훗날의 파리 대개조 계획에 대한 언급을 찾아볼 수 있다.

예를 들어 '파리의 토목공사'라는 제목의 장에서는 나폴레옹이 파리에서 추진한 토목공사가 얼마나 도시의 건강을 회복시키는 데 기여했는지를 수리水利, 시장, 창고, 다리, 하안河岸 등의 항목으로 나누어 검토하면서 도시계획가로서 나폴레옹의 뛰어난 측면을 소개하는 한편, 나폴레옹이 하다가 남겨둔 공사가 얼마나 많은지를 보여줌으로써 자신이 황제가 되어 완성하지 않으면 안 된다는 '의무'를 암암리에 내비치고 있다.

그러나 『나폴레옹적 이념』에서 주목해야 할 가장 중요한 지점은 도시 개량 공사와 같은 공공사업은 그저 세금을 사용하는 선에서 그치는 것이 아니라 고용을 늘리고 사회의 번영을 가져온다는 '적극적 지출' 개념일 것이다.

황제가 이와 같이 대규모로 시행하게 한 공공사업은 국내 번영의 주요 원인이 되었을 뿐만 아니라 많은 부문에서 사회적 진보를 초래했다. 즉, 이러한 공공사업은 인간과 사물의 커뮤니케이션을 촉진한다는 점에서 세 가지 큰 이점이 있다. 첫째, 일자리가 없는 사람들을 고용함으로써 빈곤계급의 구제로 이어진다. 둘째, 새로운 도로나 운하를 뚫어 토지를 가치를 높이고 모든 물품의 유통을 촉진함으로써 농업과 광공업 그리고 상업을 진흥시킨다. 셋째, 지방적 사고방식을 파괴하고 지방과 지방 또는 국가와 국가를 가로막고 있는 장벽을 부순다. (…) 나폴레옹의 시스템은 국가의 지도에 따라 수많은 공사를 하게 하는 것이다. 그리고 일단 공사가 마무리되면 그것을 매각하고, 매각을 통해 얻은 이익으로 더 많은 공사에 착수할 수 있는 것이다.

이처럼 루이 나폴레옹은 이 시점에 이미 공공사업과 도시계획을 '유통의 촉진에 의한 물류의 순환' '순환에 의한 사회적 부의 증대'라는 생시몽주의적인 관점에서 생각하고 있었을 뿐만 아니라, 국가적인 '땅투기'에 의한 공사비용의 염출이라는 아이디어까지 얻었던 것이다. 이 두 가지 관점은 훗날 나폴레옹 3세가 되어 파리 개조를 명할 때 수레의 두 바퀴처럼 기능하게 된다.

'암 감옥'에서 배운 것

1840년 불로뉴 봉기 실패로 루이 나폴레옹은 암 감옥에 갇히는데, 이 유폐는 그와 같은 유토피아적 사상가에게 사상을 심화하는 데 둘도 없는 기회를 제공했다.

1844년에 출판되는 『빈곤의 근절』 집필에 몰두하는 한편, 루이 나폴레옹은 진지하게 파리 개조를 생각하면서 거실에 큼직한 파리 지도를 걸어놓고 이상적인 도시의 건설을 꿈꾼다. 그렇다면 루이 나폴레옹은 어떤 이유에서 파리 대개조를 떠올렸던 것일까? 이 문제를 다시 한 번 검토해보자.

첫째, 태어나고 자란 환경에서 비롯한 파리의 도시 환경에 대한 격렬한 혐오다. 루이 나폴레옹은 아레넨베르크라는 스위스 호반의 청결한 곳에서 자랐고 성인이 된 후에는 런던에 머무는 일이 많았기 때문에 파리와 같은 라틴적 혼란에는 아무래도 익숙하지가 않았다. 그러니까 파리에서 태어나긴 했지만 아무런 향수도 갖지 못한 루이 나폴레옹은 앵글로색슨계의 '외국인'이 파리에 대하여 품는 혐오감을 그대로 공유하고 있었던 것이다.

특히 루이 나폴레옹이 견딜 수 없다고 느낀 것은 파리의 습기와 햇빛 부족이다. 암 감옥에 갇혀 있는 동안 1831년에 걸린 류머티즘이 악화되었는데, 이 류머티즘이라는 오래된 질병 때문에라도 그는 로네 자작이 말하는 '지하도시'와 같은 습기와 암흑을 혐오하지 않을 수 없었다. 루이 나폴레옹은 암 감옥에서 류머티즘의 고통에 신음하면서, 그와 마찬가지로 건강에 좋지 않은 습기와 암흑에 고통스러워하는 파리를 자신의 몸처럼 생각하고, 그 병으로부터 해방되는 길을 틀림없이 도시계획에서 찾았을 것이다.

둘째, 런던을 비롯한 영국의 여러 도시에서 본 모더니즘에 대한 선호다. 루이 나폴레옹은 기관차나 철도역, 공장 등 기능적인 건축에서 일종의 '아름다움'을 발견한 최초의 모더니스트 중 한 명이었다. 런던의 방사상과 바둑판 모양의 기하학적인 계획도로도 그를 강하게 매료시켰다. 앵글로색슨 인종이나 다름없었던 그는 프랑스적인 바로크 취미와는 아무런 관련이 없는 미학의 소유자였다.

하지만 그의 머릿속에 이상도시로서 런던 외에 로마가 있었다는 것을 잊어서는 안 된다. 이렇게 말하는 것은 그에게 가장 밝게 빛나는 도시는 로마이고, 그 로마를 건설한 아우구스투스에게 자신을 비기는 경향이 있었기 때문이다. 1843년에 암 감옥에서 그는 이런 편지를 쓴다.

저는 제2의 아우구스투스가 되고 싶습니다. 왜냐하면 아우구스투스는 로마를 대리석의 도시로 만들었기 때문입니다.
—앙드레 카스텔로, 『나폴레옹 3세』

루이 나폴레옹은 큰아버지 나폴레옹을 카이사르에 비유하고 자신을 그의 조카인 아우구스투스에 비겼다. 결국 아우구스투스가 카이사르의 유지를 이어받아 로마 제국을 완성했듯이 자신도 나폴레옹이 못다 한 일을 완수할 작정이었던 것이다.

셋째, '빈곤의 근절'을 위한 방법으로서 파리 개조다. 루이 나폴레옹은 민중들이 사는 지역의 열악한 위생 상태가 야기한 질병과 빈곤 그리고 여기에서 생겨나는 폭력과 범죄를 사회적 혼란의 최대 원인으로 파악했기 때문에, 중심부의 빈민가를 일소하고 그곳을 건강한 거리로 바꾸는 것은 사회정책상으로도 절대적으로 필요하다고 생각했다. 1850년 대통령이었던 루이 나폴레옹이 시청사에서 행한 연설은 '악의 근원을 제거하기 위한 파리 개조'라는 사상을 잘 보여준다.

파리는 프랑스의 심장입니다. 이 위대한 도시를 아름답게 가꾸는 데 우리의 모든 힘을 쏟아 붓지 않겠습니까. 새로운 거리를 만들고, 공기와 햇빛이 부족한 인구 밀집 지구를 청결한 곳으로 바꾸어 건강한 빛이 우리의 건물 구석구석까지 들어오게 하지 않겠습니까.

—『나폴레옹 3세 저작집』

이리하여 루이 나폴레옹은 암 감옥에서 가다듬은 파리 개조 계획을 실행에 옮기기 위해서라도 어떻게 해서든 황제가 되어야겠다고 생각했다. 한 마디로 말하자면 루이 나폴레옹은 파리를 개조하기 위해 나폴레옹 3세가 되었다고 해도 결코 지나치지 않을 것이다.

5

오스만의 등장

파리 대개조 성공 요인과 나폴레옹 3세 이전의 파리 개조

교토나 브라질리아처럼 무인지경에 처음부터 도시를 만드는 것도 아니고, 대화재 후의 런던이나 시카고 그리고 간토대진재 후의 도쿄처럼 대화재나 지진에 의한 파괴를 이용하는 것도 아니며, 그렇다고 버블 후의 도쿄처럼 자연발생적인 경제 원리에 의한 것도 아닌, 한 사람의 위정자가 자기 머릿속의 생각에서 출발하여 도시계획을 완전하게 수행해낸 사례로서 나폴레옹 3세의 파리 대개조는 거의 전무후무하다고 할 수 있다. 즉, 파리 대개조는 단 한 사람의 의지에서 탄생한 대단히 희귀한 산물인 것이다.

하지만 파리 대개조가 전적으로 나폴레옹 3세의 의지에 따른 것이었다 해도, 그것만으로 계획을 완수할 수 있을지 여부는 미지수였다. 다시 말해 그 의지 외에 몇몇 요인이 더해져서야 비로소 파리 대개조는 성공할 수 있었던 것이다.

첫 번째 요인은 말할 것도 없이 외젠 오스만이라는 보기 드문 실행력을 갖춘 유능한 관리를 센 지사로 얻었다는 것.

두 번째 요인은 개조가 불가피하다고 생각할 정도로 도시 기능이 마비되고 인구 과밀, 교통 정체, 빈곤, 비위생, 질병, 범죄, 폭동 등 도시 문제가 산적해 있었다는 것.

세 번째 요인은 주민이나 저널리즘의 반대를 억누르기에 충분한 경찰력과 군사력이 나폴레옹 3세 측에 있었다는 것.

네 번째 요인은 페레르 형제 등에 의한 생시몽주의적인 개발 사상에 따라 돈이 순환하여 대량의 공채 발행과 토지 매수가 용이했다는 것.

다섯 번째 요인은 개조된 파리를 반길 새로운 멘털리티의 중산계급이 발흥한 것.

이하 이러한 요인을 복합적으로 검토하면서 나폴레옹 3세의 파리 대개조 과정을 따라가기로 한다.

그 전에 오해하는 사람이 많을까봐 지적해두거니와, 파리에 있는 폭넓은 대로가 모두 오스만의 개조에 의한 것은 아니다.

예를 들면, 파리 우안右岸의 마들렌 성당에서 바스티유 광장까지 몇 번이나 이름을 바꿔가면서 확장된 그랑 불바르는 루이 14세 치하에서 만들어진 것이다. 1670년 루이 14세는 중세의 샤를 5세 때부터 루이 13세 시대에 걸쳐 조영되어온 성벽이 황폐해져 쓰레기장으로 변하고 있는 것을 보고 마음이 아파, 이것을 파괴하고 폭 36미터의 산책로를 만들기로 결심했다. 그로부터 35년의 세월에 걸쳐 그랑 불바르는 왕이 아직 살아 있던 1705년에 마침내 완성되었다. 그랑 불바르가 우안에서 반

원형을 이루고 있는 것은 성벽이 있던 자리를 따라 만들어졌기 때문인데, 지금은 대로를 의미하는 불바르도 원래는 성벽이라는 뜻이다. 그랑 불바르에 있는 생드니 문과 생마르탱 문도 루이 14세 시대에 만들어진 시문市門이다.

또, 콩코르드 광장에서 센 강과 나란히 달리는 리볼리 로는 나폴레옹 1세의 명령에 따라 건설되기 시작한 드넓은 길이다. 단, 나폴레옹이 실각하면서 리볼리 로는 루브르 궁전 앞에서 공사가 중단되었다.

이외에 7월 왕정기의 센 지사 랑뷔토는 중앙시장 접근 문제를 해결하기 위해 센 강과 나란히 랑뷔토 로를 닦았다.

게다가 우안의 스트라스부르 로, 좌안의 레제콜 로도 오스만의 전임자인 베르제가 나폴레옹 3세에게 저항하면서도 임기 중에 만든 폭이 넓은 길이다.

그러나 이상의 도로를 빼면 우리가 현재 파리에서 보는 널찍하고 아름다운 대로 대부분은 오스만이 만들고 또 계획한 것이라 해도 지나친 말이 아니며, 오스만이라는 강력한 집행자가 없었다면 과연 오늘날과 같은 '화려한 도시' 파리가 존재할 수 있었을지 의심스럽다.

오스만의 경력

조르주 외젠 오스만은 나폴레옹 3세보다 한 해 늦은 1809년에 파리에서 태어났다. 출생지는 오늘날의 포부르 생토노레 로와 오스만 대로가 만나는 교차점에 해당한다.

오스만 대로는 오스만 사후 36년이 되는 1927년 공사가 끝났을 때 오스만의 업적에 가장 잘 어울리는 장대한 대로라는 의미에서 이렇게 명명되었다. 그리하여 오스만은 자신을 알지 못한 채 출생지에 자신의 이름을 남기게 되었던 것이다.

오스만의 아버지 쪽 조상은 그 이름(Haussmann의 독일어 발음은 하우스만)이 보여주는 것처럼 독일계인데, 오스만 자신이 『회상록』에서 서술한 것을 믿는다면, 원래는 케룬 선제후選帝侯와 이어지는 가계다. 알자스의 코르말로 이주했지만 루터파의 프로테스탄트였기 때문에 루이 14세가 낭트 칙령을 폐지하면서 독일로 피했다가 다시 프랑스로 돌아와 베르사유에서 살았다. 프랑스혁명 때에는 할아버지가 헌법제정의회와 국민공회의 의원으로 선출되기도 했다.

오스만의 아버지는 군인으로 나폴레옹 제정기에 육군성 회계관까지 역임했고, 왕정복고기에는 복직하여 육군 경리부에서 근무했다. 외할아버지는 제정기에 나폴레옹의 의붓자식인 이탈리아 부왕 외젠(조세핀이 전 남편에게서 얻은 프린스 외젠 드 보아르네)의 부관을 역임한 당제르 장군이다. 그 역시 프로테스탄트로 오스만의 대부이기도 했다.

오스만이 나폴레옹이라는 이름에 두말없이 복종하여 그 명령을 충실하게 실행하는 정신을 가졌던 것은 이러한 제정기의 군인 가정에서 자라 군인식의 예의범절을 물려받았기 때문이라고 말하는 사람도 종종 있는데, 오스만 자신도 『회상록』에서 "나는 태어난 환경을 보나 신념을 보나 제정주의자"라고 말했다.

왕정복고기에는 파리에서 리세lycée(고등학교)와 앙리 4세 학교를 다녔다. 동급생으로 오를레앙 공 루이 필리프의 장남 샤르트르 공이 있었는데, 그는 훗날 오스만에게 행정직으로 나아가는 길을 열어준다. 즉, 1830년 7월 혁명으로 루이 필리프가 '프랑스인의 왕'이 되자 오스만은 세자 자리에 오른 샤르트르 공의 주선으로 내무성에 들어가 타고난 추진력을 발휘하여 순조롭게 출세의 주사위를 던졌던 것이다.

그 계기의 하나가 된 것은 앙리 4세의 고향 가스코뉴의 네락Nerac에 군수로 부임했을 때, 보르도의 유력한 와인상의 딸과 결혼한 것이다. 이 결혼으로 그는 거액의 지참금을 받았을 뿐 아니라 지롱드 이곳저곳에서 군수로 전전하고 있던 시기에 그 지역에서 강한 연고를 쌓는 데 도움을 얻을 수 있었다.

그러나 순조롭게 출세의 사다리를 오르던 그가 지롱드 부레이의 군수가 되어 염원하던 지사 자리를 눈앞에 두고 있던 1848년 2월, 생각지도 못한 사태가 발생한다. 2월 혁명으로 제2공화정이 성립했던 것이다. 심정적으로는 보나파르티스트이지만 표면적으로는 오를레앙주의자였던 오스만은 단호하게 공화국의 지사가 되기를 거부하고, 지롱드에서 지방의회 의장으로 일하면서 기회가 오기를 기다린다.

기회는 금방 찾아왔다. 1848년 대통령 선거에 루이 나폴레옹이 입후보하는 것을 본 오스만은 보나파르티스트의 피가 들끓었는지 기회는 바로 지금이라 생각하고 루이 나폴레옹 지지로 돌아서, 지롱드의 연줄을 총동원하여 나폴레옹의 승리에 공헌한다.

지롱드는 원래 반나폴레옹 감정이 강한 곳이었기 때문에 오스만의 활약이 루이 나폴레옹의 눈에 띄지 않았을 리 없다. 공화국 대통령 루이 나폴레옹은 이 보나파르티스트 행정관을 눈여겨보았다가 공화파 '빨갱이들'의 가장 강력한 근거지인 바르Var의 현의 지사로 임명한다. 1849년 1월의 일이다.

오스만이 바르에 부임한 후 즉각 공화파 탄압에 착수하여 이해 입법

의원 선거에서 보수파 의원 세 명을 당선시키는
데 성공한다.

이 성과를 지켜본 루이 나폴레옹은 오스만을
다음 전장인 욘Yonne으로 파견하기로 결정한다.
욘은 보나파르티스트가 우세를 보이는 곳이긴 했
지만 사회주의자들의 '책동'으로 불온한 기운이
꿈틀대고 있었다. 이곳에서도 오스만의 수완은
유감없이 발휘되었다. 폭동은 싹이 트기 전에 처
리되었고 불온분자는 일소되었다.

1850년 여름, 리옹으로 가는 길에 철도로 욘
을 통과하던 루이 나폴레옹은 '붉은 도시' 주와니
Joigny에서 "황제 만세!" 소리와 함께 뜨거운 환영
을 받은 것에 놀랐고, 다시 한 번 지사의 수완에
감동했다. 돌아오는 길의 환영은 더 대단했다. 루
이 나폴레옹이 지나는 철도 연선 곳곳이 "황제 만
세!" 소리로 가득 찼던 것이다.

큰 공을 인정받아 오스만은 염원하던 지롱드
지사 자리를 손에 넣는다. 쿠데타를 눈앞에 둔
1851년 11월의 일이다.

운명의 12월 2일은 대통령이 지사를 접견하는
날이어서 오스만은 전날 오후 파리에 도착해 엘
리제 궁에서 열린 만찬에 참석했다. 오스만이 감
사를 표하자 루이 나폴레옹은 작은 소리로 이렇

외젠 오스만
내무장관 페르시니는 알자스계 출
신인 오스만이 지롱드 현 지사로
있을 때 그의 능력을 인정해 센 현
지사로 발탁했고, 이어서 나폴레
옹 3세는 그에게 파리 개조의 대임
을 맡긴다. [V]

파리 개조에 착수한 오스만
페르시니는 지롱드 지사 오스만의
'난폭한 냉소주의'에 감동하여 과
감하게 파리 개조에 나설 것을 부
탁한다. 오스만은 기대에 부응하
여 단호하게 개조 계획을 실행해
나간다. 파리를 자로 재고 있는 오
스만을 풍자한 그림. [V]

295

게 속삭였다.

"왜 내가 당신을 지롱드 지사로 임명했는지 지금은 그 이유를 말씀드릴 수 없습니다. 그건 그렇고 지금 바로 임지로 돌아갔으면 합니다. 내일 아침 가능한 한 이른 시간에 내무장관이 있는 곳으로 가서 지시를 받고 즉시 출발하십시오."

이렇게 말한 후 루이 나폴레옹은 그 자리를 뜨려다가 되돌아서서 작은 목소리로 "아니, 날이 밝기 전에 내무장관이 있는 곳으로 가십시오"라고 고쳐 말했다.

오스만은 뭔지는 모르지만 틀림없이 엄청나게 중대한 일이 일어날 것이라고 생각했다. 마침 내무장관 토리니가 그곳을 지나기에 루이 나폴레옹에게 들은 얘기를 전했다.

토리니는 의아한 표정으로 "지시라니요? 그게 뭐지요?"라고 대답했다. 순간 자신이 어처구니없는 실수를 저질렀다고 생각한 오스만은 허둥대며 화제를 바꾸었다. 루이 나폴레옹이 '내일 아침 내무장관이 있는 곳으로'라고만 했지 '토리니가 있는 곳으로'라고 말하지는 않았다는 것을 알아챈 것이다.

다음 날 아침 5시, 내무성에 가려고 오스만이 숙소를 나서자 거리에는 군대가 가득 차 있었다. 내무장관에게 면회를 요청하자 경비병이 그에게 물었다. "토리니 말입니까 아니면 모르니 백작 말입니까?" 쿠데타 결행 아침, 내무장관 자리에는 이미 모르니가 앉아 있었던 것이다.

오스만이 장관실로 들어가자 모르니는 웃는 얼굴로 그를 맞이하면서 "당신은 우리 편이겠지요?"라고 물었다.

오스만이 대답했다. "무슨 일이 일어나고 있는지 모르겠습니다만, 저는 언제나 루이 나폴레옹 전하를 따를 것입니다. 걱정 마시고 저를 부려주십시오."

그날 밤, 오스만은 특명대리관의 명령서를 휴대하고 기차에 올라탔다. 철도는 아직 푸와티에까지만 연결되어 있었기 때문에 보르도까지는 우편마차를 잡아타고 3일 저녁 지롱드 현청에 도착했다.

오스만은 즉각 부하에게 명하여 공화국 대통령이 인민에게 내린 포고와 함께 특명대리관의 선언을 관할 지역에 게시했다. 이 선언이라는 것이 물불을 가리지 않는 오스만에게 어울리게 그야말로 으스스하다.

내가 정부로부터 부여받은 권한은 광대하고 강력한 것이며, 평온의 유지를 보장할 뿐만 아니라 집행해야 할 조치가 얼마가 무거운지 충분히 증명하는 것이다. 반란이 그 어디에서 일어난다 해도 나는 전력을 다해 진압하여 질서를 바로잡을 것임을 예고하는 바다. 무질서를 노리는 자들은 나로부터 추호도 유예를 기대할 수 없을 것이다.

—오스만, 『회고록』

오스만의 협박은 놀라운 힘을 발휘했다. 반란다운 반란도 거의 일어나지 않은 채 지롱드 주는 대통령에 대한 신임투표로 이행하여 압도적 다수로 쿠데타를 승인했다. 루이 나폴레옹이 이듬해 유세 때 특별히 보르도를 선택해 오스만이 만반의 준비를 해놓은 상공회의소에서 '제국은 평화다'라는 유명한 연설을 했다는 것은 이미 서술한 바와 같다.

제정 이관移管을 묻는 국민투표에서도 찬성 11만4735표, 반대는 고작 3242표였다. 오스만은 제정이 성립한 다음 달인 1853년 1월 코앵두르

훈장을 받았다.

그로부터 5개월 후 오스만은 내무 관료의 최고 지위인 센 지사 자리
에 오른다.

오스만이라는 맹수

오스만은 『회상록』에서 자신을 센 지사로 특별히 추천한 사람은 내무
장관 페르시니라고 언명하고 이어서 이렇게 말한다.

나의 새로운 상사인 내무장관 페르시니는 개인적으로 나에 대해서 전혀 몰
랐다. 하지만 나는 내가 보르도에서 보낸 정확하고 치밀한 보고서와 자유 활
달한 성격 덕분에 그의 신뢰를 얻을 수 있었다. 내가 완수한 업적에 감동해
페르시니는 나를 높이 평가했던 것이다.

하지만 오스만의 이러한 증언에 대해 역사가 앙드레 모리제는 『오래
된 파리에서 근대적 파리로―오스만과 그의 전임자들』에서 의문을 제
기하고, 페르시니가 오스만을 개인적으로 몰랐을 리가 없다면서 그 증
거로 『페르시니의 회상록』 가운데 '파리의 개조'의 한 구절을 제시한다.
즉, 페르시니는 센 지사 베르제의 경질을 결의했을 때 그의 후임자가
될 만한 인물을 고르기 위해 일급에 속하는, 다시 말해 나폴레옹 3세에
게 충실한 지사들 몇 명을 파리로 불러 저녁식사를 함께한다는 구실로
그들의 능력을 살폈다고 한다. 오스만은 이 면접시험에서 합격했던 것
이다.

그런데 합격 이유가 자못 흥미롭다. "나를 가장 크게 감동시킨 사람

은 오스만이었다. 이상한 말이긴 하지만, 내가 매료된 부분은 이 주목할 만한 지성의 소유자가 지닌 능력보다 그의 성격상의 결점이었다."

그렇다면 오스만의 어떤 결점이 페르시니를 사로잡았을까?

내 앞에는 동시대 인물 중 규격에서 가장 멀리 벗어난 인물이 한 명 있었다. 이 대담한 사내는 거구에 헌걸차고 활기가 넘치는 데다 영리하고 빈틈이 없으며 권모술수에 능한 인물이었다. 자신이 어떤 사람인지 보여주는 것을 조금도 두려워하지 않았다. (…) 화제가 그가 좋아하는 것 그러니까 그 자신의 일이면 틀림없이 여섯 시간이 넘도록 쉬지 않고 이야기를 했을 것이다. 그렇다고 해서 그의 이러한 성격이 마음에 들지 않았다는 것은 아니다. 그 반대다.

(…) 그가 그런 성격을 난폭한 냉소주의와 함께 내 앞에 속속들이 드러내는 동안 나는 크게 만족하지 않을 수 없었다. 저 따위 경제학을 신봉하는 무리의 사상(사상이라기보다 편견)과 싸우기 위해서는, 그리고 대부분 증권거래소와 법정 뒤에 도사리고 있는 회의적이고 교활한 무리와 다투기 위해서는 어떤 수단을 동원해야 할지 한 순간도 망설이지 않을 이런 사내야말로 최적이라고 나는 혼자 중얼거렸다.

아무리 학식이 있고, 아무리 교묘하고, 아무리 솔직한 성격의 고상한 인물이라 해도 분명히 실수를 저지를 수 있는 그 장소에서, 튼튼한 골격에 목이 짧고, 대담함과 교묘함을 아울러 갖춘 이 헌걸찬 싸움꾼은 책략이든 모략이든 얼마든지 자유자재로 구사하여 틀림없이 성공을 거둘 것이다. 이 몸집이 큰 고양이과 맹수를 제국의 풍요로운 부를 찾아 몰려드는 여우와 이리 무리 한가운데로 던져 넣으면 어떤 일이 벌어질까……. 나의 가슴은 두근거리고 있었다.(페르시니, 『페르시니의 회상록』)

    페르시니가 기대한 대로 머잖아 오스만이라는 이름의 고양이과 맹수
는 어중이떠중이들이 몰려들어 혼돈스럽기 짝이 없는 파리의 한복판에
내던져져 대대적인 활약을 펼치기 시작한다. 1853년 3월 23일, 오스만
의 나이 마흔넷, 한창 때의 일이다.

—

제6장

파리의 대변모

1
오스만 시대의 시작

센 현위원회와의 싸움

1853년 6월 23일, 지롱드 주의 바자스 지구 순회 시찰을 마치고 레스토랑에서 저녁식사를 하고 있던 오스만에게 내무장관 페르시니로부터 샤프식 암호문자로 쓴 속달이 도착했다. 센 현의 지사로 임명되었으니 즉시 파리로 오라는 내용이었다. 오스만은 보르도로 돌아와 사흘 동안 남은 업무를 정리한 다음, 27일 기차를 타고 파리에 도착했다.

다음 날은 내무장관 페르시니, 경찰청장 피에트리, 센 현위원회 의장 들랑글, 전임자 베르제 등에게 돌아가며 인사를 하고, 이틀째에는 다른 지사들과 함께 생클루 궁전에서 나폴레옹 3세를 알현했다. 점심식사 후 나폴레옹 3세의 집무실로 불려가 예의 네 가지 색으로 칠한 파리 지도를 보았다.

나폴레옹 3세는 이때 파리 대개조 계획을 털어놓으면서, 만약 방해

나폴레옹 3세와 오스만
나폴레옹 3세의 전폭적인 신뢰를 얻은 오스만은 절대 물러서지 않겠다는 결의로 파리 개조에 착수한다. 도판은 시 확장 칙령을 받는 오스만. [V]

가 된다면 센 현위원회를 해산해도 상관없으며, 개조 계획을 담당할 비공식적인 위원회를 발족시킬 수도 있다고 언명했는데, 오스만은 즉석에서 이 제안을 거부하고 현위원회 따위는 이쪽의 의지 하나로 어떻게든 될 테니 새로운 위원회 같은 것은 설치할 필요가 없다고 답했다. 이에 대해 나폴레옹 3세는 "바로 그것"이라며 새 지사의 손을 들어주었다. 이리하여 황제와 지사는 암묵적으로 자신들이 파리라는 괴물과 싸우는 동지라는 것을 확인하고 공통투쟁을 맹세했던 것이다.

이때부터 1870년 사임하기까지 17년에 이르는 '오스만 시대'가 시작되고, 파리는 그 사이에 대대적으로 변모하게 된다.

오스만은 파리 시청사의 가장 웅장한 '왕의 살롱'을 새롭게 지사 집무실로 결정하고 이어서 '왕도십이궁王道十二宮의 살롱'을 대기실로 삼았다. 이후 각 부서로 가장 쉽게 통하는 지사 집무실과 대기실이 파리 대개조의 총사령부로서 24시간 쉬지 않고 기능한다.

지사 자리에 앉은 오스만이 맨 먼저 착수한 것은 센 현의 '정치'를 실질적으로 틀어쥐고 있는 센 현위원회로부터 권력을 거둬들여 자신의 지배 아래 두는 일이었다.

그도 그럴 것이 오스만이 각 주州와 재판소를 돌아다니며 인사를 마친 다음, 센 현의회에 해당하는 현위원회 구성원들과 회견하는 자리에서 위원회를 대표하여 의장 들랑글이 당당하게 이렇게 말했기 때문이다.

저를 포함하여 여기에 있는 전원이 전임자인 베르제 씨가 퇴임하게 된 것을 대단히 유감스럽게 생각하고 있습니다. 우리는 베르제 씨의 성격을 존중하고 그 인품을 좋아했습니다. 또 그의 행정 수완을 전적으로 신뢰했습니다.
―오스만, 『회상록』

이것은 센 현의 '정치'를 도맡고 있던 위원회가 신임 지사에게 던진 선전포고였다. 오스만은 그 자리에서는 지극히 냉정하게 답했지만 속에서는 분노의 불길이 타올랐다.

이 성가신 자들과 어떻게 싸워야 할까?

나폴레옹 3세라면 이럴 경우 일단 물러서는 듯했다가 나중에 집요한 반격에 나섰을 터이지만, 오스만은 아주 직설적인 인간이어서 취한 수단 또한 직설적이었다. 앞길에 장해물이 있으면 제거할 수밖에 없다!

오스만의 입장에서 다행스러웠던 것은 위원회의 멤버가 주민들이 뽑은 위원이 아니라 지사가 임명하는 유직자 위원이었다는 점이다. 위원회를 해산하지 않아도 방해가 되는 위원은 그만두라고 하면 되는 것이다. 오를레앙파 은행가나 실업가가 대개조의 '저항세력'이라는 것을 간파한 오스만은 즉시 이 '저항세력'을 쓸어버리기로 결심했다.

7월 정례회의에서 오스만은 위원회가 제출한 세입과 세출 둘 다 큰 잘못이 있다는 점을 지적하고 수정을 가했다. 세입 쪽은 입시관세入市關稅의 숫자가 의도적으로 낮게 잡혀 있고, 이에 비해 세출 쪽은 파리 개조를 위한 견적이 실제보다 높게 잡혀 있다는 것이다.

이 지적에 대해 오를레앙파 은행가 앙드레와 데슈탈 그리고 소송대리인 플뢰리 등 다섯 명의 위원이 강하게 항의하면서 사표를 제출했지만, 다른 위원들은 오스만의 말이 옳다고 인정하고 위원회에 머물렀다. 의장 들랑글도 그중 한 사람이었다. 사임한 다섯 명의 위원 대신 오스만의 이복형 아르토, 저널리스트 베롱 그리고 저명한 과학자 뒤마 등이 새롭게 위원으로 임명되었다.

이리하여 위원회와의 싸움에서 완승을 거둔 오스만은 일찌감치 '정치'의 실권을 지사의 손으로 되돌리는 데 성공한 것이다.

행정시스템의 개혁과 개조의 원동력

오스만이 다음으로 손을 댄 것은 종적이었던 센 현의 낡은 행정시스템을 단순화하여 보다 직접적으로 자신의 의지가 행정 말단까지 미치게 하는 일이었다.

오스만의 조직 개혁을 1853년과 1870년 시점에서 비교 검토한 마쓰이 미치아키松井道昭는 그의 저서 『프랑스 제2제정과 파리 도시 개조』에서 그 차이를 다음과 같이 정리한다.

첫째, 지사실과 총무국의 권한이 강화되어 그 관할 범위가 확대된 것이다. 이를 통해 지사의 명령 한 마디에 모든 일이 원활하게 진행되게 되었다. (…) 둘째, 현 행정과 파리 시 행정을 엄격히 구분하여 실질적으로 후자에 중점을 두었다. 셋째, 신규 사업을 취급하는 부국部局을 일반 사무 행정에서 독립시킴으로써

이 사업의 원활한 시행을 기했다. (⋯) 1853년 당시의 현청 조직은 관리 업무와 신규 사업 업무를 구분하지 않았기 때문에 아무래도 수구적인 입장에 서지 않을 수 없는 결점이 있었다.

넷째, 도시계획을 전체적인 관점에서 시행하기 위해 입안과 책정을 별도의 전문 부국에 맡긴 것이다. 이것은 (⋯) 현지사에게 직접 책임을 지우는 기관으로서 도시계획의 각 요소를 장래의 전망까지 감안하여 유기적으로 편성하는 데 불가결한 제도적 보증이 되었을 뿐만 아니라, 계획을 비판적인 여론으로부터 막아주는 역할을 했다.

정리하면, 1853년의 현청이 사업별 종적 조직으로서 제1국에서 제4국까지 동격으로 취급되었던 것에 비해 1870년의 현청은 프로젝트 중심의 탄력적인 조직이었다고 말할 수 있다. 전자가 소극적 행정에 적합했다면 후자는 대단히 적극적인 행정을 향하고 있었다.

요컨대 나폴레옹 3세가 국가의 수준에서 한 것을 오스만은 센 현의 수준에서 한 것이다. 관방 기능의 충실과 확대, 지사의 명령이 신속히 실행되도록 하는 기능 중시형의 통합적 조직 편성이다.

그런데 이러한 독재형 조직이 제대로 기능하기 위해서는 나폴레옹 3세 아래 페르시냐 오스만이 있었던 것처럼 오스만 아래에도 그에 상당하는 유능한 관리가 있어야만 한다. 오스만은 인재 발굴에 관해서는 누구에게도 뒤지지 않는 재능을 갖고 있었다. 다시 말해 오스만은 자신이 유능한 관리였을 뿐만 아니라 부하의 능력을 꿰뚫어보는 힘도 뛰어났던 것이다. 이것이 파리 대개조를 성공으로 이끈 최대 원인이라고도 말할 수 있다.

오스만이 센 현청의 직원 중에서 맨 먼저 주목하고 큰일을 맡긴 사람은 건축가이자 도로관리관이었던 프레데리크 데샹이다.

오스만은 파리 개조에 착수하려면 파리의 현상을 정확하게 파악하고 문제점을 찾아내 대처하는 것이 핵심이라고 생각했는데, 그러기 위해서는 무엇보다 먼저 엄밀한 측량에 기초한 지도가 필요했다. 왜냐하면 그 이전의 지도는 상당히 부정확했기 때문이다.

데샹은 오스만의 명령을 받자마자 파리 시 전역에서 3점 측량을 실시했고, 놀랄 만한 속도와 정확도로 5000분의 1 지도를 21장 만들어 오스만에게 건넸다. 이 지도는 이후 지사 집무실 책상에 놓여 모든 개조 계획을 책정하기 위한 기초가 된다.

하지만 센 현청의 직원 모두가 데샹처럼 유능하지는 않았다. 자신이 착수하고자 하는 것이 전대미문의 대공사라는 것을 자각하고 있던 오스만은 획기적 사고방식과 실행력을 두루 갖춘 부하가 꼭 필요하다고 느끼고 있었지만, 대강 살펴본바 현청에서는 새로운 사업에 적합한 인재가 금방 눈에 띄지 않았다.

그때 문득 머리를 스치는 인물이 있었다. 한 사람은 오스만이 욘 현지사 시절 그의 밑에서 일한 적이 있는 토목기사 마리 프랑수아 벨그랑, 다른 한 사람은 지롱드 현 지사 시절 보르도의 항만을 정비할 때 일했던 아돌프 알팡이다.

수도 기사 벨그랑과 아름다운 파리의 창조자 알팡

에콜 폴리테크니크(이공과 학교) 출신 영재 벨그랑은 상하수도 전문가였다. 나폴레옹 3세의 말을 듣지 않고도 상하수도를 비롯한 인프라를 정비하지 않으면 백년 앞을 내다보는 도시계획은 불가능하다고 생각했던 오스만은, 1854년 본격적인 공사에 들어가기 전에 벨그랑을 불러 먼저 파리 시로 상수도를 끌어들이기 위한 수원水源 조사를 명했다. 왜냐하면 오스만은 파리 시의 인구 증가를 예상하면 센 강이나 우르크 운하에서 물을 끌어들이는 것으로는 아무래도 부족하고, 어딘가 먼 수원에서 물을 끌어올 수밖에 없다고 생각하고 있었기 때문이다.

벨그랑은 오스만의 명령에 기발한 아이디어를 제시했다. 센 강도 아니고 우르크 운하도 아닌, 반Vannes 강과 뒤이스 강에서 물을 끌어오는 플랜을 제안했던 것이다. 둘 다 파리에서 150킬로미터 가까이 떨어져 있어 수도관 부설에 많은 비용이 필요하지만, 수질이 양호하고 파리와의 고저 차가 있어 송수가 용이하기 때문이다.

단, 이것도 장래의 물 수요를 감당하기에는 충분하지 않기 때문에 음용으로 공급되지 않는 물은 종래대로 센 강과 우르크 운하의 물을 사용하기로 한다. 결국 새로운 수원에서는 음용수를 공급하고 종래의 수원에서는 비음용수를 공급하는 방식으로 상수도를 처리한다는 것이 벨그랑의 아이디어였다. 오스만은 그의 아이디어를 두말없이 받아들였다.

그뿐만이 아니다. 벨그랑은 파리의 상하수도관리국 국장으로 임명되자 지하에 거대한 도관을 파 하수구를 설치하고 그 중간에 상수관까지 지나게 한다는 계획을 내놓았다. 거대한 하수구 자체는 벨그랑의 독창적인 것이 아니라 전임자인 뒤피의 아이디어를 계승한 것이었는데, 그는 이것을 더욱 발전시켜 지하의 하수구를 마차가 지나다닐 수 있을 정도로 거대하게 만들어 청소를 용이하게 할 뿐만 아니라 범람을 방지하고, 나아가 상수도 부설 공사도 간략하게 한다는 획기적인 해결책을 발

거대한 하수구 건설
오스만의 오른팔이 되어 일한 기사 벨그랑은 상하수도 전문가로서 백년 앞을 내다보는 수원을 확보하고 동시에 하수구를 지하에 건설했다. [V]

견했던 것이다.

파리는 오늘날에도 150년 전 오스만 시대의 도관을 그대로 사용하고 있다. 이것 하나만으로도 벨그랑의 선견지명에 감탄하지 않을 수 없다. 벨그랑은 말 그대로 파리의 '하부구조'를 만들었던 것이다.

벨그랑이 파리의 '하부구조'를 정비했다면, 파리의 숲, 공원, 산책로, 가로수 등 도시의 '상부구조'를 혼자서 가꾸고 다듬어 파리를 세계 제일의 아름다운 도시로 만든 사람이 같은 에콜 폴리테크니크 출신인 아돌프 알팡이다.

오스만은 나폴레옹 3세가 지도로 보여준 개조 작업 가운데 불로뉴 숲 정비에 관해서는 센 현청에 그것을 감당할 정도로 예술성이 풍부한 토목기사가 없다는 것을 알고 고민에 빠졌다.

그도 그럴 것이 런던의 하이드 파크나 리젠트 파크를 보고 파리에도 이 공원들 못지않은 아름다운 삼림공원을 만들고 싶어 했던 나폴레옹 3세는 불로뉴 숲 공사의 성공에 이른바 황제의 위신을 걸고 있었던 터라, 오스만으로서도 평범한 기사에게 설계를 맡길 수가 없었기 때문이다. 그때 떠오른 사람이 지롱드 현 지사 시절에 숲의 정비를 맡은 적이 있는 알팡이다. 저 정도로 자연을 살린 공원 조성 기술을 가진 기사는 좀처럼 찾기 힘들다. 즉시 파리로 불려온 알팡은 1854년 말부터 일을 시작했다.

처음에는 토목건설성의 엘리트가 이런 공원 조성 공사를 맡았다며 비웃었던 알팡의 친구들도 불로뉴 숲이 예상을 훌쩍 뛰어넘는 멋진 솜씨로 완성된 것을 보고 생각을 바꿨다. 알팡은 공원의 개념 자체를 뒤흔들어버렸던 것이다.

알팡
오스만이 발탁한 기사 알팡은 파리의 공원과 숲, 산책로 등을 조성하는 일을 도맡아 파리를 세계 제일의 아름다운 도시로 개조하는 데 성공한다. [W]

오스만은 예상을 뛰어넘는 성공에 힘을 얻어 샹젤리제의 가로수, 방센 숲, 몽소 공원, 뷔트 쇼몽 공원, 몽스리 공원 등 오늘날에도 파리 시민의 쉼터가 되고 있는 녹지대의 정비를 알팡에게 맡겼다. 알팡은 이 공원들과 숲 그리고 가로수를 각각 개념concept을 달리 하여 설계하면서 전체적으로 통일감이 있는 외관을 갖추었다. 세계 제일의 아름다운 도시 파리는 정말이지 알팡의 머릿속에서 태어났다고 해야 할 것이다.

알팡은 또 1867년 열린 파리 만국박람회의 자연정원, 이 만국박람회의 트로카데로 정원을 조성했고, 1889년에는 마침내 조직위원회 총재로서 당시로서는 세계 최대였던 만국박람회를 주최하게 된다.

이런 의미에서 오스만의 혜안은 알팡을 통해 근대 도시의 모범의 하나를 제공했다고 해도 결코 지나친 말은 아니다. 오스만은 알팡에 관하여 다음과 같이 서술하면서 관리로서 그가 지닌 보기 드문 자질을 칭찬해 마지않는다.

알팡은 좋든 싫든 일단 상사로 받아들인 사람에 대해서는, 자신의 의견이

상사의 그것과 일치하지 않을 경우, 어떠한 유보도 없이 완벽한 충성심 하나
만으로 자신의 의견을 포기하는 희귀한 미덕의 소유자였다. 이 미덕은 관리
에게서는 말할 것도 없고 상관을 따를 수밖에 없는 조직의 부하에게서도 실
로 찾아보기 힘들다. 알팡은 상사의 견해를 받아들이지 않을 수 없다고 생
각하면 아무리 자신의 생각과 동떨어진 것이라 해도 그것에 자신을 일체화
하고, 이후에는 거기에서 자신의 생각을 길어 올렸다. (…) 그와 같은 능력을
지닌 관리의 이 위대한 미덕은 그가 진취적인 기질에 조금도 부족함이 없었
다는 것만으로 더욱 더 칭찬할 만하다.

—오스만, 『회상록』

오스만은 나폴레옹 3세가 자신을 그렇게 인정했듯이 알팡에게서 이
상적인 부하의 모습을 발견했던 것이다.

이외에 오스만이 자신의 『회상록』에서 페이지를 할애해 칭찬하고 있
는 유능한 관리로는 중앙시장을 설계한 발타르, 루브르 궁전의 완성자
비스콘티, 콩코르드 광장의 설계자 이토르프 등이 있다. 이들 모두 오
스만이 그 재능을 발견한 건축가다.

오스만은 파리 개조 작업을 '건설'이나 '개조'라는 말을 사용하지 않
고 처음부터 끝까지 '미화embellissement'라고 불렀는데, 알팡이나 이들 건
축가들이 실현한 것을 보면 오스만의 이 말은 파리 개조의 본질을 꿰뚫
고 있다고 말할 수 있다.

나폴레옹 3세와의 관계

이처럼 오스만은 부하의 재능을 정확하게 발견하여 적재적소에서 파리

의 대개조를 놀랄 만큼 짧은 기간에 완성했지만, 여기에서 잊지 말아야 할 것은 어떤 계획을 추진할 때든 오스만이 늘 나폴레옹 3세에게 먼저 의견을 구했고, 절대 독단 전횡하지 않았다는 점이다. 이것은 부임 첫날 내무장관 페르시니를 만난 자리에서 들은 충고를 충실하게 지켰기 때문이다. 『회상록』에 따르면 페르시니는 오스만에게 이렇게 말했다. "아무리 작은 일이라도 반드시 황제와 상의한 후에 일을 추진하시오."

페르시니는 겉으로는 온화해 보이지만 속에는 독재자의 완고한 모습을 감추고 있는 나폴레옹 3세를 잘 알았기 때문에 물불 가리지 않고 일에 뛰어드는 오스만에게 그렇게 못을 박아두었을 것이다.

오스만은 이 충고를 가슴에 새기고 충실하게 지켰다. 가끔 불로뉴 숲 정비 등을 둘러싸고 황제와 대립하기도 했지만, 전체적으로 보면 오스만은 "상사의 견해를 받아들이지 않을 수 없다고 생각하면 아무리 자신의 생각과 동떨어진 것이라 해도 그것에 자신을 일체화하고, 이후에는 거기에서 자신의 생각을 길어 올렸"던 것이다. 그렇다고 해서 "진취적인 기질에 조금도 부족함이 없었"기 때문에 결국 나폴레옹 3세는 오스만을 깊이 신뢰하고 파리 개조의 주도권을 완전히 그의 손에 넘겨준다.

이리하여 오스만의 시대가 활짝 피어났고, 파리는 벤야민이 말했듯이 '19세기의 수도'로 군림하기에 이른다.

장대한 도시계획

센 현 지사는 싸구려 아파트의 대가

국가나 자치체 등 '관'에서 시행하는 도시계획이라 해도 개인이 새롭게 집을 짓는 것과 기본적으로 다를 게 없다. 돈을 마련해 땅을 사고, 건물이 있으면 철거하여 땅을 고르고, 그 부지 위에 집을 지어 자신이 살거나 다른 사람에게 빌려준다.

그 과정에서 특히 중요한 것은 자금이다. 개인의 경우 자기 자금이나 차입금으로 집을 짓듯이 '관' 역시 자기 자금(세금)이나 차입금(공채)으로 사업을 할 수밖에 없다. 또, 개인이 일정한 금액을 저축해 자기 자금을 만들듯이 '관'도 세입 중 남은 돈을 이월해 몇 년씩 모아서 자금을 만든다. 차입금(공채)에 이자가 붙는 것도 마찬가지다.

따라서 아무리 '관'에 의한 도시계획이라 해도 세입의 이월금을 모아두지 않은 이상, 공채를 인수하는 사람이 있고 그 상환을 가능하게 하는 장래의 세입이 예상할 수 없으면 그 계획을 단행할 수 없다.

1848년 말 나폴레옹 3세로부터 파리 대개조 지시를 받았을 때, 센 현 지사 베르제의 입장은 비유컨대 오랫동안 싸구려 아파트에 세든 사람과 함께 살다가 언젠가는 맨션으로 바꿔야겠다고 생각하면서도 아무 것도 하지 않고 있는 셋집 주인의 그것과 다를 게 없었다. 예쁘고 깨끗한 맨션으로 바꾸려면 새로운 세입자도 들어오고 집세도 인상해야 한다는 것은 알고 있지만, 자기 자금은 없고 예상한 대로 매월 받은 집세로 차입금을 갚아야 할지도 모른다. 따라서 당분간은 현재의 집에 살 수밖에 없다는 것이다.

그런데 어떤 건설회사 영업 사원이 찾아와 셋집 주인에게 좋은 생각을 내놓는다. "자기 자금이 없다는 말씀인데 그건 아무런 문제가 되지 않습니다. 우리 회사 관련 은행에서 자금을 융자해드릴 테니 아파트를 헐고 대형 맨션을 세우십시오. 그리고 그 맨션의 몇몇 구획을 자기 소유로 한 다음 남은 구획은 파는 겁니다. 그러면 그 매각 이익금으로 은행에서 빌린 돈을 갚을 수 있을 뿐만 아니라 당신은 멋진 맨션에서 살 수 있고, 게다가 자기 소유의 구획을 임대하면 영구적으로 수입을 얻을 수도 있습니다. 그 수입은 싸구려 아파트의 수입보다 훨씬 많은 것입니다."

페르시니의 '땅 투기'(생산적 세출) 이론

이 건설회사 영업사원에 해당하는 사람이 나폴레옹 3세의 오른팔인 내무장관 페르시니이고, 싸구려 아파트 주인에 해당하는 사람이 센 현 지사 베르제였다.

페르시니는 1852년 초 내무장관에 취임하자 파리 개조를 위해 나폴레옹 3세의 지론인 생산적 세출 이론을 명확하게 내세웠다. 생산적 세출이란, 공채에 의한 세출이라 하더라도 그것이 보다 많은 부를 낳는 원동력이 되는 세출이기 때문에, 자본이 민간에 순환하여 세입도 늘고 공채는 조기에 되갚을 수 있다는 생각이다. 요컨대 불경기 때 정부가 공적 자금을 투입하여 공공사업을 실시하거나 주택자금을 확대하는 현재의 재정 출동과 마찬가지로, 케인스 이론과 아주 흡사한 적극적 재정 이론이다.

페르시니는 우선 생산적 세출 이론에 따라 파리 시에 액면가 1000프랑, 이자 6퍼센트의 시채市債 5만 구좌를 발행하게 하고, 이것을 각 금융기관의 경쟁 입찰에 부쳐 5000만 프랑의 자금을 확보해 리볼리 로路, 스트라스부르 대로, 레제코르 로 등 제1차 도로 계획을 출범시켰다.

이들 건설 공사는 베르제의 우려와 달리 의외로 순조롭게 진행되었는데, 그것은 조금 전 건설회사 영업사원이 설명한 계략과 아주 흡사한, 파리 시 당국의 '땅 투기'가 있었기에 가능했다. 다시 말해 '땅 투기'를 하려면 우선 일정한 토지를 매수할 필요가 있는데, 이때는 아직 2월 혁명부터 이어지고 있던 부동산 불황의 영향으로 토지 가격이 바닥이었기 때문에 아주 싼 값으로 사들일 수 있었다. 또, 이 계획에서는 수용한 토지의 가옥을 헐고 그곳에 상하수도와 가스관 등을 부설하고 그 위에 도로를 낸 다음 도로 양쪽의 구획을 민간에 매각하여 그 이익금으로 공채를 되갚기로 했는데, 파리 시의 매수로 토지 가격이 오르기 시작해 2, 3년 후로 예정된 민간 매각은 높은 값으로 조기에 마무리될 전망이었다. 결국 공채로 싸게 매수한 토지가 높은 값에 팔린 셈이어서 공채

상환이 용이해졌던 것이다.

성공의 원인은 또 있었다. 그것은 실제 공사가 시작되자 파리 시로 유입되는 사람과 물자가 늘었고, 이와 함께 파리 시의 주요 재원이었던 입시관세入市關稅가 급격히 증가한 것이다. 특히 건축 자재의 반입과 석공의 유입에 따른 식량 소비 증가가 큰 영향을 미쳤다. 그 결과 제1차 도로계획이 책정된 지 1년도 지나지 않아 약 400만 프랑의 초과세입이 파리 시로 들어올 것이 분명했다. 정말이지 페르시니가 말한 생산적 세출 이론이 딱 맞아떨어진 셈이다.

따라서 파리 시가 '땅 투기'를 계속해 제2~3차 도로계획을 실현해나갔다면 예상보다 빨리 파리 대개조는 완성되었을 터지만, 핵심적인 역할을 맡은 베르제는 이에 강하게 반대하면서 제2차 도로계획은 초과 세입의 범위 내에서 추진해야 한다며 소극 재정을 주장했다. 오랜 기간 부족한 집세로 생활을 꾸려온 셋집 주인 베르제의 입장에서 보면, 페르시니의 생각은 자신의 토지 이외에도 같은 방식으로 맨션을 계속 지으라고 권하는 것이어서, 도저히 그럴 용기는 없었을 것이다.

이미 서술한 것처럼 이 반론에 페르시니는 격노했다. 급기야 베르제는 경질되고 오스만이 그

파리의 파괴와 건설
내무장관 페르시니는 생산적 세출 이론에 의해 파리의 파괴와 건설 scrap and build에 적극적으로 나섰다. 공사와 함께 인구와 자재의 유입이 늘었고, 파리 시의 세입도 증가했다. [V]

변모 이전의 파리
로보리 로의 연장 공사로 카루젤 광장이 있었던 빈민가는 일소되었다. 발자크의 『사촌누이 베트』에서 묘사했고, 보들레르가 「백조」에서 노래한 판잣집들. [P]

놀라운 일솜씨를 인정받아 발탁되었던 것이다.

리볼리 로와 역사적 기념물의 보전

오스만은 1853년 6월 부임하자마자 페르시니의 생산적 세출 방식을 전면적으로 받아들여 즉시 파리 개조에 착수했다. 특히 오스만은 공사를 하면 파리 시의 세입이 늘어 건축 계획의 재원이 점점 증대한다는 이른바 스파이럴(원가·임금·가격 등의 변동의 악순환―옮긴이)에 매혹되었다. 이거면 파리 주민에게 전혀 부담을 주지 않고도, 그러니까 증세를 하지 않고도 파리 개조를 완수할 수 있다. 물론 이러한 적극 재정에는 당연히 한계가 있고 어딘가에서 버블이 터지는 순간이 반드시 찾아올 터이지만, 낙관론자 오스만은 아직 그런 것은 알지 못한다. 어쨌든 오스만은 일찌감치 요술방망이를 손에 넣었다고 생각했다.

실제로 오스만의 요술방망이는 아주 효과적으로 작동했다. 전임자가 남겨둔 제1차 도로계획 가운데 리비르 로 건설 공사를 1853년 말에 재개하자 파리의 입시관세는 순식간에 증가해 스파이럴이 시작되었던 것이다.

여기에서 힘을 얻은 오스만은 마르상 관館에서 비블리오테크 로에 이르는 제1구간과 그곳에서 풀리 로(나중의 루브르 로)까지 이어지는 제2구간에 있었던 빈민가를 단숨에 철거했을 뿐만 아니라, 팔레 루아얄 주변의 도로도 크게 확장하여 광장을 만들어 이 근처의 모습을 일신하는 데 성공한다.

그 덕분에 카루젤 광장에서 오늘날 루브르 중앙의 유리 피라미드가 있는 곳 근처까지 빽빽하게 늘어서 있던 헐어빠진 집들은 흔적도 없이 사라졌다. 이 빈민가 안에는 발자크가 『사촌누이 베트』에서 묘사했고, 네르발이 『보헤미아의 작은 성』에서 노래한 두아예네 가街와 두아예네 골목이 있었는데 그것도 일소되어버렸다.

보들레르는 『악의 꽃』 중 「백조」라는 시에서 이때 사라진 판잣집들을 이렇게 노래한다.

> [그것은] 내가 새로 생긴 카루젤 광장을 건널 때,
> 문득 내 풍요로운 기억을 살아나게 했다.
> 옛 파리의 모습은 이제 보이지 않는다!(도시의 모습은
> 아! 사람의 마음보다 더 빨리 변하는구나.)
>
> 나는 머릿속에만 그려볼 뿐, 저 진을 친 판잣집들을,
> 저 깎다 만 기둥이며 통나무 산더미들을,
> 잡초며, 웅덩이의 물때 올라 파래진 육중한 돌멩이들을,
> 그리고 유리창에 빛나는 흩어진 골동품들을.

보들레르는 탄식하며 그리워하고 있지만, 시적 감상성 따위는 전혀 지니고 있지 않았던 오스만은 자신의 『회상록』에서 "파리에서 처음 벌인 일로서 이 구역을 일소할 수 있었던 것은 나에게 커다란 기쁨이었다"라고 솔직하게 말한다.

그런데 리볼리 로의 제1기 연장 공사는 빈민가 철거와 도로와 광장의 조성까지는 순조롭게 진행되었지만, 그 후 택지 매각은 예상대로 진척되지 않았다는 점을 지적해둘 필요가 있다. 즉, 1855년 루브르와 팔

레 루아얄 사이의 토지를 민간에 내놓았을 때 생각과 달리 부동산업자가 거의 입찰에 참가하지 않았던 것이다. 오랫동안 이어져온 부동산 불황으로 궁지에 몰려 있던 그들은 지금까지의 규모와 비교하면 너무나도 넓은 부지에 기가 질려서 입찰을 외면했던 것이다. 곤경에 처한 오스만은 은행가 페레르 형제에게 신신당부하여 이 토지를 통째로 팔았다. 이렇게 해서 세워진 것이 루브르 호텔과 루브르 백화점이 입점하게 되는 빌딩(오늘날의 골동품 백화점 '루브르 데 앙티케르')인데, 이 건물은 1955년 만국박람회에서 대단히 중요한 역할을 한다.

오스만은 이 공사에 이어서 리볼리 로를 파리 시청사까지 연장하는 공사를 개시했는데, 이 공사는 몇 가지 문제를 안고 있었다.

하나는 루브르의 정문 앞에 있는 생제르망 로세루아 성당을 어떻게 처리할까라는 문제다. 나폴레옹 3세가 제시한 플랜에서 리볼리 로는 루브르 궁정 정면에서부터 센 강을 따라 곧장 동쪽으로 뻗어나가게 되어 있었는데, 이제는 이 성당을 철거해야 하는 상황에 이른 것이다. 또, 리볼리 로를 그대로 연장한다 해도 루브르 궁전 앞의 판잣집들은 철거하고 여기에 광장을 만들 필요가 있다. 그 경우에도 생제르망 로세루아 성당은 철거할 수밖에 없다.

오스만은 두 플랜에 반대했다. 왜냐하면 프로테스탄트인 그가 만약 생제르망 로세루아 성당을 철거한다면 1572년 이 성당의 종소리를 신호로 일어난 생바르텔레미 축일의 프로테스탄트 학살에 대해 보복을 하는 것으로 비칠 우려가 있었기 때문이다.

결국 오스만은 생제르망 로세루아 성당을 개수改修하여 남기기로 결정하고, 리볼리 로는 지금까지의 코스를 그대로 연장하기로 했다.

그런데 또 다른 문제가 생긴다. 샤틀레 광장 옆에 있는 생자크 드 라 부세리 성당 자리에서 데샹의 측량에서는 보이지 않았던 예상치 못한 고저 차가 발견된 것이다. 오산은 그것만이 아니었다. 그 언덕 위에 생자크 드 라 부세리 성당이 서 있었던 것이다.

이 난제에 오스만은 다음과 같이 대처했다. 생자크 드 라 부세리 성당은 파손이 아주 심해서 그대로 남겨둘 수 없지만, 그 종루(생자크 탑)는 리볼리 로 연장에서 살짝 벗어나 있으므로, 이 탑 주위의 언덕을 깎아 평탄하게 한 다음 도로를 지나게 하면 파스칼이 기압 실험을 한 파리의 명소인 생자크 탑은 파괴를 면할 수 있다는 것이다.

오스만은 『회상록』에서 두 역사적 기념물의 보존을 거론하면서 "나는 종종 파괴자démolisseur라는 비난을 받는데 결코 그렇지 않다. 오히려 헐어도 좋은 허술한 집들을 철거하고 유서 깊은 역사적 기념물은 적극적으로 남겼다"라며 자신을 애써 변호한다. 확실히 오스만의 말은 일리가 있는 듯하다. 특히 역사적 기념물은 파리 개조에도 불구하고 예상 이상으로 많이 살아남았던 것이다.

중앙시장의 건설

현재 유리 지붕의 종합쇼핑센터 '포럼 데 알'이 있는 장소에 중앙시장이 건설된 것은 멀리 16세기 루이 6세 시대로 거슬러 올라간다. 그 이후 이 장소에서 중앙시장은 순차적으로 확장되어왔는데, 1847년에 이르러 오래된 시장을 전면적으로 해체하고 새로운 중앙시장을 건설하기로 결정되었다. 그런데 2월 혁명이 일어나는 바람에 착공도 하지 못한 채 시간만 보내다가 대통령 루이 나폴레옹의 강한 의지로 1851년 8월에야 건축가 발타르가 설계한 시장의 1호동이 착공되기에 이르렀다.

그런데 막상 공사가 시작되자 루이 나폴레옹은 자신이 그리고 있던 이상과는 전혀 다르다면서 1852년 3월 공사 중지를 명했다. 발타르가 설계한 석조 시장은 완전히 낡은 양식의 건물로 마치 요새와 같았기 때문에 사람들은 이것을 밀 시장La Halle의 인부fort와 연결시켜 '포르 드 라 알Fort de la Halle'이라는 별명으로 불렀는데, 루이 나폴레옹은 이 양식에 강한 불쾌감을 보이면서 어렵사리 완성한 1호동을 헐고 설계 공모부터 다시 하라고 지시했던 것이다.

오스만은 부임하기가 바쁘게 이 문제에 부딪쳤다. 의기소침해진 발타르는 공모에 참가하지 않겠다고 말했지만, 발타르가 앙리 4세 학교 시절의 학우이기도 하고 또 그의 재능을 높이 평가하기도 했기 때문에 오스만은 어떻게든 그를 공모에 참가시키려 애쓰는 한편 나폴레옹 3세가 머릿속에 어떤 그림을 그리고 있는지 알아내려고 했다. 오스만이 이리저리 속을 떠본 결과, 나폴레옹 3세가 생각하고 있는 것은 1851년 런던에서 열린 제1회 만국박람회의 파빌리온, 즉 팩스턴이 설계한 철골과 유리 구조의 '수정궁Crystal Palace'에 가깝다는 것을 알았다. 오스만은 이 내용을 발타르에게 전하고 몇 가지 플랜을 작성하라고 지시했다.

보자르École des Beaux-Arts(예술학교) 출신으로 로마상Grand Prix de Rome 수상자이도 한 발타르는 "그런 온실과 같은 건물은 설계할 수 없다"라며 뒤로 물러섰지만, 오스만은 "그러면 내 체면이 말이 아니게 된다"고 읍소하면서 마지못해 나폴레옹 3세의 의향을 따르는 듯한 플랜을 작성하게 했다. 오스만이 완성된 3종의 새로운 설계도를 갖고 나폴레옹 3세를 찾아가자 황제는 수정궁과 가장 흡사한 플랜을 가리키더니 "내가 바랐던 게 바로 이것이다"라며 크게 기뻐하면서 이렇게 물었다.

"대단하군. 천재야. 그런데 이 건축가는 이전에 어떤 건물을 지었지?"

오스만이 대답했다.

"폐하께서 헐어버리라고 하신 '포르 드 라알'입니다."

그리고 깜짝 놀라 할 말을 잃은 황제를 향해 자신만만하게 이렇게 덧붙였다.

"건축가는 같은 사람이지만 지사는 그렇지 않습니다."(오스만, 『회상록』)

1854년부터 1857년에 걸쳐 먼저 동쪽 지구 여섯 동의 파빌리온이 잇달아 착공됐고, 1858년에는 동쪽의 모든 동이 완성되었다. 파빌리온을 연결하는 넓은 통로도 철골과 유리 지붕으로 덮여 있어서 시장을 이용하는 사람들은 비바람을 맞을 걱정 없이 중앙시장 안을 이동할 수 있었다. 요컨대 그것은 나폴레옹 3세가 오스만에게 "내가 바라는 것은 거대한 우산과 같은 것이지 그 이상은 아니다"라고 말한 이상을 완전히 실현한 울트라 모던 건축이었던 것이다.

오스만은 동쪽 지구 완성 후 1860년부터 잇달아 서쪽 지구에 여섯 동의 파빌리온을 건설하기

요새와 같은 포르 드 라알
건축가 발타르가 처음에 지은 중앙시장은 요새와 흡사해서 포르 드 라알이라는 이름으로 불렸다. 나폴레옹 3세는 이 건물이 마음에 들지 않아 헐어버리라고 명했다. [D]

완성된 중앙시장
모더니스트 나폴레옹 3세는 팩스턴의 수정궁을 이상으로 하여 거대한 우산과 같은 중앙시장Les Halles을 원했다. 19세기를 대표하는 철골과 유리 구조의 걸작 건축. [D]

시작했는데, 그 가운데 네 동이 1868년 완성되었을 뿐 나머지 두 동은 오스만 재임 중에는 끝내 건설되지 못했다. 이 마지막 두 동은 1935년에야 어렵사리 착공되어 제2차 세계대전 후인 1948년에 간신히 완성되었지만, 그로부터 고작 21년 후인 1969년 드골 정권 하의 파리 시는 중앙시장을 파리 교외 랭지스로 이전할 것을 결정, 발타르의 거대한 파빌리온들은 전면적으로 해체되고 그 자리에는 포럼 데 알이 들어섰다.

중앙시장의 해체는 나폴레옹 3세의 이상적인 건축물을 지상에서 사라지게 했다는 의미에서 파리의 도시계획상 최대의 오점으로 보이지만, 접근성의 측면에서 보면 당연하다고도 할 수 있다. 매일 아침, 중앙시장으로 향하는 수많은 차량 때문에 파리 중심부는 엄청난 교통 혼잡을 겪어야 했는데, 이런 상황에서 교외 이전 이외에는 마땅한 해결책이 없었을 것이기 때문이다.

중앙시장을 건설할 때부터 이런 상황을 예상한 오스만은 중앙시장 공사와 병행하여 시장 지하를 통과하는 철도를 건설하겠다는 계획을 갖고 있었다. 플랜에서는 스트라스부르 역(오늘날의 동역)에서부터 스트라스부르 대로 지하 7미터 지점에 지하철(물론 증기기관차)을 부설하여 랑뷔트 로와 만나는 지점에서 방향을 돌려 중앙시장으로 통하게 할 예정이었지만, 착암 공사에 막대한 비용이 들어갈 것이 뻔했기 때문에 이 지하철을 경영하고자 하는 의욕적인 철도회사가 나타나지 않아 이 계획은 결국 환상으로 끝나고 말았다. 만약 이 플랜이 실현되었다면 20세기 자동차 시대라 해도 지하철을 도로로 전환하면 되기 때문에 중앙시장도 파괴를 면했을지 모른다. 유감스러운 일이다.

이 한 가지 예를 보아도 알 수 있듯이 오스만의 장대한 계획은 동시대인의 상상력을 훌쩍 뛰어넘는 수준이었다. 오스만은 20세기는 물론 21세기까지 내다보고 도시계획을 작성했던 것이다.

3
제1기 공사

세바스트폴 대로 개통과 민중적 거리의 소멸

리볼리 로의 개통과 중앙시장의 건설로 더욱 자신감을 얻은 오스만은 다음으로 제1기 공사로서 스트라스부르 역에서 남쪽으로 곧장 내려가다가 시테 섬을 가로질러 좌안을 관통한 다음 앙페르 시문市門(현재의 당페르로슈로 광장)으로 이어지는 남북 간선도로의 우안 부분의 건설에 착수했다.

이 남북 간선도로 건설은 나폴레옹 3세가 장래의 철도 이용객의 증가를 예상하고 강력하게 희망한 사안이어서, 베르제 지사 때에 이미 스트라스부르 대로라 하여 불바르 생드니와 만나는 지점까지는 거의 완성되어 있었다. 오스만은 샹트르 대로라 하여 샤틀레 광장까지 연장해 좌안으로 이어지게 했던 것이다. 샹트르 대로는 개통 당시에는 크림 전쟁의 승리를 기념해 세바스토폴 대로라는 이름으로 불렸다.

오스만은 스트라스부르/세바스토폴 대로와 가로로 교차하는 세 갈래 길(레오뮈르 로, 튀르비고 로, 에티엔 마르셀 로)의 개통과 함께 샤틀레 광장을 대대적으로 개조하여 빅투아르 로와 만나도록 했는데, 이들 일련의 공사는 교통의 측면에서 필수불가결했음에도 사람들의 비판을 야기했다.

그 이유는 크게 둘로 나눌 수 있다.

하나는 남북 간선도로로는 이미 로마 시대로 거슬러 올라가는 생드니 로와 생마르탱 로라는 평행하여 달리는 도로가 있는데도, 오스만이 이 두 도로 중 어느 한 쪽의 폭을 확장하는 것이 아니라 그 중간에 민가를 헐고 완전히 새로운 대로를 냈기 때문이다. 왜 이렇듯 난폭한 짓을 하느냐는 물음에 오스만은 이렇게 대답했다.

"빵의 단단한 껍질에 손을 대는 것보다 가운데 부드러운 부분을 뚫는 게 쉽기 때문이다."(오스만, 『회상록』)

그러니까 기존 도로를 확장할 경우 양쪽 상점들에 대한 보상금액이 엄청난데다 보기에도 좋지 않지만, 민가밖에 없는 곳은 한꺼번에 내쫓고 해체해버리면 돈도 시간도 들지 않고 모양새도 반듯하게 할 수 있다는 얘기다.

더욱이 오스만에게는 자를 대고 그은 대로 쭉 뻗은 길을 내고자 하는 직선 기호嗜好가 있었기 때문에, 동역에서 수직으로 남하하는 스트라스부르/세바스토폴 대로가 그의 이상에 딱 어울리는 도로였던 것이다.

또 다른 비판은 이 간선도로 및 이것과 교차하는 도로나 광장의 건설로 파리의 역사와 민중적 기억이 깃든 오래된 길이 사라져버렸다는 것이다. 실제로 튀르비고 로와 레오뮈르 로의 공사로 『레미제라블』에서

비에유 랑테른 가

샤틀레 광장과 빅투아르 로의 건
설로 시인 네르발이 목매달아 죽
은 것으로 유명한 빈민가 비에유
랑테른 가도 모습을 감췄다. [X]

민중 봉기의 무대가 되었던 중앙시장 부근의 좁
고 짧은 미로와 같은 길이나 도미에가 1834년 폭
동 당시의 학살을 묘사한 것으로 유명한 트랑스
노냉 가 등이 모습을 감췄고, 샤틀레 광장과 빅
투아르 로의 건설로 제라르 드 네르발이 목을 매
고 자살한 비에유 랑테른 가도 지도상에서 사라
졌다.

반란 방지?

제2제정에 반대하는 공화파 저널리스트들은 좁
은 길들을 없애는 것은 민중 봉기에 빠질 수 없
는 바리케이드를 세우지 못하게 하기 위한 음모라고 주장했는데, 이에
대해 오스만은 놀라울 정도로 솔직하게 그렇다고 인정하면서 이렇게
대답한다.

"그것은 '낡은 파리'의 절개였다. 반란과 바리케이드의 거리를 폭 넓
은 중앙 도로에 의해 절개하는 것이다. 폭 넓은 도로는 거의 통행이 불
가능한 미로를 끝에서 끝까지 관통하게 된다. 여기에 가로로 연결되는
도로도 갖춰지고 있기 때문에 이들 도로가 마무리되면 우리가 시작한
사업을 완수하는 데 틀림없이 공헌할 것이다."(오스만, 『회상록』)

사실 나폴레옹 3세가 계획한 도로 중 몇몇은 예컨대 좌안의 카르티
에 라탱을 포위하는 레제콜 로나 게이뤼삭 로처럼 명백히 봉기가 빈발
하는 거리를 겨냥한 것이기도 했다.

하지만 일부가 아직껏 되풀이하고 있는 비난, 그러니까 파리 개조는

오직 반란을 방지하기 위해서 추진되었다는 비난은 요점을 빗나간 것이라고 말하지 않을 수 없다. 왜냐하면 미로와 같은 거리의 일소가 반란 예방이라는 면을 갖고 있는 것이 확실하다 해도 그것은 목적의 하나이긴 해도 유일한 목적은 아니기 때문이다. 이렇게 규모가 큰 공사를 반란 방지라는 전략적 목적을 위해서만 엄청난 리스크를 각오하고 추진했을 리는 없다. 오스만도 이 점에 관하여 다음과 같이 말한다.

"그러나 반란파가 비난하고 있듯이 황제가 이 결과만을 요구했다는 것은 있을 수 없다 해도, 폐하가 파리를 청결하게 하고자 몇몇 대로를 개통시킨 결과 다행히도 그렇게 되었다는 것은 부정할 수 없다."(같은 책)

결국 반란의 거리를 일소하기 위해 파리 개조 사업을 한 것이 아니라 파리 개조 결과 그렇게 되었다는 말이다. 어찌됐든 민중적인 장소에서 무질서와 불결함이 일소된 것은 확실히 범죄와 반란의 방지에 도움이 되었던 것이다.

이처럼 스트라스부르/세바스토폴 대로 개설 공사는 이런저런 비판과 반론을 불러일으켰지만, 그 대로가 샤틀레 광장까지 완성되어 1858년 4월 개통식이 열리자 사람들은 동역에서 센까지 장장 2킬로미터에 걸쳐 쭉 남쪽으로 뻗어 내려가는 이 널찍하고 아름다운 대로의 경관에 간이 떨어질 만큼 깜짝 놀랐다. 양쪽에는 건축 규제에 따라 높이와 돌색깔을 통일한 호화로운 건물이 늘어서 있고, 샤틀레 광장에 서서 바라보면 그 원근법의 소실점에 동역의 현란한 정면façade이 희미하게 보인다. 사람들은 이제야 오스만이 의도하고 있는 개조 계획의 미적 측면을 이해했던 것이다. 그리고 지금까지 오스만에게 적잖이 적대적이었던 사람들의 비판도 잦아든다.

불로뉴 숲 정비

불로뉴 숲을 런던의 하이드 파크 못지않은 정원으로 만드는 것은 나폴레옹 3세의 못다 꾼 꿈이었다.

암 감옥에 유폐되어 있던 때 조원술造園術(gardening)을 깨우친 나폴레옹 3세는 직접 스크랩을 해가면서 고독한 시간을 보냈었는데, 런던으로 망명하면서부터 한층 더 조원술 연마에 힘써 전문가 수준의 지식을 갖추게 되었다. 친구 해밀턴 공을 위해 설계해준 부드릭 성의 정원이 너무나 훌륭해서 해밀턴 공은 훗날 "그가 현재의 지위를 잃는다면 조원기사로 고용하겠다"라고 말한 것으로 전해진다.

그런 이력 때문인지 나폴레옹 3세는 1848년 대통령에 취임하자마자 센 현 지사 베르제에게 불로뉴 숲을 개조하라고 명했지만, 베르제는 이미 서술한 것처럼 사보타주를 결심하고 있던 터라 숲의 정비는 거의 진척되지 않았다.

이에 비해 오스만은 부임 후 알팡의 힘을 빌려 불로뉴 숲의 전면적 개조에 착수, 눈 깜짝할 사이에 세계에서 유례를 찾아보기 어려운 아름다운 정원을 만들어냈다.

조원기사로서 알팡의 천재성은 베르제의 플랜에서는 작은 하천이었던 것을 두 개의 연못으로 바꿔 만든 것 등에서 볼 수 있다. 즉, 하이드 파크를 흉내 내 작은 하천을 만들었지만 고저 차 때문에 상류는 마르고 하류는 늪으로 변한 것을, 한가운데에서 둘로 나누어 크고 작은 연못을 만들고 그 사이에 폭포를 설치하게 한 솜씨를 보면 그의 천재성을 가늠할 수 있는 것이다.

또, 불로뉴 숲을 확대해 센에 이르도록 나무를 심은 것, 그리고 롱샹 경마장을 건설한 것도 오스만과 알팡의 공적 중 하나로 꼽을 수 있을 것이다.

불로뉴 숲은 오스만 이전에는 현재 대폭포Grand Cascade가 있는 곳까지였고, 그곳을 경계로 서쪽에는 롱샹 평원이 펼쳐져 있었다.

앙시앵 레짐 시대에는 이곳에 클라라 수도회의 롱샹 여자수도원이 있었고, 성주간聖週間에는 대규모 미사가 여기에서 열렸다. 이 미사가 상류계급 사이에서 회자하자 사교계를 드나들던 사람들은 모두 미사에 간다는 구실로 호화로운 옷차림에 고급마차를 타고 샹젤리제에서 롱샹까지 자신들의 부를 과시하며 즐기게 되었다. 이것이 이른바 '롱샹 산책'이라 불리는 퍼레이드인데, 이윽고 성주간뿐만 아니라 날씨가 좋은 날에도 이런 행렬이 이어졌다.

대혁명이 일어나고 수도원이 헐리면서 '롱샹 산책' 습관도 사라졌지만, 왕정복고 후 부활하여 다시 부를 과시할 수 있는 절호의 기회를 제공하게 되었다. 발자크의 『인간희극』이나 플로베르의 『감정교육』에서는 '롱샹 산책' 모습을 어렵지 않게 찾아볼 수 있다. 오스만 이전의 파리를 무대로

불로뉴 숲
오스만은 알팡에게 명하여 '파리의 허파' 불로뉴 숲 정비에 착수했다. 도판은 롱샹 경마장 건설 이전의 숲. [T]

엥페라트리스 대로
폭 넓은 대로의 건설을 미학으로 삼았던 오스만은 폭 140미터의 엥페라트리스 대로를 건설했다. 이 대로는 벼락부자들이 부를 과시하기 위해 호화로운 마차를 타고 산책하는 정규 산책로가 된다. [T]

한 소설에서 '롱샹'이라는 지명이 나올 경우 그것은 바로 '롱샹 산책'을 가리키는 것이다. 단, 퍼레이드는 부활했지만 롱샹 여자수도원은 재건되지 않았기 때문에 그 광대한 터는 아득한 평원으로 남아 있었다.

오스만은 롱샹 평원의 위쪽 절반을 불로뉴 숲으로 편입하여 센까지 넓혔고, 아래쪽 절반에는 새로운 경마장을 건설하기로 했다.

아이디어를 들고 온 사람은 경마 마니아였던 모르니 백작이다. 입법원 의장 외에 경마협회 이사장을 맡고 있었던 모르니는 그때까지 경마장으로 사용되고 있던 샹드마르스를 본래의 사용 목적인 연병장으로 되돌리는 것이 결정되자 새로운 경마장을 롱샹에 건설하자고 제안했다. 상류계급의 사교장으로서 호화로운 경마장은 불가결하다는 것이 모르니의 주장이었는데, 똑같이 영국 취향인데다 경마 팬이기도 한 나폴레옹 3세도 이 제안에 적극적으로 찬성하여 국고에서 보조금을 제공하기로 결정했다.

이리하여 1857년에 완성한 롱샹 경마장은 흰 스탠드와 푸른 잔디의 대비_{contrast}뿐만 아니라 경마장 외의 경관도 뛰어나 세계에서 가장 아름다운 경마장으로 불리기에 모자람이 없는 품격을 갖추고 있었다. 1932년에는 10만 프랑의 상금을 건 그랑프리 드 파리가 개최되었고, 이 대회는 이후 세계 경마 팬을 열광의 도가니로 몰아넣는다.

엥페라트리스 대로 건설

오스만은 불로뉴 숲 정비에만 힘을 쏟은 것이 아니라 제1기 공사로서 개선문에서 숲에 이르는 길인 엥페라트리스(황후) 대로를 완성시켰다. 오늘날에는 포슈 대로라 불리는 저 굉장한 가로수길이 이 길이다.

엥페라트리스 대로의 엄청난 폭에 관해서는 '과대망상증 환자'라는 비난을 받았던 오스만에게 그야말로 딱 어울리는 에피소드가 남아 있다.

샹젤리제에서 불로뉴에 이르는 길은 폭이 좁은 생클루 대로(지금은 확장된 빅토르 위고 로)밖에 없었는데, 새로운 대로를 설계하라는 오스만의 명령을 받은 건축가 이토르프는 지금까지 어디에도 존재하지 않았을 성싶은 폭 40미터짜리 길을 그려보았다.

그런데 설계도를 받아든 오스만은 이런 게 아니라며 퇴짜를 놓았다.

"너무 넓습니까?"

"그 반대일세. 두 배 아니 세 배는 돼야지. 그래, 세 배, 폭 120미터짜리 대로다. 그것만으론 충분하지 않아. 자네가 제안한 양쪽의 녹지대도 8미터의 네 배, 32미터로 하게."(『회상록』)

오스만은 10미터짜리 보도를 양쪽에 더해 합계 140미터의 도로로 하라고 명했다. 그리고 온갖 사치를 다 부린 이 길을 외제니 황비에게 바쳐 엥페르테티스 대로라고 명명했다. 오스만은 황실의 환심을 사는 데도 대단히 뛰어났던 것이다.

1854년 엥페라테티스 대로가 개통하면서 그곳은 바로 유행의 길이 되었다. 사치를 과시하고 싶어 몸달아하던 신흥 벼락부자들이 종래의 '롱샹 산책'을 리바이벌해 호화로운 마차를 타고 함께 모여 두 호수 주위를 한 바퀴 도는 '호수 일주tour du lac'라는 과시적인 퍼레이드를 습관화했던 것이다. 바꿔 말하면 가장 제2제정다운 광경이 엥페르테티스 대로에서 불로뉴 숲에 이른 길에서 펼쳐지게 되었던 것이다.

그 자취는 마르셀 프루스트의 『잃어버린 시간을 찾아서』 중 「스완네 집 쪽으로」에서 찾아볼 수 있다. 제2제정 붕괴 후 10년째인 1880년대

전후를 무대로 하는 이 소설에서는 고급창부 오디트가 자신이 그리워하는 장소와 그 장소에 대한 느낌을 열거하면서 이렇게 말한다.

그리운 장소가 어디인지 꼭 알려달라는 얘긴데, 글쎄, 뭐라고 말해야 좋을까? 그래, 일요일 아침의 엥페라트리스 대로, 5시의 호수 일주, 목요일의 에덴 극장, 금요일의 경마장 그리고 댄스파티……

나폴레옹 3세가 물러난 후 엥페라트리스 대로는 1875년까지는 유리슈 대로, 1875년부터 1929년까지는 브아 드 불로뉴 대로 내지 브아(숲) 대로라고 불렸다. 따라서 오디트가 제2제정기의 명칭을 그대로 사용하고 있는 것을 보면, 프루스트가 「스완네 집 쪽으로」에 제2제정의 분위기를 담으려고 고유명사를 연구했다는 것을 알 수 있다.

이것 하나만 보아도 불로뉴 숲과 롱샹 경마장 그리고 엥페라트리스 대로의 완성이 제2제정 시기 사교계의 성립과 밀접하게 결부되어 있는 사실을 이해할 수 있다.

나폴레옹 3세는 또 우안의 리볼리 로에 대응하는 형태로 동서의 환상環狀 횡단도를 좌안에도 건설하고, 이것을 세바스토폴 대로의 연장인 생미셸 대로와 만나게 한다는 생각을 하고 있었다. 전임자인 베르제는 이 플랜을 실행에 옮겨 소르본 옆을 지나 와인 시장(현재의 파리 7대학)에 이르는 레제콜 로를 뚫었는데, 오스만은 이 도로가 상트 주느비에브 언덕의 중턱을 가로지르고 있어서 센에 도달하기 위해서는 도중에 급경사를 지나야 한다는 점에 주목하고 교통량이 많은 환상 횡단도로로서 부적격하다는 판단을 내렸다. 그래서 나폴레옹 3세에게 생각을 바

꾸라고 재촉해 그 안쪽에 새로운 일주로인 생제
르망 대로를 건설하기로 결정했다.

하지만 1853년부터 1858년에 이르는 제1기
공사에서 생제르망 대로는 오토퓌 로에서 모베
르 광장까지만 완성되었다. 그러나 이것만으로
도 좌안의 유서 깊은 오래된 도로들이 많이 사라
져 알프레드 드 뮈세나 폴 가바르니가 묘사한 카
르티에 라탱의 분위기는 일변하게 된다.

오스만의 공과 과
오스만을 오래된 파리의 파괴자로
보는가, 근대적 파리의 건설자로
보는가에 따라 평가는 나뉜다. 곡
괭이는 파괴자, 흙손은 건설자의
상징. [V]

제1기 공사의 총괄

예산 관계 때문에 제1기, 제2기, 제3기로 구
분되는 오스만의 파리 개조 과정에서 제1기
(1853~1858)의 특징을 한 마디로 말하면, 질식 직전의 밀집지역을 헐
고 넓은 도로를 건설하는 한편 신선한 공기의 공급원으로서 불로뉴 숲
을 정비한 것이 전부라 할 수 있다.

이 가운데 전자의 의의에 관하여 불로뉴 숲의 설계자 알팡은 오스만
을 추도하는 글에서 이렇게 말한다.

"제1기 공사는 꾸불꾸불하고 어둡고 비위생적인 길, 구체적으로 말
하면 튀일리, 루브르, 팔레 루아얄, 테아트르 프랑세, 중앙시장, 파리
시청사, 시테 섬 등 오래된 거리에 공기와 빛과 건강을 끌어들이는 통
일적인 작업이었다."

맞는 말이라 아니 할 수 없는데, 여기에서 한 가지 잊지 말아야 할
것은 이 공사를 통해 폭 넓은 도로만이 아니라 완전히 새로운 건물들

로 이루어진 거리가 형성되었다는 점이다.

앞에서도 서술했듯이, 이 거리의 건물들은 파리 시에서 분양지로 내놓은 부지를 사들인 사기업이나 개인이 각자 개별적으로 건설한 것인데, 일본의 재개발에서 보는 것처럼 각각이 아무런 통일성도 없이 제멋대로 건물을 짓는 것이 아니라, 오스만의 의향을 따르는 강한 미학적 건축 규제가 작동하고 있었다는 점에 주목해야 한다.

파리 시에는 오스만 이전부터 도로의 폭에 대응하는 건물 높이에 대한 규제가 있었는데, 오스만은 높이만이 아니라 파사드에 관해서도 거리에 건물을 세우는 사람들이 발코니나 처마 등을 가지런히 함으로써 통일감을 확보할 수 있도록 행정적으로 지도했다. 다시 말해 행정 지도에 미학적 관점을 담음으로써 균형을 갖춘 아름다운 거리를 만들고자 부심했던 것이다.

1870년 오스만이 실각하면서 장대한 개조 계획은 후퇴할 수밖에 없었지만, 파리 시 당국은 오스만의 미학적 관점에 따른 규제라는 사상만은 확실하게 계승하여 파리를 무질서한 재개발로부터 보호하게 된다.

다른 한편, 이렇게 새로 지어진 아름답고 고급스러운 건물에는 제2제정의 경제 발전으로 벼락부자가 된 신흥 중산계급이 많이 살게 되었는데, 이들은 부를 과시하곤 하던 이전 시대 귀족들을 흉내 내 새로운 사교 습관을 낳는다. 그 무대가 된 곳 중 하나가 불로뉴 숲과 롱샹 경마장인데, 새로운 거리에 탄생한 파리 시청사나 루브르 궁전 그리고 각종 극장과 호텔 등도 그들이 야회나 무도회, 만찬회 등을 개최하기에 알맞은 장소를 제공한다.

이리하여 오스만의 파리 개조는 거리를 바꿨을 뿐만 아니라 새로운 계층을 낳고 새로운 관습을 만들어낸다. 이런 의미에서 오스만은 호화찬란한 제2제정의 사회 그 자체의 창시자가 되었다고 말할 수도 있다.

4
제2차 계획

제2차 개조 계획의 족쇄

1858년 4월 5일, 세바스토폴 대로의 완공을 축하하는 자리에서 나폴레 옹 3세는 죽 늘어앉은 시위원회 위원들을 앞에 두고 다음과 같은 연설을 했다.

위원회 위원 여러분, 여러분의 임무는 이것으로 끝난 것이 아닙니다. 여러분은 이렇게 훌륭하게 개시된 사업을 계승할 플랜에 찬성을 표했습니다. 입법 의원도 이 계획을 가결할 것입니다. 나는 그렇게 기대하고 있습니다. 그리 되면 이제부터 매년 새로운 간선도로가 잇달아 개통하게 될 것입니다. 그 결과 인구 과밀 지구는 위생적인 곳으로 바뀌고, 주택의 수가 늘어 집세가 낮아지고, 노동자 계급은 일한 만큼 풍요로워지고, 복지를 보다 튼실하게 조직화하여 빈곤이 줄어들 것입니다. 그렇게 함으로써 파리는 틀림없이 그 드높은 사명에 답할 수 있게 될 것입니다.

—앙리 마레, 『오스만 남작과 파리 개조』

이 연설에서도 명확하게 알 수 있듯이, 적어도 나폴레옹 3세는 파리
의 대개조를 노동자 계급의 생활 향상의 일환, 아니 그 주요 방법론으
로 자리매김하고 있었다. 즉, 일개 이상주의자에 지나지 않았던 젊은
루이 나폴레옹이 『빈곤의 근절』에서 공채 수입으로 농업 공동체를 건
설하면 노동력과 자금이 순환하여 풍요로운 사회를 만들 수 있다고 주
장했듯이, 이제 황제가 된 과거의 몽상가는 제1차 개조 계획이 성공한
것을 보고 개조야말로 노동자 유토피아로 이어지는 왕도라는 것을 더
욱 깊이 확신하게 되었던 것이다.

이런 의미에서 1858년에 부상한 제2차 개조 계획은 나폴레옹 3세가
그린 이상도시의 이미지를 한층 충실하게 재현하고 있으며, 현실적인
도시계획이면서도 그 핵심에는 일종의 유토피아적 요소가 포함되어 있
다. 바꿔 말하면 그것은 오스만이라는 리얼리스트 건축가의 손으로 실
현된 환상의 궁전이라는 측면을 갖고 있는 것이다.

하지만 나폴레옹 3세의 의지를 충실하게 실행하는 사람이었던 오스
만은 그 유토피아를 실현하기 위해서는 무엇보다 먼저 자금 조달이라
는 현실적인 문제를 돌파하지 않으면 안 된다는 것을 잘 알고 있었다.

그런데 자금 조달이라는 첫 번째 관문에서 계획은 일찌감치 좌절의
조짐을 보이기 시작한다. 다시 말해 총계 1억8000만 프랑의 건설 예산
중 3분의 2를 파리 시가, 3분의 1을 국가가 감당하게 되어 있었음에도
불구하고, 예산안이 입법의원에 상정되자마자 반대파의 격렬한 논란에

부딪쳐 6000만 프랑의 국고 보조가 5000만 프랑으로 줄어들고 말았던 것이다. 자신들에게 아무런 이익도 없다고 생각한 지방의 의원들이 파리만 우대하는 예산에 반기를 들었던 것이다.

그러나 오스만에게 타격을 가한 것은 국가 예산의 감액보다 계획에 추가된 다양한 제약이었다.

첫 번째는 파리 시채를 발행하려면 입법의원의 찬성을 얻어야 한다는 조항, 두 번째는 토지나 건물의 소유자만이 아니라 세입자의 보상도 파리 시에서 부담해야 한다는 조항, 그리고 세 번째는 공사 기간을 5년이 아니라 10년으로 해야 한다는 조항이다.

이들 제약은 어느 것이나 예산의 감액 이상으로 오스만을 옭죄는 족쇄가 되었는데, 결과적으로 보면 최대의 장애가 된 것은 공사 기간을 10년으로 해야 한다는 세 번째 조항이다. 왜냐하면 공사 기간의 연장은 이른바 땅 투기꾼들의 암약을 초래해 에밀 졸라가 『전리품의 할당』에서 극명하게 묘사한 것처럼 토지 가격의 폭등을 낳은 결과, 파리 시는 토지 수용에 막대한 비용을 필요로 하게 되었기 때문이다.

오스만은 만약 황제가 명한 대로 5년이라는 짧은 기간에 공사를 완성할 수 있었다면 이러한 실패는 없었을 것이라고 『회상록』에서 반론하는데, 과연 그럴 수 있었을까? 일본의 예를 보아도 알 수 있듯이, 땅 투기꾼은 강제력을 동원해 단호하게 매매를 제약하지 않는 한 설령 단기간이라 하더라도 이권에 확실하게 휘말리게 마련이기 때문이다. 사실 제3차 계획에서는 실패에서 교훈을 얻은 오스만이 착수할 공사의 장소를 밝히지 않았음에도 불구하고 투기꾼들은 어디에선가 그 소식을 알아내 토지를 마구 사들였던 것이다.

하지만 우리는 아직 1858년 시점에 있다. 나폴레옹 3세와 오스만이 책정한 제2차 계획은 입법 의원에 의한 제약이 장래의 무거운 족쇄가 될 줄도 모른 채 일단은 순조롭게 출발했다.

인체와의 아날로지
파리의 개조는 숲이 허파, 대로가 동맥, 로터리가 심장이라는 식으로 도시를 인체에 비유하여 얘기 되곤 했다. 도판은 건설노동자에게 잠식당하는 파리(여성)를 묘사한 모랑의 풍자화. [V]

인체와의 아날로지—제2차 계획의 특징

리볼리 로와 스트라스부르/세바스토폴 대로의 교차점을 주축으로 하는 제1차 개조 계획이 일종의 병든 부위를 도려내는 수술이었다면, 샤토 도 Château d'eau 광장과 에투알 광장을 보다 완전한 형태의 방사상 광장으로 개조할 때 오스만은 이것을 도시라는 육체의 구석구석에 신선한 혈액을 공급하는 심장으로 파악했다. 요컨대 오스만은 이른바 순환기 계통을 치료하여 도시의 건강을 회복하려 했다고 말할 수 있다.

알랭 코르뱅의 『냄새의 역사』에 따르면 이러한 발상은 영국의 윌리엄 하비가 발견한 혈액 순환의 법칙을 나폴레옹 3세가 도시에 응용한 것인데, 확실히 나폴레옹 3세와 오스만은 여러 측면에서 파리라는 유기체organism를 인체의 아날로지로서 포착하고 있었던 듯하다. 예컨대 오스만은 훗날 방센 숲과 뷔트 쇼몽 공원을 조성할 때 이것을 불로뉴 숲이라는 왼쪽 허파와 짝을 이루는 오른쪽 허파라는 비유로 설명한다.

어찌됐든 나폴레옹 3세와 오스만이 제2차 도로망의 기본 개념으로서 바둑판 모양이 아니라 방사상의 편성을 채용한 것은 파리라는 도시의 성격 형성에서 그야말로 행운이었다고 말하지 않을 수 없다. 즉, 직선뿐만 아니라 여기에 원이 더해짐으로써 같은 기하학적 모양이라도 단순한 계산으로는 가늠할 수 없는 복잡한 도시의 성격이 파리에 부여되었던 것이다.

늘 직선을 선호했던 오스만의 성향에 비춰 볼 때 만약 그 사람 혼자서 처음부터 개조를 담당했다면 파리는 어쩌면 뉴욕과 같은 바둑판 모양의 도시가 되었을지도 모른다. 그런데 다행스럽게도 그가 설계도를 그리기 전에 그보다 복잡한 성격의 소유자인 나폴레옹 3세가 방사상의 원형 플랜을 짜고 있었다. 파리가 오늘날까지 세계 그 어느 도시에서도 찾아볼 수 없는 불가사의한 매력을 가득 담고 있는 것은 인체 모델을 본떠 방사상으로 개조를 한 나폴레옹 3세 덕분이라고 할 수 있다.

그중에서도 쇠약한 인체에 인공심장을 다는 것으로 비유된 것이 새로운 샤토 도 광장 건설이다.

대개조 전에 샤토 도 광장은 탕플 대로와 생마르탱 대로 그리고 탕플 로와 포부르 뒤 탕플 로가 만나는 중요한 교차점이었는데, 실제로는 샤토 도라 불리는 사자 분수가 중앙에 자리 잡고 있는 좁은 광장에 지나지 않았다.

오스만은 탕플 대로와 생마르탱 대로의 일부를 없애고 이 광장을 몇 배의 규모로 특히 옆으로 크게 확대한 다음, 그곳에서 동서남북으로 퍼져나가는 폭 넓은 도로를 닦기로 했다.

최초로 건설된 것이 파리 동부의 요충인 트론 광장(현재의 나시옹 광장)에서 출발하는 드넓은 프랭스 외젠 대로(현재의 볼테르 대로)와 그 연장인 푸아소니에르 대로(현재의 마쟁타 대로), 다음으로 탕플 로의 일부를 확대하여 중앙시장 방향으로 이어지게 하는 튀르비고 로(세바스토폴 대로까지 이어지는 부분), 마지막으로, 이것은 오스만 임기 중에 완성되지는 않았지만, 페르 라셰즈 묘지로 통하는 아망디에 대로(현재의 레퓌블리크 대로)다.

그런데 이들 방사상의 도로 건설에는 인구 밀집 지역에 공기와 빛을 끌어들이고 사람과 물자의 유통을 원활하게 하여 도시의 건강을 되찾는다는 본래의 목표 외에 또 하나, 파리라는 신체에 혹시 모를 장해가 발생했을 때 즉각 치료를 행한다는 부차적인 목적도 포함되어 있었다는 것도 잊어서는 안 된다. 다시 말해 민중 반란이 빈발하는 동부지구를 종횡하는 이들 도로는 경찰이나 군대가 즉시 파견될 수 있는 전략도로로 기능하기도 했던 것이다. 사실 마가쟁 레위니 백화점과 대칭을 이루는 건물은 프랑스 외젠 병영으로 민중 반란에 대비해 엄중한 감시를 하고 있었다.

오스만은 또 그랑 불바르와 나란히 가는 형태로 바스티유 광장으로 흘러드는 생마르탱 운하를 포부르 뒤 탕플 로와 교차하는 부근부터 복개한 다음 그 위에 2킬로미터에 걸쳐 중앙에 잔디가 있는 산책로로 만들었는데, 이 조치 역시 폭도들이 동쪽에 틀어박히는 것을 허용하는 굴 역할을 하고 있던 생마르탱 운하를 없애는 데 공헌했다.

민중 반란의 싹을 잘라낸다는 측면에서 이것들에 뒤지지 않는 기능을 한 것이 탕플 대로 동쪽 밖에 있었던 극장가, 통칭 '범죄 대로'의 철거다. 마르셀 카르네 감독의 명작 「싸구려 관람석의 사람들」에 생생하게 그려진 이 '범죄 대로'는 대부분 살인, 강도, 강간 등 피비린내 나는 범죄를 다루는 대중연극을 상연하는 작은 극장이 즐비한 데서 그 이름이 유래했는데, 그곳은 또 카니발의 계절이 오면 파리 동부와 북부의 민중이 모여 열광적으로 노는 소란스런 무대이기도 했다. 카니발의 소란에서는 종종 시위꾼들이 열광을 폭동으로 몰아가려는 움직임도 있었기 때문에, 샤토 도 광장의 확장으로 '범죄 대로' 자체가 모습을 감춘 것은 이러한 음모의 싹을 사전에 잘라내는 데에도 도움이 되었던 것이다.

에투알 광장

샤토 도 광장의 건설을 파리 동부의 인구 밀집 지역에 혈액을 공급하는 인공심장을 삽입하는 긴급수술에 비유할 수 있다면, 파리 시 서쪽으로 툭 불거져 나온 곳에 굳이 에투알 광장을 건설한 것은 오스만이 파리 시역市域의 확대와 서부의 발전을 예견하고 일종의 사이보그 도시를 창출했다고 말할 수도 있다. 왜냐하면 그것은 제2제정뿐만 아니라 멀리 20세기의 교통까지 사정권에 넣은 원대한 플랜이었기 때문이다.

나폴레옹 1세가 제1제정 시대에 건설하기 시작해 루이 필리프가 1838년에 완성한 개선문은 나폴레옹 3세가 런던 망명 중 파리 개조 플랜을 다 짰을 때에는 파리의 시역 밖에 있는 에투알 광장 한가운데 세워져 있었다. 주위에는 민가도 없고, 오늘날의 샹젤리제 대로에 해당하는 에투알 대로 끝에 니콜라 르두가 설계한 입시관세사무소 두 동만 덩그러니 서 있었다.

미래의 나폴레옹 3세는 위대한 큰아버지에게 경의를 표해서인지 이 에투알 광장에 현재의 포슈 대로, 클레베르 대로, 프리랑Friedland 대로를 더하긴 했지만, 이것을 파리의 서쪽 심장으로 삼는다는 아이디어까지는 생각하지 못하고 있었다.

그런데 오스만은 제2차 개조 계획에 이 에투알 광장을 집어넣은 시점에 이미 이곳을 개조 후 파리의 상징이 될 넓고 아름다운 광장으로 만들겠다는 결심을 하고, 파리 시역의 확대까지 포함하여 면밀한 계획을 가다듬고 있었던 것이다. 광장은 직경이 240미터에 이를 정도로 거대하고, 이곳에서 열두 갈래의 대로가 방사상으로 뻗어나가 각각이 다른 광장이나 대로와 접속한다. 또, 열두 갈래의 대로를 잇는 동심원상의 도로를 만들어 교통을 원활하게 한다. 나아가 이러한 방사상과 동심원상의 도로 양쪽에 늘어서는 건물은 모두 신축하고 건축양식도 통일하여 미학적으로도 보기 좋게 한다……

요컨대 오스만은 나폴레옹 3세의 플랜에서는 하나의 광장에 지나지 않았던 것을 세계에서도 유례를 찾아볼 수 없는 '유일한 광장'으로 바꾼 것이다. 앙리 마레는 다음과 같이 지적하는데, 지당한 말이다.

이 열두 갈래의 대로가 만나는 광장의 '아름다운 조화'라는 영광은 바로 오스만에게 돌려야 할 것이다. 그것은 세계의 모든 도시 중에서 가장 성공한 전체 계획의 하나다. 파리에 비교할 수 없는 조망을 선사하는 열두 줄기의 가지가 달린 별étoile이라는 아이디어에 기초하여 그것을 실현한 공적은 오스만의 것으로 인정할 필요가 있다.

—앙리 마레, 『오스만 남작과 파리 개조』

몽소 공원 건설

이처럼 에투알 광장을 오스만의 미학적 승리라고 부를 수 있다면, 몽소 공원과 그 주변 고급주택의 건설은 오스만의 입장에서 볼 때 재정적인

에투알 광장

오스만은 에투알 광장을 개조해 파리 서쪽의 심장을 마련하기로 결심하고, 세계에서 '유일한 광장'을 완성했다. [G]

몽소 공원

오스만은 몽소 공원을 개조함과 동시에 그 부지를 반으로 나누어 나머지를 페레르 형제에게 매각한다. 페레르 형제는 이 부지에 파리의 최고급 주택지를 만들었다. [T]

승리라고 말할 수 있다.

몽소 공원은 대혁명 이전에는 오를레앙가의 샤르트르 공의 영지로, 폴리라고 불리는 화려하기 그지없는 대정원을 둘러싼 저택이 서 있었다. 혁명 후 영지는 오를레랑 가에 반환되었지만, 1852년 나폴레옹 3세가 시행한 오를레앙가 재산 몰수로 다시 국가에 귀속되었다. 오스만은 앙리 4세 학교 시절 오를레앙 공의 아들들과 급우였던 관계도 있고 해서 이 문제를 원활하게 해결하고자 했는데, 1860년 은행가 페레르 형제의 중개로 마침내 난제를 푸는 데 성공한다.

즉, 오스만은 오를레앙가에 배상금을 지불하고 부지를 사들여 그곳에 몽소 공원과 대로를 건설하는데, 나머지 광대한 토지는 페레르 형제에게 매각하여 배상금 지급과 공원 조성비로 충당했던 것이다. 한 마디로 말하면, 오스만은 오를레앙가와 파리 시와 페레르 은행이 동시에 이익을 얻는 방법을 발견했던 것인데, 이 아이디어가 얼마나 획기적인지는 파리에서는 보기 드문 영국식 정원을 서부 지구에 건설하고 동시에 파리에서 1, 2위를 다투는 고급주택가를 단숨에 완성한 것을 보면 잘 알 수 있다. 결국 파리 시로부터 몽소 공원을 에워싼 우량지優良地를 사들인 페레르 형제가 이것을 널찍한 구획의 고급주택용 부지로 내놓자 벼락부자들이 몰려들어 몽소 지구는 순식간에 대저택이 즐비한 조용한 고급주택가로 변모했던 것이다.

그런데 이 성공에 힘을 얻은 오스만은 다음으로 몽소 공원과 마들렌 광장을 연결하는 말제르브 대로 건설에 착수했는데, 여기에서는 뜻밖의 반격에 부딪치게 된다. 그럴 만도 한 것이 루이 필리프 시대부터 말제브르 대로 주변에 저택을 짓고자 했던 큰손들이 오스만의 계획에서는 이제 막 완성한 저택이 철거 대상이라는 것을 알고 입법의원을 비롯한 모든 연줄을 동원하여 반대 행동에 나섰기 때문이다.

이러한 움직임에 오스만은 크게 곤혹스러워했지만, 나폴레옹 3세는 도로 건설의 공공성을 방패삼아 예외를 인정하지 않고 확고하게 오스만을 지지했다. 그 결과 말제브르 대로는 순조롭게 개통이라는 목적지에 도달한다. 이것 역시 파리 대개조라는 대의 앞에서 일군만민형—君萬民型 황제민주주의 원칙이 관철된 좋은 사례로 들 수 있을 것이다.

시테 섬의 철저한 개조

이외에 제2차 개조 계획에는 불로뉴 숲과 짝을 이루는 방센 숲 정비, 바스티유 광장과 방센 숲을 연결하는 도메닐 대로 개통, 서부철도의 기점역인 생라자르 역 개축, 방사상의 유로파 광장 건설, 샤이오 지구와 트로카데로 지구 정비, 좌안의 환상環狀 대로 개통 등이 있는데, 그중에서도 파리의 변용을 상징하는 것이 시테 섬의 대개조일 것이다.

파리의 발상지인 시테 섬은 이 시대에는 중세와 거의 다르지 않은 모양의 민가들이 다닥다닥 붙어 있는 파리에서도 몇 손가락 안에 꼽히는

시테 섬의 개조
중세부터 같은 자리에 있었던 시
테 섬의 민가들은 오스만에 의해
일소되고, 공공건축의 섬으로 바
뀌었다. 아래는 개조 후의 모습.
[V]

인구 과밀 지역으로 바뀌어, 경찰의 추적을 피해 많은 범죄자가 타피 프랑_{tapis-franc}이라 불리는 술집을 겸한 싸구려 호텔에 몸을 숨기고 있었다.

시테 섬을 개조하기 위해서는 노트르담 대성당과 상트 샤펠, 콩스티스를 제외한 모든 것을 부수고 다시 세우는 방법밖에 없다고 생각한 오스만은 도로나 건물뿐만 아니라 다리까지도 완전히 다시 만들었다. 즉, 퐁트샹주가 세바스토폴 대로의 연장선상에 있지 않다는 이유로 다시 세웠고, 마찬가지로 생미셸 다리도 다시 만들었다. 또, 두 다리를 연결하는 바리유리 로도 확장해 이름을 팔레 대로로 바꿨다. 노트르담 대성당 앞마당에 늘어서 있던 빈민가는 모두 철거되었을 뿐만 아니라 중세에 성_聖 랑드리가 문을 연 것으로 알려진 오텔 디외_{Hôtel Dieu}(파리시립병원)까지 헐렸다.

오텔 디외와 관련하여 오스만은 시테 섬과 같은 나쁜 환경이 아니라 더욱 위생적인 장소로 이전해야 한다고 생각했지만, 나폴레옹 3세의 강력한 뜻에 따라 같은 시테 섬의 다른 장소(노트르담 대성당을 사이에 둔 반대쪽 강가)로 옮기게 되었다. 나폴레옹 3세는 오텔 디외를 가장 많이 이용하는 하층 민중들이 조금이라도 쉽게 갈 수 있는 조건을 우선시했던 것으로 보인다.

오늘날 시테 섬의 빈민가가 있었던 곳을 걷다보면 상사재판소_{商事裁判所}와 경찰청(옛 시테 섬 병영)과 같은 공공시설이 늘어서 있을 뿐, 민가가 있는 곳은 오스만이 헐고자 했으나 끝내 그렇게 하지 못한 노트르담 대성당 북쪽 일각과 도핀 광장으로 한정되어 있다. 그렇기 때문에 대개조 이전의 시테 섬의 모습을 떠올리려고 해도 남아 있는 거리보다 오스만의 개조로 사라진 거리를 강하게 의식할 수밖에 없다.

시테 섬이야말로 오스만의 개조가 얼마나 철저했는지를 알기 위한 좋은 견본이라 할 수 있다.

5
제3차 개조 계획과 오스만의 실각

파리 시역의 확대

파리는 1860년 1월 1일을 기점으로 주변의 11개 하위 행정 구역을 합병하여 시역을 두 배 이상으로 확대하고, 행정 구분도 11구제區制에서 20구제로 변경했다. 이는 현재도 동일하다.

그렇다면 시역은 구체적으로 어디에서 어디까지 확대된 것일까?

옛 시역은 징세청부인의 벽으로 불렸던 담장 안쪽이다. 징세청부인이란 앙시앵 레짐 시대에 국왕을 위해 세금을 미리 납부하고 그 세금을 민중으로부터 거둬들이는 권리를 얻은 사람들을 가리키는데, 그들의 징세의 재원으로 삼은 것은 파리 시내로 들어오는 일용품에 매기는 간접세였다. 즉, 시역을 빙 둘러 담장을 쌓고 곳곳에 시문을 만들어 이곳으로 들어오는 짐에 세금을 매기려 했던 것이다.

한편, 새로운 시역의 경계가 된 것은 티에르의 성벽으로 불리는 견고한 군사용 성벽으로, 이는 1841년부터 1844년에 걸쳐 당시 수상이었던 티에르의 발안에 따라 건설된 것이다. 이 성벽은 파리 주변의 하위 행정 구역들을 둘러싼 모양새였다.

오스만은 징세청부인의 벽을 없애고 시역을 티에르 성벽까지 넓혀 그곳에 새롭게 간접세 징수를 위한 시문을 설치하기로 했던 것이다.

오스만이 이 아이디어를 채택한 것은 근대화가 착착 진행되는 파리 시내에 비해 주변 하위 행정 구역의 주거 환경이 너무 열악하고, 도로나 상하수도가 갖춰지지 않은 곳에 철도 개통으로 지방에서 속속 올라온 신주민이 날림으로 지은 집에 살기 시작하면서 새로운 무질서가 발생하고 있는 것을 무겁게 보았기 때문이다. 오스만의 입장에서 보면 어렵사리 파리 중심부의 빈곤과 악덕을 제거했는데, 그것이 주변부로 이동하여 파리를 포위하는 모양이 되는 것은 용납하기 어렵다.

이 문제는 7월 왕정 시대부터 몇 번이나 거론되었지만 재정난을 이유로 번번이 받아들여지지 않았다. 오스만은 제2제정의 권위와 안정이 정점에 달한 이 시기에 이 문제를 단숨에 해결해야 한다고 생각했던 것이다.

그러나 하위 행정 구역의 주민과 파리의 주민 양쪽에서 다 이 합병에 대한 강한 반대가 있었다.

전자가 반대한 이유는 지금까지 시역 밖에 살면서 누릴 수 있었던 특권이 사라지기 때문이다. 예를 들어 시문 바깥쪽에는 어디에나 '시문의 술집'으로 불리는 술집이 있어서 시문 밖에서 와인을 마시고 시내로 들어가는 손님들로 크게 번성하고 있었는데, 만약 파리 시에 편입되면 세금이 붙지 않은 술을 팔 수 있는 특권은 사라지고 만다. 또 주변 하위 행정 구역의 주민 중에는 일용품에 세금이 붙지 않아서 누릴 수 있는 이점, 그러니까 물가가 싸다는 이점이 없어진다면서 합병에 반대하는 자도 있었다.

한편 시역 안에 사는 주민들의 반대 목소리도 높았다. 그 이유는 무질서한 시역 밖의 주거 환경이나 행정 제도를 정비하려면 돈이 들 수밖에 없는데, 그 돈을 부담하는 것은 가난한 신주민이 아니라 비교적 부유한 자신들이라는 것이다.

이에 대해 오스만은 시역 밖의 주민에게는 합병 후 7년 동안 면세특권을 인정하는 것으로 반대파를 회유했고, 파리 시민에게는 장래의 발전 가능성을 논거로 설득하고자 했다. 그 결과 1859년 5월 파리 시위원회에서 법안이 채택되었고, 이어서 같은 해 11월에 입법의원에서도 가결되어 다음 해 1월 1일부터 시행하기로 공포되었다.

오스만은 징세청부인의 벽과 동시에 시문 양쪽에 세워져 있던 니콜라 르두가 설계한 입시관세사무소를 그 어떤 예외도 두지 않고 파괴했는데, 그것이 훗날 오스만에게 가해진 파괴주의$_{vandalism}$라는 비난의 원인 중 하나가 된다.

제3차 개조 계획

주거 환경 설비가 전혀 갖춰져 있지 않은 시역 밖의 하위 행정 구역을 합병하면서 오스만은 필연적으로 개조 계획을 변경할 수밖에 없는 상황에 처한다. 즉, 신시가와 구시가를 연결하는 도로와 신시가를 서로 연결하는 환상 대로의 부설, 밭은 많아도 공원은 없는 지역에 공원을 조성하는 것 등이다. 이 시점에 나폴레옹 3세와 오스만의 마음에 제2

차 개조 계획을 잇는 제3차 개조 계획이 떠오르게 된다.

뷔트 쇼몽 공원
파리 지역의 확대에 따라 파리 시로 편입된 동북부의 허파로 조성된 뷔트 쇼몽 공원. 이전 몽포콩의 분뇨 처리장이었던 장소다. [T]

그 중심이 된 것은 뷔트 쇼몽 공원(19구)과 몽스리 공원(14구)이다.

뷔트 쇼몽 공원은 신시역의 동북부 몽포콩(19구)에 건설된 영국식 정원이다. 몽포콩 언덕은 중세부터 형장으로 사용되었는데, 성 바르텔레미 축일의 학살 때 살해된 프로테스탄트의 유해가 이곳에 방치된 것으로 유명하다. 1623년에 형장은 폐쇄되었지만, 그 후 이 언덕은 석고를 캐는 채석장으로 사용되어 곳곳에 구덩이가 파인다. 18세기에는 채석장 터의 구덩이는 분뇨처리장으로 이용되어 파리의 분뇨가 이 구덩이로 모인다.

몽포콩의 분뇨 처리장은 이웃한 폐마廢馬 처리장과 함께 악취로 악명을 떨친다. 분뇨 처리장과 폐마 처리장은 주민의 불만으로 7월 왕정기에 교외인 봉디Bondy로 이전했지만, 그 자리는 손도 대지 못한 채 방치되어 있었다.

오스만은 이곳에 파리 동북부 민중의 쉼터가 될 넓고 아름다운 공원을 만들기로 결심하고 알팡에게 공원 조성 임무를 맡겼다. 알팡은 그의 기대에 부응해 뷔트buttes(언덕)라는 지형의 특징을 살려 독특한 흥취로 가득한 공원을 완성했다. 1867년 파리를 방문한 도쿠가와 아키타케德川昭武 일행도 뷔트 쇼몽 공원을 견학하고 민중적 지역에 공원을 만든 나폴레옹 3세의 의도를 칭찬한다.

한편, 몽스리 공원은 신시역의 남단(14구)에 조성된 최대의 전형적

오페라 극장 설계자 가르니에
오르시니에 의한 나폴레옹 3세 암살 미수사건을 계기로 새로운 오페라 극장의 건설이 결정되었다. 설계 공모를 실시한 결과 샤를 가르니에의 플랜이 채택되었다. [A]

비판에 휩싸인 오스만
파리 개조에 필요한 자금의 확보에 고심하던 오스만은 공공사업 금고를 설립해 우회 융자를 도모했는데, 쥘 페리는 그 수법을 '콩트 판타스티크'라고 비판했다. [V]

인 영국식 정원이다. 이곳도 노동자가 많이 사는 지역으로 오스만은 좌안에 또 다른 뷔트 쇼몽 공원을 의도했지만, 철도 노선이 둘이나 정원 안을 지나고 있어서 생각대로 공사가 진척되지 않았고, 뷔트 쇼몽 공원과 같은 인기를 모을 수도 없었다. 지금 보아도 수목이 무성할 뿐 별다른 특징이 없는 공원이다.

1873년까지 그랑 불바르에서 루페르티에 로로 들어가는 지점에 있었던 오페라 극장은 1820년 베리 공이 르부아 로로 들어가다가 암살된 후 서둘러 건설된 가설극장이었는데, 본격적인 오페라 극장 건설은 이미 왕정복고 시대 때부터 검토되고 있었다. 오스만도 부임하마자 새로운 오페라 극장 계획을 가다듬기 시작했지만 극성스러운 땅 투기꾼들이 설쳐댔기 때문에 건설지에 관해서는 오랜 기간 가슴속에 깊이 숨겨둔 채 누구에게도 밝히려 하지 않았다.

그러나 이를 위한 준비는 제2차 개조 계획 단계부터 이미 착실하게 진행되어 생라자르 역 정비를 구실로 오벨 로와 알레비 로를 개통했고, 이곳에 건설 예정인 스크리브 로와 마이어베어 로가 현재 오페라 극장이 있는 부지를 둘러싸게 해두었다. 리볼리 로와 카푸신 대로를 잇는 도로로서 1854년부터 공사가 시작된 나폴레옹 대로(훗날의 오페라 대로)도 새로운 오페라 극장을 고려해 계획한 것이다.

이와 같은 오스만의 심모원려는 1858년 이탈리아인 애국자 오르시니에 의한 나폴레옹 3세 암살 미수사건이 일어나면서 효력을 발휘하게 된다. 왜냐하면 이 사건은 나폴레옹 3세의 마차가 오페라 극장으로 향하는 도중에 폭탄이 떨어져 일어난 것인데, 앞으로도 좁고 경비하기 어려운 루페르티에 로에 오페라 극장이 있는 한 동일한 사건이 얼마든지 일어날 수 있을 것이므로, 보다 접근성이 좋은 장소에 오페라 극장을 건설할 수밖에 없다는 의견이 설득력을 얻었기 때문이다. 1860년 정식으로 오페라 극장 계획이 구체화했을 때 오스만은 이미 정비를 마친 광장을 오페라 극장 건설 후보지로 제시하면 그만이었다.

샤를 가르니에가 설계한 오페라 극장은 1862년에 착공되어 1867년 파리 만국박람회에 맞추기 위해 공사를 강행했지만, 지하에서 거대한 채석장 터가 발견되고 그곳으로 지하수까지 흘러들어서 늦춰지고 늦춰지다가 1875년에야 가까스로 완성되었다. 이때에는 이미 제2제정이 무너지고 체제가 제3공화정으로 바뀌어 있었을 뿐 아니라 나폴레옹 3세도 이 세상 사람이 아니어서 호화찬란한 오페라 극장의 위용을 볼 수 없었다. 운명의 아이러니가 아닐 수 없다.

오스만의 콩트 판타스티크

앞에서 서술했듯 오스만은 이미 제2차 개조 계획에서도 파리 시위원회와 입법원으로부터 이중삼중의 족쇄가 채워져 자유롭게 예산을 꾸릴 수 없었다. 예컨대 입법원은 제3차 이후의 개조 계획에는 국고보조금을 할당해서는 안 된다는 부대조건까지 내걸었다. 더욱이 부족한 부분을 파리 시채市債로 보전하려 해도 채권 발행에 입법원의 승인이 필요하다는 조항이 있어서 이마저 뜻대로 되지 않았다. 게다가 공교롭게도 재2차 개조 계획부터는 땅 투기꾼이 날뛰어 되팔기를 거듭한 결과 땅값이 치솟으면서 용지 매수 비용은 당초의 지출 예정액을 훨씬 웃돌았다.

그랬기 때문에 파리 시의 재정 상태에 비춰볼 때 위에서 서술한 제3차 개조 계획은 아예 가능했을 리가 없지만, 오스만은 흡사 연금술사처럼 어디에선가 예산을 끌어와 공사를 이어나갔다.

오스만의 마법과도 같은 예산 조치를 두고 공화파 의원 쥘 페리는 '오스만의 콩트 판타스티크'라며 맹비난을 퍼부었다. 콩트 판타스티크란 호프만의 '환상 콩트contes fantastiques'와 '터무니없는 회계comptes fantastiques'를 합친 말장난이다.

그렇다면 오스만 회계의 어디가 어떻게 환상적이었던 것일까?

오스만의 요술방망이, 그것은 그가 1858년 제2차 개조 계획 책정 당시 설립한 공공사업금융이다.

공공사업금융은 센 현에서 시행하는 공공사업을 원활하게 추진하기 위해 설립된 금융기관으로, 주로 입찰을 통해 공사를 낙찰한 청부 공사업자에게 즉석에서 자금을 융자해주는 것이 목적이었다. 청부 공사업자가 낙찰한 공사를 자비를 들여 완성한 다음 그 건물을 일반에 매각해 이익을 얻는 구조였지만, 공사에는 용지 매수 비용부터 철거, 도로 공사까지 모든 것이 포함되어 있기 때문에 처음부터 일체를 자비로 조달하는 업자는 드물었고, 대부분이 공공기금에서 융자를 받아 충당했다.

그러나 이 금고 자체에는 자본금이 거의 없었기 때문에 업자가 필요로 하는 자금은 금고 측이 은행으로부터 빌려서 마련해주는 형태를 취했다. 다시 말해 청부 공사업자가 금고로부터 지권地權의 '양도증서'를 받고, 그것을 은행에 담보로 건네 융자를 받는 시스템이다.

이 시스템에서 주목해야 할 것은, '양도증서'가 센 현 지사가 최종적으로 인수인이 된다는 점에서 시채와 완전히 같은 기능을 함으로써, 오스만은 시채와 같은 제약을 받지 않고 시채와 같은 가격의 채권을 발행할 수 있었다는 것이다.

이 '양도증서'를 전문적으로 인수한 곳이 페레르 형제가 경영하는 크레디 모빌리에의 부동산 부문 자회사 크레디 퐁시에르crédit foncière(부동산은행)였는데, 크레티 퐁시에르 총재 플레미는 오스만의 친구였기 때문에 오스만은 '양도증서'라는 형식을 빌려 마음껏 시채를 발행할 수 있었다.

그 총액은 1862년부터 1867년까지 5년 동안 4억6500만 프랑을 웃돌았다. 이것은 제1차부터 제3차까지 공식적인 시채 발행으로 오스만이 손에 넣은 예산 4억6000만 프랑과 거의 같은 금액이다. 파리 개조의 총지출액이 25억5000만 프랑으로 산정되므로 그것과 비교해도 자그마치 5분의 1 가까이가 공공사업금융을 경유하여 크레디 퐁시에르로부터 융통되었던 셈이다.

이 의혹으로 가득 찬 금융 조작이 처음으로 밝혀진 것은 1864년 금융에 정통한 저널리스트 레옹 세이가 『주르날 데바』에 실은 폭로 기사를 통해서였는데, 그 이면에는 크레디 모빌리에의 라이벌 로스차일드 은행의 손길이 닿아 있었다. 로스차일드는 크레디 모빌리에의 아킬레스건이 크레디 퐁시에르라는 것을 알고 그곳을 파고들었던 것이다.

그러나 이때에는 아직 제2제정 자체의 기반이 견고했기 때문에 오스만은 이렇다 할 상처를 입지 않고 이 비난을 피할 수 있었다.

하지만 결과적으로는 여기에서 멋지게 벗어난 것이 오히려 상처를 키웠고, 최종적으로 오스만의 실각을 초래하게 된다. 그 과정은 현대의 불량 채권 처리와 아주 흡사하다. 즉, 만약 이 시점에서 공공사업금고와 크레디 퐁시에르를 활용한 우회 융자가 일반에 알려지고 파리 시에서 불가피하게 강경한 예산 정책을 펼쳤다면, 제2제정의 경제 자체에 아직 체력이 남아 있었기 때문에 오스만은 다시 일어설 수 있었을지도 모른다.

그런데 일본의 정치가나 은행가처럼 오스만도 이 상황만 지나면 언젠가는 경제도 회복되고 예산 초과도 극복할 수 있을 것이라면서 미래에 대한 희망을 이어나갔다. 그리고 이러한 낙관주의가 오스만에게 치명상을 입힌다.

오스만의 실각

파리 만국박람회가 개최된 1867년은 나폴레옹 3세에게 그 영광이 정점에 도달한 때였지만 동시에 곳곳에서 체제의 문제가 드러나고 위기가 분출한, 그러니까 '종말이 시작된' 해이기도 했다. 그 가운데 하나는 페레르 형제의 크레디 모빌리에가 정부로부터 회사채 발행을 거부당해 파산하면서 경제가 심각한 타격을 입은 것인데, 이 사건은 크레디 퐁시에르가 공공사업금고의 파트너였기 때문에 오스만의 운명에 큰 영향을 미치게 된다. 즉, 오스만을 페레르 형제와 일심동체로 본 온건공화파나 오를레앙주의자들이 로스차일드 은행의 후원 아래 맹렬하게 공격을 퍼부었던 것이다.

처음 방아쇠를 당긴 사람은 공화파의 피카르와 왕당파의 벨리에였다. 두 사람은 입법원 결의에 따라 파리 시는 시채를 발행할 수 없는데도 시채와 같은 가격으로 '양도증서'가 유통되고 있다는 사실을 지적하면서 정부의 견해를 물었다.

이에 대해 수상 루에르는 '양도증서'는 시채가 아니라고 일축했고, 입법원도 오스만 비난 결의를 부결했다. '부황제'라는 별명으로 불릴 정도로 권한이 막강했던 루에르는 오스만에 대해 뿌리 깊은 불신을 품고 있었지만 이때에는 체제의 일원으로서 오스만을 감쌌던 것이다.

불투명한 회계 때문에 규탄의 대상의 된 오스만은 1870년 황제에 의해 센 현 지사에서 경질되었다. 도판은 파리를 상징하는 루테치아 여신에게 외면당하는 오스만. [V]

하지만 이러한 형세에서 오스만도 종래와 같이 계속 강경한 태도로만 나갈 수는 없었다. 연말에 크레디 퐁시에르에 발행한 '양도증서' 4억 6500만 프랑의 상환 기한을 단기채에서 10년 만기 장기채로 바꾸기로 한 것이다. 이 조치에 대하여 나폴레옹 3세는 위기를 피하기에 충분하지 않다고 생각하고, 오스만을 직접 불러 상환 기간을 60년까지 연장하라고 지시했다.

그러나 그렇게 되면 파리 시가 크레디 퐁시에르로부터 공식적으로 빌리는 것이기 때문에 입법원의 승인이 필요하다. 그럴 경우 당연히 각 방면으로부터 공격을 당하겠지만, 만약 승인을 받을 수만 있다면 하드랜딩hard landing(강경한 예산 정책)이 가능하고, 파리 시는 재정 위기에서 벗어나 파리 개조 사업을 이어갈 수 있게 된다. 강경하게 밀고 나가는 것을 신조로 하는 오스만은 이 하드랜딩이라는 옵션에 모든 것을 걸기로 한다.

하지만 1868년 4월, 입법원 검토위원회에서 심의가 시작되자 오스만의 예상과 달리 각 방면으로부터 격렬한 공격이 쏟아졌다. 쥘 페리의 『오스만의 콩트 판타스티크』가 출판되면서 저널리즘도 의회도 이 문제에 달려들었고, '오스만 회계의 끝 모를 어둠'을 철저하게 규명하라는 목소리가 날이 갈수록 높아졌다.

이 위기를 어떻게든 피하고 싶었던 루에르는 검토위원회 위원장 미라르에게 애매모호한 보고서를 작성하게 해 사태를 수습하고자 했지만, 1869년 2월부터 시작된 본회의에서 미라르 보고서는 각 당파로부터 십자포화를 맞았고, 비난의 창끝은 직접 루에르 내각을 향했다.

이런 상황에서는 더 이상 오스만을 감싸고 돌 수 없다고 판단한 루에르는 나폴레옹 3세를 직접 찾아가 미라르 안을 통과시키기 위해 오스만의 비난에 가세해달라고 요청했다.

나폴레옹 3세는 읍참마속의 심정으로 오스만을 경질했다.

실각한 오스만은 이해 말까지 센 현 지사 자리를 지키다가 1870년 1월 1일 에밀 올리비에 내각이 들어서면서 황제에 의해 파면되었다. 오스만은 황제로부터 사직을 권고 받았지만 굳이 거절하고 경질의 길을 선택한 것이다.

이리하여 16년 반 동안 이어진 오스만 시대는 제2제정 최후의 해 첫날에 극적인 종언을 고했다.

제7장

두 번의 전쟁

1

크림 전쟁

전쟁의 발단

'괴제 나폴레옹 3세'라는 제목을 내걸었으면서도 경제 혁명과 파리 대
개조 등에 너무 많은 부분을 할애하느라 정작 핵심인 나폴레옹 3세에
관한 전기적 기술이 한참 동안 중단되고 말았다.

이제 궤도를 수정하여 나폴레옹 3세의 사상과 행동을 다시 따라가보
기로 한다.

1853년, 그러니까 오스만이 지롱드 현 지자에서 센 현 지사로 자리
를 옮겨 파리 대개조에 착수한 해, 나폴레옹 3세는 정치적인 측면에서
오래 전부터 주장해왔던 영프 협조 외교에 발을 내딛는다. 단, 전쟁을
대가로 영프 간의 항구적인 평화를 얻는다는 우회로를 통해서다. 다시
말해 영국과 프랑스가 러시아에 선전포고를 한 크림 전쟁이다.

크림 전쟁의 발단은 오늘날의 중동 문제와 마찬가지로 성지 팔레스

니콜라이 1세
팔레스타인의 그리스정교와 가톨
릭의 분쟁에 개입한 러시아는 팔
레스타인 정교도 보호를 명목으로
오스만튀르크에 싸움을 걸었다.
이에 대항해 영국과 프랑스가 개
입하면서 크림 전쟁이 시작되었다.
[A]

타인의 종교 분쟁이었다. 하지만 기독교도와 이슬람교도의 분쟁은 아니다. 가톨릭교도와 그리스정교도의 대립이다. 팔레스타인을 포함한 중동 전역은 당시 오스만튀르크의 영토 안에 있었다. 기독교도는 일정한 세금만 납부하면 신앙의 자유를 인정받았고, 가톨릭교도와 그리스정교도 역시 성지 예수살렘에서는 평등한 권리를 누리고 있었다. 그런데 그리스정교 사제 중 이를 달갑지 않게 생각하는 자가 등장해 다수파인 그리스정교의 영향력을 확대하고자 했다. 그 결과 두 세력 사이에서 약탈이나 폭력 사태가 몇 차례나 되풀이되기에 이르렀다.

가톨릭 국가로 직접적인 이해관계가 있는 오스트리아가 특별히 반응을 보이지 않았던 것과 달리 중대한 관심을 보인 나라가 러시아다. 러시아의 차르 니콜라이 1세는 이것을 계기로 '죽음을 앞둔 병자' 오스만튀르크에 싸움을 걸어 다르다넬스 해협과 보스포루스 해협의 지배권을 빼앗으려 했다. 그리고 팔레스타인의 정교도 보호를 명목으로 해군장관 멘시코프 제독을 콘스탄티노플로 보내 사실상의 최후통첩을 들이밀었다.

영국은 깜짝 놀란다. 1815년 이래 러시아의 남하정책에 신경을 곤두세워온 영국은 이런 러시아의 태도에 예민하게 반응했다. 다르다넬스와 보스포루스 두 해협을 확보하는 것만으로는 충분하지 않다고 생각하고 튀르크의 보호 아래 있는 도나우 강 연안의 여러 공국(오늘날의 불가리아와 루마니아)에 군대를 파견하는 문제를 검토하기 시작했다.

프랑스의 반응도 영국 못지않게 재빨랐다. 러시아 대사 두르앙 드 뤼이스로부터 보고를 받은 나폴레옹 3세는 1853년 3월 23일 툴롱에 정박 중인 지중해 함대에 그리스 해협을 향해 출발하라고 명했던 것이다. 몰타 섬에 기지를 둔 영국 함대도 곧 닻을 올리고 프랑스 함대를 뒤따랐다.

한편, 오스만튀르크는 영국과 프랑스의 움직임을 보고 갑자기 강공으로 전환하여 러시아의 요구를 거부했다. 그러자 러시아군은 7월 3일 마침내 도나우 강의 지류인 프루트 강을 건너 오스만튀르크 영토 안으로 들어왔다. 소식을 접한 영프 함대는 다르다넬스 해협으로 직항했다. 러시아군과 튀르크군은 도나우 강을 사이에 두고 대치했고, 11월 말에는 러시아 함대가 시노프 항에서 튀르크 함대를 격파, 도시를 파괴하는 사건이 일어났다.

1853년이 저물 무렵에는 전쟁을 피할 수 없는 상황에 이르렀다.

전쟁 개입의 진의

그러나 당시 '세계의 경찰'이었던 영국의 태도는 이해할 수 있다 해도, 왜 직접적인 이해관계가 없는 프랑스가 저 멀리 흑해에서 벌어지고 있는 러시아와 튀르크의 분쟁에까지 적극적으로 개입했던 것일까?

첫 번째 설은 나폴레옹 3세의 황후가 된 외제니가 강력하게 원했다는 것이다. 즉, 스페인 사람으로 열렬한 가톨릭 신자인 외제니가 성지 팔레스타인에서 가톨릭교도가 박해를 받고 있다는 것을 알고 나폴레옹 3세에게 개입을 권했다는 얘기다. 결코 있을 수 없는 가설은 아니다.

두 번째 설은 나폴레옹 3세의 브레인이 된 생시몽주의자들이 주장하고 있던, 지중해를 '프랑스의 바다'로 삼는다는 동방 확대 정책의 영향으로 보는 것이다. 예컨대 윌리엄 스미스는 『나폴레옹 3세』에서 이렇게 지적한다.

프랑스의 중근동 정책은 생시몽주의를 신봉하는 나폴레옹 3세가 권력을 쥔 이후 더욱 '공격적'인 성격을 띠었다. (…) 생시몽주의자로 콜레주 드 프랑스 교수인 미셸 슈발리에는 '지중해 시스템'이라는 것을 주도하고 있었다. 이 시스템은 철도망과 증기선망 그리고 수에즈 운하의 개통을 포괄하는 것으로, 이것들은 모두 당연히 프랑스의 재정적·경제적 통제 아래 놓여야만 하는 것이었다.

실제로 생시몽주의자인 페르디낭 레셉스가 수에즈 운하를 건설하도록 이집트의 파샤(총독)를 설득해 프로스페르 앙팡탱의 몽상을 실현하고자 했기 때문에 이 가설도 결코 허무맹랑한 소리는 아니다.

그러나 이상의 가설은 팔레스타인 분쟁의 초기와 관련해서는 어느 정도 설득력이 있지만, 직접적으로는 역시 나폴레옹 3세 자신의 외교 사상이 크게 영향을 미쳤다. 『대 루이 나폴레옹』에서 필리프 세갱은 이렇게 지적한다.

루이 나폴레옹에게 영국과 프랑스의 접근은 그야말로 고정관념이자 다른 모든 사상의 전제였다. (…) 1853년 2월, 루이 나폴레옹은 친구 맘즈버리 경에게 자신의 변함없는 목적은 '이렇게 사랑하는' 영국과 '가장 우호적이고 친밀한' 관계를 유지하는 것이라고 쓴다. 그는 "다른 나라는 나의 애인과 같지만 영국은 나의 아내다"라고 즐겨 말했다.

이처럼 나폴레옹 3세가 크림 전쟁에 적극적으로 개입한 것은 이 지역에 이해관계를 가진 영국에 가담하여 우호관계를 강화하기 위해서였다고 볼 수 있다. 바꿔 말하면 나폴레옹 3세는 유럽에서 전쟁을 피하기 위해 멀리 떨어진 흑해에서 벌어진 전쟁에 발을 들여놓았던 것이다. 요컨대 평화를 위한 전쟁이다. 그리고 그 의도는 멋지게 적중한다. 그러나 평화의 대가는 너무도 컸다.

전쟁에 너무 서툰 프랑스

1854년 1월 3일, 영프 연합함대는 보스포루스 해협을 통과해 흑해로 들어섰다. 나폴레옹 3세는 차르에게 최종적인 경고 서한을 보냈지만 니콜라이 1세는 다음과 같은 오만한 답장을 보냈다. "러시아는 1854년에도 1812년처럼 행동할 것이다."

요컨대 나폴레옹 3세의 행동을 나폴레옹 1세의 그것과 동일시해 침략자를 격퇴할 것이라는 말이다.

이 편지를 받은 영프 양국은 2월 27일, 4월 30일까지 도나우 강 연안의 튀르크령에서 철수하라는 최후통첩을 보냈고, 그렇게 하지 않을 것으로 판단한 두 나라는 3월 27일 러시아에 선전포고했다.

하지만 나폴레옹 3세가 본격적인 전쟁에 나설 의지를 갖고 있었는지에 대해서는 강한 의심을 품지 않을 수 없다. 그도 그럴 것이 나폴레옹 3세가 처음 흑해에 파견한 것은 군대라기보다 다섯 개 사단 3만 명 규모의 파견군에 지나지 않았기 때문이다. 총지휘는 쿠데타 당시 육군장관이었던 생아르노 원수에게 맡겼지만, 실상은 이것이 군대인가 싶을 정도로 보잘 것 없었다. 생아르노는 프랑스군 본부가 설치된 가리폴리에 도착한 후 일주일이 지난 5월 26일 나폴레옹 3세에게 다음과 같이 참상을 호소하지 않을 수 없었다.

폐하께 비통한 심정으로 보고드립니다만, 현재 우리는 도저히 전쟁을 할 수 있는 상태가 아닙니다. 준비가 너무 부족해 현지에 도착한 장병들은 전쟁에 필수불가결한 것은 무엇 하나도 가지고 있지 않습니다.(앙드레 카스텔로, 『나폴레옹 3세』)

사실 파견군은 식량·무기·탄약 등 군사물자를 전혀 갖고 있지 않았다. 장병들을 증기선으로 보낸 반면 식량·무기·탄약은 범선으로 운반했기 때문에 그들이 가리폴리에 도착했을 때 군사물자는 아직 그리스 반도에 있었던 것이다.

앙드레 카스텔로는 『나폴레옹 3세』에서 프랑스군의 병참 상황이 얼마나 열악했는지에 관하여 이렇게 말한다.

사실 프랑스군은 어떤 준비도 되어 있지 않았다. 그리고 예측의 부재, 아니 무능력은 가공할 결과를 초래하게 된다. 여전히 변함없는 동일한 결함이고, 동일한 잘못이며, 동일한 난맥상이다. 그리고 그것은 이탈리아 전쟁 때에도, 나아가 1870년 프로이센을 상대로 한 전쟁 때에도 그대로 되풀이되며, 그것이 결국 체제의 붕괴를 재촉하게 된다. 황제도 이 결함을 몰랐을 리 없다. 실제로 황제는 1859년 5월 26일자 서한에서 이렇게 쓴다. "프랑스는 한 번도 전쟁을 제대로 준비한 사례가 없다."

심각한 것은 병참만이 아니었다. 프랑스군의 사기 자체도 몹시 낮았던 것이다.

콜레라의 유행과 총사령과 생아르노의 죽음

사기 저하를 부른 원인 중 하나는 튀르크의 풍토와 국정國情이었다. 지휘관의 한 사람으로서 콘스탄티노플에 파견된 프린스 나폴레옹은 사촌형인 황제에게 보낸 편지에서 이렇게 말한다.

"튀르크는 환경이 몹시 나쁘고 쓸쓸한 나라입니다. 국토는 피폐하고 온 나라에 부패가 만연해 있습니다. (…) 튀르크인은 절망적일 정도로 무관심합니다. 그저 담배만 피워댈 뿐 아무 일도 하려 하지 않습니다." (앙드레 카스텔로, 같은 책)

영국군과 프랑스군은 침략 위기 따위에는 전혀 관심이 없는 튀르크 민중과 병사를 보고 전쟁의 동기가 흔들리는 것을 느꼈음에 틀림없다.

하지만 그 사이에도 러시아군은 북방에서 계속 압박해오고 있었다. 도나우 강 연안의 도시 실리스트라를 포위하기 시작한 것이다. 그러자 프랑스군은 전투 준비도 갖추지 못한 채 영국군과 보조를 맞추는 형태로 도나우 강으로 진군했다. 만약 실제로 전투가 벌어졌다면 프랑스군의 패배는 결정적이었을 터였다. 그런데 무슨 생각에서인지 러시아군은 6월 23일 포위를 풀고 도나우 강 맞은 편 기슭까지 후퇴했다. 러시아군은 영프 연합군을 두려워했던 것일까?

콜레라 환자
도나우 강 유역에 파견된 프랑스
군은 콜레라에 시달렸다. 1만500
명의 분견대 중 2500명이 콜레라
에 걸렸고, 총사령관 생아르노마
저 콜레라로 사망했다. [A]

그렇지는 않았다. 도나우 강 연안의 여러 공국
에서 오스트리아가 보이는 움직임에 신경이 예
민해져 있던 러시아군은 정찰부대를 보낸 것을
보고 포위를 해제했던 것이다.

하지만 차르는 튀르크 침략을 결코 단념한 것
이 아니었다. 그렇기는커녕 도나우 강 연안의 여
러 공국을 튀르크의 보호국이 아니라 열강의 보
호 아래 두자는 영국과 프랑스의 제안을 단호하
게 거부했다. 이리하여 정세는 다시금 긴박해져
전쟁을 피할 수 없는 지경에 이른다.

게다가 이번에는 새로운 요소가 더해졌다. 남하하는 러시아군을 맞
받아치는 것이 아니라 오히려 적의 최대 요새인 크림 반도의 세바스토
폴을 단숨에 급습하여 러시아군의 중추를 파괴해야 한다는 나폴레옹 3
세의 제안을 생아르노가 전면적으로 받아들여 영프 양군은 세바스토
폴을 탈취하기 위해 출동했던 것이다. 이후 튀르크를 사이에 둔 러시
아와 영프 양국의 흑해 분쟁은 확실하게 '크림 전쟁'으로 불리게 된다.

그런데 작전의 주요 목표를 실리스트라에서 세바스토폴로 변경했을
때, 생아르노에게 참으로 기발한 생각이 떠올랐다. 이제야 가까스로
전투 대세를 갖췄는데 전군을 세바스트폴로 보내버리는 것은 너무 아
깝다. 오히려 일부 부대를 남겨두었다가 남하 중인 러시아군과 싸우게
하는 양동작전을 취하는 게 낫지 않을까.

생아르노가 이런 생각을 떠올린 원인 중 하나는 파견부대 사이에서
콜레라가 유행하기 시작했기 때문이다. 생아르노는 사막이 많고 건조

한 흑해 연안 지역으로 진격하면 콜레라의 기세가 꺾일지도 모른다는, 일종의 '전지요법轉地療法'적인 낙관론을 품고 있었던 것이다.

그런데 생아르노의 희망 섞인 관측은 금방 빗나가고 만다. 바르나로 향한 분견대 내부에서 콜레라가 수습되기는커녕 더욱 확대되는 기세를 보이기 시작했던 것이다. 바르나가 위치한 도프로우도스카 지방은 확실히 사막이 많긴 했지만, 주변은 늪지와 연못으로 둘러싸인 습지대여서 콜레라가 기다렸다는 듯 걷잡을 수 없이 창궐했다.

이 분견대 1만500명 가운데 콜레라에 쓰러진 사람이 2500명, 그중 1886명이 사망했다. 엎친 데 덮친 격으로 부대가 바르나로 들어왔을 때 마을에 큰불이 일어나 식량도 의복도 남아 있는 게 없었다. 생아르노는 나폴레옹 3세에게 그 참상을 이렇게 보고한다.

"저는 죽은 자와 죽음의 문턱에 있는 병자 사이에서 하루 다섯 시간을 보냅니다. 아무것도 저를 비켜가지 않았습니다. 콜레라, 화재……. 숨이 끊어지기 직전입니다만, 어떻게든 남은 생명을 다 바칠 작정입니다."(앙드레 카스텔로, 같은 책)

나폴레옹 3세는 이 편지를 받고 불길한 예감에 생아르노에게 즉시 휴식을 취하라고 명하고, 필요하다면 파리로 돌아와도 좋다는 허락을 내렸다. 생아르노는 이 명령을 따랐지만 돌아오는 길에 배 안에서 불귀의 객이 되었다. 사인은 콜레라였다.

세바스토폴 공방전

1854년 9월 14일, 영국·프랑스·튀르크 연합군(프랑스군 2만5000명, 영국군 2만5000명, 튀르크군 8000명)은 크림 반도 서북 해안의 에우파토리

세바스토폴 요새의 공방

크림 반도에 상륙한 영국·프랑스·
튀르크 연합군은 러시아군의 세
바스토폴 요새를 공격, 1년에 걸친
공방전 끝에 함락시켰다. [A]

말라코프 요새의 함락

대대적인 증원에 힘입어 프랑스군
은 세바스토폴의 주요 요새인 말
라코프 요새를 공략하는 데 성공
했지만 7000명의 사상자를 냈다.
[A]

아 부근에 상륙하여 곧바로 세바스토폴로 향했다.
9월 20일에는 알마 강을 사이에 두고 공격해오는
러시아군 5만 명과 충돌하여 격렬한 전투 끝에 세
바스토폴로 다가갔다.

이 싸움에서는 주아브zouave라고 불리는 프랑스
보병연대의 활약이 눈부셨다. 주아브란 일반적으
로 1830년 알제리인을 중심으로 편성한 보병연대
를 의미하지만, 크림 전쟁에서는 주아브 병사의
복장을 답습한 프랑스 보병대를 지칭했다. 오늘
날에도 파리의 알마 교 옆에는 센 강이 흘러가는
것을 지켜보는 주아브 병사의 동상이 있다.

세바스토폴 요새 공격에는 많은 어려움이 따
랐다. 영프 연합군은 당초 정세를 낙관하고 몇 주
안에 포위전이 끝날 것으로 예상했지만 너무 안
이한 예측이었다. 세바스토폴 요새는 젊은 군사
적 천재 토틀레벤 사령관의 지휘 아래 완벽한 방
어태세를 갖추고 있었던 것이다. 주민을 총동원
하여 참호를 파고 항만의 입구도 일곱 척의 군함
으로 완전히 폐쇄하고 있어서 수차례에 걸친 영
프 연합군의 포위 공격은 실패로 돌아갔다. 오히
려 10월 25일에는 바라클라바에서 러시아군의 공
격을 받아 큰 손실을 입었다.

영프 양군은 사태를 타개하기 위해 증원에 증

원을 거듭했지만 전황은 좀처럼 개선될 기미를 보이지 않았다. 특히 심각했던 것은 예의 병참이었다. 조르주 루Georges Roux는 『나폴레옹 3세』에서 이렇게 지적한다.

식료품이나 비품을 실을 때만 해도 어디까지나 짧은 시간 안에 싸움을 끝낼 작정이었다. 군대가 겨울을 넘기리라고는 미처 예상하지 못했기 때문에 불쌍한 우리 병사들은 여름옷 차림으로 덜덜 떨 수밖에 없었다. 위생도 참담할 정도로 열악했다. 빅토리아 여왕의 부군 앨버트 공의 노트에 따르면 프랑스군 환자는 4만5000명이었고 매일 250명이 죽어나갔다.

전황을 우려한 나폴레옹 3세는 1855년 4월 직접 현지로 가서 진두지휘하겠다는 뜻을 밝힌다. 군사적인 면에서도 큰아버지와 한번 겨뤄보고 싶다는 원망願望이 강했던 것이다.

이 발언을 접한 각료들은 크게 당황했다. 황제가 자릴 비울 경우 프린스 나폴레옹(그는 나폴레옹 3세의 경고를 무시하고 파견군의 지휘를 포기한 채 프랑스로 돌아와 있었다)이 그 자리를 지키게 되겠지만, 만일 황제가 전쟁터에서 목숨을 잃기라도 한다면 제위 상속 규정상 그가 나폴레옹 4세로 즉위한다. 그렇게 되면 제국의 몰락은 불 보듯 뻔하다. 부하들이 이렇게 강하게 반대하고 나서자 나폴레옹 3세는 결국 출진을 단념한다.

1855년 9월, 대대적인 증원을 받은 영프 양군은 두 번째 겨울이 오기 전에 포위전에서 승부를 결정지을 각오로 대규모 공격을 개시했다. 프랑스군은 사력을 다해 싸웠고, 마침내 9월 8일 세바스토폴의 주요 요새 중 하나인 말라코프 요새를 공략하는 데 성공했다. 프랑스군은 이 공격에서 7000명의 사상자를 냈고, 5명의 장군이 전사했다. 10일, 세바스토폴까지 함락되면서 모든 저항은 끝났다.

프랑스 전역이 승리에 들끓었고, 나폴레옹 3세는 체면을 지켰으며, 영프 협조는 한층 긴밀하게 되었지만, 그 희생은 너무나도 컸다. 장 튈라드Jean Tulard의 『제2제정 사전』에 따르면 영프 연합군의 희생자는 12만 명. 구체적으로 보면 프랑스군 9만 5000명, 영국군 2만 2000명, 그리고 이탈리아 통일을 위해 생색을 낼 목적으로 도중에 포위전에 참가한 피에몬테 사르데냐군이 2000여 명(총 파견 병력 1만 5000명).

프랑스군의 사망자 9만 5000명 가운데 병사病死는 7만 5000명에 달했다. 프랑스군 총 파견 병력이 14만 명이니까 절반 이상이 싸우지도 못하고 병으로 죽은 셈이다. 영프 협좌라는 '평화'를 위한 전쟁의 대가가 너무나 컸던 것이다.

2
인생 최고의 해

나폴레옹 3세의 왕실 외교

시간을 조금 거슬러 올라가 영프 연합군이 세바스토폴 요새가 있는 크림 반도로 향하려 하고 있던 1854년 9월 상순, 도버 해협의 불로뉴 쉬르 메르에서는 영프 관계 강화를 겨냥한 나폴레옹 3세의 왕실 외교가 전개되고 있었다.

나폴레옹 3세는 빅토리아 여왕에게 서간을 보내 부군 앨버트 공과 함께 흑해로 출발하는 프랑스군의 열병에 참석해달라고 요청했는데, 그때 포르투갈 왕과 벨기에 왕도 함께 초대해 앨버트 공을 국왕과 동격의 손님으로 대우하는 것을 잊지 않았다.

색슨 왕가 출신인 앨버트 공은 우선 스위스의 아레넨베르크에서 자란 나폴레옹 3세의 독일어 억양이 섞인 영어에 친밀감을 느꼈는데, 황제가 실러의 애독자라는 것을 알고서는 지성도 상당하다고 인정하게 된다. 앨버트 공의 높은 평가에 따라 나폴레옹 3세에 대한 빅토리아 여왕의 호감도도 필연적으로 높아졌던 것이다. 한 마디로 말하면 앨버트 공을 매개로 빅토리아 여왕을 휘어잡을 생각이었던 나폴레옹 3세의 완전한 작전상의 승리였다.

이듬해인 1855년 4월, 답례로 빅토리아 여왕은 나폴레옹 3세와 외제니를 런던으로 초대했는데, 그것은 "나폴레옹과 외제니에게는 오래된 유럽 왕가의 군주 앞에서 치르는 면접시험"(루이 지라르, 『나폴레옹 3세』)과 같았다. 두 사람은 윈저 궁과 버킹엄 궁에서 빅토리아 여왕 부부를 사로잡아 면접시험에 멋지게 합격했다. 빅토리아 여왕은 큰아버지인 벨기에 국왕 레오폴트에게 보낸 편지에서 황제 부부의 인상을 이렇게 적었다.

인상은 참 좋았습니다. 차분하고 솔직한 황제의 태도에는 사람을 매혹하는 점이 있습니다. 황후 역시 느낌이 아주 좋았는데, 우미優美하고 얌전한데다 섬세하며 말할 것도 없이 대단한 미인입니다.

—앙드레 카스텔로, 『나폴레옹 3세』

그러나 빅토리아 여왕과 앨버트 공은 한 가지 점에서 나폴레옹 3세의 태도 때문에 애를 먹었다. 직접 크림 반도로 가서 지휘를 하겠다는 황제의 결의를 좀처럼 바꿀 수가 없었던 것이다. 황제 부부의 영국 방문은 예정보다 빨라졌는데, 그 이유는 황제의 뜻을 바꿀 수 있는 사람은 빅토리아 여왕 부부밖에 없다고 생각한 각료들이 여왕에게 초대 일정을 앞당겨달라고 간청했기 때문이다. 그런데 각료들의 기대와 달리 나폴레옹 3세는 빅토리아 여왕의 설득에도 불구하고 자신의 결의를 바꾸려 하지 않았다.

그가 마지못해 출진을 단념한 것은 귀국 직후인 4월 28일 불로뉴 숲에서 산책하던 중 피아놀리라는 이름의 이탈리아인 공화주의자에게 저격당하는 사건이 있었기 때문이다. 다행히 암살은 미수에 그쳤지만, 각료들은 바로 이때라는 듯이 설득에 나서 만약 전장에서 일이 생기면 프린스 나폴레옹이 나폴레옹 4세가 된다고 말했다. 아무리 대단한 나폴레옹 3세라도 이 말을 듣고는 출진을 단념하지 않을 수 없었다.

파리 만국박람회와 빅토리아 여왕 부부의 방문

1855년 5월 15일, 파리는 샹젤리제 옆 쿠르 드 라 렌Cours de la Reine에 설치된 산업관Palais de L'industrie에서 프랑스 최초의 만국박람회 개회식이 열렸다.

만국박람회는 나의 책 『절경, 파리 만국박람회』에서 상세하게 서술했듯이, 산업 황제라는 별명을 얻은 나폴레옹 3세가 1851년 런던에서 열린 제1회 만국박람회가 부러워 1852년 3월에 갑작스럽게 개최를 결정한 것이다.

만국박람회의 전체적인 구도는 생시몽주의자로 황제의 브레인인 미셸 슈발리에와 그의 친구인 사회학자 프레데리크 르 플레Frédéric le Play가 중심이 되어 가다듬었고, 민중 복지 향상을 위한 산업사회의 실현이라는 나폴레옹 3세의 이상을 강하게 내세우고 있었다. 그런데 크림 전쟁 발발과 오스만의 파리 대개조 여파로 산업관을 비롯한 관련 시설의 준비는 제대로 진척되지 않아 이러다가 제대로 개최할 수나 있을지 걱정

1855년의 파리 만국박람회
1851년 런던 만국박람회에 자극
을 받은 나폴레옹 3세는 1855년
에 파리 만국박람회를 개최한다.
준비 부족이 우려되었지만 빅토리
아 여왕 부부가 박람회장을 찾으
면서 성황을 이뤄 성공리에 막을
올렸다. [E]

빅토리아 여왕 부부를 맞이
하는 나폴레옹 3세
나폴레옹 3세는 크림 전쟁을 기회
로 왕실 외교를 전개, 1855년 만
국박람회 즈음에는 빅토리아 여왕
을 불로뉴에서 마중했다. [E]

스러울 정도였다.

개회식에서는 만국박람회의 제국위원회 위원
장 프린스 나폴레옹이 아무 내용도 없는 개회 연
설을 하자 나폴레옹 3세는 냉담하게 인사만 건네
고는 박람회장을 떠나고 말았다. 프린스 나폴레
옹의 불찰로 준비가 늦어져 제국의 위신이 상처
를 입은 데 격한 분노를 느끼고 있었던 것이다.

그러나 여름에 접어들면서 준비가 다 끝나고
각각의 박람회장이 모두 문을 열자 토머스 쿡이
이끄는 단체 여행객을 비롯한 외국인 관광객도
많이 찾아오면서 파리는 화사한 분위기가 감돌았
다. 민중들도 입장료가 5분의 1에 지나지 않은 일
요일이면 박람회장으로 물밀 듯 몰려와 바야흐로
현장학습을 통한 산업사회의 이해라는 주최 측의
의도가 스며들기 시작했다.

물론 이러한 주최 측의 교육적 배려가 그대로
민중에게 전달된 것은 아니었다. 박람회장에서
가동 중인 거대한 산업기계를 직접 눈으로 본 민
중들이 그 가치에 관심을 쏟기보다 스펙터클의
측면에 현혹되어 어이없게도 만국박람회를 대규
모 오락 이벤트 정도로 받아들이게 되었기 때문
이다. 발터 벤야민은 『19세기의 수도 파리』에서
이렇게 지적한다.

"만국박람회는 상품의 교환가치를 신성화한다. 그것이 만들어낸 틀 안에서 상품의 사용가치는 후경後景으로 물러나고 만다."

그렇지만 민중의 이러한 이유 없는 열광이 나폴레옹 3세에게는 오히려 환영할 만한 일이었다. 만국박람회가 한창인 때 빅토리아 여왕을 초청해 프랑스와 영국의 강고한 친선관계를 전 세계에 각인시키고자 했던 그에게 어떤 형태로든 만국박람회가 성황을 이뤄 민중이 제국의 영광에 취하게 된 것은 크림 전쟁이 교착 상태에 빠지면서 비판 받기 시작한 외교정책을 다시 세울 둘도 없는 기회로 비쳤던 것이다.

아니나 다를까 8월 18일 빅토리아 여왕 부부가 왕자와 왕녀를 데리고 불로뉴에 도착하자 프랑스 전역이 영프 친선에 열광했다. 나폴레옹 3세는 불로뉴까지 여왕 일가를 마중 나가 특별히 준비한 호화 마차에 여왕 부부와 동승해 길가에 늘어선 군중의 환호에 답했다.

빅토리아 여왕 일가는 생클루의 행궁에 머물면서 만찬회, 오페라 관람, 만국박람회 견학, 베르사유 궁전 대기실에서 열린 무도회 참석 등 바쁜 일정을 소화하고 있었는데, 그 기간에 나폴레옹 3세는 완벽하게 호스트 역할을 해냈고 자진해서 왕자들의 안내까지 떠맡았다. 훗날 에드워드 7세가 되는 웰즈 왕자는 나폴레옹 3세에게 이렇게 말했다고 한다.

"당신의 나라는 정말 대단하군요. 제가 당신의 아들이었으면 얼마나 좋았을까요."

나중에 이 소망은 실현된다. 왜냐하면 에드워드 7세는 오랜 황태자 시절의 대부분을 파리에서, 그것도 파리의 유곽에서 보내면서 방탕아의 '아버지' 나폴레옹 3세 못지않은 염복艶福을 누렸기 때문이다.

어찌됐든 빅토리아 여왕의 프랑스 방문 하이라이트는 뭐니 뭐니 해도 여왕 부부가 앵발리드를 찾아 그곳에 안치되어 있는 나폴레옹의 관 앞에서 예를 표한 것이라 할 수 있다. 나폴레옹이 아우스터리츠에서 찼던 칼과 아일라우에서 썼던 이각모二角帽로 장식된 심홍색 관 가까이에 이르자, 빅토리아 여왕은 갑자기 황태자의 손을 잡고 "위대한 나폴레옹의 묘 앞이니 무릎을 꿇으세요"라고 말하고는 묵도를 올렸다.

그 순간 재치를 발휘해 영국 국가 「여왕 폐하를 지켜주소서God Save The Queen」를 오르간으로 연주했다. 나폴레옹 3세가 의도했던 영국과 프랑스 양국 왕실의 친선이 이 자리에서 이상적인 형태로 실현된 것이다.

빅토리아 여왕은 귀국 후 나폴레옹의 관에 관한 질문을 받고 "훌륭하긴 했지만 수영장과 비슷했다"라며 솔직한 감상을 피력했다고 한다. 어쨌든 이 방문으로 중세 이래 끊임없이 분쟁을 이어온 영국과 프랑스는 이후 150년 동안 굳건한 신뢰관계를 맺게 된다.

파리 강화회의

프랑스가 크림 전쟁에 가담한 목적은 전적으로 영프 관계의 긴밀화에 있었기 때문에 빅토리아 여왕의 방문으로 그것이 실현된 상황에서는 더 이상 전쟁을 계속할 이유가 없었다. 그러나 그렇다고 해도 일방적으로 휴전을 선언할 수도 없는 노릇이다. 그래서 나폴레옹 3세는 어떤 형태로든 세바스토폴 요새가 무너지면 바로 정전으로 돌아설 생각이었는데, 9월 30일 그렇게 기다리던 세바스토폴 요새 완전 함락 소식이 전해졌다. 그런데 갑자기 세상을 떠난 니콜라이 1세의 뒤를 이어 차르가 된 러시아 황제 알렉산드르 2세는 여전히 전쟁을 계속하겠다는 의지를 버리지 않고 요새 탈환을 위해 작전을 마련하고 있었다.

이에 당황한 나폴레옹 3세는 만국박람회 기간 비밀리에 파리를 방문한 러시아 쪽 밀사와 접촉하여 흑해의 중립화만 받아들인다면 영국이 반대하더라도 곧바로 휴전 협상에 나서겠다는 뜻을 차르에게 전하도록 했다.

파리강화회의
크림 전쟁 종결을 받아들여 1856년에 열린 파리강화회의는 나폴레옹의 서자 발레프스키에 의해 진행되었다. 영국·프랑스·러시아·튀르크에 오스트리아와 피에몬테 사르데냐 왕국이 함께한 이 강화회의는 나폴레옹 3세 외교의 승리로 호평을 받았다. [A]

이러한 움직임에 중립을 지키고 있던 오스트리아가 가세하고 프로이센도 동조하는 듯하자 알렉산드르 2세도 마침내 생각을 바꿔 협상 테이블에 앉는 데 동의했다. 영국은 휴전에 반대했지만 나폴레옹 3세는 강하게 밀어붙였다. 이리하여 1856년 2월 중반부터 전쟁 당사국인 영국·프랑스·러시아·튀르크에 오스트리아와 피에몬테 사르데냐 왕국을 포함한 6개국에 의한 파리 강화회의가 개최되는 상황에 이르렀다.

2월 25일에 시작된 파리 강화회의의 의장을 맡은 사람은 나폴레옹 3세의 외무장관 발레프스키였는데, 나폴레옹이 폴란드 귀족의 아내 마리아 발레프스카야에게서 얻은 서자인 그는 나폴레옹을 빼다 박은 듯 닮아서 회의는 마치 빈Wien 회의의 명암이 뒤바뀐 버전과도 같았다.

루이 지라르는 『나폴레옹 3세』에서 파리 강화회의에 관하여 이렇게 말한다.

1814년 빈 회의 이래 이 정도 규모의 강화회의가 열린 적은 없었다. 그것은 나폴레옹 3세에게 워털루의 복수였다. (…) 그야말로 힘겨운 전쟁의 나날이 지난 후 찾아온 영광의 절정이었다. 의기양양해진 황제는 유럽의 중재자로 등장했다.

강화조약은 3월 30일에 조인되었다. 오스만튀르크의 영토 보전, 흑해의 중립화, 다르다넬스 해협과 보스포루스 해협의 자유 통행, 튀르크령이었던 도나우 강 연안 여러 공국의 자치령화가 그 내용이다. 이 조약에 따라 루마니아를 비롯한 도나우 강 연안의 공국들은 사실상 독립했고, 러시아의 위신은 상처를 입었으며, 나폴레옹 3세의 영광은 더욱 높아졌다. 역사가 자크 뱅빌Jacques Bainville이 말한 대로 "파리 강화회의는 제2제정의 승리"였던 것이다.

황태자의 탄생

행복이든 불행이든 한꺼번에 찾아온다는 말이 있듯이, 이해 파리강화회의 성공으로 영광의 절정에 도달한 나폴레옹 3세에게 이보다 더한 행복이 찾아왔다. 기다리고 기다리던 황태자가 태어난 것이다.

1853년 1월 30일 노트르담 대성당에서 나폴레옹 3세와 결혼식을 올린 외제니는 2월 말에 이미 임신한 상태였다. 난봉꾼으로 이름난 나폴레옹 3세이지만 신혼 초기에는 마치 경험이 없는 젊은 사내처럼 신부에게 푹 빠져 부부의 의무에 힘썼기 때문에 이 임신은 당연한 결과였지만, 궁정의 참새들은 그렇다 해도 너무 빠르다며 반드시 결혼 전에 사고를 쳐서 생긴 자식일 것이라며 입방아를 찧어댔다. 그런 힘담이 부담이 되어서였을까 아니면 마차를 탈 때 발을 헛디뎠기 때문일까, 외제니는 유산하고 말았다. 구보타 한야窪田般彌는 『황비 외제니─제2제정의 영광과 몰락』에서 이때 주변 사람들이 본 반응을 이렇게 묘사한다.

이 유산을 누구보다 기뻐한 것은 프린스 나폴레옹(통칭 프롱-프롱)이었다. 나폴레옹 3세에게 후사가 없으면 당연히 제위는 자신의 몫으로 돌아올 터이기 때문이다. 게다가 외제니에 대한 그의 증오는 누이 마틸드 이상이었기 때문에 기다렸다는 듯이 '스페인 여자'에 대한 적대감을 드러낸다. 뜻하지 않게 외제니는 '오스트리아 여자'라고 멸시를 당했던 마리 앙투아네트의 운명을 떠올렸다.

외제니의 또 다른 걱정은 신혼 초기에는 어느 정도 아내에게 빠져 있었던 나폴레옹 3세가 임신 얘기를 듣자마자 다시 호색가의 모습으로 돌아가 여자란 여자의 꽁무니를 다 쫓아다니기 시작한 것이다. 헤어졌을 터인 미스 하워드와도 다시 만나는 듯했다. 그러자 외제니는 침실 스트라이크를 결행하여 애인들과 완전히 관계를 끊지 않는 한 부부의 침실을 함께 사용할 수 없다고 밝혔다.

천하에 없는 나폴레옹 3세도 여기에는 무릎을 꿇을 수밖에 없어 결국 미스 하워드를 런던으로 돌려보냈고, 애인들이 살고 있던 뒷골목의 사저에도 발을 들여놓지 않았다. 그 효과일까, 외제니는 5월에 다시 임신했다. 그러나 이번에도 유산했다. 궁정 사람들도 각료들도 입에 올리지는 못했지만 "이러다가 제2의 조세핀이 될지도 모른다"며 불안해하기 시작했다.

크림 전쟁이 발발하면서 나폴레옹 3세의 주변이 갑자기 분주해지자, 외제니는 바스크 지방의 휴양지 비아리츠로 떠나 두 번의 유산으로 나빠진 건강을 회복하는 데 힘썼다. 비아리츠는 고향 스페인과 가까운 곳이기도 해서 특별히 외제니의 마음에 들었다. 나폴레옹 3세도 이 휴양지를 좋아해서 황후를 위해 바닷가에 '빌라 외제니'를 세워주었다. 이 윽고 황제 부부를 본떠 제2제정의 고관들도 너나없이 별장을 세우면서 이곳은 손꼽히는 휴양지로 발전하게 된다.

외제니에게 중요한 변곡점이 된 것은 1855년 4월의 런던 방문이다. 빅토리아 여왕을 만나 여왕으로부터 임신과 출산을 위한 이런저런 지혜를 얻었던 것이다. 여왕은 왕자와 왕녀를 낳은 경험에 비추어 일단 임신을 하면 뜨거운 목욕탕에 들어가서는 안 된다, 승마를 해서도 안 된다, 마차를 타고 돌이 깔린 길을 달리는 것도 좋지 않다 등등 친절한 충고를 아끼지 않았다. 그리고 나폴레옹 3세와 둘만 있을 때 여왕은 "아이를 만드는 것은 간단해요. 황비의 허리 아래에 쿠션을 하나 넣어주세요"라고 아내를 임신하게 하는 비결을 가르쳐주었다.

나폴레옹 3세는 이 충고를 바로 실행에 옮긴 듯하다. 왜냐하면 만국박람회로 떠들썩하던 1855년 6월 외제니가 확실히 임신의 조짐을 보이기 시작했기 때문이다.

그러나 이번에는 신중하게 행동했다. 먼저 프린스 나폴레옹이나 마틸드 황녀 등의 질투의 눈길이 성가셨기 때문이다. 그리고 만국박람회로 연일 무도회나 만찬회 등 일정을 소화하지 않으면 안 되었고, 임신했다는 사실을 주위 사람들에게 알리고 싶지 않았기 때문이다. 그래서 외제니는 크리놀린이라는 고래수염으로 허리 아래쪽을 크게 부풀린 스커트를 입기로 했다. 이것은 배가 부른 것을 감추기 위해 16세기의 베르튀가댕vertugadin(스커트를 펼치는 데 썼던 고래뼈로 만든 테)과 18세기의 파니에panier(와인바스켓)에서 힌트를 얻은 것인데, 외제니가 이것을 입으면 하얀 어깨와 멋지게 조화를 이루어 무척이나 아름답게 보였기 때문에 궁정의 여성들이 일제히 황후를 따라 하기 시작했다. 이리하여 크리놀린은 제2제정의 대표적인 유행이 되었던 것이다.

염원하던 황태자는 파리 강화회의가 강화조약 체결을 향해 나아가고 있던 1856년 3월 16일 이른 아침에 태어났다. 파리에는 이상한 소문이 떠돌고 있었다. 튀일리 궁전 지하에는 열두 명의 임부가 출산을 기다리고 있다가 만약 외제니가 유산을 하거나 여자아이를 낳으면 그 자리에서 다른 임부가 낳은 남자아이로 바꿔치기할 준비가 되어 있다는 것이다.

황태자의 탄생
파리 강화조약 조인을 위한 준비가 한창이던 때 외제니 황후는 황태자를 출산한다. 1856년은 나폴레옹 3세에게 "인생 최고의 해"였다. [A]

그야말로 그럴 듯한 소문이다. 사실 외제니는 지독한 난산이어서 주치의가 나폴레옹 3세에게 꼭 선택을 해야 한다면 어머니와 자식 중 어느 쪽을 구하겠느냐고 물었을 정도다.

나폴레옹 3세는 이 물음에 '어머니'라고 대답했지만 실은 어찌할 줄을 몰라 쩔쩔매고 있었다. 드디어 황태자가 태어나고 외제니가 의식불명 상태에서 깨어나 아이의 성별을 물었을 때 그는 역사에 남을 만한 엉뚱한 소리를 했다.

"여자아이입니까?" 황후가 물었다.

"아니오."

"남자아인가요?"

"아니오."

"그럼 도대체 뭐예요?"

태어난 것은 건강해 보이는 사내아이였다. 평소 좀처럼 감정을 드러내지 않는 나폴레옹 3세도 이때만은 주위에 있던 사람들을 마구 껴안고 키스를 퍼부었다. 날이 밝아 18일 아침, 모든 교회에서 황태자의 탄생을 축하하는 종이 울렸고, 앵발리드에서는 100발의 축포가 울려 퍼졌다. 한 사람, 프린스 나폴레옹만은 발을 구르며 억울해하면서 약식 세례에도 참석하려 하지 않았다.

나폴레옹 3세는 황태자 탄생을 기념하여 1851년 12월 2일 쿠데타로 투옥되어 있던 죄수들을 특별 사면하고, 가난한 사람과 사회복지 시설에 10만 프랑을 기부한다고 발표했다.

나폴레옹 3세에게 공적으로나 사적으로나 1856년은 "내 인생 최고의 해"였던 것이다.

3

이탈리아의 저의

카보우르의 전략

파리 강화회의에는 전쟁 당사국인 영국·프랑스·러시아·튀르크 외에
오스트리아와 피에몬테 사르데냐 왕국이 참가하고 있었다.

이 가운데 오스트리아는 분쟁의 원인 중 하나였던 도나우 강 연안의
공국들과 밀접한 관계가 있었고 러시아 및 튀르크와 국경을 접하고 있
었기 때문에 이 대국이 강화회의에 참가하는 것은 어떤 의미에서 당연
했다고 할 수 있다. 영국과 프랑스도 러시아를 견제하고 그 세력을 꺾
기 위해서는 오스트리아의 회의 참가가 불가결하다는 데 의견이 일치
했다.

이에 비해 피에몬테 사르데냐 왕국이라는, 지리적으로나 정치적으로
나 크림 반도와 아무런 관계가 없는 소국이 강화회의에 참가하는 것은
아무래도 어울리지 않는다는 느낌을 지우기 어렵다. 사실 회의 참가에

길을 열어준 프랑스를 제외하면 참가국 대부분은 그 존재를 무시하고 있었다.

그러나 정작 피에몬테 사르데냐 쪽은 자신들을 영국 및 프랑스와 대등한 자격을 가진 전승국으로 생각하고 있었다. 1855년 1월 프랑스와 체결한 조약에 기초하여 크림 반도에 1만5000명의 병력을 보냈고 그 중 2000명이 전사하는 큰 희생을 치렀기 때문이다.

그렇다면 왜 이 소국이 무리하게 크림 전쟁에 참전해가면서 파리강화회의에 참가하려 했던 것일까?

오스트리아에 분할 통치되고 있던 이탈리아를 다시 일어서게 하려는 리소르지멘토 운동의 선두에 선 재상 카보우르Camillo Benso Cavour의 전략의 일환이었기 때문이다. 국왕 비토리오 에마누엘레 2세와 함께 부국강병에 힘써온 재상 카보우르는 간절하게 바라는 이탈리아 통일을 달성하기 위해서는 우선 빈 체제를 바로잡고자 하는 나폴레옹 3세의 환심을 사 후원자로 삼은 다음, 오스트리아와 한판 맞붙을 수밖에 없다고 생각했던 것이다.

크림 전쟁 파병은 나폴레옹 3세에게 잘 보이기 위한 첫 번째 발걸음이었던 셈이다.

카보우르는 세바스토폴 요새가 무너지자 강화회의의 개시를 기다리지도 않고 비토리오 에마누엘레 2세를 재촉해 1855년 11월 말에 동맹국인 영국과 프랑스를 공식 방문하게 했다. 카보우르는 그 사이 세심한 주의를 기울여 종규鐘馗(마귀를 쫓는 신)처럼 삐죽삐죽 솟아오른 비토리오 에마누엘레의 콧수염을 짧게 깎고 턱수염도 10센티미터 정도 잘라내도록 했다. 야인野人 꼬락서니의 왕이 영국과 프랑스의 궁정에서 웃음

거리가 되거나 말썽을 일으키기라도 하면 그가 애써 마련한 프로그램도 엉망이 될 것이라고 우려했기 때문이다.

그러나 이러한 카보우르의 심모원려도 비토리오 에마누엘레의 방자한 행동을 막을 수는 없었다. 오페라 극장에 초대를 받은 비토리오 에마누엘레는 뒤에서 춤을 추는 어느 무용수를 빤히 바라보더니 오페라 글라스를 눈에 댄 채 옆자리의 나폴레옹 3세에게 이렇게 물었다.

"저 아가씨는 도대체 얼마나 합니까?"

"아, 그건……." 나폴레옹 3세는 쓴웃음을 지으며 "그런 것은 시종장인 바시오티가 잘 알 겁니다"라고 받아넘겼다.

바시오티가 대신 대답했다.

"글쎄요, 5000프랑쯤 되지 않을까요?"

"뭐라고? 너무 비싸!"

이 말을 들은 나폴레옹 3세는 시종장의 귓가에 이렇게 속삭였다.

"괜찮으니까 내 앞으로 달아놓으세요."

나폴레옹 3세는 이렇게 말하면서 웃음을 참느라 애를 썼고, 잠시 못마땅한 표정으로 몸을 앞뒤로 흔들고 있었다.(앙드레 카스텔로, 앞의 책)

이런 일이 있었기 때문이기도 하겠지만, 비토리오 에마누엘레와 카보우르에 대한 나폴레옹 3세의 대접은 빈말로라도 열광적이라고는 할 수 없었다. 크림 전쟁을 한시라도 빨리 종결짓고 강화회의로 나아가려는 생각을 하고 있던 나폴레옹 3세에게 비토리오 에마누엘레와 카보우르 측의 의심에 의심을 부르는 행동은 피하고 싶었기 때문이다. 낙담한 비토리오 에마누엘레와 카보우르는 다음 방문국인 영국으로 향했다.

카보우르

오스트리아로부터의 영토 탈환을
노리는 피에몬테 사르데냐 왕국의
재상 카보우르는 크림 전쟁에 참
전, 강화회의의 일각을 차지했다.
[A]

비토리오 에마누엘레

자신을 이탈리아 해방의 맹주로
생각하고 있던 피에몬테 사르데냐
왕국의 비토리오 에마누엘레 2세
는 크림 전쟁에 무리하게 참가하
여 프랑스의 환심을 산다. [E]

카보우르의 비장의 카드

12월에 귀국한 카보우르는 나폴레옹 3세의 마음
을 이탈리아 문제로 향하게 할 비책은 없는지 고
심에 고심을 거듭했다. 어떻게 해서든 강화회의
가 시작되기 전에 나폴레옹 3세의 마음을 사로잡
아 이탈리아 문제를 회의의 의제로 올려놓게 하
지 않으면 안 된다. 그러기 위해서는 그의 최대
약점인 '여자'를 돌파구로 삼을 수밖에 없다.

　이렇게 결론을 내린 카보우르는 곧바로 '인신
공양'의 희생물을 찾아 나섰다. 이리저리 조사해
본 바에 따르면 나폴레옹 3세는 깊게 파인 옷을
입은 여성의 새하얀 어깨와 가슴을 아주 좋아한
다. 그를 유혹하려면 이 점을 파고들 수밖에 없
다. 그렇게 생각한 카보우르의 마음에 미녀 한 명
의 이미지가 떠올랐다. 친척뻘인 오르도이니 후
작 집안의 딸로, 10년 연상의 카스틸리오네 백작
프란체스코 벨라시스와 결혼한 열아홉 살 비르지
니아다. 비리지니아는 절세의 미인일 뿐만 아니
라 남자의 마음을 휘어잡는 비술秘術에 뛰어난 천
성적인 요부이기도 했다. 그리고 요부의 남편이
흔히 그렇듯이 카스틸리오네 백작은 오쟁이를 진
남편의 전형으로, 아내가 오래 전 에마누엘레 국
왕의 애인이 되었다는 것조차 몰랐다.

카보우르가 국왕에게 이 비책을 숨김없이 털어놓자 비토리오 에마누엘레는 직접 카스틸리오네 백작 부인의 저택으로 가서, 더 이상 정원에서 유혹하지 않을 테니 이번에는 그 희귀한 유혹의 기술을 프랑스 황제에게 사용하라고 명했다.

한편 비토리오 에마누엘레가 오해하지 않도록 사명을 전했는지 내심 불안해하던 카보우르는 이 친척의 젊은 아내를 불러내 확실하게 이렇게 말했다.

"잘 해주시기 바랍니다. 방법은 뭐든 당신 좋을 대로 선택하십시오. 핵심은 성공만 하면 된다는 겁니다."

이리하여 1856년 1월 초 카스틸리오네 백작 부인은 요염한 미모를 무기로 황제를 휘어잡기 위해 남편과 함께 파리에 도착했다.

카스틸리오네 백작 부인을 황제에게 처음 소개한 사람은 마틸드 황녀였다. '스페인 계집아이'라고만 생각했었던 에우헤니에 데 몬티호가 외제니 황비가 된 것에 강한 질투심을 품고 있었던 마틸드는 눈이 휘둥그레질 정도로 아름다운 여성이 살롱에 나타나자 뚜쟁이답게 수고스러움을 마다않고 이 미인을 황제에게 소개했다.

마틸드의 눈은 정확했다. 비르지니아가 나타나자마자 황제의 눈은 여자에게 흥미를 가졌을 때 보이는 특별한 빛으로 반짝였다. 황제가 한눈에 비르지니아의 매력적인 육체를 알아본 것이 분명했다. 그 증거로 황제는 자꾸 턱수염을 쓸어내리면서 비르지니아에게 우아한 목소리로 말을 건넸지만 허를 찔린 비르지니아는 한 마디도 대답할 수가 없었다.

"흠, 예쁘긴 한데 머리가 잘 돌아가는 것 같지는 않군." 황제가 측근에게 말했다.

카스틸리오네 백작 부인
이탈리아 문제에 나폴레옹 3세의
관심을 끌어들이기 위해서는 '여
자밖에 없다고 생각한 카보우르는
'인신공양'의 희생물로 비토리오 에
마누엘레 2세의 애인 카스틸리오
네 백작 부인을 특별히 선발하여
파리로 보냈다. [A]

하지만 2주일이 지난 1856년 1월 17일, 비르지니아는 멋지게 설욕한다. 비르지니아가 팔레 루아얄에서 열린 프린스 나폴레옹의 야회에 새야 한 드레스로 몸을 감싼 채 모습을 드러내자 돌아가려던 황제가 계단을 내려왔다.

"너무 늦게 오셨군요, 마담." 황제가 말했다.

"폐하께서야말로 너무 일찍 돌아가시네요." 비르지니아는 황제의 눈을 똑바로 바라보면서 말했다. 이날 밤 이후 카스틸리오네 백작 부인의 이름은 황제의 특별초대자 명부에 오르게 된다.

비르지니아가 황제의 마음을 결정적으로 사로잡은 것은 튀일리 궁전에서 열린 무도회의 밤이었다. 실버 블루의 야회복으로 몸을 감싼 비르지니아가 눈이 부시는 듯한 반나체를 샹들리에 불빛 아래 아낌없이 드러냈을 때, 황제는 그녀에게서 눈길을 떼지 못했다. 이후 비르지니아의 일기에는 나폴레옹 3세의 이름이 자주 등장한다.

이때 파리에서는 2월부터 강화회의가 시작되었고, 비토리오 에마누엘레와 카보우르는 비르지니아로부터 연락을 받고 일희일비하고 있었지만, 현실적으로는 앞으로 어떻게 될지 결코 분명하지 않았다. 카보우르는 열강의 관심을 이탈리아 문제로 돌리기 위해 필사적으로 노력했지만, 회의의 의장을 맡은 프랑스 외무장관 발레프스키는 피에몬테 사르데냐 국왕을 소와 크기를 다투는 개구리로 비유하면서 진지하게 상대하려 하지 않았다.

하지만 카보우르가 파리를 떠나기 전날 나폴레옹 3세는 그를 불러 구두로 이렇게 전했다.

"이번에는 오스트리아와 분쟁을 일으키지 않았습니다만 평화가 오래 이어질 것 같지는 않습니다. 안심하십시오."

이 말을 들은 카보우르는 아직 가망이 있다고 느꼈다. 비르지니아가 임무를 잘 수행하고 있는 듯하다.

카스틸리오네 백작 부인의 승리와 패배

실제로 비르지니아는 착실하게 유혹 전술을 밀고나가 황제의 마음을 농락하고 있었다. 황제의 함락이 누가 보기에도 분명해진 것은 6월 27일 빌르뇌브 레탕이라는 아름다운 호수로 알려진 행궁에서 열린 축하연의 밤이었다. 출산한 지 얼마 지나지 않은 외제니 황비의 이름으로 전달된 초대장에는 피부를 드러나지 않는 로브 몽탕트robe montante(궁중에서 낮에 입는 여성용 정식 예복) 차림으로 오라고 적혀 있었지만, 애국심에 불타는(?) 비르지니에는 천재일우의 기회가 찾아오자 속살이 비쳐보이는 모슬린 드레스에 하얀 새털 모자를 쓴 화려한 차림으로 '전장'에 모습을 드러냈다. 아니나 다를까 황제는 예의 호색한의 눈빛으로 비르지니아의 몸을 멀리서 바라보는가 싶더니 직접 작은 배의 노를 저어 호수에 떠 있는 섬으로 그녀를 데리고 갔다.

한 시간 후, 성곽의 살롱에 준비되어 있는 밤참을 먹기 위해 카스틸리오네 백작 부인이 나타났을 때 그 자리에 모여 있던 사람들은 백작 부인의 모슬린 드레스가 구겨져 있는 것을 알아차리지 않을 수가 없었다.

그날 밤 하얀 드레스를 입은 외제니 황비는 드레스보다 창백한 얼굴로 자포자기한 듯이 길길이 날뛰다가 끝내 기력을 잃고 쓰러졌다.

이날부터 카스틸리오네 백작 부인은 루이 15세의 바리 부인Madame du Barry처럼 '총희寵姬'의 자리에 앉았다.

초가을 콩피에뉴로 이동한 궁정에서도 카스틸리오네 백작 부인의 요염한 매력은 유감없이 발휘되었다. 궁정 사람들은 황제뿐만 아니라 프린스 나폴레옹도 모르니 공작도 올가미에 걸려들었다고 수군댔다. 요컨대 궁정에서 조금이라도 영향력이 있는 사내들은 모두 카스틸리오네 백작 부인 앞에 무릎을 꿇었던 것이다.

그러나 이러한 영향력의 증대에 눈살을 찌푸리는 사람도 적지 않았다. 여성들과 비서경찰이 그들이다. 외제니 황비를 비롯한 여성들은 거의 전부 적으로 돌아섰다. 그녀의 일거수일투족이 비판의 표적이 되었고 따돌림은 날이 갈수록 심해졌다.

또, 이탈리아 독립운동 투사들의 불온한 움직임을 경계하고 있던 비서경찰도 카스틸리오네 백작 부인이 이 운동과 관련되어 있을지 모른다며 은밀히 내사內査에 들어갔다.

나폴레옹 3세는 1857년까지도 변함없이 몽테뉴 가 28번지에 있는 카스틸리오네 백작 부인 집을 뻔질나게 드나들고 있었다. 부인은 잠자리에서 이탈리아에 대한 사랑을 얘기하면서 어떻게든 황제의 관심을 이탈리아 독립 문제로 유도하려고 노력했다. 경찰은 그녀의 서간을 검열해 정보 누설 사실을 찾아내려 했지만 그녀가 카보우르에게 보내는 정보는 모두 암호문으로 작성되어 있었기 때문에 경찰은 끝내 결정적인 증거를 포착하지 못했다.

그러던 때 뜻밖의 돌발사고가 발생해 백작 부인의 계획은 물거품으로 돌아간다. 1857년 4월, 황제가 몽테뉴 가에 자주 드나든다는 사실을 안 이탈리아 독립운동 투사 세 명이 부인의 객실에서 나와 막 마차에 오르고 있던 황제를 습격한 것이다. 다행히 마부가 기지를 발휘해 튀일리 궁전까지 단숨에 내달렸기 때문에 황제는 위기를 모면할 수 있었다.

카스틸리오네 백작 부인의 승리와 패배
프랑스 궁정에 나타난 카스틸리오네 백작 부인은 교묘하게 나폴레옹 3세를 유혹해 '총희'의 자리에 앉았지만 암살 미수사건에 연루되었다는 의심을 사 쫓겨나고 말았다. [Y]

　다음 날, 카스틸리오네 백작 부인의 공공연한 적들은 부인이 황제가 오는 일시를 암살자들에게 알려준 것이 틀림없다는 말을 퍼트리고 다녔다. 결국 그 어떤 증거도 나오지 않았지만 천하의 나폴레옹 3세도 더 이상 부인과의 관계를 이어나갈 수는 없었다. 황제는 카스틸리오네 백작 부인에게 은밀하게 파리를 떠나라고 명했다.

오르시니 사건

토리노로 돌아온 카스틸리오네 백작 부인으로부터 작전이 실패했다는 얘기를 들은 카보우르는 암담한 심정으로 1858년 새해를 맞이했다. 이 모양으로는 이탈리아 독립을 걸고 오스트리아와 일전을 벌이려는 계획은 당분간 미뤄질 수밖에 없을 터다.

　바로 그때였다. 파리에서 경천동지할 소식이 전해진 것은.

　1858년 1월 14일 밤 8시, 르페르티에 가의 오페라 극장 정면 하차장에 막 도착하고 있던 황제 부부의 마차를 향해 수류탄 세 개가 날아들었다. 섬광이 거의 동시에 번쩍이는가 싶더니 폭풍에 가스등이 꺼지고 그 일대가 캄캄한 암흑에 휩싸였다. 엄청난 혼란이 구경나온 군중을 덮쳤다. 경찰대가 횃불을 들고 쫓아왔을 때 마차는 이미 크게 부서지고 호위하던 근위병과 군중이 겹겹이 쓰러져 있었다. 부상자 150명, 사망자 18명의 대참사였지만 기적적으로 황제 부부는 가벼운 상처만 입고 마차에서 탈출할 수 있었다. 걱정하면서 달려온 수행원에게 외제니 황비는 초조하게 이렇게 말했다.

"우리는 괜찮아요. 이건 우리 일이에요. 다친 사람들을 돌봐주세요."

한편, 황제는 마부와 시종이 다쳤다는 것을 알고 그들을 약국으로 데려가려 했지만 달려온 경감에게 제지당했다.

"그대로 극장으로 들어가십시오. 관객들이 엉뚱한 상상을 하게 해서는 안 되니까요."

황제는 침착하고 냉정하게 행동했고, 황비에게 팔을 내밀어 함께 오페라 극장의 칸막이석에 앉았다. 황비의 스커트에 피가 묻어 있는 것을 보고 사건의 중대성을 알아챈 관객들은 우레와 같은 박수로 황제 부부를 맞이했다. 나폴레옹 3세는 말했다. "자, 평소처럼 시작하세요."

한밤중에 부부가 튀일리 궁전으로 돌아오는데, 리볼리 로에는 사건 소식을 전해들은 군중들이 파도처럼 밀려들어 "황제 만세, 황후 만세"를 외치는 소리가 울려 퍼졌다.

범인은 다음 날 바로 체포되었다. 카르보나리의 잔당으로 확고한 신념의 소유자이자 음모가인 펠리체 오르시니Felice Orsini 백작을 수령으로 하는 피에리, 루지오, 고메즈 등 네 명의 이탈리아인이었다. 피에리는 범행 직전에 체포되었기 때문에 세 사람이 폭탄을 던진 것이었다.

카르보나리의 예전 동지였던 나폴레옹 3세가 이탈리아 문제에 냉담한 것에 의분을 느낀 그들은 나폴레옹 3세를 살해함으로써 세상에 이탈리아의 독립과 통일을 호소하고자 했던 것이다.

네 사람에 대한 재판이 시작되자 사건의 중대성과는 정반대로 세간의 동정은 오르시니 등에게 집중되었다. 특히 오르시니가 법정에서 보인 당당한 태도는 프랑스인들에게 강렬한 인상을 심어 주었고, 애국심이란 무엇인가, 이탈리아 독립이란 무엇인가를 깊이 생각하게 하는 결과로 이어졌다.

오르시니의 변호를 맡은 공화파 의원 쥘 파브르는 오르시니는 이탈리아 독립의 대의에 자신의 목숨을 바치려 하고 있지만 1848년 2월 혁명 때에는 프랑스가 이탈리아를 돕겠다고 약속하지 않았느냐고 호소하면서, 오르시니가 옥중에서 쓴 편지를 품속에서 꺼내더니 황제의 특별 허가를 얻어 대독한다고 말했다.

오르시니는 호소한다. "조용하게 죽음으로 나아가고자 하는 지금, 나는 유럽의 평화를 위한 길은 이탈리아가 오스트리아의 굴레로부터 벗어나는 것 말고는 없다고 생각한다. 그러나 프랑스인에게 피를 흘리게 하고 싶지는 않다. 굳이 이탈리아에 불리한 일에 개입하지 않기를 바랄 뿐이다. 그런데 그것은 프랑스 황제에게 생각만 있으면 지금이라도 당장 가능한 일이다. 폐하께 이 자리

오르시니 사건

1858년 1월 14일, 오페라 극장으로 향하던 도중 나폴레옹 3세의 마차를 향해 폭탄이 날아들어 다수의 사상자를 낳았지만 황제 부부는 기적적으로 위기를 모면했다. 범인은 이탈리아의 애국자 오르시니였다. [A]

오르시니

카르보나리의 동지였던 오르시니는 나폴레옹 3세가 이탈리아 문제에 냉담하다는 이유로 암살을 시도했는데, 옥중에서 전향해 나폴레옹 3세야말로 이탈리아의 해방자라고 생각하기에 이른다. [A]

에서 상기시켜드리고 싶다. 일찍이 나의 아버지를 포함한 많은 이탈리아인이 나폴레옹 황제를 위해 기꺼이 피를 흘렸다는 것을. 사형대에 서려 하는 자의 마지막 소원, 우리 조국을 해방하고 1849년에 프랑스의 배신으로 이탈리아가 잃어버린 독립을 되찾고 싶다는 소원을 폐하께서 들어주실 것을 간절히 희망한다."

오르시니는 옥중에서 사상을 전환해 나폴레옹 3세만이 이탈리아의 독립과 자유를 가져다줄 수 있다고 이해하기에 이르렀다. 따라서 쥘 파브르가 대독한 오르시니의 편지는 나폴레옹 3세 자신의 선언이기도 했던 것이다.

오르시니를 비롯한 네 명은 황제 부부의 감형 탄원에도 불구하고 처형되었다. 하지만 그럼으로써 그는 카보우르도 카스틸리오네 백작 부인도 수행하지 못했던 일, 그러니까 황제의 마음을 돌이키는 일에 성공했던 것이다.

4
이탈리아 전쟁

'사적 평의회'와 '총괄치안법'

오르시니 사건을 겪으면서 나폴레옹 3세는 체제를 유지하기 위해서는 황제의 갑작스런 죽음이라는 '만약의 상황'을 고려할 필요가 있다는 점을 깨달았다. 황위를 계승할 황태자는 아직 두 살이어서 섭정이 필요했던 것이다.

나폴레옹 3세는 '사적 평의회Conseil Privé'라는 상설 섭정 준비 기관을 설치해 자신에게 만일의 일이 일어날 경우 이것을 그대로 섭정평의회로 이행할 수 있게 해야겠다고 생각했다. 그런데 사적 평의회의 구성원을 어떻게 할 것인가라는 문제를 둘러싸고 말썽이 생겼다. 프린스 나폴레옹이 자기 이외에 전 베스트팔렌 왕인 아버지 제롬 나폴레옹도 멤버에 넣어야 한다고 주장했기 때문이다. 프린스 나폴레옹은 이렇게 해두면 섭정평의회를 좌지우지할 수 있을 것이라고 생각한 것이다.

나폴레옹 3세는 음모가 특유의 직감을 발휘해 프린스 나폴레옹의 의도를 바로 간파하고, 사적 평의회에는 황후, 제롬 나폴레옹 부자 외에 국무원, 입법원, 귀족원의 의장도 포함한다고 회답했다. 제롬 나폴레옹 부자는 이 조치에 격노했다. 입법원 의장이라는 자격으로 그들의 불구대천의 원수 모르니 공이 가세하게 되었기 때문이다. 1858년 3월 1일, 사적 평의회 설립이 발표되었지만 제롬 왕 부자의 이름은 명단에 보이지 않았다. 음모에 관한 한 나폴레옹 3세가 한 수 위였던 것이다.

사적 평의회가 설치될 무렵, '총괄치안법'이 입법원을 통과했다. 이것은 2월 혁명과 쿠데타 때 체포된 반체제주의자는 영장 없이 예방 차원에서 구금할 수 있도록 한 얼토당토않은 법률로, 국무원의 예비조사에서도 반대의견이 강했던 것을 황제가 고집스럽게 입법원에 상정하게 한 것이다. 암살의 표적이 되었던 많은 군주와 마찬가지로 그 역시 엄격한 탄압책으로 반체제주의자를 억압하려 했던 것이다.

비요에 이어 내무장관으로 임명된 에스피나스 장군은 즉각 법률을 엄밀하게 적용, 각 현의 지사에게 명하여 2000명 이상의 공화주의자를 가두고 400명을 알제리로 보냈다. 명령에 따르지 않은 지사는 경질되었다. 사람들은 또 다른 계엄령 체제의 도래를 예감하고 저 시대폐색時代閉塞의 상황이 다시 찾아올 수도 있다며 두려워했다. 그런데 어인 일인지 3월에 접어들면서 총괄치안법은 거의 적용되지 않았고, 준계엄령 체제는 약 한 달 만에 해제되었다.

도대체 무슨 일이 있었던 것일까?

오르시니의 영향이다. 좌익 보나파르티스트인 경찰청장 피에트리의 방문을 받은 오르시니는 2월 하순에 재판이 시작되자 이탈리아의 참된 해방자가 될 수 있는 사람은 나폴레옹 3세밖에 없다고 강하게 주장하기에 이르렀다. 그 결과 피해자인 황제가 오르시니에게 감화를 받는, 생각지도 못한 상황의 변화가 생긴 것이다. 한 마디로 말하면 이제까지 이탈리아 문제에서 어정쩡한 태도를 보였던 나폴레옹 3세가 오르시니 사건으로 갑작스럽게 각성하여 이탈리아 반도에서 오스트리아의 영향을 불식하기 위해서는 피에몬테 사르데냐 왕국에 가담해 전쟁도 불사한다는 각오를 다지게 한 것이다. 이렇게 황제가 방향을 전환함에 따라 이탈리아 문제 개입에 찬성하는 공화주의자를 아군으로 붙들어둔다는 목적도 있고 해서 탄압책이 갑자기 중지되었던 것이다.

이런 일들이 있기 때문에 나폴레옹 3세라는 황제는 '알 수 없는' 인물인 것이다. 자신을 암살하려 했던 외국인이 자신을 이탈리아의 해방자로 추켜세웠다는 이유로 그 암살 미수 범인의 주장대로 이탈리아 해방 전쟁을 시작하는 독재가 어디에 있단 말인가? 요염한 여성 스파이의 매력에 넘어가 황제가 그 여성이 하라는 대로 했다면 또 모른다. 그러나 암살자의 말이 옳다고 인정하고 그 주장대로 행동하는 마음의 움직임은 보통사람의 이해 범위를 넘어선다. 앙드레 카스텔로는 나폴레옹 3세의 내면에 잠재해 있던 카르보나리의 피가 오르시니의 편지를 계기로 갑자기 움직이기 시작한 것일지도 모른다고 추측하는데, 어쩌면 그럴지도 모른다. 어찌됐든 예측 불가능한 이상한 황제라는 것만은 확실하다.

우리마저 이러할진대 나폴레옹 3세가 돌연 마음을 바꾼 것을 안 관계자들은 얼마나 놀랐을까. 특히 외무장관 발레프스키, 외제니 황비, 모르니 공과 같은 이탈리아 개입 반대파는 경악을 금치 못했다. 그들은

오르시니의 처형
옥중에서 사상을 전향해 황제야말로 이탈리아의 해방자라고 생각하기에 이른 오르시니는 황제 부부의 구명 탄원에도 불구하고 처형되었다. 하지만 그의 애국적 열정은 나폴레옹 3세의 내면에 잠재해 있던 카르보나리의 피를 불러일으켜 이탈리아 문제에 본격적으로 개입하게 하는 계기가 되었다. [H]

나폴레옹 3세가 오르시니의 편지를 법정에서 낭독하게 했을 뿐 아니라 그것을 정부 관보인 『모니퇴르』에 게재하게 하자 서둘러 경계심을 강화했다. 어쩌면 황제는 진심으로 이탈리아에 개입할 생각인지도 모른다.

그들의 우려는 황제가 프린스 나폴레옹의 권고를 받아들여 공화파에 대한 탄압책을 포기하고, 총괄치안법은 목적을 달성했다며 3월 하순 그 법률을 적용하지 않기로 했을 때 현실이 되었다. 그러나 아직도 그들은 반신반의하고 있었다. 하지만 6월에 에스피나스 장군이 내무장관에서 물러나고 그와 교대라도 하듯이 프린스 나폴레옹이 알제리 및 식민지 장관으로 임명되었을 때에는 더 이상 의심의 여지가 없었다.

에스피나스 장군
오르시니의 암살 미수사건을 계기로 사상 탄압이 강화되었고, 내무장관이 된 에스피나스 장군은 '총괄치안법'을 적용해 많은 공화주의자를 체포·구금했다. [H]

프린스 나폴레옹과 함께 좌익 보나파르티스트가 돌아온 것이다. 이것은 권력의 자리에 있었던 질서파에게는 생각만 해도 끔찍한 사태였다. 프린스 나폴레옹은 조만간 이탈리아 문제에서 황제의 심복이자 비밀의 공범자가 될 것이고, 앞으로 그는 정치의 전면에 나서게 될 것이다.

　　　　　　　　　　—루이 지라르, 『나폴레옹 3세』

플롱비에르 온천에서 열린 비밀회의

1858년 7월, 나폴레옹 3세는 지병인 류머티즘 치료를 명목으로 보쥬 Beaujeu 지방의 온천장 플롱비에르로 갔다. 그곳에 '우연히' 피에몬테 사르데냐 국왕의 재상 카보우르가 머물고 있었다는 것은 물론 거짓말이고, 두 사람은 카보우르 측 대리인인 니갈라와 나폴레옹 3세의 비밀공작원 코노가 미리 합의해둔 수순에 따라 비밀회의를 갖기 위해 이 온천으로 갔던 것이다. 나폴레옹 3세는 각료들은 물론 외제니 황비에게도 이 비밀교섭 사실을 알리지 않았다.

7월 21일, 두 사람은 장장 일곱 시간에 걸친 일대일 회담 끝에 이탈리아 해방을 위한 프로그램을 마련했다. 즉, 회담은 오스트리아에 대한 전쟁을 도발하기 위한 음모공작에서 시작해 전쟁 승리 후 이탈리아 반도의 영토 분할에까지 이르렀다. 피에몬테 사르데냐 왕국은 롬바르디아, 베네토, 에밀리아, 로마냐를 합병하여 북이탈리아 왕국을 형성하고, 토스카나를 중심으로 하는 중앙이탈리아 왕국, 로마만으로 영토를 한정한 교황국, 그리고 양 시칠리아 왕국의 4개국으로 이탈리아 연방을 구성한다. 다른 한편, 프랑스는 개입에 따른 보상으로 니스와 사보아를 획득한다.

회의가 끝난 후 산책을 하던 도중 나폴레옹 3세는 비토리오 에마누엘레 국왕의 장녀 크로틸드와 프린스 나폴레옹을 결혼시키는 게 어떻겠느냐고 제안했다. 카보우르는 처음에는 난색을 표했다. 크로틸드 왕녀가 16세인데 비해 프린스 나폴레옹은 36세, 게다가 사촌형 나폴레옹 3세와 마찬가지로 희대의 호색한이라는 것이 마음에 걸렸던 것이다. 그러나 산책이 끝났을 때 두 사람의 의지는 이미 확고해져 있었다.

프린스 나폴레옹의 등용

오르시니의 영향으로 이탈리아 해방을 결의한 나폴레옹 3세는 공화파에 대한 탄압을 갑자기 중지하고 에스파냐스 내무장관을 해임함과 동시에 좌익 보나파르티스트인 프린스 나폴레옹을 식민지 장관으로 기용, 대대적으로 좌 클릭을 단행했다. [H]

비밀회의를 끝낸 나폴레옹 3세는 아무 일도 없었던 듯한 얼굴로 파리로 돌아와 유럽의 열강이 이탈리아 문제에 관하여 중립을 지키도록 외교 정책을 펼치기 시작했다. 그도 그럴 것이 나폴레옹 3세가 이탈리아 개입 의지를 굳혔다는 뉴스가 영국 정부의 불안을 불러일으키고 있었기 때문이다. 영국은 이탈리아 전쟁은 독일의 개입을 불러 나폴레옹 전쟁의 악몽이 재현될지도 모른다며 두려워하고 있었던 것이다.

나폴레옹 3세는 1858년 8월 빅토리아 여왕 부부를 셸부르의 해군진수식에 초청하여 우호를 도모하려 했지만, 크림 전쟁 때 그토록 친밀했던 양자의 관계는 이미 회복 불가능할 정도로 차가워져 있었다. 여왕 부부는 진수식이 끝나자마자 영국으로 돌아가버렸다.

나폴레옹 3세는 다음으로 러시아를 아군으로 끌어들이려는 생각에 프린스 나폴레옹을 바르샤바로 파견해 러시아 황제 알렉산드르 2세와 회담을 하게 했다. 알렉산드르 2세는 호의적인 중립은 약속했지만 프랑스 쪽에 서는 것은 거절했다.

나폴레옹 3세는 미래의 윌리엄 1세인 프로이센의 섭정 황태자에게도 오스트리아의 영토 할양을 제안하면서 동맹을 요청했지만, 프랑스가 라인 지방에도 손을 뻗칠 우려가 있다는 점을 경계한 섭정 황태자는 동맹을 거부하고, 영국과 협조하여 나폴레옹 3세에 대해 전쟁 회피를 강력하게 요구하는 방침을 택하기로 했다.

이탈리아 전쟁 출진

1859년 새해가 밝으면서 프랑스와 피에몬테 사르데냐 왕국은 밀약대로 오스트리아에 대한 도발을 개시했다. 오스트리아 쪽에서 전쟁을 시작하게 한다는 생각이다.

1월, 약혼자 크로틸드 왕녀와 결혼식을 하기 위해 피에몬테 사르데냐 왕국의 수도 토리노도 달려간 프린스 나폴레옹은 동시에 또 하나의 '결혼'인 대오스트리아 군사협정을 카보우르와 체결했다. 이리하여 양국은 불가분의 관계로 접어들었고 개전은 시간문제가 되었다.

하지만 프랑스 국내에서는 개전에 반대하는 여론이 대세였다. 라게로니에르라는 저널리스트가 서명한 「나폴레옹 3세와 이탈리아」라는 팸플릿이 대량 배포되었고, 그것이 나폴레옹 3세의 이탈리아 개입 의지 표명이라는 것이 알려지면서 여론은 들끓기 시작했다. 정부 상층부에서도 전쟁 지지파는 프린스 나폴레옹과 마틸드 황녀뿐이었고, 내각의 각료 전원이 반대했으며, 가톨릭의 입장을 대표하는 외제니 황비도 목소리를 높여 반대했다. 이탈리아와 오스트리아의 철도에 많은 투자를 하고 있는 경제계는 공황 상태에 빠졌고 주가는 대폭락했다.

그렇지만 나폴레옹 3세는 한번 결심하면 그 어떤 반대가 있더라도 집요하게 목적을 추구하는 유형의 지배자다. 이탈리아 문제를 평화적으로 해결하기 위해 유럽의 열강들을 파리에 모아 협의한다는 아이디어를 내놓긴 했지만 그것은 어디까지나 전쟁 반대 여론을 잠재우기 위한 위장술에 지나지 않았다. 황제의 마음은 이미 개전으로 기울어 있었던 것이다.

이것 역시 이해할 수 없는 점이거니와, 그렇게 결심했으면서도 나폴

이탈리아 전쟁으로
이탈리아 해방을 위한 대오스트리아 전쟁을 결의한 나폴레옹 3세는 진두지휘를 위해 파리를 출발, 이탈리아 전선으로 향했다. [A]

레옹 3세는 그 결의를 군대에 밝히지 않았고, 개전 준비를 하라는 명령을 내리지도 않았다. 따라서 도발을 더 이상 참지 못한 오스트리아가 최후통첩을 들이민 것을 계기로 4월 29일 피에몬테 사르데냐 왕국과 오스트리아가 전쟁 상태로 들어서고, 토리노 조약의 규정에 따라 자동적으로 프랑스가 5월 3일 오스트리아에 대해 선전포고를 했을 때, 프랑스 육군 총사령부는 그야말로 불의의 일격을 당한 꼴이었다.

나폴레옹 3세는, 그런 것에 전혀 신경을 쓰지 않고 이번에야말로 스스로 진두지휘를 하겠다며, 5월 10일 외제니 황비를 섭정으로 앉힌 다음 의기양양하게 이탈리아 전선으로 향했다. 민중은 크게 기뻐하며 황제를 박수갈채와 함께 배웅했지만, 육군 내부의 사정을 보면 무기와 탄약은 물론 병참도 갖춰져 있지 않아 도저히 전쟁이고 뭐고 할 수 있는 상태가 아니었다.

따라서 오스트리아 측이 프랑스군의 선발부대와 후발부대가 합류하지 못하는 사이에 각개격파술을 구사했다면 승리는 틀림없이 오스트리아로 돌아갔을 터이다. 나폴레옹 3세는 군사에 관한 한 큰아버지와 달리 풋내기나 다름없었기 때문이다.

그런데 오스트리아군의 기우라이 사령관은 어떤 정보에 의거했는지는 모르지만 프랑스군이 남쪽에서 공격해올 것이라 믿고 주력부대를 피아첸차 방면에 결집시켰다. 그 덕분에 제노바에 상륙한 나폴레옹 3세의 후발부대는 몽스니 고개를 넘은, 캉로베르 장군이 이끄는 프랑스군 선발부대와 알렉산드리아에서 합류할 수 있었다.

한편, 피아첸차 방면에 진지를 마련한 기우라이 장군 휘하의 오스트리아군은 정찰대로 파견한 두 개 사단이 몽트벨로에서 포레 장군 휘하의 프랑스군 분견대와 충돌해 패배했다는 소식을 듣고, 즉시 주력부대를 카스테지오 방면으로 물러나게 한 다음 포$_{Po}$ 강 우안을 따라 북상했다. 아직 프랑스군 주력이 남쪽에 있다고 믿고 왼쪽으로부터 총공격을 당하는 것은 아닌지 우려했던 것이다.

프랑스군의 바보 같은 짓도 오스트리아군 못지않았다. 본래 포 강을 건너 단숨에 적을 격퇴하고 롬바르디아의 수도 밀라노로 밀고 들어가야 하는데, 강에 다리를 놓을 공병대가 없어서 포 강의 지류인 티치노 강 좌안을 따라 북쪽으로 향했다. 결국 양군은 모두 적이 어디에 있는지도 정확히 알지 못한 채 강을 사이에 두고 평행으로 이동하고 있었던 것이다.

'마젠타 전투'와 '솔페리노 전투'

따라서 6월 4일 마젠타에서 양군의 주력이 조우했을 때 나폴레옹 3세뿐만 아니라 기우라이 장군에게도 그것은 완전한 '불의의 습격'이었다. 그 결과 양군은 어떠한 작전 지휘도 없이 무질서하게 전투 상태로 돌입했다.

곳곳에서 무시무시한 백병전이 벌어졌다. 형세는 수적으로 열세인 프랑스군에 불리했다. 원군으로 달려왔어야 할 피에몬테 사르데냐군은 전혀 움직이려 하지 않았고, 또 툴피고에서 남하한 마크마옹 장군이 이끄는 부대도 아직 전장에 도착하지 않았다. 그래도 마크마옹군의 대포

마젠타 전투

나폴레옹 3세가 이끄는 프랑스군
은 마젠타에서 오스트리아군과 조
우, 양군 모두 작전 지휘도 없이 백
병전에 돌입했다. 원군으로 달려
왔어야 할 마크마옹군이 도착하지
않아 나폴레옹 3세는 진군이 궤멸
할 위기에 휩싸였다. [A]

마크마옹 장군

프랑스군이 궤멸하기 직전 마크마
옹군이 마젠타 전장으로 달려와
오스트리아군을 쫓아냈다. 이 공
적으로 마크마옹 장군은 원수로
승진했고 마젠타 공이라는 작위를
받았다. [A]

소리를 들은 나폴레옹 3세는 이때다 싶어 근위부
대에 다리를 빼앗으라고 명했다. 근위부대는 다
리를 탈취해 마젠타로 돌입했지만 티롤 저격병의
맹렬한 반격에 발목이 잡혔다. 근위부대가 전멸
한다면 나폴레옹 3세도 더 이상 싸울 부하가 없었
다. 나폴레옹 3세는 창백한 얼굴로 외쳤다. "마크
마옹 부대는 아직 오지 않았는가?"

그 무렵 마크마옹군은 일단 개시했던 포격을
멈추고 흩어진 부대를 집합시키고 있었다. 과연
근위부대가 전멸하기 전에 마크마옹군은 마젠타
에 도착할 수 있을까?

오후 6시, 마크마옹군이 마침내 마젠타에 나타
났다. 그것을 본 오스트리아군은 뿔뿔이 흩어져
퇴각했다. 나폴레옹 3세는 이날 밤 외제니 황비
에게 전보를 쳤다. "위대한 승리. 단, 희생이 너무
많음."

사실 프랑스군의 사상자는 만 단위에 이르렀
고, 마크마옹군의 선두에 서서 돌격한 에스피나
스 장군(전 내무장관)은 전사했다. 희생이 너무나
컸던 프랑스군은 패퇴한 오스트리아군을 추격할
수가 없었다. 다음 날, 승리의 주역인 마크마옹
장군은 원수로 승진했고 동시에 마젠타 공이라는
작위도 받았다. 6월 8일, 나폴레옹 3세와 비토리

오 에마누엘레는 양군의 선두에 서서 밀라노에 입성했다.

한편, 퇴각한 오스트리아군은 그 사이 직접 출진한 프란츠 요제프 1세의 지휘 아래 태세의 재정비를 도모했고, 강력한 반격을 가할 것이라며 잔뜩 벼르고 있었다.

그러나 나폴레옹 3세가 나폴레옹이 아닌 것과 마찬가지로 프란츠 요제프도 프란츠 2세가 아니었다.

솔페리노 전투

나폴레옹 3세와 프란츠 요제프 황제는 똑같이 군사적으로 무능했기 때문에 솔페리노의 싸움도 무질서하기 짝이 없는 조우전遭遇戰이었고, 양군 모두 유례를 찾기 힘들 정도로 많은 사상자를 냈다. [A]

그 결과 오스트리아군 16만 명과 프랑스군 13만8000명이 아무런 작전도 없이 전면 충돌한 6월 24일의 솔페리노 전투는 역설적인 의미에서 역사에 남는 싸움이 되었다. 다시 말해 솔페리노는 양군 지휘자의 무능 탓에 전례를 찾아보기 힘들 만큼 많은 희생자를 낳았던 것이다.

싸움은 솔페리노의 언덕을 둘러싼 공방으로 이어졌고, 양군 모두 결정적인 타격을 가하지 못한 채 희생자의 수만 늘려가고 있었는데, 최후에 근위군 투입을 결심한 나폴레옹 3세가 간신히 승리를 거두는 형태로 마무리되었다.

양군 모두 전사자만 3만 명 이상이었고, 부상자는 전장에서 어떤 치료도 받지 못한 채 방치되었다. 때마침 무더위까지 겹쳐 몸을 움직일 수조차 없는 프랑스군 사이에서는 티푸스가 퍼졌고, 그 결과 전 병력의 4분의 1 이상이 전투 능력을 잃은 상태였다.

이처럼 비참하기 그지없는 모습을 지켜본 나폴레옹 3세는 서둘러 부관 폴리 장군을 프란츠 요제프 1세에게 보내 즉시 정전할 것을 제안했다. 제아무리 대단한 나폴레옹 3세라 하더라도 상황이 이 지경에 이르자 프랑스군의 준비 부족과 작전 불비를 인정하지 않을 수 없었던 것이다. 만약 이 기회를 놓치면 아직 전투 능력이 남아 있는 오스트리아군을 상대로 장기전을 치러야 할지도 모른다. 프로이센군이 총동원 체제를 갖추고 라인 국경에 40만 대군을 결집시켰다는 정보도 들어와 있었다.

설상가상으로 이탈리아 반도 중부의 정세도 위태로웠다. 오스트리아군의 패배를 안 애국자들이 곳곳에서 들고 일어나 로마 교황령으로부터의 독립을 외치기 시작했던 것이다.

이 모든 것은 나폴레옹 3세의 최초의 의도를 넘어선 것이었다. 이제 프랑스가 살 길은 즉각 정전하는 것밖에 없다. 이리하여 7월 11일 빌라 프랑카에서 회담한 나폴레옹 3세와 프란츠 요제프 1세 사이에서 휴전 협정이 맺어졌다.

5

백화점 도시의 탄생

이탈리아 전쟁의 영향

솔페리노 전투는 쌍방 지휘자의 무능에 더해 근대 병기가 가공할 위력을 발휘했기 때문에 전장은 무참하기 이를 데 없는 양상을 드러냈다.

이때 알제리에서의 투기사업과 관련하여 나폴레옹 3세의 협력을 얻으려고 이탈리아까지 와 있던 어느 스위스 사람이 살육의 묵시록적인 참상을 목격하고 강한 충격을 받았다. 앙리 뒤낭이다. 뒤낭은 전쟁터에서 부상한 자들의 구원에 대한 국제 여론을 환기하기 위해 1862년 『솔페리노의 회상』을 출판, 제네바에서 국제회의를 열 것을 호소했다. 이 회의에서 1864년의 제네바 조약이 맺어졌고, 이 조약에 따라 적군과 아군 관계없이 부상자를 구제하는 국제적십자가 탄생하게 된다.

그러나 솔페리노의 전장에서 가장 격렬한 쇼크를 받은 사람은 누가 뭐래도 당사자인 나폴레옹 3세였다. 7월의 뜨거운 태양 아래 썩어가는

4만 명의 사상자를 직접 목격한 나폴레옹 3세는 단테의『신곡—지옥편』을 연상케 하는 광경에 전율해 프란츠 요제프 황제에게 즉각적인 정전을 제안했던 것이다. 조르주 루가 지적하고 있듯이, 나폴레옹 3세는 "프랑스의 역대 원수 중에서 인간의 고통에 대하여 가장 민감한 사람 중 한 명"이었던 것이다.

하지만 이러한 인간적인 반응에서 나온 즉각적인 정전 방침은 각 방면에서 뜻하지 않은 반향을 불러일으켰다.

우선 정전 교섭 개시에 관하여 어떤 상의도 하지 않았던 피에몬테 사르데냐 국왕 비토리오 에메누엘레 왕과 재상 카보우르는 소식을 접하고는 격렬하게 반발해 나폴레옹 3세의 협정 위반을 질타했다. 이탈리아 전역에서 배반을 비난하는 애국자의 격한 항의 행동이 일어났고, 나폴레옹 3세는 이탈리아의 해방자이기는커녕 하루아침에 최악의 증오 대상으로 바뀌었다.

한편, 전쟁 당사국인 오스트리아가 아직 여력이 남아 있었음에도 정전에 응한 것은 유럽 열강뿐만 아니라 제국 안의 여러 민족에게 '오스트리아는 약체'라는 인상을 주는 결과로 이어졌다. 이후 오스트리아 제국은 영역 안에서 일어나는 민족 자립의 움직임에 골머리를 앓게 된다.

또, 나폴레옹 제국의 시대가 다시 도래할 수도 있다는 악몽에 시달리고 있던 러시아와 영국은 나폴레옹 3세의 확장주의에 강한 경계심을 품기에 이르렀다.

그러나 이탈리아 전쟁의 영향 가운데 프랑스 입장에서 볼 때 최악이었던 것은 프로이센이 이것을 기회로 강국으로 발돋움하기 시작한 것이다. 프로이센은 마젠타와 솔페리노 전투에서 프랑스가 승리함으로써 옛 신성동맹 영역 내의 패권 다툼에서 오스트리아를 이길 수 있으리라고 확신함과 동시에 '강한 프랑스'의 재등장에는 위협을 느꼈다. 특히 라인 국경에서 총동원 체제를 마련하는 동안 전투 준비가 지지부진한 것을 지켜본 프로이센 수뇌부는 장래의 대 프랑스 전쟁에 대비한 군사력 강화의 필요성을 통감했다. 이에 비해 마젠타와 솔페리노 전투에서 전쟁에 대한 혐오를 절감한 나폴레옹 3세는 군대의 개혁에 적극적인 자세를 보이지 않았다. 이러한 반응의 차이가 11년 후의 프로이센-프랑스 전쟁에 큰 영향을 주게 된다. 이탈리아 전쟁은 프로이센으로 하여금 프로이센-오스트리아 전쟁과 프로이센-프랑스 전쟁에 대한 준비를 게을리 하지 않게 한 데 비해 프랑스에는 전쟁 혐오 분위기를 불어넣는 아이러니한 결과를 초래했던 것이다.

하지만 그것은 어디까지나 결과론이고, 1859년 시점에서 나폴레옹 3세의 정전 결정은 프랑스 국내에서는 압도적인 지지를 얻었다. 8월 14일 파리에서 거행된 이탈리아 파견군 개선 퍼레이드는 국민적 열광을 불러일으켰는데, 말에 올라탄 나폴레옹 3세가 황태자와 함께 방돔 광장에서 주아브 연대의 병사들을 맞이할 때에는 누구나 프랑

부상자를 위문하는 나폴레옹 3세

솔페리노의 전장은 엄청난 희생자를 낳았고, 이를 계기로 앙리 뒤낭은 국제적십자 설립을 결심했지만, 전쟁의 참상에 누구보다 충격을 받은 사람은 나폴레옹 3세였다. [A]

나폴레옹 3세의 개선

빌라프랑카의 화약和約은 피에몬테 사르데냐 왕국에서는 격렬한 반발을 불러일으켰지만 프랑스에서는 압도적인 찬성으로 받아들여졌고, 나폴레옹 3세는 파리 개선 때 열광적인 환영을 받았다. [A]

스의 영광이 정점에 달했다는 것을 느꼈다. 외제니 황비는 눈시울을 적셨고, 황제는 감정이 극에 달할 때면 늘 그렇듯이 자꾸만 턱수염을 쓸어내렸다.

행운은 잇달아 찾아오기 마련인지, 1869년 4월에는 마젠타와 솔페리노의 승리에도 불구하고 손에 넣지 못했던 사부아 공국과 니스 공국이 호박이 덩굴째 굴러 떨어지듯 프랑스 영토로 편입되었다.

1859년 7월 11일, 나폴레옹 3세와 프란츠 요제프 1세가 예비 휴전 협정에 서명했을 때 프란츠 요제프는 롬바르디아(옛 밀라노 공국)를 피에몬테 사르데냐 왕국에 할양하는 것을 인정했지만 베네토는 완강하게 내놓지 않았다. 그 결과 나폴레옹 3세는 전쟁에서 승리할 경우 '보수'로서 플롱비에르 밀약에서 카보우르로부터 약속을 받아냈던 사부아와 니스의 할양은 단념하지 않을 수 없었다.

그런데 빌라프랑카의 정전 교섭 내용이 이 두 나라(사부아 공국과 니스 공국)에 전해지자 7월 20일부터 25일에 걸쳐 프랑스에 통합할 것을 요구하는 민중의 격렬한 시위행진이 벌어졌다. 두 나라를 영유하고 있던 피에몬테 사르데냐 왕국은 당초 분리·통합에 반대하는 방침을 내놓았지만, 해가 바뀌어 나폴레옹 3세가 두 나라를 획득하기 위해 적극적인 자세를 보이자 주민투표에 의한 귀속 결정을 인정했다. 토리노 조약이 그것이다. 니스에서는 1860년 4월 15일에, 사부아에서는 4월 22일에 각각 주민투표가 실시되어 압도적 다수로 프랑스 귀속을 결정했다. 마젠타와 솔페리노에서 프랑스 병사들이 흘린 피는 헛되지 않았던 셈이다.

관세 쿠데타와 경제 발전

솔페리노에서 악몽을 보았던 나폴레옹 3세는 외교 노선을 전환하게 된다. 즉, 군사지도자로서 무능을 자각한 나폴레옹 3세는, 열강이 프랑스에 대한 경계심의 고삐를 바짝 죄고 있는 동안, 1852년 보르도에서 행한 연설 '제국은 평화다'에서 밝혔던 방침으로 되돌아가 평화 외교로 크게 방향을 틀었던 것이다.

빌라프랑카의 화약
솔페리노의 전투에서 충격을 받은 나폴레옹 3세는 즉각적인 정전을 결심하고, 피에몬테 사르데냐 왕국 측과 협의하지도 않은 채 빌라 프랑카에서 프란츠 요제프를 만나 휴전 협정에 서명했다. [A]

그 구체적인 사례는 1860년 1월 23일에 갑작스럽게 체결된 영프 통상조약의 정신에서 볼 수 있다.

1851년 12월 권력을 장악한 이후 나폴레옹 3세는 상공업의 진흥을 위해서는 관세 장벽을 철폐해야 한다는 생시몽주의자들의 주장을 받아들여 관세율 인하에 노력을 기울였지만, 프랑스의 전통이라고도 말할 수 있는 보호무역주의의 두꺼운 벽에 부딪쳐 고작 석탄과 철광석 등 일차 생산품의 관세를 인하하는 선에 그치고 있었다.

반대 세력의 중심은 지방의 명망가들을 기반으로 하는 입법의회와 섬유공업 등 보수적인 공장 경영자들이었다. 특히 후자는 관세율을 인하하면 영국의 값싼 섬유제품이 프랑스로 흘러들어 산업을 파괴할 것이라고 주장했다.

사부아와 니스의 통합
빌라프랑카의 화약을 계기로 니스 공국과 사부아 공국에서는 프랑스 통합 운동이 활발해졌고, 주민 투표 결과 프랑스 귀속이 결정되었다. [A]

이에 대해 관세율 인하를 환영하는 것은 제2제정 개시와 함께 첫걸음을 뗀 백화점이나 도매점 등의 상업자본가였다. 그들은 구매비용이 낮아져 대량 판매가 가능해지는 조치라면 그 무엇이든 쌍수를 들어 찬성했다.

나폴레옹 3세는 1855년에 개최되어 큰 성공을 거둔 만국박람회의 경험을 통해 관세를 인하하면 일시적으로 혼란을 초래할지 모르지만 장기적으로는 프랑스 산업의 기반을 강화하는 데 기여할 것이라 확신하고 영국과 관세 협정을 체결하기 위해 은밀히 준비를 하고 있었는데, 사전에 정보가 새어나가 반대의 불길이 타오를 것을 우려해 완벽한 비밀주의로 일관했다.

황제의 비밀요원 자격으로 영국 측의 당사자인 리처드 코브던Richard Cobden과 교섭에 나선 사람은 콜레주 드 프랑스의 교수로 생시몽주의적 경제학의 창도자인 미셸 슈발리에였다.

미셸 슈발리에는 이미 서술한 바와 같이 쿠데타 성공과 동시에 나폴레옹 3세의 경제적 브레인이 되어 생시몽 '교회' 시절의 동지였던 페레르 형제와 보조를 함께하면서 은행 개혁, 철도 부설, 만국박람회 개최 등 일련의 경제 개혁에 관여해왔는데, 그 마무리라고도 말할 수 있는 것이 바로 이 관세 쿠데타였다. 그는 나폴레옹 3세에게 입법원에 심의를 맡기는 것이 얼마나 어리석은지를 설명하고, 가능하면 통상조약 체결 후 황제의 칙령으로 단숨에 포고해야 한다고 주장했다. 나폴레옹 3세는 슈발리에의 의견을 채택했다.

슈발리에는 빌라프랑카의 화약이 성립하자 곧바로 비밀리에 런던으로 건너가 코브던과 수차례 교섭을 했고, 1859년 10월 코브던을 파리로 불러 나폴레옹 3세를 만나게 했다. 그 결과 교섭은 단숨에 타결로 이어졌고, 1860년 1월 23일 갑작스레 조약이 체결되었다. 내용은 석탄, 양모, 면화 등 원재료의 관세를 최고 30퍼센트로 제한하는 것으로 완전한 관세 철폐와는 거리가 멀었지만, 그럼에도 100퍼센트의 높은 관세로 보호를 받고 있던 프랑스의 산업자본가들에게는

미셸 슈발리에
생시몽주의자인 경제학자 미셸 슈발리에는 나폴레옹 3세의 브레인이 되어 두 차례의 만국박람회에서 주도적인 역할을 했는데, 1860년에는 비밀요원으로서 영국의 코브던과 영프 통상조약 관련 교섭을 도맡았다. [E]

뒤통수를 한 방 세게 얻어맞은 것이나 다름없는 충격이었다. 협정에 관하여 알고 있었던 사람은 나폴레옹 3세와 슈발리에를 제외하면 정부의 최고 간부인 루에르, 발로슈, 풀드 그리고 영국대사 페르시니 이 네 명뿐이었다. 입법원도 국무원도 완전히 무시되었다.

통상조약이 관보에 발표되자 아니나 다를까 각 방면에서 격렬한 반발이 일어났지만, 나폴레옹 3세는 적극적으로 설비 투자를 하고자 하는 상공업자에게는 대규모 대출을 실시한다고 발표하여 성공적으로 반대를 극복했다. 신흥 상공업자가 많은 하원은 이 조치를 호전적인 시대가 끝나고 평화로운 번영의 시대가 다시 찾아온 것이라며 환영했다. 어떤 하원 의원의 다음과 같은 연설은 나폴레옹 3세가 '산업 황제'의 초심으로 돌아간 것에 대한 기쁨으로 가득하다.

황제의 경제정책은 보르도 연설을 재확인한 것입니다. 그것은 바로 평화의 선언입니다. 황제는 유럽을 안심시키는 동시에 우리나라에 미래를 걸라고

호소한 것입니다.

—루이 지라르, 『나폴레옹 3세』

통상조약의 체결로 프랑스 경제는 일시적인 경기 후퇴에 빠졌지만, 다음 해부터 미셸 슈발리에가 예상했던 효과가 나타나기 시작해 상업뿐만 아니라 광공업도 전례 없는 번영의 시대를 맞이했다.

특히 공업 분야에서는 높은 관세와 낮은 임금에 안주해 설비의 기계화를 게을리 했던 공장이 이 충격요법으로 각성하여 영국과의 경쟁 격화에 대비해 설비 투자에 힘을 기울이기 시작한 것이 커다란 파급효과를 낳았다. 석탄, 양모, 면화 등 원재료비의 저하는 공업 발전의 순풍이 되었다. 프랑스는 이리하여 영국의 산업혁명 단계로 올라섰던 것이다.

이러한 결과를 확인한 정부는 1862년부터 벨기에, 프로이센 등과도 통상협정을 체결했고, 1866년에는 유럽의 거의 모든 나라와의 자유무역 체제를 갖추었다. 그 결과 1860년부터 1870년까지 10년 동안 프랑스의 대외무역액은 배로 늘어났고, 프랑스는 제2차 산업혁명을 거쳐 영국과 어깨를 나란히 하는 경제대국으로 성장했다.

백화점에 의한 산업혁명

통상조약에 의한 제2차 산업혁명으로 최대의 이익을 누린 것이 '봉 마르셰' '루브르' '프랭탕' 등의 백화점grand magasin이다.

이들 백화점의 기원은 모두 왕정복고부터 7월 왕정 시대에 생긴 싸구려 의복 도매점 마가쟁 드 누보테magasin de nouveauté(유행상품점)다.

마가쟁 드 누보테는 중개업자를 끼지 않는 직접 거래에 의한 상품의 저가격화, 광고의 활용과 화려한 외부 장식을 통한 모객 전술, 저가 판매, 입점 자유 등 훗날 백화점에서 활용되는 상업의 노하우를 앞서서 실천하고 있었는데, 딱 한 가지 '장사란 속여 팔기'라는 오래된 상인 근성을 버릴 수가 없었다. 그 때문에 손님은 싸다는 선전에 넘어가 한 번은 가게에 들르지만 고정 고객이 되어 가게를 지탱하는 선까지는 나아가지 않았다.

부시코 부부

박리다매의 마가쟁 드 누보테에서 시작한 부시코 부부는 성실함을 최고의 상품으로 여기는 백화점 상법을 개척한다. 그들은 소비를 필요에서 쾌락으로 바꿔놓았다. [A]

이 점을 돌파해 근대 상업의 전면적 전개에 성공한 사람이 1852년 마가쟁 드 누보테의 하나인 '프티 생토마Petit Saint-Thomas'에서 독립해 파리 좌안의 세브르 가와 바크 가의 모퉁이에 '봉 마르셰'를 개점한 아리스티드 부시코Aristide Boucicaut다.

부시코는 내가 『백화점을 발명한 부부』에서 썼듯이 마가쟁 드 누보테의 상업 시스템을 개량하여 예술이라 부를 수 있을 정도의 영역으로 끌어올린 상업적 혁명가다.

첫 번째 이유는 엄격한 품질 관리와 자유로운 반품 제도를 도입하여 속여 팔기라는 상인 근성과 결별한 점에 있다. 이리하여 '성실함'이 가장 잘 팔리는 상품이 됨으로써 근대적 상업이 성립한 것이다.

두 번째 이유는 백화점을 오페라 극장이나 대

봉 마르셰

부시코 부부가 제2제정이 출발한 해에 개업한 '봉 마르셰'는 제2제정기에 점포를 확대함과 동시에 상업의 새로운 관념을 창안해 세계 최초의 백화점으로 변신했다. [A]

성당cathédrale과 비교할 수 있을 만큼 호화찬란한 장소로 바꿈으로써 그때까지의 '필요에 의한 쇼핑'을 '욕망에 의한 쇼핑'으로 변화시킨 점에서 찾을 수 있다. 철골과 유리로 이루어진 꿈의 신전과도 같은 거대한 공간에 들어선 소비자는 상품을 사는 것을 하나의 쾌락으로 의식하게 되었던 것이다. 바꿔 말하면 부시코는 백화점을 소비자에게 꿈을 꾸게 하는 드림 월드로 바꿈으로써 그것을 일종의 욕망 환기 장치로 변용시켰던 것이다.

세 번째 이유는 부시코가 백화점을 그곳에서 쇼핑을 하는 것이 계급적인 의무라고 느끼는 교육 장치로 전환시켰다는 점에 있다. 이제 소비자는 쇼핑과 소비에 따르는 죄책감으로부터 해방되어 백화점 쇼핑을 계급 유지에 필요한 라이프스타일의 일환으로 간주하게 되었다. 이리하여 소비는 죄악이 아니라 의무 관념을 동반한 쾌락으로 바뀐 것이다.

이와 같은 상업 전략을 완성해가고 있던 부시코에게 1860년에 시작되는 관세혁명은 강력한 순풍으로 기능했다. 왜냐하면 이를 계기로 구입비용이 대폭 인하되었을 뿐만 아니라 생산 공장을 기계화함으로써 제품의 질이 향상되고 동시에 대량생산이 가능해졌기 때문이다. "값싸고 좋은 물건을 대량으로!" 현실이 부시코가 내건 이 이상(봉 마르셰는 싸다는 뜻이다)에 한 걸음 두 걸음 가까워졌던 것이다.

관세 쿠데타로 시작된 1860년대가 프랑스 상업이 비약적으로 발전하는 시기로 일컬어지는 이유가 여기에 있다.

부시코에 의한 백화점 혁명은 수많은 추종자나 라이벌을 낳아 파리를 세계 제일의 상업도시로 발전시키게 된다.

부시코의 강력한 라이벌로서 제2제정기에 격전을 벌인 사람이 부시코와 마찬가지로 마가쟁 드 누보테 점원으로 시작해 1855년 루브르 궁전 앞에 '루브르' 백화점을 연 알프레드 쇼샤르와 그의 협력자 엘리오다. 두 사람은 1855년 파리 만국박람회에서 루브르 궁전 앞 부지에 페레르 형제가 프랑스 최초의 근대적 호텔 '루브르 호텔'을 건설하자 한쪽을 빌려 '봉 마르셰'를 훌쩍 뛰어넘는 규모의 백화점을 열겠다고 결심했고, 페레르 형제로부터 자본을 끌어내는 데도 성공했다. 나중에는 호텔 부분까지 모두 사들여 '봉 마르셰'와 매출, 이익 등 모든 면에서 격렬한 경쟁을 벌였다.

한편, '봉 마르셰'의 판매장 주임으로서 뛰어난 실력을 발휘한 후 자본을 얻어 독립한 다음 두 백화점의 아성에 도전한 사람이 1865년 '프랭탕' 백화점을 창업한 쥘 잘뤼조Jules Jaluzot다. 오스만의 파리 대개조로 그랑 불바르 북쪽 지구가 크게 변화해 상업지구로 발전할 것을 확신한 잘뤼조는 처음부터 이곳에 막대한 자본을 투하해 호화로운 외장의 백화점을 건설하기로 했다. 그의 도박은 성공했고 프랭탕은 수차례의 대화재에도 불구하고 우안 최대의 백화점으로 발전하게 된다.

이외에 1857년에 개업한 '바자르 드 로텔 드 빌Le Bazar de l'Hôtel de Ville', 1869년에 문을 연 '사마리텐La Samaritaine' 등 오늘날 볼 수 있는 파리의 대규모 백화점은 대부분 제2제정기에 탄생해 제3공화제 하에서 급성장했다.

나폴레옹 3세의 관세 쿠데타가 백화점 도시 파리를 만들었던 것이다.

6

자유제정과 노동운동

권위제정에서 자유제정으로

1860년은 제2제정 시기의 커다란 전환점이 되는 일 년이었다. 그도 그럴 것이 사부아와 니스의 병합이나 관세 쿠데타와 같은 큼직한 사건 외에, 이해 11월 나폴레옹 3세가 입법의원에 대폭적인 권한을 넘겨주는 칙령을 내려 그때까지의 권위적인 체제에 이별을 고했기 때문이다. 개혁은 다음 해에도 이어져 칙어봉답문勅語奉答文의 부활, 서기 선출권의 부활, 의사록의 전면 공개, 예산안의 각종 심의권 등이 입법의회의 권한으로 인정되었다. 이리하여 제2제정은 권위제정L'Empire autoritaire에서 자유제정L'Empire libéral으로 이행했다.

그런데 마르크스주의의 영향을 받은 종래의 사관에서는 이 이행을 이탈리아 전쟁으로 가톨릭이 이반하고 관세 쿠데타로 자본가와 은행가가 강하게 반발한 결과, 나폴레옹 3세가 새로운 지지기반을 찾아 공화파와 노동자에게 접근한 것으로 해석한다. 결국 나폴레옹 3세는 임기응변식으로 인기몰이 정책을 내놓았기 때문에 종래의 지지층을 잃었고, 허둥지둥 공화파와 노동자를 자기편으로 만들려고 획책했다는 것이다. 한 마디로 말해 자유제정의 개시는 양보였다는 얘기다.

예컨대 이노우에 고지井上幸治가 엮은 『세계 각국사 2—프랑스사』(신판) 제7장 '2월 혁명과 제2제정'을 보면 자유제정의 개시에 관하여 다음과 같이 기술되어 있다.

예상한 대로 영프 통상조약이 공표되자 대부분의 산업 부르주아지는 일제히 반대의 불길을 당겼고, 이탈리아 정책에 반감을 품은 가톨릭 세력과 결탁해 정부에 비판적인 태도를 취하기 시작했다. (…) 이처럼 좌우의 공세에 직면해 동요에 동요를 거듭하던 나폴레옹 3세는 자유제정이라는 새로운 구상을 내걸어 국면을 타개하고자 했다.

이 설을 따르는 역사가는 마르크스주의 역사가뿐만 아니라 이 책에서도 여러 번 인용한 루이 지라르 등 적지 않다.

그러나 이것은 조금만 생각해도 이상하다는 것을 알 수 있다. 왜냐하면 나폴레옹 3세가 아무리 불가해한 행동을 하는 황제였다 해도, 이탈리아 전쟁에 발을 들여놓으면 가톨릭의 반발을 부르리라는 것쯤은 알고 있었을 터이고, 또 관세 쿠데타를 결행하면 보수적인 산업자본가들이 떨어져나가리라는 것도 이해할 수 있었을 터이기 때문이다. 요컨대 나폴레옹 3세는 가톨릭과 산업 부르주아지의 이반을 이미 예상하고 있었고, 그것을 각오하고서 이탈리아 전쟁과 관세 쿠데타에 발을 들여놓았다고 생각하는 쪽이 옳을 것이다.

나폴레옹 3세 재평가의 포문을 연 영국의 역사가 윌리엄 스미스도 이렇게 생각한 사람 중 한 명이다.

> 지금까지 1860년과 1861년의 칙령은 가톨릭과 보호무역주의자가 적으로 돌아서자 보다 자유주의적인 당파 또는 급진적인 당파의 지지를 얻어 체제 유지를 도모했던 나폴레옹 3세의 입장이 약체화한 결과라고 흔히들 말해왔다. 이들 반대파가 1860년과 1861년에 일어난 사건에 불만을 품었던 것은 확실하지만, 그렇다고 황제의 정책이 그런 결과를 낳은 것은 전혀 아니다.
> —『나폴레옹 3세』

나폴레옹 3세의 정치사상

스미스의 관점에 설 경우 다음과 같이 문제를 제기하지 않으면 안 된다. 종래의 지지기반을 상실하는 위험을 무릅쓰면서까지 나폴레옹 3세는 왜 이 두 모험에 나서서 자유제정으로 크게 방향을 틀었던 것일까?

'나폴레옹 3세는 바보 중의 바보라는 설'을 따르지 않는 한 고려할 수 있는 이유는 하나밖에 없다. 나폴레옹 3세의 정치사상이 그것이다. 윌리엄 스미스는 이렇게 단언한다.

> '자유화'의 칙령에 따라 현실이 된 변화는 자신의 정치 플랜에 충실한 황제가 초래한 것이다. 그리고 그 정치 플랜은 황제가 권좌에 도달하기 이전에 이미 마음속으로 그리고 있었던 것이다.(같은 책)

스미스의 말처럼 만약 나폴레옹 3세가 세상의 많은 독재자와 마찬가지로 자기의 권력 유지만을 바라고 있었다면, 이탈리아 전쟁도 관세 쿠데타도 필요 없었을 것이고, 하물며 권위제정을 자유제정으로 변경하는 것 따위는 생각지도 못했을 것이다. 실제로 나폴레옹 3세의 측근인 루에르나 페르시니는 이행에 반대했다. 찬성한 사람은 입법의회 의장 자리에 있었던 모르니뿐이었는데, 모르니의 강력한 권고가 있었다 해도 결단을 내리는 것은 역시 나폴레옹 3세 자신이다. 제2제정에서는 나폴레옹 3세의 동의 없이는 그 어떤 결정도 내릴 수 없었기 때문이다.

그렇다면 나폴레옹 3세는 왜 자유제정 이행을 강행한 것일까?

나폴레옹 3세는 1851년 쿠데타 이후의 권위제정 하에서는 의회라는 중간항이 있으면 민중과 황제를 직접 잇는 황제민주주의의 실현이 어렵다고 생각했지만, 1850년대 말에 이르러서는 의회제 민주주의 하에서도 황제민주주의를 실현할 수 있다는, 정확하게 말하면 의회제 민주주의 쪽이 황제민주주의를 실현하기 용이하다는 판단을 내린 것으로 보인다.

그렇게 생각한 큰 이유 중 하나는 황제의 명령 한 마디에 수족처럼 움직여야 할 내각이나 국무원이 민주적인 정책 실현을 방해하는 '저항세력'으로 기능하고 있었기 때문이다. 앞에서도 서술했듯이 페르시니를 제외하고는 오를레앙파 관료 출신이 대부분을 차지하고 있던 각료들은 나폴레옹 3세가 희구하는 생시몽주의적 또는 푸르동주의적 사회정책을 결코 이해하려 하지 않았을 뿐만 아니라, 다양한 형태의 사보타주를 통해 그런 정책의 실현을 지연시키려 했다. 입법의회의 대부분을 차지하는 명망가들인 질서파도 마찬가지로 큰 '저항세력'이었다.

이러한 상황에서 나폴레옹 3세의 입장에서 볼 때 바람직한 것은 차라리 입법의회에서 민중 보호를 호소하는 자신의 사회 정책을 지지해줄 새로운 당파가 세력을 늘려 '저항세력'을 밑에서부터 압박하는 것이다.

그러기 위해서는 우선 입법의회에 입후보하는 반대당의 인재를 육성한 다음, 그 반대당이 입법의회에서 활약할 수 있도록 의회의 권한을 강화하지 않으면 안 된다.

'제3당'의 출현

이탈리아 전쟁에서 승리한 후 나폴레옹 3세는 제1단계 프로젝트에 착수했다. 1859년 8월 15일 성 나폴레옹제 다음 날에 발표한, 정치적 망명자에 대한 무조건적이고 전면적인 특사가 그것이다. 이에 따라 빅토르 위고를 비롯한 몇몇 '불치의 반역자'를 제외하고 거의 모든 정치적 망명자가 귀국해 입법의회 선거 출마를 준비하게 된다.

이들 정치적 망명자가 쿠데타 이전과 완전히 똑같은 정치적 주장과 정치적 영향력을 갖고 활동을 개시했을까? 꼭 그랬다고는 말할 수 없다. 쿠데타로부터 이미 10년 가까이 세월이 흐른 상황에서 그들 자신은 변하지 않았다 해도, 아니 변하지 않았기 때문에 더 이상 과거의 영향력은 기대할 수도 없었다. 제정 10년의 번영과 발전 실적은, 견일불발의 반골정신을 지닌 정치적 망명자가 귀국한 후에도, 그들을 일종의 '옛날 사람'으로 매장해버릴 것만 같은 정치적 상황을 낳았던 것이다. 다시 말해 '공화파' '오를레앙파' '정통왕조파'와 같은 기존의 반대당과는 다른 형태의 새로운 반대당이 형성되고 있었던 것이다.

그 가운데 대표적인 사람이 위고와 함께 끝까지 특사를 거부하고 망명생활을 계속한 산악당(공화좌파)의 거물 데모스텐 올리비에의 아들 에밀 올리비에다.

에밀 올리비에는 1857년에 실시된 입법의회 선거에서 관선 후보를 물리치고 의석을 획득한 몇 안 되는 반대당의 한 사람이었는데, 입법의회에서 황제에 대한 충성의 선서를 받아들여 신념에 충실하기보다 의회 활동을 통해 개혁을 실현한다는 현실주의적 투쟁의 길을 선택했다. 같은 선택을 한 다른 네 명의 공화파 의원과 함께 올리비에는 '레 상크 Les Cinqs(오인방)'로 불렸다. 올리비에는 자신의 입장을 다른 공화파와 구별하여 이렇게 규정한다.

> 공화파는 세 가지 입장으로 나뉜다. 첫째, 입법의회 선거에 즈음하여 단호하게 입후보와 투표를 모두 거부하는 입장. 둘째, 투표 또는 입후보는 하지만 의회 선서는 거부하는 입장. 이 사람들은 모든 선거에 투표 또는 입후보하지만 쿠데타에 대한 항의는 끝까지 포기하지 않는다. 셋째, 투표는 물론이고 가능하다면 후보로 나서 당선된 다음 선서를 하고 합법적인 방법에 의거해 정치를 바꿔나가야 한다는 입장. 그들은 합법적 의회 활동은 설령 사소한 것이라 해도 전혀 효과가 없다고 생각하지는 않는다.
>
> ―에밀 올리비에, 『자유제정』

이처럼 제정이라는 틀을 인정하고 그 안에서 야당 활동을 하고자 했던 '레 상크'는 질서파와도 또 기존의 반대당과도 다른 '제3당'을 형성하게 된다. 그리고 '제3당'의 출현은 완고한 질서파 때문에 애를 먹는 한편 오를레앙파식 의회주의를 혐오하고 있던 나폴레옹 3세가 그야말

에밀 올리비에와 네 의원
1857년 입법의회 선거에서 당선한 다섯 명의 반대당 의원은 의회 활동을 통해 개혁을 실현한다는 제3의 길을 선택했다. '레 상크'라고 불린 이들은 훗날 제3당의 핵심이 된다. [H]

노동 조건의 향상을 지향하는 황제
도판은 석탄갱에서 회의를 하고 있는 노동자. 나폴레옹 3세는 노동자의 열악한 노동 조건의 개선을 겨냥해 노동운동가와 접촉, 파업권을 용인했다. [A]

로 바라마지 않았던 것이다.

"각료들과 종종 불화를 겪곤 했던 황제는 개인적으로는 이러한 당파가 성장하여 혁명적 반정부 세력의 위협에 대한 해독제가 될 것을 기대하고 있었다."(윌리엄 스미스, 『나폴레옹 3세』)

그러나 장래의 '제3당'은 아직 소수파다. 그렇다면 이러한 제3당적인 흐름을 키우는 방향으로 정치를 이끌고 나가지 않으면 안 된다.

노동자와의 제휴

이렇게 생각한 나폴레옹 3세가 다음으로 착수한 것은 자신의 지지기반으로 여기는 노동자와의 제휴다. 즉, 노동자가 놓인 가혹한 노동 조건을 개선하기 위해 다양한 정책을 내놓았던 것이다.

몇 번이나 지적했듯이 나폴레옹 3세는 '빈곤의 근절'이라는 슬로건을 내걸고 노동자와 빈농의 생활 조건의 향상을 정치의 첫 번째 목표로 삼았던 '특이한' 황제다. 그리고 황제의 자리에 앉은 이후 늘 노동자주택 건설을 비롯해 노동자의 생활 개선을 위한 정책에 신경을 썼다.

그러나 지금까지 각료들이나 질서파의 방해를 만나 그 시도는 소기의 목표를 달성했다고는 도저히 말할 수 없는 실정이었다. 또 나폴레옹 3세가 추진한 파리 대개조나 철도 공사로 고용은 증가하고 임금은 상승했지만 인플레이션으로 생활물가의 상승률은 그것을 훨씬 웃돌았기 때문에, 1850년대 후반에 노동자의 생활 조건은 분명히 악화하고 있었다.

그러자 나폴레옹 3세는 이탈리아 전쟁 이후 갑자기 가까워진 프린스 나폴레옹의 조언을 받아들여 자신이 주도권을 쥐고 노동 조건을 개선해 나가기로 결심했다.

당시 프린스 나폴레옹은 자신이 살고 있던 팔레 루아얄에 1855년 만국박람회를 계기로 알게 된 미셸 슈발리에, 제르, 알레스 뒤푸르 등 생시몽주의자, 프레데리크 르 플레 등 사회학자, 나폴레옹 3세를 숭배하는 노동자들을 모아 '팔레 루아얄 그룹'을 만들고, 기관지 『오피니옹 나쇼날L' Opinion National』과 팸플릿 「황제와 민중 그리고 구당파舊黨派」를 발행하고 있었다. 이 기관지와 팸플릿에 노동자들이 서명기사를 실어 노동 조건을 개선하기 위해서는 황제가 민중의 의향을 존중하고, 솔선하여 노동자 파업권 승인, 노동수첩 휴대 의무 폐지, 노동 시간 단축, 공적 직업소개소 설치, 노동 입법 성립 등에 마음을 써야 한다는 주장을 반복했다.

팔레 루아얄 그룹

팔레 루아얄 그룹의 이와 같은 주장은 에밀 슈발리에 등의 '제3당'의 입장과 가까웠다. 종래의 공화파처럼 1851년의 쿠데타를 죄악시하는 것이 아니라 나폴레옹 3세의 긍정적인 면을 인정하고, 반정부적인 입장을 견지하면서도 어디까지나 개량주의로 나아가고자 한 점에서 그러하다. 그 근저에는 1848년의 6월 사건에서 탄압하는 쪽으로 돌아섰던 부르주아 공화파에 대한 증오가 있었고, 이것이 황제에 대한 적극적 평가와 결부되어 있었다. 공화주의와 손을 끊고 노동자는 노동자 자신의 힘으로 문제를 해결해야 한다는 프루동의 생디칼리즘 사상도 그들에게 큰 영향을 미치고 있었다.

기노시타 겐이치木下賢一는『제2제정과 파리 민중의 세계─'진보'와 '전통'의 갈림길에서』에서 쿠르슈타인의 분석을 바탕으로 이들 팔레 루아얄 그룹 노동자의 특징을 이렇게 지적한다.

그들은 프랑스혁명 이래 부르주아지는 줄곧 자신들의 계급적 이해에 따라 인민을 이용해왔을 따름이며, 인민은 더 이상 부르주아지를 추종해서는 안 된다고 생각한다. 다른 한편 황제는 특정 당파를 위해서가 아니라 모든 사람을 위한 정부를 바라고 있기 때문에 황제에게 자신들의 개혁안을 제출함으로써 그것들을 실현할 수 있을 것으로 기대한다. 왜냐하면 제정은 보통선거에 기반을 두고 있는 까닭에 체제를 지속시키기 위해서는 대중의 필요를 만족시켜야 하기 때문이다. 이처럼 보나파르티스트 노동자의 특징은 개혁을 황제에게 직접 호소함으로써 실현하고자 한다는 점에 있다.

그렇다면 팔레 루아얄 그룹의 노동자가 당장 주장한 것은 무엇이었을까? 그것은 1862년 런던에서 열리는 만국박람회에 노동자 대표를 파견하자는 제안이었다. 『오피니옹 나쇼날』은 이를 위한 모금을 노동자에게 호소했는데, 이에 대해 노동자의 자주성을 살리는 대표 파견이 아니라면 의미가 없다고 대답한 사람이 앙리 토랑Henri Tauran이라는 청동제품 공장 노동자였다. 프린스 나폴레옹은 토랑의 역제안을 받아들였고, 황제도 이를 승인했다.

이리하여 1862년 5월과 6월 프랑스 노동자의 '보통선거'에 의해 파견 대표 200명이 선출되었고, 이들이 7월에 런던으로 갔던 것이다. 그들의 여비와 체재 비용은 나폴레옹 3세의 주선으로 정부와 생시몽주의적인 기업가가 부담했다.

노동자 대표는 런던에서 프랑스와 전혀 다른 노동 조건을 누리는 영국의 노동자와 만나기도 하고 공장을 둘러보기도 하면서 신선하고 놀라운 경험을 한다. 영국에는 잘 조직된 노동조합이 있었고, 권력과 끈질기게 싸워 임금이나 노동 시간 등의 측면에서 큰 성과를 올리고 있었던 것이다.

귀국 후 프랑스의 노동자 대표는 보고서를 작성했는데, 그중 많은 부분을 영국과 프랑스의 노동 조건 비교에 할애하여 노동조합 결성의 자유, 집회의 자유 등의 권리를 공공연하게 요구했다.

이 보고서의 출판 비용을 부담한 정부는 이를 몹시 못마땅하게 여겼지만 딱 한 사람 나폴레옹 3세는 대단히 만족스럽게 받아들였다. 한 걸음 더 나아가 나폴레옹 3세는 1862년 인쇄공장과 탄광에 빈발한 파업의 책임자에 대해 관대한 태도로 임해 중죄를 선고받은 자 다수에게 특사를 베풀었다. 나폴레옹 3세는 노동 조건 개선을 목표로 싸우는 노동자의 편이라는 것을 확실하게 선언했던 것이다.

노동자 엘리트의 탄생

노동자 대표의 런던 만국박람회 파견은 의외의 부산물을 낳았다. 노동자의 자주성에 맡겨진 대표 선출과 보고서 작성 과정에서 직능이 같은

노동자 인터내셔널
나폴레옹 3세의 주선으로 1862년
런던 만국박람회에 파견된 프랑스
의 노동자는 영국의 노동자와 접
촉했다. 이를 계기로 1864년 세계
최초로 노동자 인터내셔널이 결성
되었다. [A]

노동자들 사이에서 연대의 감정이 싹트고 노동
자 의식에 눈뜬 결과 노동자 엘리트라는 존재가
탄생한 것이다.

직종마다 보통선거에 의해 200명의 대표를 선출한
것은 이 시점에 파리의 노동자 엘리트가 공식 무대
에 등장했다는 것을 의미한다. 이 시기의 노동자 엘
리트 중 한 사람으로 '60인 선언'에 서명하고 노동
자 후보로서 1863년 입법의회 선거에 출마한 식자
공 브랑은 노동자 대표의 목적이 노동자 사이의 연대 형성이라는 것, 또 대
표단이 낳은 가장 중요한 결과는 오랫동안 깊은 잠에 빠져 있던 노동자 대
중을 결집해 활력을 불어넣은 것이라고 말한다.

—기노시타 겐이치, 같은 책

한 마디로 말하면 나폴레옹 3세가 주도하여 런던 만국박람회에 노
동자 대표를 파견한 결과 오랜 기간 정체되어 있던 노동운동이 활성화
되었다는 것이다.

그 명확한 결과는 인용문에서 볼 수 있듯이 1863년의 입법의회 선
거와 1864년의 보궐선거에서 기성 공화파와 분명하게 선을 긋고 노동
자 대표가 입후보한 사실을 통해 확인할 수 있다. 공화좌파로 이루어
진 '정부의 별동대'라는 비난에 대해 그들은 토랑이 초안을 잡은 '60인
선언'이라는 성명서를 발표, 자신들은 스스로와 직접 관련이 있는 의
원을 필요로 하는 '특별한 계급'이라고 선언했다. 그들은 체제 자체에

432

대한 비판은 삼갔지만 정부에 대해서는 일정한 거리를 두었고, 동시에 기존 야당과는 다른 세력이 되겠다는 결의를 분명히 했던 것이다.

이러한 흐름 속에서 나폴레옹 3세는 자신의 주도 아래 1864년 5월 에밀 올리비에가 기초한 법안을 입법의회에게 가결시켜, 폭력행위를 동반하지 않는 한 노동자가 파업을 위한 단결권을 갖는 것을 인정했다. 이것은 노동조합 등 결사의 자유를 승인한 것은 아니었지만, 정부가 노동자의 파업권을 인정했다는 점에서 노동운동사상 획기적인 의미를 지닌 법률이었다.

1864년에는 또 런던에서 세계 최초의 노동자 인터내셔널이 조직되었고, 프랑스에도 토랑을 대표로 하는 지부가 개설되었다. 나폴레옹 3세는 이것 역시 인가했다.

이처럼 나폴레옹 3세는 정확하게 의미를 살려 말하자면 '노동운동의 아버지'였던 것이다.

제8장

제2제정의 종언

1
축제와 방탕

주지육림 전설

조금이라도 역사를 좋아하는 프랑스인에게 제2제정 하면 무엇이 떠오르냐고 물어보면 쿠데타, 오스만의 파리 개조, 금융 버블 등과 함께 빠지지 않고 입에 올리는 것이 두 가지 있다.

하나는 제국의 축제fête impérial, 다시 말해 황제가 닥쳐오는 위기로부터 대중의 눈을 돌리기 위해 만국박람회나 열국회의列國會議 등을 잇달아 개최하고, 사치스럽기 그지없는 축하연이나 무도회를 벌였다는 탕진의 이미지.

다른 하나는 호색한인 황제가 루이 15세의 '사슴의 동산'처럼 애첩을 두는 한편 정치가나 부호들은 고급 창부의 꽁무니를 쫓아다니기 바빴던 시대, 그러니까 성적으로 방탕한 시대라는 이미지.

이 둘을 합치면 절대 권력을 장악한 일부 벼락출세자들이 사치와 색욕에서 헤어나지 못했다는 이른바 '주지육림酒池肉林'의 이미지가 완벽하게 완성된다.

역사가들이 나폴레옹 3세와 제2제정을 폄하할 때 강조한 것이 바로 이 이미지다. 전형적인 문장을 하나만 보면 이러하다.

황제 부부를 둘러싸고 펼쳐지는 화려한 궁정생활은, 철심을 넣어 넓게 펼친 크리놀린이라 불리는 스커트의 유행이 보여주듯이, 사교와 유행의 중심이자 상류사회의 퇴폐와 향락주의의 상징이기도 했다. 고급 창부가 튈일리 궁에 드나들면서 황제까지 유혹했고, 정치가의 스캔들이 수많은 사람의 입길에 오르내렸다. 독실한 가톨릭 신자였던 황비 외제니는 바람둥이 남편에게 모든 정이 다 떨어져 하나뿐인 황태자만 바라보고 살면서 종종 정치에 참견하기도 했다. 그러나 이 스페인 여자는 '오스트리아 여자'(마리 앙투아네트)와 마찬가지로 아무리 자선 활동에 힘을 써도 어차피 국민의 악평을 해소할 수는 없었다. (…) 떠들썩한 무도회를 감싸는, 옷자락이 가볍게 스치는 듯한 희유곡嬉遊曲, divertimento 저 아래쪽에서 이미 불길한 죽음의 당김음syncopation이 낮게 울리기 시작했다. 머잖아 트롬본이 울려 퍼지면서 지옥의 문이 열리고 철혈재상 비스마르크가 나타나 황제를 스당Sedan의 나락 저 아래로 떨어뜨릴 것이다.

—이노우에 고지 편, 『세계 각국사 2—프랑스사』

자신과 직접 관계가 없는데도 사치와 색욕에 대한 사람들의 질투는 끝이 없는 듯하다. 제2제정의 붕괴는 천벌이라고 단정하는 부분을 보면 거의 묵시록적인 분노마저 느껴진다.

그러나 나폴레옹 3세가 '괴이한 황제'인 까닭은 이와 같은 편향으로 가득 찬 글에 서술되어 있는 내용도 과장이 있긴 하지만 결코 날조가 아니라 전부 진실이라는 점이다. 다시 말해 일반적인 도덕 규준에 비춰보면 나폴레옹 3세는 눈감아줄 수 있는 범위를 훌쩍 넘어서버린 것이다. 따라서 나폴레옹 3세의 복권을 모색하기 위해서는 그 부정적인 측면을 확실하게 짚어둘 필요가 있다.

제국의 축제
눈부시도록 화려한 축제를 좋아했던 황제의 기호를 반영하여 제2제정기에는 장려한 연회가 자주 열렸다. 도판은 베르사유 궁전의 연회 중간에 펼쳐진 축제. [A]

제국의 축제

먼저 제국의 축제다. 실제로 나폴레옹 3세만큼 연회를 좋아하는 국가원수도 없었다.

이런저런 이유를 대며 연회로 세월을 보냈다고 해도 지나친 말은 아니다. 국민투표로 황제의 자리에 앉기가 무섭게 큰아버지를 따라 '궁내부 maison impérial'를 재건하여 시종장侍從長, 의전장儀典長, 궁정 사제, 시종 무관 등 관직을 설치하고 축제의 순서와 의전 방법도 마련했는데, 이것은 궁정에서 벌어지는 축제를 원활하게 진행하기 위해서였다.

나폴레옹 3세가 축제를 위해 신경을 쓴 것은 의식儀式이나 전례典禮만이 아니다. 연회의 평가 기준이 되는 요리와 와인에 관해서도 황제가 직접 앞

오펜바흐
1855년 만국박람회에 즈음하여 부프 파리지앵 극장에서 오페레타 「지옥의 오르페우스」를 상연해 큰 성공을 거둔 오펜바흐는 제2제정을 대표하는 작곡가가 되었다. [U]

장서서 수준과 품질의 향상에 노력했다.

예를 들면, 오늘날 와인 애호가라면 모르는 사람이 없는 보르도 와인의 품질 등급은 나폴레옹 3세가 1855년 만국박람회 때 유럽 전역에서 온 왕후王侯와 귀족들을 대접하기 위해 보르도의 상공회의소에 명하여 정하게 한 것이다. 오랫동안 영국에 머물면서 보르도 와인 애호가가 된 나폴레옹 3세는 자신이 대접하는 와인(주로 라피트 로쉴드Lafite-Rothschild)이 특상품이라는 것을 보여주기 위해 포상수여식에 앞서 등급을 매기게 함으로써 축제의 환영幻影을 한층 현란하게 하고자 노력했던 것이다.

축제에서 빠질 수 없는 것이 화려한 색채를 더하는 궁정의 여성인데, 이들은 외제니 황비를 추종하는 여성들로 충분히 조달할 수 있었다. 새하얀 살결과 섬세한 어깨를 자랑스럽게 여겼던 외제니 황비는 최대한 어깨와 가슴을 노출한 드레스를 즐겨 입었는데, 이 패션은 금세 궁정 전체로 퍼졌고 무도회라도 열리면 흔히 드러난 어깨와 가슴이 어지럽게 어우러졌다. 그때 결정적인 역할을 하는 것은 벌거벗은 피부에 빛을 더하는 보석이었다.

제국이 절정에 달했던 1860년에 외제니 황비의 언니 알바 공작부인의 저택에서 열린 무도회에 참석한 작가 프로스페로 메리메는 그 호화로움에 눈이 휘둥그레진다. 조르주 루는 메리메의 묘사를 요약하여 이런 식으로 그린다.

여성들은 값비싼 보석으로 몸을 치장하고 있어서 팔과 어깨와 가슴 위는 다이아몬드 비가 내리는 듯했다. 무도회는 샤를 페로의 '콩트'를 소재로 한 카드릴로 시작하여 베네치아풍의 카드릴로 바뀌었다가 흙, 공기, 물, 불의 4대

원소를 표현하는 카드릴로 옮겨갔는데, 흙을 나타내는 그룹은 에메랄드를, 공기를 나타내는 그룹은 터키석을, 물을 나타내는 그룹은 오팔을, 불을 나타내는 그룹은 루비를 달고 있었다. 2시가 되자 식당 문이 열렸는데, 그 식당의 디자인은 파울로 베로네제Paolo Veronese의 회화 「카나의 결혼」을 모방한 것이었다. 커플은 그곳에서 자코모 마이어베어Giacomo Meyerbeer의 음악 「예언자의 행진」에 맞춰 들어오고 있었다. "마치 몽환극과도 같았다"라고 메리메는 말한다.

—『나폴레옹 3세』

무도회의 음악은 마이어베어가 작곡한 것도 많았지만 유대인 작곡가 자크 오펜바흐의 곡이 압도적인 인기를 누렸다. 1855년 파리 만국박람회 때 모르니의 주선으로 박람회장 근처의 부프 파리지앵Bouffes Parisiens 극장을 통째로 빌린 오펜바흐는 「지옥의 오르페우스」로 대표되는 저 경쾌하고 향락적인 오페레타를 무대에 올림으로써 파리를 온통 흥분의 도가니로 몰아넣었다. 지그프리트 크라카우어가『지옥의 오르페우스—자크 오펜바흐와 동시대의 파리』에서 생생하게 그리고 있듯이, 제2제정의 '제국의 축제'는 오펜바흐로 시작해 오펜바흐로 끝났던 것이다.

'제국의 축제'가 그 정점을 장식한 것은 1867의 만국박람회다. 이 만국박람회에 대해서는 나의 책『절경, 파리 만국박람회』에서 상세하게 다뤘기 때문에 반복하고 싶지는 않지만, 오펜바흐와 관련해서는 이때 바리에 극장에서 상연된 풍자적 오페레타 「제롤스탱 공작부인」을 잊어서는 안 된다. 무대에 오르기도 전에 이 오페라는 많은 사람 사이에서 평판이 자자했고, 유럽 각국에서 국왕이나 황제가 도대체 어떤 나라의 원수가 풍자의 대상인지를 알려고 이 극장의 관람석으로 몰려들었다고 하기 때문이다.

마침 이 시기에 쇼군 도쿠가와 요시노부德川慶喜의 대리인 자격으로 파리 만국박람회에 다녀온 도쿠가와 아키타케 일행 중에 훗날 일본 재계의 아버지가 되는 시부사와 에이이치澁澤榮一가 있었다. 시부사와는 만국박람회의 포상수여식에서 나폴레옹 3세의 연설을 회고하면서 이렇게 말한다.

나폴레옹 3세의 기염을 토하는 연설은 자못 대담해서 솔직하게 말하면 조금은 자만에 빠졌다고 할 수 있을 정도였지만, 어쨌든 그에게는 이 정도의 기개는 있었던 것이다. 그 자리에는 러시아 황제 알렉산드르와 영국 황태자를 비롯하여 각국 군주, 황족, 대사 및 공사 등 많은 사람이 참석했는데, 그는 큰 박수 소리 때문에 여러 차례 연설을 멈추었다가 잠잠해지기를 기다려야만 했다. 이처럼 득의만만했던 나폴레옹 3세도 고작 몇 년 후에는 프로이센-프랑스 전쟁에서 패해 끝내 제정은 무너졌고, 원통한 나머지 눈물을 삼키다가 불귀의 객이 되었다. 무궁화도 하루아침이라는 말이 있거니와, 이렇게 성대한 박람회를 보고 또 이렇게 대단한 연설을 들었던 자 가운데 어느 누가 몇 년 후의 몰락을 예상이나 할 수 있었을까.

—시부사와 에이이치, 『세이엔靑淵 회고록』

제2제정의 붕괴와 대비시키고 있긴 하지만 꿈과 같았던 '제국의 축제'를 잘 표현하고 있는 글이라 할 수 있다.

여색을 좋아하는 황제

'제국의 축제'와 나란히 제2제정을 상징하는 것은 뭐니 뭐니 해도 호색적인 사회라는 이미지인데, 이 이미지는 오늘날 형성된 것이 아니라 제3공화정 시대에 이미 정착해 있었다. 예를 들면 피에르 드 라노의 『제2제정 시대 파리의 사랑』을 펼치면 맨 앞에 이렇게 적혀 있다.

제2제정의 사물과 인물은 틀림없이 독자에게 일종의 특별한 호기심을 불러일으킬 것이다. 다만, 이 호기심은 이 시대를 특징짓는 역사적·정치적 사건이 아니라 오히려 '사교'를 향하고 있다. 실제로 사람들은 나폴레옹 3세의 치세를 얘기할 때면 반드시 입을 고약하게 비틀고 은밀하게 눈짓을 주고받는다. 그도 그럴 것이 '사교'란 주로 사랑(섹스)을 가리키고, 바로 그것이 제2제정에서 가장 중대한 관심사였기 때문이다. 튀일리 궁전뿐만 아니라 살롱과 고상한 규방에서도 그러했던 것이다.

따라서 나폴레옹 3세의 '괴이한' 측면에 흥미를 가진 우리도 당연히 이 부분을 지나칠 수가 없다.

만년의 나폴레옹 3세를 직접 접했던 에밀 올리비에는 그를 '섹스에 홀린 사내' 또는 '육체적 욕망에 시달렸던 사내'라고 불렀는데, 실제로 나폴레옹 3세가 관계한 여인들을 모두 얘기하려면, 기간을 황제 재위 중으로 한정하더라도, 카사노바의 『회상록』에 필적하고도 남을 몇 권의 책이 필요할 것이다. 고위층의 아내나 아가씨 같은 사교계의 귀부인에서 시작해 여배우, 오페라 극장 무용수, 외국인 여성, 고급 창부, 나아가 민중계급의 딸이나 하급 창부에 이르기까지 황제는 '박애의 정신'

호색적인 황제
나폴레옹 3세는 프랑스의 역대 왕이나 황제 중에서 1, 2위를 다툴 정도로 여색을 좋아하는 황제였다. 에밀 올리비에는 그를 "육체적 욕망에 시달렸던 사내"라고 불렀다. [A]

으로 거의 모든 계층의 여성을 손에 넣었다고 해도 결코 지나친 말이 아니다.

무엇보다 그의 결혼 자체가 '육체적 욕망에 시달리는 사내'의 몸부림의 산물이었다. 다시 말해 절개가 굳은 스페인 아가씨 에우헤니오 데 몬티호를 향해 이상할 정도로 욕망을 불태웠던 나폴레옹 3세는 결혼 이외에 그녀를 차지할 방법이 없다는 것을 깨닫자 측근들의 반대를 물리치고 결혼을 결단했던 것이다.

그러나 그랬던 나폴레옹 3세도 결혼한 지 반년이 지나면서 꿈틀대는 바람기를 억누를 수 없게 되었다.

1853년 가을 어느 날, 야회가 끝난 후 황제의 사촌인 마틸드 황녀는 복도에서 어쩐지 우울한 표정을 짓고 있는 황제를 스치듯 만났다. 마틸드가 말을 걸자 황제는 "지금 여자 셋에게 쫓겨 다니고 있는데 힘들어 죽겠다"며 속내를 숨김없이 털어놓았다. 마틸드가 황후는 어떻게 지내느냐고 묻자 황제는 이렇게 고백했다.

황후? 난 처음 반년 동안은 충실한 남편이었어. 그런데 지금은 다양한 기분 전환이 필요해. 늘 똑같은 곡조만 듣다보면 지루해서 견딜 수가 없으니까.

—앙드레 카스텔로, 『나폴레옹 3세』

갖가지 '기분전환'

황제의 첫 번째 '기분전환'은, 알고 있는 범위에서 말하면, 라 베도와예르_La Bédoyère라는 귀부인이었다.

나폴레옹 3세가 마치 등불에 눈이 먼 나방처럼 퍼덕거리며 이 눈부신 여성의 주변을 맴돌면서 치근대는 모습을 본 궁정 사람들은 모두 머잖아 황후가 '질투하는 여자'가 되리라는 것을 알았다. 그로부터 며칠 후, 예상했던 대로 그것은 사실이 되었다.

—기 브르통, 『프랑스의 역사를 만든 여성들』 제10권

황제는 남의 눈치 보지 않고 '기분 전환'을 하기 위해 튀일리 궁전 맞은편 바크 가에 아파트 한 채를 빌려 밤이 되면 청색 프록코트에 회색 바지를 입고 실크해트를 쓴 부르주아 차림으로 몰래 애인을 만나러 갔다. 그곳에서 황제를 기다리고 있던 사람은 라 베도와예르 부인만이 아니었다. 여배우, 무용수, 창부, 평범한 부르주아 아가씨, "요컨대 그는 여자라면 누구든 좋았던 것이다."

그렇다면 '기분 전환'이 발각되었을 때 외제니 황비는 어떻게 반응했을까? 부르봉 왕조의 왕비들처럼 남편은 남편, 나는 나로 명확하게 구분하고 행동했을까? 그렇지는 않았다. 스페인에서 가톨릭의 엄격한 예의범절을 배우며 자란 외제니는 부부의 정조를 믿고 있었을 뿐만 아니라 섹스를 더러운 것이라고 생각했기 때문에, 남편의 바람기가 발각될 때마다 빠짐없이 거칠게 화를 내면서 남편에게 프랑스어와 스페인어가 뒤섞인 욕설을 퍼부었다.

비스콘티 백작 부인이 떠난 후 1860년 11월에 일어난 사건 등이 전형적인 예다. 어느 밤, 외제니는 물건을 찾다가 황제가 독서를 하기 위해 틀어박혀 있곤 하는 작은 서재의 문을 열었다. 그 순간 두 여자의 비명이 동시에 터져 나왔다. 외제니가 소리를 치자 벌거벗은 몸으로 황제와 다정하게 껴안고 있던 젊은 아가씨도 비명을 질렀던 것이다.

허겁지겁 옷을 걸친 나폴레옹 3세가 황후의 거실로 달려오자 황후는 욕이란 욕을 다 퍼붓고 이번 겨울은 콩피에뉴에 가지 않겠다고 선언하고 며칠 후 스코틀랜드로 여행을 떠나 한 달 넘게 돌아오지 않았다.

이 에피소드에서도 추측할 수 있듯이 나폴레옹 3세는 욕정이 솟구치면 때와 장소를 가리지 않고 일을 치르는 버릇이 있었던 것 같다. 그러다 보니 아내뿐만 아니라 상대의 남편에게도 현장을 들키곤 했다.

폴란드 원정 당시 나폴레옹 1세가 현지 귀족의 아내 마리아 발레프스카에게서 얻은 서자는 제2제정 궁정에서 발레프스키 백작이 되어 요직인 외무장관 자리까지 차지했지만, 그의 아내 마리안은 남자들이 좋아하는 아리잠직한 미인이어서 곧바로 나폴레옹 3세의 은총을 입었다.

나폴레옹 3세가 셸부르에 갔을 때의 일이다. 어느 날 아침, 발레프스키와 비서 쇼몽 키트리가 황제의 거실로 통하는 작은 방에서 대기하고 있는데 황제 비서관 모카르가 황제에게 긴급한 보고를 하기 위해 찾아왔다. 모카르는 어지간히 급했는지 노크도 없이 황제가 있는 거실의 문을 열었는데, 안으로 발을 들여놓으려다 말고 갑자기 뒷걸음질을 쳤다. 열린 문 틈새로 쇼몽 키트리는 황제의 팔에 안겨 있는 마리안의 모습을 분명히 보았다. 쇼몽 키트리는 "발레프스키는 내 옆에 있었기 때문에 내가 본 것을 못 보았을 리가 없다"라고 저널리스트 비에르 카스텔에게 증언한다.

마르그리트 베랑제와의 만남

세찬 비가 내리던 6월 어느 날, 나폴레옹 3세는
생클루의 행궁으로 가는 길에 나무 아래에서 비
를 긋고 있는 아름다운 아가씨를 눈여겨보았다.
그녀가 추위에 떨고 있는 것을 본 황제는 마차의
창을 통해 모포 한 장을 던져 주었다. 본명이 쥘
리 르부프인 그 아가씨는 여배우 마르그리트 베
랑제였다. 마르그리트는 'N'자 마크가 찍힌 모포
로 몸을 두르고 밤을 보냈고, 다음 날 빌린 것을
돌려준다는 구실로 생클루 궁의 문을 두드렸다.
나폴레옹 3세가 마르그리트를 따뜻하게 맞이한
것은 말할 필요도 없다.

마리안 발레프스키
나폴레옹 3세의 '기분 전환'은 신
하의 미모의 아내들에게까지 미쳤
다. 외무장관 발레프스키의 아내
마리안은 그러한 황제의 애인 중
한 명이었다. [E]

　마르그리트는 1864년에 남자아이를 낳았다. 너
나없이 황태자에게 아우가 생겼다고 수군댔는데,
얼마 지나지 않아 다른 소문이 그것을 지워버렸
다. 센 현 지사 오스만의 딸 발랑틴이 열여섯 살
에 황제의 애인이 되어 남자아이를 출산하자, 세
상에 대한 체면을 생각한 나폴레옹 3세가 마르그
리트 베랑제의 아들로 출생신고를 하게 했다는
것이다. 밑도 끝도 없는 소문은 아니었다. 왜냐하
면 나폴레옹 3세가 발탕틴 오스만에게 집착한 것

마르그리트 베랑제
본명이 쥘리 르부프인 여배우 마
르그리트 베랑제는 생클루의 행궁
으로 가는 길이던 나폴레옹 3세를
만나 아이를 낳았다는 소문이 퍼
졌다. [E]

은 사실이기 때문이다.

이 이야기에는 후일담이 있다. 마르그리트가 아이를 낳았다는 말을 들은 외제니 황비가 황제에게 득달같이 달려가 만일 이것이 사실이라면 나는 비아리츠로 가서 다시는 파리로 돌아오지 않겠다고 을러댔다. 그러자 나폴레옹 3세는 난처해진 나머지 그건 내 자식이 아니라고 딱 잡아뗐다. 황후가 그 증거를 보여 달라며 물고 늘어지자 황제는 은밀히 센 현 항소법원 원장에게 명하여 마르그리트에게 "이 아이는 내가 다른 남자와 바람을 피워 태어난 자식"이라는 각서를 받아오게 했다. 이 각서는 제2제정이 붕괴했을 때 거의 같은 내용을 고백한 황제 앞으로 보낸 편지와 함께 외제니 황비의 작은 상자에서 발견되었다.

끝으로 나폴레옹 3세와 잠자리를 함께한 주요 여성들의 이름을 열거하면 다음과 같다.

유명 여배우 라셸Rachel, 고급 창부 코라 펄Cora Pearl, 또 다른 고급 창부 라파이바La Païva, 에밀 졸라의 소설 『나나』의 모델이 된 안나 데리옹Anna Deslions, 그 라이벌이었던 쥘리에트 라마르셰예즈Juliette La Marseillaise······. 요컨대 제2제정 시기에 조금이라도 이름이 있는 미인 가운데 나폴레옹 3세의 총애를 받지 않은 이는 한 명도 없었다고 말할 수 있다. "아름답기만 하면 사회적 계급이 어떠하든 그 어떤 여자라도 사랑할 가치가 있다."

—앙드레 카스텔로, 『나폴레옹 3세』

나폴레옹 3세는 정말이지 이 고백대로 많은 사람에게 '박애'의 손길을 내밀면서 살았던 것이다.

2
전설의 버블 미녀들

공전절후의 미녀 버블과 전대미문의 탕진

제2제정이 에로스 전성시대로 알려져 있는 것은 군주인 나폴레옹 3세 자신이 호색한이었다는 사실과 적잖이 관련이 있다. 최고권력자가 에로스적 인간일 경우 사회의 밑바닥 사람들까지 문란해진다는 것은 오를레앙 공의 집정 시대, 루이 15세의 로코코 시대의 예에서 볼 수 있듯 거의 법칙에 가깝다.

그러나 보다 합리적으로 이 현상을 설명하려면 제2제정이 프랑스 역사상 보기 드문 버블 시대였다는 것에서 원인을 찾아야 할 것이다. 투기 붐 덕에 손쉽게 많은 돈을 손에 쥔 버블 신사들이 가장 먼저 생각하는 것은 돈다발로 천하의 미녀를 차지하는 것이기 때문이다. 그것은 1980년대 버블 시기에 우리 일본인이 직접 눈으로 본 바와 같다.

세상 어디서나 주머니 사정이 좋아지면 미녀에게 돈다발을 바치고 비위를 맞추려는 버블 신사가 많아지기 마련이고, 이에 응해 남자를 유혹해 돈다발을 물 쓰듯 쓰고 싶어 하는 미녀들이 대량으로 출현하는 것이다. 그것은 일종의 '미녀 버블'이라고도 말할 수 있는 현상이다.

그런 불완전연소로 끝난 일본의 버블과 달리 갈 데까지 가서 대파열한 제2제정 버블에서는 호색 신사의 스케일뿐만 아니라 미녀의 그것도 현격하게 차이가 있었다.

결국 버블 신사가 많은 돈을 쏟아 부으면 버블 미녀 쪽은 마치 그 기대에 부응하지 않으면 안 되기라도 하듯이 모든 재산을 순식간에 탕진했던 것이다. 이런 의미에서 버블의 생산 요소와 소비 요소의 균형은 아주 잘 맞았다고 말할 수 있다. 제2제정 때 있었던 이 놀랄만한 생산과 소비의 팽팽한 경합을 에밀 졸라는 『나나』에서 흠잡을 데 없이 그려내고 있다.

나나는 몇 달 동안 남자들을 한 사람 한 사람 털어먹었다. 사치가 늘어갈수록 그녀의 식욕도 왕성해졌다. 남자 한 명을 단 한 입에 삼켜버리는 것이었다. 제일 먼저 그녀는 푸카르몽과 사귀었는데, 그는 2주를 버티지 못했다. (⋯) 다음으로 나나는 싫어하진 않지만 애정도 없는 스타이너에게 손을 댔다. (⋯) 나나는 미친 듯한 요구로 그의 파멸을 재촉했다. 하지만 그는 그러고도 한 달이나 싸우며 기적을 만들어냈다. (⋯) 그녀는 노동자의 품삯이든 투기에서 훔친 돈이든 용광로처럼 삼켜버렸다. 그녀는 스타이너도 끝장냈다. 골수까지 빨아먹은 뒤 길거리로 내쫓아버렸다.
—에밀 졸라, 김치수 옮김, 『나나』, 문학동네, 2014, 553~554쪽 참조—옮긴이

이러한 묘사를 제시하면 『나나』는 픽션이 아니냐고 말하는 사람이 틀림없이 있을 것이다. 실제로 제2제정기에 출현한 버블 미녀, 즉 고급 창부demi-mondaine들이 그린 궤적을 따라가보면 졸라가 조금도 현실을 왜곡하지 않았다는 것을 알 수 있다. 왜곡하기는커녕 오히려 조심스러웠다고 할 수 있다. 그 정도로 제2제정기 고급 창부들의 탕진 놀음은 어마어마했다.

구체적인 예를 얼마든지 들 수 있지만 여기에서는 제2제정을 대표하는 두 명의 고급 창부를 중심으로 서술하기로 한다.

영국 여성 코라 펄

본명이 엠마 크라우치인 영국 출신의 고급 창부 코라 펄이 금빛으로 번쩍이는 제2제정을 상징하는 미녀라는 얘기를 들으면 많은 사람이 고개를 갸우뚱할지도 모른다. 그럴 만도 한 것이 남아 있는 사진만 보면 코라 펄은 절세의 미녀도 아니고 요염한 팜파탈로도 보이지 않기 때문이다. 확실히 가슴은 풍만하지만, 그렇게 품격 있게 보이지 않는 표정으로 미루어 보건대 무대의 단역배우 정도에나 어울린다고 할 수 있을 듯하다. 사실 그녀는 잠깐 무대에 선 적은 있지만 확실한 배역을 맡지 못해 배우의 길은 일찌감치 포기하지 않을 수 없었다. 무엇보다 아무리 애를 써도 영어 억양을 가릴 수 없는 프랑스어로 파리의 무대에서 주역을 맡기란 어차피 무리였다. 그럭저럭 터득한 프랑스어도 결코 세련됐다고는 말할 수 없었다. 행동거지도 우아하기는커녕 품위라고는 찾아볼 수가 없어서, 상류계층 부인들과 우아함을 다투는 것을 보람으로 여긴 고급 창부들로부터도 따돌림을 당할 정도였다.

그렇다면 도대체 왜 이런 여성이 줄줄이 늘어서 있는 미녀들을 제치고 제2제정을 대표하는 미인 중 한 사람이 될 수 있었을까?

그 이유는 미녀 버블이 지나치게 부풀어 규격품의 미녀로는 버블 신사들의 욕망이 자극을 받지 못했다는 사실에서 찾을 수 있다. 그러니까 버블 신사들의 싸구려 취향이 코라 펄을 시대의 총아로 만들었던 것이다.

코라 펄
제2제정 버블을 대표하는 고급 창부 코라 펄은 영어식 억양과 제멋대로 구는 자연스러움으로 마조히스트가 많았던 정부 고관이나 버블 신사들을 사로잡았다. 『나나』의 모델 중 한 명이다. [A]

코라 펄이 언제 영국에서 파리로 왔는지는 그녀의 생년월일과 마찬가지로 명확하지 않다. 처음 왔을 때에는 대부분의 고급 창부가 그랬던 것처럼 먹는 둥 마는 둥 하루하루를 간신히 연명하면서 길거리에서 매춘을 했던 것으로 보인다.

그런데 그녀에게는 이 무렵부터 다른 창부에게서는 찾아볼 수 없는 특징이 하나 있었다. 그것은 다른 나라에 건너온 창부들이 하루라도 빨리 멋진 파리지엔이 되기 위해 안간힘을 쓴 것과 달리, 그녀는 사내아이처럼 덜렁대는 성격을 그대로 밀고 나가려 했다는 점이라 할 수 있다. 피에르 라라보는 『제2제정 시대 파리의 사랑』에서 이렇게 서술한다.

코라 펄은 그 무렵 사교계 남자들의 칭찬과 키스와 재산을 한 몸에 모았던 고급 창부들 대부분과는 조금도 비슷하지 않았다. 이러한 여자들 거의 모두는 잘 알려져 있듯이 그 나름대로 괜찮은 사회에 속해 있어서 거기에 어울리는 말솜씨를 완벽하게 발휘할 수 있도록 계속 교정을 받았다. (…) 이에 비해 코라 펄은 파리에 왔을 때 이런 예의작법에는 전혀 신경을 쓰지 않았다. 그녀는 그것을 훌륭하다고는 생각했지만 그 이상으로 아이처럼 꾸미지 않는 것을 선호했다. 실제로 그녀는 있는 그대로 행동했다. 다시 말해 감정과 방법에 화장을 하는 것을 경멸했던 것이다.

이러한 일종의 '자연스러움'이 보통의 미녀에게 식상해 있던 버블 신사들의 마음을 사로잡았던 것이다. 영어식 억양도 프랑스 남자들에게는 도리어 '귀엽게' 받아들여졌던 듯하다. 마드무아젤 상 젠mademoiselle sans gêne(말괄량이 아가씨)이라는 별명이 그녀의 어떤 점에서 유래했는지를 잘 알 수 있다.

결국 코라 펄은 다른 고급 창부들과는 반대로 간다는 방침, 그러니까 '자신에게 충실하라'는 방침에 의해 한 단계 높은 존재가 되었다. 그녀를 정식으로 안은 첫 번째 남자가 누구였는지는 분명하지 않지만, 어쨌든 상당한 지위와 재산과 지식을 모두 갖춘 남자가 이 영국 여성을 고통의 바다에서 건져 올렸다.

그 큰 은혜에 대하여 보통의 여자라면 깊은 감사를 표했을 터다. 그런데 코라 펄은 은혜를 모욕과 비난으로 돌려주었다. 그 이상한 행동이 사교계 남자들 사이에서 환호를 불러일으켜 그녀를 일약 스타덤에 올려놓았다. 돈 많은 사람들은 말할 것도 없고 프린스 나폴레옹이나 황제 자신도 코라 펄에게 관심을 보이는 모양이었다.

제2제정의 고관이나 버블 신사 대부분은 마조히스트여서 자신들을 매도하고 못살게 구는 '여왕님'을 대망하고 있었던 것이다.

그녀는 단지 세련되지 않은 거친 본능 때문에 또는 자신이 봉사하고 있는 사내들에 대한 복수심 때문에 이렇게 행동했다. 결국 그녀는 규방에서 그들을 경멸하고, 모욕하고, 섹스의 가부를 결정하는 자신의 무자비한 힘 앞에 무릎을 꿇리는 철학적 쾌락을 마음껏 즐겼던 것이다.(같은 책)

이런 점에서는 뮈파 백작을 가지고 놀면서 기뻐하는 나나와 완전히 똑같다. 아니, 졸라는 코라 펄의 스캔들을 참고하여 나나라는 인물상을 조형했음에 틀림없다.

상상을 뛰어넘는 낭비를 일삼았다는 점에서도 코라 펄은 나나의 모델이라 할 만하다.

그녀는 파리에서 사치스럽기 그지없는 생활을 하면서 환상적인 낭비에 몸을 맡겼다. 그녀는 탐욕스럽게 돈을 긁어모았다. 하지만 조금 더 앞날을 내다볼 줄 알았던 다른 동료들과 달리, 재산을 모으거나 종신연금을 마련하기 위해 그렇게 한 것은 아니라는 점은 정확하게 해둘 필요가 있다. 그녀가 남자들로부터 돈을 뜯어낸 것은 분명하지만 동시에 그것을 조금도 주저하지 않고 바람에 날려버렸다.(같은 책)

이런 식으로 여왕처럼 행동을 해도 코라 펄은 자존심의 갈증을 치유할 수는 없었던 듯하다. 왜냐하면 그녀는 1866년 이전의 실패에서 아무 것도 배우지 못한 채 다시 무대에 서기로 했기 때문이다. 즉, 오펜바흐의 「지옥의 오르페우스」에서 비너스 역을 맡아 거의 벌거벗은 모습으로 무대에 섰던 것이다. 이 점도 나나와 아주 흡사하다. 또, 그만두었으면 좋으련만 형편없는 목소리로 대사가 있는 배역을 연기한 것도 나나와 똑같다. 그 결과 무대는 참담한 실패로 끝났고 코라 펄은 깊은 상처를 입는다. 이후 그녀는 사람 앞에 모습을 드러내지 않고 고독 속에 틀어박힌다. 제2제정의 붕괴와 애인 알렉산드르 뒤발의 자살이 그녀의 몰락에 박차를 가한다.

코라 펄은 짐을 싸서 파리를 떠나 두 번 다시 돌아오지 않았다. 그녀의 말년은 시신을 매장하기 위해 이웃집에서 모포를 빌려야 했을 정도로 비참했다고 한다. 제2제정의 버블 미인에게 어울리는 최후였다고 해야 할 것이다.

러시아에서 온 라파이바

제2제정의 고급 창부들이 온갖 사치를 다 부려서 지은 대저택의 대부분은 그녀들의 운명과 함께 흔적도 없이 사라졌지만, 유일한 예외가 지금까지 샹젤리제 대로 25번지에 트라벨라즈 그룹의 소유로 남아 있는 파이바 자작 부인 저택이다. 이 저택의 내부는 루브르의 나폴레옹 3세의 거실이 무색할 만큼 으리으리하게 꾸며져 있는데, 그것을 보면 제2제정 시기 고급 창부들의 사치가 어느 정도였는지를 분명하게 확인할 수 있다. 졸라의 묘사는 결코 과장이 아닌 셈이다.

하지만 1819년 모스크바의 유대인 게토에서 태어난 테레즈 라흐만이라는 아가씨가 파리에 와서 자작 부인이 되고, 라파이바라는 이름으로 화류계demi-monde를 쥐락펴락하고, 샹젤리제에 대저택을 짓기까지 걸어온 길은 결코 순탄하지 않았다.

열여섯 살 때 테레즈는 러시아에 정착한 프랑스인 재단사 프랑수아 빌루앙과 결혼해 아이를 낳지만 곧 가족을 버리고 자신의 운명을 시험하는 여정에 오른다. 콘스탄티노플, 런던, 베를린을 거쳐 1841년에 파리로 왔다.

무일푼이었던 그녀는 당연하게도 길거리에서 매춘을 할 수밖에 없었다. 어느 날 밤, 땡전 한 푼 없이 다 해진 드레스와 구멍 난 신발 차림으로 벤치에 앉아 샹젤리제를 오가는 마차들을 바라보고 있는데, 옆에 한 남자가 와서 앉더니 우아하게 말을 걸어왔다. 남자의 이름은 앙리 에르츠(하인리히 헤르츠)였다. 나중에 이름을 날리는 피아니스트다. 테레즈는 자서전에서 이 만남을 회상하며 이렇게 쓴다.

이때 그가 보여준 친절한 태도를 나는 평생 결코 잊을 수 없을 것이다. 그날 밤 나는 마음속으로 맹세했다. 언젠가 나도 부자가 되어 파리를 정복하겠노라고. 그리고 맨몸뚱이나 다름없이 배를 곯아야 했던 시절에 본 폐가廢家 자리에 당당한 궁전을 짓겠노라고.

—기 브르통, 『프랑스의 역사를 만든 여성들』 제10권

앙리 에르츠는 전혀 부자는 아니었지만 지식과 교양을 갖추고 있었고, 그것을 그녀에게 아낌없이 주었다. 이 지식과 교양이 그녀의 큰 재산이 된다. 왜냐하면 그녀는 이것을 자본으로 마치 짚을 팔아 갑부가 된 옛날이야기 속 어느 사람처럼 한 걸음 한 걸음 성공의 계단을 올라가기 때문이다. 다시 말해 남자를 바꿀 때마다 사회적 지위를 향상시켜가는 것이다.

첫 계단은 에르츠를 버린 후 사교계의 스타 스탠리 경의 애인이 되면

서 올라설 수 있었다. 스탠리는 그녀에게 재산을 주고 헤어졌지만 이미 사교계에서 이름이 알려져 있던 그녀는 다음으로 포르투갈의 귀족 파이바 후작을 만나 결혼하는 데 성공한다. 그러니까 1851년 프랑수아 빌루앙의 죽음을 확인한 테레즈 라흐만은 후작과 결혼해 파이바 후작 부인, 통칭 라파이바가 되었던 것이다.

후작이 파산해 조국으로 돌아간 후 라파이바는 파리 화류계의 여왕으로 군림하면서 황제를 비롯한 사교계의 모든 남자를 섹스의 노예로 삼는다. 라파이바는 '키 파예 이 바Qui paye y va'라는 별명으로 불리기도 했는데, 이 말은 '돈을 내는 놈이 그곳에 간다'는 뜻이다.

후작과 결혼한 직후의 일이다. 라파이바는 불로뉴 숲에 산책을 갔다가 마차를 타고 작가 아르센 우세Arsene Housset와 샹젤리제로 돌아오는 길이었다. 10년 전 마음속으로 파리 정복을 맹세했던 파이바는 그때의 폐가를 가리키며, 우세에게 "저기에서 나는 스스로 약속했지요"라며 추억을 이야기했다.

이 말을 듣고 우세는 저 폐가가 있는 땅은 어제 막 자신이 에밀 페레르에게서 사들였다고 털어놓았다. 라파이바는 당신이 얼마를 주고 샀는지는 모르지만 어떻게든 내가 갖고 싶으니 산값의 배를 지불하겠다고 약속했다. 우세가 대답했다. "20만 프랑에 샀습니다. 같은 가격으로 당신에게 넘기지요. 귀중한 이야기를 돈으로 바꿀 수는 없으니까요."

라파이바의 호화저택 건설은 1856년에 시작하여 1866년 건축가 피에르 망갱Pierre Manguin의 손으로 완성되었다. 에드몽 아부Edmond About는 이 저택을 보고 이런 말을 했다고 한다. "건축은 순조롭게 진행되고 있다. 보도를 설치하는 중이다."

라파이바

모스크바의 유대인 게토에서 태어난 테레즈 라흐만은 파리에 와서 고급 창부가 되었고, 포르투갈의 파이바 후작과 결혼하여 파이바 후작부인, 통칭 라파이바가 되는 데 성공한다. [A]

라파이바의 호화 저택

라파이바는 독일의 대부호 도네르스마르크 백작의 애인이 되어 샹젤리제 대로에 사치스럽기 그지없는 호화저택을 건설했다. [J]

보도를 설치한다poser le trottoir는 것은 '창부가 길가에서 손님을 끌다'라는 의미다. 아부는 라파이바의 전직을 빈정거렸던 것이다.

라파이바가 이런 호화저택을 지을 수 있었던 것은 프로이센의 대귀족으로 훗날 독일 제국의 대공이 되는 헨켈 폰 도네르스마르크Henckel von Donnersmarck 백작의 애인이 되었기 때문이다. 도네르스마르크 백작은 독일 제국에서도 두 번째로 돈이 많은 사람이었기 때문에 그녀에게 호화저택을 선물할 정도의 여유는 충분히 있었다.

라파이바는 1871년 백작과 결혼하여 마침내 도네르스마르크 백작 부인이 되는데, 그 사이에 일어난 프로이센-프랑스 전쟁으로 파리에 있던 그녀의 입장이 상당히 위태로워진다. 그럴 만도 한 것이 대독對獨 보복파인 에두아르 드뤼몽을 비롯한 저널리스트는, 남편의 살롱에서 아무 생각 없이 나눈 그녀의 대화가 독일로 흘러들어가 프랑스의 정보를 누설하는 역할을 했다고 비난했기 때문이다.

근거가 없는 비난은 아니었다. 왜냐하면 사람 불러들이기를 좋아한 파이바는 저널리스트들을 모아 만찬회를 열었는데, 그 자리에서 저널리스트들은 아무런 경계심도 품지 않고 프랑스의 여론이나 다양한 정부 관련 정보를 마구 쏟아놓곤 했기 때문이다. 그런 정보가 동석한 프로이센의 외교관을 통해 확실하게 베를린으로 보내지고 있었던 것이다.

제3공화제 하에서 라파이바는 다시 레옹 강베타Léon Gambetta와 비스마르크를 중개하는 역할을 했다는 비난에 휩싸였고, 결국 남편과 함께 파리를 떠나 실레지아의 노이데크 성으로 거처를 옮겨 살다가 1884년 그곳에서 사망했다.

그녀의 사후 샹젤리제의 호화저택은 매물로 나왔다. 한때 고급 레스토랑이 되었다가 은행에 넘어간 적도 있지만, 지금은 회원제인 트라벨라즈 그룹이 소유하고 있으며, 허가가 있으면 둘러볼 수도 있다.

흔히 고급 창부는 죽어서 전설만을 남기는데 라파이바는 기적적으로 호화저택을 남겼다. 그것은 제2제정의 귀중한 문화유산으로서 오늘도 번쩍번쩍 빛나고 있다.

3
1863년의 전환

의회 개혁의 행방

제2제정의 절정기였던 1860년 11월, 나폴레옹 3세가 직접 주도권을 쥐고 입법의회에 대폭 권한을 위양하여 자유제정 쪽으로 크게 방향을 틀었다는 것은 이미 서술했다. 또, 그것이 오를레앙파식의 의회주의로 회구하는 것을 의도한 게 아니라 오히려 정부와 의회 다수파라는 '저항세력'을 억누르고 황제의 개혁을 지지하는 에밀 올리비에 등의 제3당의 세력 확장을 노린 것이었다는 점도 지적했다.

그렇다면 가장 중요한 제3당은 이 개혁에 관하여 어떻게 생각하고 있었을까?

개혁추진파인 모르니 공이 개혁 조치에 대한 감상을 물었을 때 에밀 올리비에는 다음과 같이 대답했다고 하는데, 이는 그들의 반응을 잘 보여준다.

"만약 그것이 개혁의 끝이라면 당신은 질 것입니다. 만약 그것이 개혁의 시작이라면 당신의 기반은 탄탄해질 것입니다."(에밀 올리비에, 『자유제정』)

결국 올리비에는 확고하게 개혁을 지지할 테니 황제는 오직 개혁에만 매진하여 제정을 반석 위에 올려놓으라고 말했던 것이다. 실제로 올리비에는 1861년 3월 의회 연설에서도 이렇게 단언한다.

"나는 공화주의자이지만 황제의 개혁에 찬성하며 지지합니다. 그리고 그 지지는 완전히 이해를 초월한 것인 만큼 보다 효과가 있을 것입니다."(같은 책)

그러나 황제의 의도를 정확하게 이해한 것은 올리비에를 비롯한 소수에 지나지 않았고, 대다수의 의원은 의회에 주어진 새로운 권한을 자파自派 확대의 방책으로밖에 생각하지 못했다. 예를 들면 가톨릭과 질서파 우파는 무임소장관 발로슈, 비요, 마뉴가 내각 대표로서 의회에 출석하여 법안 설명을 할 수 있게 제도가 바뀌자, 그들에게 이탈리아 문제나 멕시코 출병 등에 관한 답변을 요구하면서 격렬하게 정부의 방침을 추궁했다.

1863년의 입법의회 선거

이러한 질서파 우파의 정부 공격은 아이러니컬하게도 공화파나 오를레앙파, 정통왕조파 등 반체제 당파를 북돋우는 결과를 낳았다. 다시 말해 그들은 반황제로 돌아선 질서파 우파의 움직임을 보고 의회 활동이 반정부적인 운동의 원동력이 될 수 있다고 판단했던 것이다.

이리하여 1863년 5월의 입법의회 선거는 전무후무한 성황을 이루게 된다. 이제까지 정부 공인 후보를 이길 수는 없다며 출마를 미루고 있던 반체제파가 대거 입후보를 결정한 것이다. 그 수가 자그마치 300명 이상이다. 그들은 오월동주식으로 단일후보를 내세워 정책 협정을 맺고 정부 공인 후보와 싸웠다.

일례를 들면, 파리 선거구에서는 공화파의 단일후보 명단에 에밀 올리비에와 '레 샹크'의 세 명의 의원, 공화파로 지금까지 선서를 거부해온 쥘 시몽 그리고 오를레앙파의 두목 티에르가 이름을 올렸다.

한편 지금까지 일당독재체제나 마찬가지였던 질서파의 내부에서도 큰 분열이 일어나고 있었다. 로마 점령 문제로 황제로부터 이반한 가톨릭은 정부 공인 후보를 지지하는 것을 떳떳하게 여기지 않았고, 오를레앙 주교 뒤팡루Dupanloup를 앞세워 유권자들에게 '가톨릭 후보'에게 투표할 것을 호소했다.

또 '60인 선언'에 서명한 노동자들이 공화파와 선을 긋고 독자 후보를 내세운 것도 주목할 만하다. 당선에는 이르지 못했지만 그들 노동자는 자신들이 독자적인 대표를 필요로 하는 계급이라는 것을 분명히 했던 것이다.

이처럼 나폴레옹 3세의 의회 개혁을 계기로 권위제정에서는 숨을 죽이고 있던 반대파가 일제히 되살아나 마치 체제를 뒤흔들 듯 소란을 피우자, 당시의 내무장관 페르시니는 이에 강한 위구심을 품고 권위제정 때와 같은 노골적인 선거 간섭에 나섰다.

그러나 과거에 성공했던 것이 이번에도 성공하리라는 보장은 없다. 시대의 추세를 인식할 수 없었던 페르시니의 방해 활동은 예상을 빗나갔다. 특히 도시지역에서는 신문이 여론을 결정했기 때문에 선거 간섭은 기대했던 효과를 거둘 수 없었다.

결국 1857년 선거 때의 세 배에 해당하는 200만 표가 반대파 후보에게 돌아가 32명의 반대파 의원이 탄생했다. 그 가운데 아홉 명이 파리 선거구에서 선출되었는데 여덟 명이 공화파(올리비에를 비롯한 제3당의 네 명 포함), 한 명이 티에르였다. 파리에서는 정부 공인 후보가 전멸한 것이다. 가톨릭은 지방에서도 표를 얻지 못해 완패했다.

티에르

자유제정 하에서 처음으로 실시된 1863년의 선거에서는 공화파의 단일후보 명단에 '레 상크' 외에 쥘 시몽과 티에르가 이름을 올렸다. 그중에서도 책사 티에르는 제2제정에 커다란 위협이 된다. [E]

내각 개조와 정치 조류의 변화

선거 결과는 나폴레옹 3세가 만족할 만한 수준에 훨씬 미치지 못했다. 가톨릭과 질서파 우파가 후퇴했다는 점에서는 평가할 수 있겠지만, 그가 바랐던 반대당(황제 주도의 개혁 노선을 지지하는 당파)의 진출이 예상보다 밑돌았기 때문이다.

황제는 내무장관 페르시니의 경질을 결정하고 편지를 보냈다. "참으로 유감스럽지만 여론을 잠재우려면 그대가 물러날 수밖에 없다."(루이 지라르, 『나폴레옹 3세』)

페르시니는 은상恩賞으로 대공duc 칭호를 받았는데, 이후 그는 두 번 다시 정치에 복귀하지 않았다. 페르시니와 같은 음모가 출신 정치가가 활약하는 시대는 이미 끝나가고 있었던 것이다.

내각 개조에서는 반가톨릭적인 페르시니가 물러나는 한편 그것과 균형을 맞추는 형식으로 가톨릭 보수파에 가담한 발레프스키도 경질되었다.

또, 1860년 의회 개혁과 함께 설치된 무임소장관 제도는 폐지되고 입법의회에는 국무장관 한 명이 정부를 대표하여 출석하게 되었는데, 이 자리에는 비요가 임명되었다. 이후 입법의회의 비중이 무거워지면서 국무장관의 책임도 커져 사실상의 내각 수반 역할을 하게 된다.

나폴레옹 3세는 처음에는 비요를 페르시니의 후임으로 내무장관에 앉히고 국무장관은 모르니에게 맡길 생각이었지만, 모르니는 이를 거절하고 입법의회 의장 자리에 머물렀다.

모르니는 쿠데타의 주동자임에도 불구하고 오를레앙파라는 자신의 출신에 충실하여 시종일관 온건파의 입장에 서서 의회주의의 확립에 힘썼던 정치가다. 1854년 황제의 뜻을 받아 입법의회 의장에 취임하자 절묘한 의회 운영으로 당파 간의 대립을 완화시켜 전면적인 적대 관계로 돌아서는 것을 막았다. 그의 신념은 의회가 반대 세력의 불만을 낮추려는 역할을 다할 때 정부도 오래 유지될 수 있다는 것이었는데, 1863년 개회 인사에서 피력한 다음과 같은 말도 그것을 잘 보여준다.

견제와 비판 세력이 없는 정부는 밸러스트를 갖추지 못한 배와 같습니다. 반대 세력이 없으면 권력은 맹목적이게 되어 잘못된 길로 들어서기 마련이어서 국가가 튼튼하게 유지될 수 없습니다. 우리가 이 자리에서 펼치는 의론은 거짓의 침묵보다 훨씬 더 국가의 안전을 확실하게 할 것입니다.

—앙드레 카스텔로, 앞의 책

모르니는 일찍부터 에밀 올리비에의 사상과 재능에 주목하여 자신의 후임으로 앉히려는 생각을 하고 있었다. 1862년에는 올리비에를 의장

관저로 불러 장시간 논의하면서 자유제정으로 완전히 이관할 장래에 대한 계획을 밝히고 협조를 요청했다. 모르니는 입헌군주제가 실현되면 올리비에를 내각의 수반으로 앉히겠다는 생각을 하고 있었던 것이다.

그러나 두 사람의 이와 같은 제정 연착륙 계획은 1865년에 모르니가 갑자기 사망하면서 좌절되고 만다. 모르니가 좀 더 오래 살았더라면 제2제정이 저렇게 빨리 무너지지는 않았을 것이라고 말하는 역사가도 적지 않다. 확실히 모르니로부터 에밀 올리비에로 이어지는 선에서 자유제정으로 이행했더라면 제2제정은 연착륙에 성공했을지도 모른다.

하지만 역사는 '이러이러해야 한다'라고 해봐야 그 방향으로 나아가지는 않는 법이다.

그 저해 요인의 하나가 실무관료 루에르의 눈부신 진출이다.

1814년 리옴Riom에서 태어난 루에르는 제2제정의 많은 장관과 마찬가지로 오를레앙파의 풍토 속에서 경력을 쌓기 시작했다. 2월 혁명 후 치러진 대통령 선거에서는 카베냐크를 지지했지만 1849년 내각 개조 때 루이 나폴레옹에게 사법장관으로 발탁되면서 보나파르티스트 진영에 참여

비요
1860년 자유제정 개시와 함께 내각 대표로서 입법의회에 참석하는 세 명의 무임소장관 중 한 명이었던 비요는 1863년 내각 수반에 해당하는 국무장관으로서 의회의 질문에 대답했다. [E]

모르니 공
자유제정으로 이행하는 과정에서 큰 공헌을 했던 모르니 공은 에밀 올리비에의 역량에 주목하여 제정의 연착륙을 시도하지만 1865년에 갑자기 사망한다. [A]

루에르

오를레앙파 의원으로 출발한 루에르는 관료로서 뛰어난 실력을 발휘해 나폴레옹 3세에게 중용되었고, 비요가 사망한 후에는 국무대신을 역임하면서 '부황제'로 군림했다. [E]

했다. 쿠데타 계획에는 가담하지 않았으나 루이 나폴레옹으로부터 능력을 높이 평가받아 쿠데타 직후 조각 때 다시 사법장관으로 기용된다. 제국 헌법을 기초한 것도 그다. 오를레앙가 재산 몰수 때에는 항의 표시로 장관직을 사임했지만 관료로서 그의 수완을 산 황제는 그 후에도 계속 요직에 기용했다.

예컨대 1855년 제1회 만국박람회에 즈음하여 황제는 루에르에게 농상무·공공사업장관이라는 중책을 맡겼는데, 아무런 경험이 없는 이 분야에서도 루에르는 실력을 발휘하여 박람회를 성공적으로 이끌었다. 복잡한 서류를 꼼꼼하게 읽고 이해관계를 조정하여 적확한 결정을 내리는 데 루에르만큼 뛰어난 장관은 없었던 것이다. 그 어떤 난제도 루에르가 나서면 금방 해결된다고들 했다.

그런 루에르가 실무 관료의 영역을 넘어 제정의 방향타를 쥔 정치가로 등장한 것은 1863년의 일이다. 국무원 의장으로 임명된 루에르는 비요가 급사하자 그 뒤를 이어 실질적인 내각수반인 국무장관 자리에 앉았다. 이후 6년 간 루에르는 황제의 대변자로서 이 지위에 머무르면서 정부의 정책 결정에 중대한 영향력을 행사했다. 그의 정치적 태도는 좋게 말하면 견실하고 나쁘게 말하면 보수적이어서 개혁 노선을 추진하고자 하는 모르니나 에밀 올리비에에게 최대 장애가 되었다. 특히 1865년 모르니가 사망하자 루에르는 올리비에가 말한바 '부황제'로 군림하면서 올리비에 일파가 획책한 자유제정 이행에 제동을 걸었다.

이처럼 1860년 이후의 정치에서 황제의 진보적 사상을 대표하는 에밀 올리비에와 황제의 권위적 측면을 대행하는 루에르는 줄곧 라이벌로서 정국의 중대 국면마다 대치하게 된다.

루에르 얘기를 하는 김에 자유제정 시대에 활약한 두 명의 거물 정치가 비요와 발로슈의 경력에 관해서도 간략하게 언급해보고자 한다.

아돌프 비요는 1805년 브르타뉴의 반Vannes에서 태어났다. 그의 아버지는 나폴레옹 제정기에 총징세관을 역임했다. 가정은 부유하지 않았지만 법률을 공부해 변호사가 된 그는 낭트의 부유한 실업가의 딸과 결혼해 장인의 회사를 물려받았다. 생시몽주의에 경도되어 사회 개량을 목표로 의원 자리를 얻은 그는 산업·경제 부문의 전문가로서 두각을 나타냈고, 7월 왕정 하에서는 제2차 티에르 내각에서 부관방장관이 되었다.

2월 혁명에 즈음하여 일단 카베냐크 장군에게 다가갔지만 루이 나폴레옹의 대통령 취임과 함께 그에게 접근, 쿠데타 후에는 입법의회 의장을 역임했다.

비요의 경력이 본격적으로 시작되는 것은 1854년부터다. 페르시니의 뒤를 이어 내무장관에 취임하자 온건파로서 규제를 완화해 신문에 대한 경고 건수도 격감했다. 1858년의 오르시니 사건으로 어쩔 수 없이 사임하지만 1년 후에 복귀, 반가톨릭 입장에서 루이 부이요Louis Bouillot의 『위니베르』를 폐간시켰다.

1860년 나폴레옹 3세가 자유제정 쪽으로 방향을 돌리면서 발로슈, 마뉴와 함께 입법의회에서 답변하는 3인의 무임소장관 중 한 사람으로

일한다. 온건한 균형감각에 대한 나폴레옹 3세의 신임이 두터워 1863
년에는 3인의 무임소장관을 대신해 신설된 국무장관에 취임한다. 자유
제정 노선을 추진할 것으로 기대되었지만 그 직전에 갑자기 사망한다.

피에르 쥘 발로슈는 1802년 파리의 상인 집안에서 태어났다. 공증인
인 큰아버지의 사무소에서 수업해 변호사 자격을 획득한다. 7월 왕정
말기에 의원으로 당선하고, 2월 혁명 후에는 헌법제정의회에 자리를 얻
어 카베냐크, 오딜롱 바로 편에 가담한다. 루이 나폴레옹이 대통령으로
당선하자 지지로 돌아서 법안 작성에 많은 공헌을 했다.

그는 제2제정의 대표적인 웅변가로, 나폴레옹 3세에 대해서도 설득
력 있는 의견을 개진할 수 있었던 드문 사람들 중 한 사람이다. 1860
년 3인의 무임소장관 중 한 사람으로 일하다가 1863년 내각 개조 때 법
무·신앙장관으로 자리를 옮겨 로마 교황청과의 관계 회복에 힘썼다.
루에르가 국무장관에 취임해 '부황제'가 된 후 그의 영향력은 현저히
줄어들었다. 그리고 원로원 의원을 역임했다.

교육장관 빅토르 뒤뤼

제5공화국 헌법에서는 프랑스 공화국을 "프랑스는 비종교적이고 민주
적이며 사회적인 공화국"이라고 정의하는데, 이중에서 역사적으로 큰
의미를 지니는 것이 '비종교적laïque'이라는 성격 부여다. 왜냐하면 비종
교성의 원칙은 19세기 후반 좌우 대립의 최대 쟁점이었고, 특히 교육을
비종교적인 것으로 할 것인지 여부는 오늘날 이슬람 스카프 사건을 불
러일으킨 공화국 원리와도 밀접하게 관련되어 있기 때문이다.

1863년 내각 개조 때 나폴레옹 3세가 일 년 전까지만 해도 국립중학

교lycée인 앙리 4세 학교의 역사 교사에 지나지 않았던 무명의 빅토르 뒤뤼Victor Duruy를 교육장관으로 발탁한 인사는 세상을 깜짝 놀라게 했다. 사람들은 수군거렸다. 나폴레옹 3세와 카이사르의 유사성을 지적한 뒤뤼의 박사논문을 황제가 읽고 그 논지에 공명하여 『카이사르론』 집필의 상담 역할을 했다는 것까지는 그렇다 하더라도 갑자기 교육장관이라니 이게 무슨 말인가. 아무리 사정이 있어도 그렇지 너무 편애하는 게 아닌가.

빅토르 뒤뤼
국립중학교 교사에 지나지 않았던 빅토르 뒤뤼는 나폴레옹 3세에 의해 교육장관으로 발탁되어 초등교육의 무상화, 의무화, 비종교화를 밀고나갔다. [A]

하지만 진짜 놀라운 일은 그 뒤에 벌어졌다. 교육장관에 취임한 뒤뤼는 많은 전임자가 시도했다가 좌절한 초등교육 개혁에 착수하여, 가톨릭 진영으로부터 강력한 반발을 받으면서도 견일불발의 의지로 초등교육의 무상화와 의무화를 추진했기 때문이다. 이탈리아 전쟁 이후 그렇지 않아도 삐걱대던 정부와 가톨릭의 관계는 이를 계기로 완전히 회복 불능 상태에 빠진다.

전통적으로 프랑스에서는 초등교육과 여성 교육은 가톨릭에서 전적으로 관장한다는 암묵적인 양해가 있었다. 마을 사제가 교리문답과 함께 아이들에게 책읽기를 가르치고, 여자수도원에서 수녀가 여성 교육을 담당하는 체제가 오랫동안 이어져왔던 것이다.

학령기의 아동 4분의 1이 초등학교에 다니지 못해 식자율識字率이 전혀 높아지지 않는 것은 이러한 가톨릭적인 교육 체제에 원인이 있다고 생각한 뒤뤼는 초등교육의 무상화와 의무화의 촉진과 동시에 비종교화를 추구하는 자세를 보였다. 결국 황제의 지원 아래 수많은 초등학교를 개설하고 여기에 비종교적인 교원을 대거 배치하기로 했던 것이다.

동시에 뒤뤼는 성인 교육에도 힘을 쏟아 많은 야간학교를 개설했다. 중등교육에서는 고전어 교육뿐만 아니라 현대어도 가르치도록 지시하고, 현대사와 철학 수업도 실시하도록 했다.

그러나 뒤뤼의 개혁에서 가톨릭의 가장 맹렬한 반발을 야기한 것은 여성을 위한 고등교육기관을 개설한 것, 다시 말해 40개 도시의 대학에 여성을 위해 강좌를 개설하도록 한 것이다. 여성 교육의 개혁은 황제가 강력하게 지지한 것이어서 광신적인 가톨릭 신자였던 외제니 황비도 어쩔 수 없이 조카들을 소르본 강좌에 보내야 했다.

뒤뤼는 이러한 개혁을 거의 고립무원의 상태에서 추진해야만 했다. 가톨릭과의 대결을 지지해야 마땅한 공화파가 황제의 지지를 받고 있다는 이유로 뒤뤼의 개혁에 불신을 품고 있었기 때문이다. 믿고 의지했던 황제마저 가톨릭과 융화를 모색할 필요가 생기자 뒤뤼에 대한 지지를 철회한다.

그 결과 뒤뤼의 개혁은 철저성을 결여하게 되었고, 비종교성의 원칙이 국시로 자리 잡기 위해서는 제3공화제 시기의 쥘 시몽의 개혁까지 기다려야만 했다.

낙선자전과 바그너

완미하고 고루한 보수파를 사이에 두고 황제와 급진적인 개혁가가 연결되는 구도는 정치나 교육, 경제 분야에서만 볼 수 있는 것이 아니었다. 미술이나 음악과 같은 예술 분야에서도 동일한 현상이 나타났던 것이다.

하나는 관전^{官展}, salon에서 입선하지 못한 출품자를 위해 낙선 작품들을 전시회장인 팔레 드 랭뒤스트리의 한 구석에 전시한 낙선자전_{Salon des Refusés}이다.

나폴레옹 3세는 살롱의 심사가 공정하지 않다는 진정이 적지 않다는 것을 알게된 뒤 1863년 살롱 준비 기간에 전시회장을 찾아가 낙선한 작품을 보았다. 이틀 후, 관보 『모니퇴르』에는 다음과 같은 고지^{告知}가 게재되었다. "낙선한 작품은 팔레 드 랭뒤스트리의 다른 자리를 마련하여 전시할 것이다."

낙선자전은 1863년 5월 15일부터 개최되었다. 그 자리에는 팽탱 라투르, 욘킨트, 로랑스, 피사로, 마네 등의 작품이 전시되었다. 마네의 「풀밭 위의 식사」가 신화나 성서 이외의 제재로 여성의 누드를 표현했다며 엄청난 비난을 받았다는 것은 미술사의 유명한 사건이다. 이를 계기로 인상파는 반체제파로서 기반을 쌓아간다. 나폴레옹 3세는 인상파의 작품을 이해하지는 못했지만 그의 개입이 의도하지 않은 미술사의 전환을 초래한 것이다.

바그너의 오페라 「탄호이저」의 프랑스 초연과

마네의 「풀밭 위의 식사」

나폴레옹 3세는 살롱의 심사에 비판이 쇄도하는 것을 기회로 삼아 낙선한 작품만을 모아 '낙선자전'을 개최했다. 마네의 「풀밭 위의 식사」는 신화나 성서 이외의 제재로 나체를 표현했다고 하여 엄청난 비난에 휩싸였다. [A]

바그너

나폴레옹 3세는 메테르니히 대공부인의 추천으로 「탄호이저」를 오페라 극장에서 상연할 수 있도록 편의를 봐주는데, 바그너가 프랑스의 관습을 무시했기 때문에 「탄호이저」의 상연은 실패로 끝난다. [E]

실패도 이와 흡사한 경로를 밟았다. 오페라를 거의 이해하지 못했던 나폴레옹 3세가 알고 지내던 파울리나 메테르니히 대공부인의 강력한 추천에 따라 1861년 무명의 작곡가 바그너의 「탄호이저」를 오페라 극장에서 상연할 수 있도록 편의를 봐준 것까지는 좋았는데, 바그너가 발레를 제1막에다 넣는 바람에 무용수를 보러 제2막이 시작될 쯤 극장에 온 자키 클럽 회원들이 강력하게 반발하면서 이 오페라는 참담한 실패로 끝났다. 황제의 쓸데없는 참견이 결과적으로 바그너의 패배를 초래한 셈인데, 이를 계기로 보들레르와 말라르메가 열렬한 바그너 팬이 되고 프랑스에서 바그너 열풍이 몰아친 것을 보면, 이 경우에도 나폴레옹 3세는 잘 알지도 못하는 음악의 개혁을 촉진하는 역할을 한 셈이다.

어찌됐든 나폴레옹 3세는 이상하게도 혁신자innovator와 인연이 있는 황제였다.

4
멕시코 개입의 비극

좌익 언설의 권선징악적 성격

동서양을 불문하고 마르크스주의적 사관이 역사학계를 저렇게 석권한 것은 선인과 악인으로 확실하게 나누어 모든 것을 재단하는, 권선징악적인 이야기 같기도 하고 프로레슬링 방송 같기도 한, 아무튼 이해하기 쉬운 것을 첫 번째로 꼽는 언설의 특징 때문이다. 이러한 특성을 여실하게 보여주는 것이 나폴레옹 3세의 식민지주의를 이야기하는 다음과 같은 대목이다.

제2제정기는 프랑스가 영국에 이어 식민제국이 되는 기초를 다진 시대였다. 프랑스 자본의 해외 진출은 황제 권력과 **밀착**하여 유럽 금융시장을 지배한 대은행자본의 요청이기도 했다. 이미 1858년 애로우호 사건이 일어나자 프랑스는 영국과 연합하여 중국에 출병했고, 1858년에는 일본과 통상조약을

체결하여 극동 진출의 방아쇠를 당겼다. 나아가 1860년 영프 연합군은 베이
징에 진입하여 원명원圓明園을 불살랐고, 청조를 압박하여 많은 통상상의 이
권을 획득했다. 또 중국의 **약체화를 틈타** 인도차이나에 세력을 심은 프랑스
는 1857년 안남(베트남)을 정복했고, 1862년부터 수년 동안에 걸쳐 코친차
이나를 손에 넣었다.

—이노우에 고지 편, 『세계 각국사 2—프랑스사』(신판, 강조는 저자)

서술되어 있는 연도와 사실에는 잘못이 없다. 요약도 훌륭하고 사실
관계를 쉽게 이해할 수 있도록 정리되어 있다. 그러나 '밀착' '약체화를
틈타' '손에 넣었다'와 같은 권선징악적인 표현은 마치 악의 대리인 나
폴레옹 3세가 출입하는 상인과 결탁해 나쁜 짓을 부추김으로써 아무런
잘못도 없는 식민지인을 고통스럽게 하고 단물을 빨아먹었다는 인상밖
에 주지 않는다. 결국 선인과 악인을 명확하게 구분하는 마르크스주의
적 이원론에 바탕을 둔 이야기인 셈인데, 그러나 실상은 그렇게 단순하
지 않다. 나폴레옹 3세는 식민지주의와 관련해서도 아주 복잡한 인물
이다.

가톨릭 선교사단과 나폴레옹 3세의 관계

일반적으로 나폴레옹 3세와 그의 식민지 정책을 이야기할 경우 가장 먼
저 고려해야 할 것은 파리외방선교회에서 세계 각지로 파견된 선교사
단과 그들을 응원한 궁정이나 정부 안의 가톨릭 세력이다. 만약 나폴레
옹 3세가 이들 궁정이나 정부 안의 가톨릭 세력과 밀접한 관계가 있고
선교사단과 해군이 그의 충실한 앞잡이였다면, 확실히 위의 인용과 같

이 이해하기 쉬운 식민지 정책이 추진되었을 것이다.

그런데 본질적으로 가톨릭적 요소가 희박했던 나폴레옹 3세는 이탈리아 전쟁이나 교육의 비종교화 등 가톨릭의 방침과 정면으로 대립하는 듯한 정책을 아무렇지도 않게 채택함으로 가톨릭 세력과 격렬하게 부딪치는 일이 적지 않았다.

그렇다면 나폴레옹 3세가 반가톨릭으로 일관했을까? 그렇지 않았기 때문에 설명하기가 어려워진다. 결국 국내 정책에서 대립이 깊어졌을 때에는 가톨릭의 환심을 사기 위해 대외 정책에서 가톨릭의 편을 드는 일도 있었던 것이다.

구체적으로 말하면 파리외방선교회에서 중국이나 베트남 그리고 라틴아메리카 등지로 파견된 선교사들이 현지 권력으로부터 박해를 받을 경우, 선교회는 외제니 황비나 발레프스키 외무장관 등 궁정이나 정부 안의 친가톨릭 세력을 통해 황제에게 압력을 가했는데, 그때 나폴레옹 3세는 선교사와 가톨릭 보호를 명목으로 해군을 파견하는 일이 적지 않았던 것이다.

하지만 그러한 압력이 빈번해진 것은 19세기 후반에 특별히 박해가 심해졌기 때문이 아니다. 박해는 이전과 변함이 없었다. 오히려 가톨릭임과 동시에 내셔널리스트였던 선교사가 포교에 정치를 이용하려 한 것이 원인이었던 것이다. 이와 관련하여 쓰보이 요시하루坪井善明는『근대 베트남 정치사회사』에서 이렇게 설명한다.

결국 프랑스의 국가권력에 대하여 선교사들의 태도가 변화한 것이다. 프랑스 국내에서 정치권력에 대한 선교사 집단의 역관계力關係가 상대적으로 강해지면서 종교적 이유로 정치권력을 타국에 개입시키는 것이 가능해졌던 것이다. 당시 나폴레옹 3세 정부는 체제를 떠받치는 기둥 중 하나인 성직자 집단의 요구에 대해 보다 더 귀를 기울이지 않을 수 없는 입장에 놓여 있었다. 이 지점에서 선교사들은 제국 정부를 개입시킬 가능성의 실마리를 찾았던 것이다.

본국 정부의 무관심과 제독들의 폭주

이것이 나폴레옹 3세의 식민지 정책의 실상이고, 『세계 각국사 2—프랑스사』에서 말하고 있는 것과 달리 탐욕스럽기 그지없는 나폴레옹 3세가 금융자본가와 결탁하여 아시아와 아프리카에 잇달아 독이빨을 들이댔던 게 아니다. 예컨대 애로우호 사건에 이어 1858년 중국에서 발생한 군사 충돌이나 베트남의 다낭 점령도 나폴레옹 3세의 명확한 지령에 의한 것이라기보다 오히려 중국이나 베트남의 사정을 잘 알지 못한 나폴레옹 3세와 정부가 그저 "좋도록 조치하라"며 프랑스 해군의 제독에게 자유재량권을 주어버린 것에서 기인한다.

이때 리고 드 주느이Rigault de Genouilly 제독이 이끄는 프랑스 함대가 중국에서 발생한 사건 때문에 극동으로 향하고 있었다. 나폴레옹 3세 정부는 이 기회를 이용하여 11월 25일 대단히 애매모호한, 발레프스키 자신의 말을 빌리면 대단히 '탄력적인' 일련의 지령을 보낸다. 본국 정부는 명확하게 한 가지, 즉 박해를 멈추고 베트남의 기독교도에게 신앙의 자유를 허용하는 관대한 제도를 확립할 것을 요구하고 있었다. 어떻게? 어느 정도까지? 앞에서 인용한 아쉴 풀드의 발언이 보여주듯이, 베트남의 실정에 완전히 무지했던 파리 정부는 이런 문제에 관해서는 현지에서 작전을 수행하는 제독에게 즉각 전권을 위임함으로써 모든 책임을 떠넘겼던 것이다. 이때부터 파리 정부는 줄곧 현지의 정책실행자들에게 끌려가게 된다.

—쓰보이 요시하루, 같은 책

여기에서 말하는 아쉴 풀드의 발언이란 각료회의에서 코친차이나에 대한 군사 개입 문제가 논의되었을 때 그가 "저는 코친차이나가 어디에 있는지도, 그것이 무엇인지도 모릅니다"라고 공언한 것을 가리키는데, 이는 정부 수뇌부에서마저 아시아 등에는 무관심했다는 것을 잘 보여준다. 비유컨대 중국과 베트남에서의 프랑스의 제국주의적 행동은 현지의 파견 기관이 폭주하는 만주사변형 군사 개입의 선구였던 것이다.

그러나 결과가 좋으면 다 좋다고 하듯이, 리고 드 주느이 제독이 이끄는 프랑스 해군이 스페인 군과 함께 1858년 다낭을 점령하고 다음 해에 사이공을 무너뜨리자 구원에 나섰던 아돌프 보나르Adolphe Bonard 제독까지 공명심에 휘둘려 푸에Hué의 뜨득Tu Duc, 嗣德帝 정부에 기독교 신앙의 자유와 코친차이나의 남부 3성 및 포울로 콘도르Poulo Condor 섬의 할양을 요구한다.

중국 진출

1857년 프랑스는 개항 등의 조약 불이행을 이유로 영국과 함께 광둥을 포격하고 그 후에도 진출을 꾀했는데, 그것은 반드시 나폴레옹 3세의 명을 받은 것은 아니었다. [E]

샴 사절단

이웃나라 코친차이나와 안남이 영국과 프랑스의 진출에 적대적이었던 것과 달리 샴 국왕은 무역에 적극적이어서 1861년에는 사절단을 나폴레옹 3세에게 보냈다. [A]

사이공 함락

1859년 프랑스 함대의 제독들은 본국의 지령을 기다리지 않고 독단 전횡하여 선교사 박해를 이유로 사이공을 포격, 함락시켰다. [A]

이것이 1862년에 체결된 사이공 조약이다. 1867년에는 라그랑디에르_La Grandiere 제독이 현지인의 반란을 틈타 코친차이나 서부 3성까지 병합하면서 직할 식민지 코친차이나가 성립된다. 나아가 프랑스군은 1863년 메콩 델타의 안전 보호를 이유로 캄보디아를 보호령으로 삼는 데 성공한다. 즉, 두말할 것도 없이 제독들의 폭주였지만 얻은 것이 워낙 많았기 때문에 본국 정부는 추인하는 형식을 취할 수밖에 없다. 이것 역시 만주사변과 아주 흡사하다.

제독들의 폭주가 극단적인 형태를 띠고 나타난 것이 중국의 경우다. 왜냐하면 애로우호 사건을 계기로 광둥을 점령하고 1858년에 톈진 조약을 맺은 영프 연합군은 1860년 9월 베이징으로 진격해 황제가 살고 있던 원명원의 보물을 약탈하고 불을 지르는 폭거를 저질렀기 때문이다. 게다가 영프 연합군은 그것을 사과하기는커녕 다음 달 청조 정부와 베이징 조약을 체결해 외국 사절의 상주, 중국 북방 및 장강 연안 11개 항구의 개항, 배상금 600만 냥 지불 등을 요구했다.

군사 개입의 배경―외제니 황비와 모르니 공

중국과 베트남에 대한 프랑스의 제국주의적 진출은 전적으로 현지 제독들의 폭주에 본국 정부가 끌려간 것이었지만, 멕시코의 경우는 나폴레옹 3세의 명확한 의도, 아니 그의 독특한 세계관에 따른 것이었다.

생시몽주의가 주장하는 "물류를 통한 동양과 서양의 융화"라는 사상에 강한 영향을 받았던 나폴레옹 3세는 수에즈 운하를 뚫고 싶어 하는 레세프스에게 거액을 지원하는 한편 태평양과 대서양을 연결하는 중앙아메리카에 운하를 건설할 계획을 마음속으로 가다듬고 있었는데, 동시에 점점 강대해지는 아메리카합중국에 대항하기 위해 라틴아메리카에 새로운 대국을 만드는 것도 꿈꾸고 있었다.

원명원의 불길

1858년 청조 정부와 톈진 조약을 체결한 영국과 프랑스는 1860년 베이징에 진출, 원명원의 보물을 약탈한 다음 불을 질렀다. [A]

황제의 이러한 유토피아적 상념은 1858년 멕시코에 혁명가 후아레스를 중심으로 하는 민족주의적인 자유파 정권이 들어서서 반가톨릭적인 정책을 펼치자 갑자기 현실성을 띠게 된다. 즉, 멕시코로 이주한 가톨릭계 프랑스 이민으로부터 군사 개입 요청을 받은 나폴레옹 3세는 어떻게든 행동에 나설 필요성을 느끼고 있었는데, 1861년 멕시코 정부가 대외 채무의 지불 정지를 선언하자 마음이 출병 쪽으로 기울었던 것이다.

물론 멕시코 출병의 모든 것이 나폴레옹 3세의 유토피아적 사상에서 나왔다고 하는 것은 경솔한 생각이다. 황제의 주변에서도 멕시코 출병을 강행해야 한다는 의견이 많았기 때문이다.

강행을 주장하는 이들 중 최선봉에 섰던 사람이 외제니 황비다. 외제니는 중국이나 베트남의 경우와 마찬가지로 멕시코의 가톨릭 선교사들로부터 황제에게 군사 개입을 진언해달라는 간청을 받았는데, 1861년 휴양지 비아리츠에서 이전부터 알고 지내던 망명 멕시코 귀족 호세 이달고를 만나면서 진지하게 파병을 생각하게 된다.

멕시코의 혁명가 후아레스

인디오의 피가 섞인 베니토 후아레스는 권력을 탈취하자 반가톨릭적인 정책을 내세웠고, 대외 채무 지불을 중지했다. 이에 대해 나폴레옹 3세는 출병을 결의하고 영국, 스페인과 함께 베라쿠르스 항을 점령했다. [A]

이달고는 프랑스의 힘을 빌려 독재자 후아레스를 타도하고 멕시코에 가톨릭 군주국을 세우겠다는 꿈을 열정적으로 이야기했다. 열렬한 가톨릭 신자였던 외제니는 이 라틴 대제국의 꿈에 사로잡혀 황제에게 이달고를 소개했다. 이달고와 외제니의 이야기를 들으면서 나폴레옹 3세 자신도 텍사스에서 파나마에 이르는 드넓은 '라틴 대제국'의 이미지에 압도된다.

나폴레옹 3세에게 멕시코 출병을 부추긴 또 다른 인물은 그의 이복 형제 모르니 공이었다.

도박 상습범이 그렇듯이 늘 손에 가진 것이 없었던 모르니 공은, 멕시코의 대외채무지불중지사건으로 큰 손해를 본 스위스 은행가 제케르로부터 만약 채권 회수에 협력해주면 총액의 30퍼센트를 수수료로 지불해도 좋다는 제안을 받고, 기다렸다는 듯이 즉시 황제에게 달려가 멕시코 출병을 강력하게 진언했다.

이리하여 가장 깊이 신뢰하는 외제니와 모르니로부터 멕시코 군사 개입을 권유받은 나폴레옹 3세는 마침내 출병을 결심한다. 그리고 1861년 12월 공동채권국인 영국과 스페인을 끌어들여 원정군을 파견, 베라쿠르스 항을 점령하게 했던 것이다.

단, 군사 개입에 힘을 쏟은 것은 프랑스뿐이었고, 다른 두 나라는 다음 해 멕시코 정부와 지불 협정을 체결하는 데 성공하자 뜨거운 땅에 오래 머물러봤자 아무 소용이 없다며 곧바로 철수하기 시작했다. 반대로 '라틴 대제국' 창설을 꿈꾸던 나폴레옹 3세는 철수하기는커녕 로랑세 장군이 이끄는 증원부대를 파견해 내륙 지역으로 침공하라고 명했다. 그러나 프랑스군은 처음에는 적을 격파하며 진격을 이어나갔지만 그 기세는 곧 꺾이고 만다. 열대성 풍토에 시달렸을 뿐만 아니라 그 지역을 잘 아는 게릴라의 쉴 새 없는 공격에 힘겨운 싸움을 할 수밖에 없었던 것이다.

하지만 나폴레옹 3세는 그러한 상황에 조금도 개의치 않고 멕시코 파견군을 몇 차례에 걸쳐 늘려나갔다.

이 사이 나폴레옹 3세는 외제니 황비와 함께 멕시코에 건설할 라틴 대제국의 황제를 누구로 할지 인선 작업에 들어갔고, 어떻게 해서든 멕시코를 손에 넣을 결심을 굳히고 있었다.

막시밀리안 황제의 비극

두 사람이 염두에 둔 사람은 오스트리아 황제 프란츠 요제프의 동생 막시밀리안 대공이다. 나폴레옹 3세와 외제니는 이렇게 생각했다. 막시밀리안은 어차피 가독을 상속받지 못할 몸, 멕시코 황제라는 생각지도 못한 선물을 주면 프란츠 요제프도 틀림없이 기뻐할 것이다. 그러면 반드시 오스트리아와의 동맹관계도 강화되어 신흥 프로이센과 맞설 수가 있다. 그뿐만 아니라 그로부터 '은혜'에 대한 보답으로 베네토 지방을 할양받아 이곳을 이탈리아에 넘겨주면 원만하지 못한 이탈리아와의 관계도 개선할 수 있을 터다.

그런데 제안을 받은 막시밀리안은 회답을 하기까지 일 년 가까이 망설이고 또 망설였다. 그럴 만도 한 것이 멜랑콜릭한 심미가審美家였던 그의 입장에서 보면 뜨거운 땅 멕시코에서 황제 노릇을 하는 것보다 세계 일주 크루즈를 즐기는 쪽이 더 좋았기 때문이다. 그러나 벨기에 국왕 레오폴트 1세의 딸인 아내 샤로트는 남편보다 훨씬 야심이 컸다. 막시

막시밀리안 황제 부부
합중국에 대항할 라틴 제국 건설의 꿈에 사로잡혀 있던 나폴레옹 3세는 오스트리아 황제의 동생 막시밀리안을 황제로 하는 멕시코 제국을 세웠지만, 게릴라 소탕에 쩔쩔매다가 "멕시코 말벌 집에 떨어졌다"는 비판을 받았다. [A]

밀리안이 망설이는 것은 이 근사한 제안을 받아들이지 않을 수순을 밟는 것이라고 생각한 샤로트는 남편에게 수락하라고 압력을 가했다. 나폴레옹 3세가 제국의 기초가 마련될 때까지 프랑스 군대를 주둔시킨다고 확약했는데 뭐가 불안하단 말인가. 아내의 설득에 막시밀리안은 마침내 멕시코 제국 황제 자리를 받아들이기로 결심한다. 이리하여 1864년 4월, 민중의 열렬한 환영을 받으면서 막시밀리안 부부는 멕시코로 들어가 옥좌에 앉았던 것이다.

하지만 막시밀리안이 황제가 되었어도 멕시코의 정세는 전혀 안정되지 않았다. 포레 장군의 뒤를 이어 바젠 장군이 토벌작전을 개시했지만 지리에 익숙한 게릴라에게는 거의 효력이 없었고 거꾸로 곳곳에서 부대가 포위되어 격멸당하는 형편이었다.

황제가 된 막시밀리안의 정치적 수완도 대단히 미심쩍었다. 자유파의 지지를 얻기 위해 민주적 정책을 제안하자 가톨릭 보수파가 분격했고, 그렇지 않아도 지지 기반이 약한 황제는 사면초가의 상황에 빠졌다. 추락한 경제를 다시 일으켜 세우려는 노력도 물거품으로 돌아갔을 뿐만 아니라 유일하게 의지했던 프랑스군과의 관계도 위태로워졌다. 멕시코 귀족의 딸과 결혼한 프랑스 파견군 총사령관 바젠 장군이 황제 자리를 노리고 막시밀리안의 추방을 획책했기 때문이다. 바젠은 은밀하게 후아레스 휘하의 페르필리오 디아스 장군과 손잡고 평정작전

을 사보타주했다. 이리하여 즉위한 지 채 일 년
도 되지 않아 막시밀리안 황제는 완전한 고립무
원에 빠졌다. 이미 멕시코에서 그를 지원하는 사
람은 한 명도 없었던 것이다.

막시밀리안 총살
1865년 남북전쟁이 끝나자 아메
리카는 프랑스에 멕시코에서 물러
날 것을 요구했고, 나폴레옹 3세
는 하는 수 없이 철수를 결심한다.
고립무원 상태에 빠진 막시밀리안
황제는 후아레스 군대에 붙잡혀
총살되었다. [A]

　한편, 프랑스에서는 멕시코 출병에 대한 여론
의 공격이 날이 갈수록 거세지고 있었다. 나폴레
옹 3세가 파병 예산을 통과시키려 해도 입법의회
가 반대했다. 멕시코는 빚을 갚을 돈이 전혀 없
지 않은가. 그런데도 더 이상 지출을 하다니 말
도 안 된다. 의회에서도 거리에서도 사람들은 나폴레옹 3세가 "멕시코
말벌 집에 떨어졌다"고 수군댔다.

　나쁜 일은 겹쳐오기 마련이어서 1865년에 남북전쟁이 끝났다. 이전
부터 은밀하게 후아레스를 원조해온 아메리카는 프랑스를 향해 멕시
코에서 철수하라고 공공연하게 요구하고, 유럽 열강이 아메리카 대륙
에 군사적으로 개입하는 것은 자국의 안전에 중대한 침범이라면서 최
후통첩을 들이댔다.

　유럽에서 프로이센과의 싸움에 대비할 필요성을 느끼고 있던 나폴
레옹 3세는 여기에서 아메리카와 얽히는 것은 좋지 않다고 판단하고,
1866년 초 막시밀리안 황제에게 멕시코에서 철수할 생각을 굳혔다고
전했다.

　이에 경악한 사람이 막시밀리안 황제 자리 수락을 강하게 권했던 샤
로트 황비다. 샤로트는 황제에게 번의翻意를 촉구하기 위해 먼 길을 거
쳐 파리를 찾았지만, 황제의 의지가 확고한 것을 알고 절망한 나머지

정신이 이상해져서 병원에 입원했다.

그 사이 멕시코의 상황은 나날이 악화하고 있었다. 1867년 2월, 최후의 프랑스군이 멕시코를 떠나자 막시밀리안 황제는 후아레스 군대에 붙잡혀 6월 19일 멕시코 중부 케레타로라는 작은 도시에서 두 명의 심복과 함께 총살형에 처해졌다.

막시밀리안의 총살 소식은 파리에서 만국박람회의 포상수여식이 성대하게 열리고 있던 날 나폴레옹 3세에게 전해졌다. 그것은 마치 나폴레옹 제국의 몰락을 예고하는 저녁 종소리처럼 프랑스인의 마음속에 울려 퍼졌다.

5
사도바의 실책

비스마르크의 등장과 비아리츠의 밀약

멕시코 개입이 점점 수렁으로 빠져드는 양상을 보이기 시작한 1865년 10월, 나폴레옹 3세는 대서양에 면한 휴양지 비아리츠에 머물고 있었다. 프로이센의 재상 비스마르크가 사적인 여행 도중에 들렀다는 구실을 대고 그곳을 방문했다.

프로이센의 주도 아래 독일연방의 여러 나라를 규합하여 독일 제국을 재건한다는 목표를 갖고 있던 비스마르크는 먼저 통일에 방해가 되는 오스트리아를 전쟁으로 끌어들여 물리치겠다는 생각을 하고 있었는데, 그때 절대적으로 필요한 것이 프랑스의 중립이었다. 프랑스가 중립을 지켜주기만 하면 신흥국 프로이센은 대국 오스트리아에 승리할 수 있을 것이라고 생각한 비스마르크는 그 보증을 얻어내기 위해 비아리츠로 나폴레옹 3세를 찾아왔던 것이다.

비스마르크
프로이센의 주도 아래 독일 제국을 재건하고자 했던 비스마르크는 오스트리아와의 전쟁에 대비하여 프랑스로부터 중립 약속을 받아내기 위해 비아리츠에 머물고 있던 나폴레옹 3세를 방문했다. [E]

프로이센-오스트리아 전쟁
나폴레옹 3세가 움직이지 않는 것을 본 비스마르크는 1866년 6월 오스트리아에 싸움을 걸어 보헤미아의 사도바에서 오스트리아군을 격파했다. [H]

물론 비스마르크도 아무런 선물 없이 나폴레옹 3세의 호의를 얻을 수 있으리라고는 생각하지 않았다. 그는 프랑스가 중립을 지켜주면 플랑드르의 프랑스어권인 벨기에와 룩셈부르크 두 나라가 프랑스에 병합되는 것은 인정할 수 있다는 뜻을 확실하게 내비쳤다.

그런데 놀랍게도 나폴레옹 3세는 비스마르크로부터 그 어떤 언질도 받으려 하지 않았다. 오히려 자신은 독일이 통일되는 것에는 반대하지 않는다면서 프로이센과 이탈리아의 제휴에 중개자 역할을 할 수도 있다는 뜻까지 넌지시 내비쳤다. 이탈리아는 오스트리아와의 싸움에서 프랑스를 믿을 수 없게 되자 서둘러 프로이센과 가까워지려 하고 있었던 것이다.

비스마르크는 잘못하면 나폴레옹 3세가 놓은 올가미에 걸릴 수도 있다고 생각했지만, 베를린으로 돌아온 후 그런 의심을 지우고 비망록에 회견의 인상을 이렇게 적었다. "나폴레옹 3세는 알려지지 않은 무능력자다."

한편, 나폴레옹 3세는 발레프스키 백작에게 이렇게 밝혔다. "프로이센과 오스트리아의 전쟁은 더없이 좋은 기회가 될 걸세. 우리나라에 뜻하지 않은 이익이 굴러들어올 거란 말이야."(앙드레 카

스텔로, 앞의 책)

프로이센-오스트리아 전쟁과 사도바의 전투

사실 나폴레옹 3세는 프로이센과 오스트리아의 전쟁이 오래 끌 것이라 예상하고, 쌍방이 국력이 약해지기를 기다렸다가 조정에 나서 어부지리를 얻겠다는 생각을 하고 있었다. 그리고 두 나라의 전쟁이 임박한 1866년 3월 2일에도 프랑스의 이해가 위협받지 않는 한 독일에서 벌어지는 전쟁에 중립을 지키겠다고 공식적으로 밝혔다.

티에르는 이러한 태도에 강경하게 반대하면서, 만약 전쟁에서 프로이센이 승리한다면 베를린을 수도로 하는 강력한 독일 제국이 탄생해 프랑스에 큰 위협이 될 것이라고 경고했다. 또, 오스트리아도 메테르니히 대사(재상 메테르니히의 조카)를 통해 나폴레옹 3세에게 프로이센-프랑스 국경으로 군대를 이동시켜 프로이센을 견제하라고 거듭 요청했다.

그러나 나폴레옹 3세의 마음은 바뀌지 않았다. 그러자 프로이센 대사 골츠는 비스마르크에게 프랑스는 움직이지 않을 것이라고 타전했다. 그로부터 48시간 후인 1866년 6월 16일, 비스마르크는 오스트리아에 선전포고했다. 다음 날, 몰트케 장군은 전군에 공격 명령을 내리고 순식간에 오스트리아 영내로 치고 들어갔다. 프로이센과 군사동맹을 맺고 있던 이탈리아도 오스트리아에 선전포고했다.

나폴레옹 3세의 예상과 달리 승부는 약 2주일 만에 끝났다. 7월 3일, 보헤미아의 사도바와 쾨니히그레츠 사이에 있는 들판에서 20만의 프로이센군이 같은 수의 오스트리아군과 충돌, 여섯 시간 동안의 격전 끝에 격파한 것이다.

프로이센군은 그 길로 계속 진군하여 단숨에 빈을 공격해 화려하게 입성할 수도 있었다. 그러나 비스마르크는 굳이 그렇게 하지 않았다. 장래에 프랑스와 전쟁을 벌일 것을 염두에 두고 있었기 때문에 오스트리아를 철저하게 몰아세웠다가 원한의 빌미를 제공하지나 않을까 염려했기 때문이다.

한편, 사도바에서 크게 패한 오스트리아는 베네토 지방을 이탈리아에 양도하는 것을 조건으로 나폴레옹 3세에게 조정을 의뢰해 프로이센으로부터 이탈리아를 떼어놓으려고 했다.

만약 이때 나폴레옹 3세가 강력하게 개입을 주장하는 외무장관 두르앙 드 뤼이스의 의견을 받아들여 조정에 나섰다면 어쩌면 4년 후의 프로이센-프랑스 전쟁도 일어나지 않고 제2제정도 붕괴는 면했을지 모른다. 두르앙 드 뤼이스는 라인 국경에 프랑스군을 집결시켜 프로이센에 경고를 해야 한다고 진언했는데, 나폴레옹 3세의 결단에 따라 비스마르크는 강화조약에서 제시한 요구를 유보했을지도 모르기 때문이다.

나폴레옹 3세의 '실책'

하지만 지병인 류머티즘에 더해 황음荒程의 영향으로 악성 방광염에 시달리고 있던 나폴레옹 3세는 결단력이 무뎌져 그저 망연자실한 채 헛되이 시간을 흘려보냈고, 마지막에는 개입을 반대하는 라발레트, 발로슈, 루에르 등의 의견에 따라 돌아가는 모양을 지켜보기로 결정했다.

그러자 나폴레옹 3세를 두려워할 필요가 없다고 판단한 비스마르크는 재빨리 휴전 교섭을 추진하여 8월 프라하에서 강화조약을 맺었다. 비스마르크는 오스트리아에 영토 할양을 요구하지 않고 슐레스비히-홀

슈타인의 단독 통치권만을 얻는 데 그쳤다. 그가 원했던 것은 오스트리아의 영토가 아니라 독일 통일의 주도권이었기 때문이다.

그렇다면 이와 같은 프로이센의 전면적 승리를 프랑스 여론은 어떻게 받아들였을까? 후대의 입장에서 보면 정말로 이상한 일이지만, 신문 특히 좌파 신문은 가톨릭에 보수반동인 오스트리아가 패하고 프로테스탄트에 진보파인 프로이센이 승리했다면서 한결같이 환영하고 나섰다. 프로이센이 승리했다는 소식에 파리의 주식 가격이 대폭 올랐고, 민중은 프랑스 국기를 흔들며 프로이센을 축복했다.

하지만 프랑스가 잠재적인 적의 승리에 들떠 있는 것을 외국은 이해할 수 없는 눈길로 바라보고 있었다. 사도바 전투로부터 2주일이 지난 7월 18일, 네덜란드 여왕 소피는 나폴레옹 3세에게 편지를 보내 조제프 푸셰가 앙기앵 공작 처형 때 말했다는 경구를 인용하면서 이렇게 경고했다.

"당신은 기묘한 환영에 사로잡혀 있는 듯합니다만, 요 2주일 동안 당신의 권위는 실추하고 있습니다. 당신은 말할 것도 없고 제국마저 위태로워지고 있습니다. 오스트리아를 못 본 체한 것은 범죄 이상의 것, 결국 실책입니다."(앙드레 카스텔로, 앞의 책)

실제로 그것은 돌이킬 수 없이 큰 실책이었다. 휴전 교섭이 시작되자 당황한 나폴레옹 3세는 중립 준수를 구실로 비아리츠의 밀약을 이행하라고 요구했지만, 얻을 것을 다 얻은 비스마르크는 아예 상대를 하려하지 않았다. "루이 이놈, 이제야 시답잖은 청구서를 내미는군. 누가 지불할까 보냐."(같은 책)

강화조약이 체결된 1866년 8월 베를린 주재 프랑스 대사 베네데티

노쇠한 나폴레옹 3세
1860년대 후반에는 지병인 방광염 때문에 나폴레옹 3세는 눈에 띄게 노쇠해지기 시작했고 결단력도 급속히 무너졌다. 프로이센-오스트리아 전쟁에서도 개입 시기를 놓쳐 비스마르크가 하는 것을 지켜봐야만 했다. [A]

Vincent Benedetti가 독일 전역에서 프로이센의 주도권을 인정하는 대신 라인 좌안의 바이에른과 헤센의 영토를 할양하라고 요구했지만 비스마르크는 딱 잘라 거절했다.

이어서 프랑스가 룩셈부르크의 병합을 요구하자 비스마르크는 질질 끄는 작전을 펼친 끝에, 요구에 응하는 것처럼 보이면서 다른 한편으로 네덜란드 왕을 부추겨 나폴레옹 3세의 시도를 좌절시켰다. 그때 나폴레옹 3세는 개전을 결심했지만 멕시코 전쟁으로 피폐해진 자국의 군대가 싸울 수 있는 상태가 아니라는 것을 알고 싸움을 단념하지 않을 수 없었다.

이듬해 1867년 5월, 런던에서 열린 국제회의에서는 영국까지 프로이센 편에 섰고, 룩셈부르크는 중립 영토라는 결정이 내려졌다. 사도바에서 패한 것은 오스트리아만이 아니었다. 나폴레옹 3세의 외교도 결정적인 패배를 맛보았던 것이다.

지지부진한 군제 개혁

사도바에서 프로이센군이 결정적인 승리를 거두는 것을 지켜본 나폴레옹 3세는 늦긴 했지만 위기의식에 눈을 떴다. 특히 이탈리아 전쟁 이후 축소되고 있던 군대는 조직, 군비, 장병의 사기 모두 강대해진 프로이센군에 비해 명백히 뒤처져 있었다. 사실상 완충지대 없이 강대한 프로이센과 직접 대치하게 된 이상 군제 개혁은 피할 수 없는 과제였다.

1866년 12월 나폴레옹 3세는 니에르 원수에게 군비 확장 계획을 작성하라고 명하면서, 90만의 상비군을 거느린 프로이센에 대해 프랑스군을 현역과 예비역을 합쳐 82만4000명 수준까지 확대하고, 나아가 40만의 국민 유동대遊動隊를 창설하라고 지시했다.

1867년 1월 군비 확장 계획을 의회의 심의에 부쳤지만 웬일인지 의회는 여야가 하나가 되어 반대를 표명, 나폴레옹 3세의 군제 개혁의 알맹이를 완전히 빼버렸다.

여당은 지지 기반인 농민이 징병을 꺼린다는 이유로 반대했고, 야당 특히 쥘 파브르, 쥘 시몽, 레옹 강베타 등의 공화파는 군비 확장 노선은 시대에 뒤처진 것일 뿐만 아니라 쓸데없이 프로이센을 자극할 뿐이고 경제의 파탄으로 이어질 것이라며 반대로 돌아섰다. 나폴레옹 3세를 지지해야 할 에밀 올리비에마저 의회에서 이렇게 비판했다.

> 도대체 군비를 확장할 필요가 어디에 있단 말인가? 다가오는 위험이 어디에 있는가? 누가 우리를 위협하고 있는가? 아무도 없다. 위험도 없다. 독일군을 문제 삼는데, 독일군은 본질적으로 방위적인 군대다. 우리의 진짜 동맹군은 이념이고, 정의이고, 지혜다. 가장 강력한 국가란 스스로 군비를 푸는 국가다. 프랑스를 병영으로 만들어서는 안 된다!
>
> ―조르주 루, 『나폴레옹 3세』

3년 후 내각 총리로서 프로이센에 선전포고를 할 때 에밀 올리비에는 자신의 연설을 어떤 마음으로 회상했을까. 아무런 근거도 없이 적을

'선의'로 재단하려는 자는 반드시 자신의 믿음에 배반당한다.

의회는 심의에 일 년 가까이 시간을 끈 끝에 핵심이 다 빠진 군제개혁안을 가결했다. 40만의 국민 유동대가 창설되기는커녕 상비군의 증설도 받아들여지지 않았고, 유일하게 가결된 것은 병역의 단축뿐이었다. 조르주 루가 『나폴레옹 3세』에서 지적하고 있듯이 "이른바 군제 개혁은 군비 확장이 아니라 군비 축소였다."

그러나 나폴레옹 3세는 이러한 군제 개혁 실패의 책임을 입법의회에만 떠넘길 수는 없었다. 왜냐하면 입법의회를 제정에 대한 저항을 막아내는 아성으로 삼았던 것은 다름 아닌 나폴레옹 3세 자신이었기 때문이다.

자유제정과 의회주의의 진전

아주 상식적인 사고방식을 가진 지배자라면 내외의 위기가 현재화顯在化하여 손을 쓰지 않으면 큰일이 날 것이라고 자각한 경우, 자신의 권력기반을 다지고 여론에 대한 제재를 강화하여 보다 억압적인 체제를 확립하려 할 것이다.

그런데 정말로 종잡을 수 없는 인물인 나폴레옹 3세는 억압적인 체제가 가장 필요했을 때인 1867년 1월, 제3당 당수 에밀 올리비에를 여러 차례 만나 1865년 모르니 사후 중단되었던 자유제정으로 완전히 이행한다는 프로그램을 실행에 옮길 결심을 굳힌다. 즉, 루에르에게 보낸 편지에서 칙어봉문勅語奉文을 대체해 장관에 대한 질문권을 의회에 주라고 지시했던 것이다.

그 결과 의회는 정부가 제안하는 정책에 관하여 토의할 권리를 얻어 나폴레옹 3세가 제출한 군제개혁안을 '충분히' 심의할 수 있게 된다. 이러한 결과를 접했을 경우 통상적인 지도자라면 즉시 개혁안을 철회하고 원래의 억압체제로 돌아갔을 터다.

그러나 나폴레옹 3세는 달랐다. 예상대로 일이 진행되지 않은 것은 개혁이 불충분한데다 자신을 강력하게 지지하는 제3당의 세력이 약하기 때문이라고 판단하고, 제3당이 쉽게 진출할 수 있는 길을 열어주는 일련을 개혁을 서둘러 실행했던 것이다.

1867년 3월 원로원의 의결에 따라 원로원과 입법원이 대화를 하기로 결정한 후 개혁은 한층 더 속도를 내기 시작한다.

1868년 5월 입법원은 출판의 자유를 보장하는 출판법을 가결했는데, 이것은 제2제정의 역사를 바꾼 획기적인 사건이었다. 그도 그럴 것이 신문을 발행할 때 정부에 내는 보증금은 여전히 필요했지만, 허가제가 아니라 신고제로 바뀌었고 악명 높은 경고제도 폐지되었기 때문이다. 한 마디로 말해 신문은 정부 비판의 자유를 얻었던 것이다.

또, 6월에는 집회법이 가결되어 정치적·종교적 목적을 갖지 않은 집회는 사전에 신고를 할 필요가 없게 되었다. 집회에 경찰관이 참석할 수 있고 해산을 명하는 것도 가능하다는 제한이 따르긴 했지만, 이전과는 비교할 수 없을 정도로 자유가 확대되었다.

정부의 핵심적인 인사들은 자신이 제출한 법안이 야당의 반대에 부딪쳐 부결되기를 내심 바라고 있었지만, 나폴레옹 3세는 의회의 해산을 내비치며 각료들을 굴복시켰다.

좌익 신문 『랑테른』
1868년의 출판법 개정으로 신문 발행이 신고제로 바뀌면서 우후죽순처럼 신문이 창간되었다. 그 가운데 앙리 로슈포르가 주필로 있던 『랑테른』은 정면으로 황제를 비판, 종종 발행이 정지되었다. [A]

강베타
공화파 신문 『레뷰유』를 주재한 들레클뤼즈가 다른 일곱 명의 저널리스트와 체포되었을 때 변호를 맡은 강베타는 물 흐르는 듯한 달변으로 청중을 매료하여 단숨에 공화파의 스타가 된다. [A]

출판·집회의 자유와 반체제파의 약진

그렇다면 이렇게 억지스러워 보이는 조치로 제3당의 세력 확대라는 나폴레옹 3세의 바람은 이루어졌을까? 그렇기도 하고 그렇지 않기도 하다.

그렇다고 말하는 것은 이들 일련의 개혁에 의해 제3당 이외의 야당도 세력을 늘려 다시금 '당파의 시대'가 출현했기 때문이다. 그리고 각각의 당파가 국가적인 이해보다 자파의 이해를 앞세우는 의회주의적인 폐해가 나타났다. 그 때문에 군제 개혁과 같은 국가적인 과제가 선거를 목표로 하는 당리당략의 재료가 되어버렸다.

또, 출판법의 시행과 함께 일 년도 지나지 않아 140종이 창간되는 전무후무한 신문 발행 붐이 일었고, 정부 공격에서도 일종의 자유 경쟁 상태를 낳았다. 그런 상황에서 보다 과격한 신문에 인기가 쏠리는, 정치적 자유주의 특유의 현상이 나타났던 것이다.

이와 같은 과격한 신문에 근거한 반체제파는 정부 공격을 활성화시켰을 뿐만 아니라 출판법에 금지되어 있는 체제와 황제에 대한 직접적 비판도 굳이 사양하지 않았다.

그중에서도 『피가로』의 빌메상Hippolyte de Villemessant에게 재능을 인정받은 앙리 로슈포르는 적색 표지의 주간신문 『랑테른La Lanterne』을 발행했는데, 이 신문은 격렬한 풍자로 나폴레옹 3세와 정부를 조소하여 반체제파의 박수갈채를 받았다. 『랑테른』은 당국의 역린을 건드려 발행이 정지되고 앙리 로슈포르는 망명을 떠나야 했지만, 이와 유사한 과격 반체제 저널리즘은 우후죽순처럼 생겨나 정부를 괴롭혔다. 이제는 1851년의 쿠데타의 진상을 이야기하는 것조차 유행하게 되었고, 나폴레옹 3세가 '바당게'라는 멸칭蔑稱으로 불리는 것도 이상하지 않았다.

이처럼 반정부 저널리즘이 아니라 반체제 저널리즘이 탄생한 것은 나폴레옹 3세의 오산 탓이었지만, 보다 심각한 계산 착오는 집회의 자유를 이용한 반체제 운동이 활발해진 점이었다. 예를 들면 1851년 쿠데타 때 생앙투안의 바리케이드 위에서 사살된 공화파 의원 빅토르 보댕을 영웅으로 떠받드는 운동이 거세져 『레베유Le Réveil』라는 공화좌파의 신문을 주재하는 들레클뤼즈Charles Delescluze는 보댕을 기념하는 동상을 건립하기 위한 모금을 호소했다.

하지만 만약 당국이 조금만 냉정하게 대처했더라면 이 운동도 그렇게 확대되지 않고 끝났을지도 모른다. 그런데 내무장관 피나르는 들레클뤼즈를 체포하여 다른 일곱 명의 저널리스트와 함께 재판에 넘기는 최악의 수를 쓴다. 그리고 이것이 제2제정의 붕괴를 알리는 서곡이 되었다.

왜냐하면 이때 반체제파는 소송 과정에서 1868년 세대의 목소리를 대변하는 최대의 히어로를 발견했기 때문이다. 레옹 강베타가 그 사람이다.

남프랑스 카오르 출신인 강베타는 들레클뤼즈로부터 변호를 부탁받고 물 흐르는 듯한 달변으로 청중을 압도했고, 제2제정 그 자체의 재심을 요청했다. 다음 날 아침, 눈을 뜬 강베타는 자신이 프랑스 제일의 유명인사가 되었다는 것을 알았다.

이처럼 나폴레옹 3세의 일련의 자유주의적 개혁은 마치 판도라의 상자를 연 것처럼 유형무형의 반체제파를 낳았는데, 에밀 올리비에가 이끄는 제3당도 크게 약진했다는 점에서는 확실히 나폴레옹 3세의 바람이 이루어졌다고 말할 수 있는 요소도 포함하고 있었다.

그 증거로 1869년의 입법의회 선거에서 제3당은 116석을 차지해 권력 탈취에 가까이 다가갔던 것이다.

6

자유제정을 향해

나폴레옹 3세는 좌우 사이에서 동요하고 있었는가?

1869년 5월 23일부터 24일까지 이틀 동안 실시된 입법의회 선거는 제정의 대전환을 예감케 하는 결과를 낳았다.

실제로 뚜껑을 열어보니 공화파의 진출이 두드러져 프랑스 전역에서 여당은 450만 표, 야당은 335만5000표를 얻었는데, 여야가 역전된 것은 아니었지만 파리만으로 한정하면 여당 7만4000표, 야당 23만 표를 얻어 야당이 여당을 압도했다. 마르세유와 파리 벨빌에서 동시 당선한 강베타가 마르세유 선거구를 갖자, 벨빌의 보궐선거에서는 망명지에서 돌아온 급진과격파 로슈포르가 당선했다.

또, 입법의회의 의석 분포를 보면 여당이 216석, 야당이 74석으로 표면상 여당의 과반수는 흔들리지 않았지만, 여당 의원 가운데 '말무크 maluk'라고 불리는 권위제정주의자는 80명에 지나지 않았고 대부분이

의회 선거

1869년의 입법의회 선거에서는 도
시 지역에서 야당이 여당을 압도,
말무크라고 불리는 권위제정주의
자는 80명으로 곤두박질쳤다. 도
판은 선거 결과를 보기 위해 신문
사의 호외 게시판으로 쇄도하고
있는 민중들. [A]

에밀 올리비에

에밀 올리비에가 이끄는 제3당은
'116인의 질문'으로 정치의 전면에
나선다. 나폴레옹 3세는 책임내각
제 확립을 위한 입법조치를 강구
한 후 에밀 올리비에에게 조각을 명
했다. [A]

에밀 올리비에가 주장하는 '권력과 자유의 융합'
이라는 자유제정 노선의 지지자였다.

이런 상황에 대해 나폴레옹 3세는 어떻게 반응
했을까? 역사가들의 종래의 입장에 따르면 이러
하다.

혁명의 위기를 품은 상황에 직면하여 나폴레옹 3세
는 다시 한 번 쿠데타에 호소할 것인지 아니면 더욱
더 좌로 선회하여 양보 정책을 이어갈 것인지 양자
택일을 해야 했다. 그러나 늙고 병들어 고통스러워
하고 있던 황제는 이미 이전과 같은 의지와 결단력
을 잃은 상태여서 더 이상 복잡한 파벌 관계가 뒤얽
힌 정부를 통제할 수 없었다. 그는 우에서 좌로 동요
하다가 마침내 1869년 7월 '부황제'라는 별명으로
불리던 국무장관 루에르를 해임하고 '제3당'의 지도
자 에밀 올리비에에게 정국을 위임하여 의회제정으
로 가는 길을 선택했던 것이다.

―이노우에 고지 편, 『세계 각국사 2―프랑스사』

결국 늙고 병들어 쇠약해진 나폴레옹 3세는 이
전과 같은 강한 정치력을 발휘할 수 없었고, "우
에서 좌로 동요하면서" 양보에 양보를 거듭한 끝
에 자유제정을 길을 선택했다는 것이다.

하지만 정말 그런 것일까?

확실히 나폴레옹 3세는 체력과 기력 모두 저하하고 있었다. 또, 주위의 의견은 둘로 분열되어 있었다. 외제니 황비와 루에르는 권위제정으로 복귀할 것을 주장한 데 비해, 1851년의 쿠데타 당사자인 페르시니와 모파는 타협하지 않을 수 없다는 쪽으로 기울었고, 프린스 나폴레옹은 에밀 올리비에에게 정국을 맡기라고 강력하게 진언했다. 더욱이 나폴레옹 3세가 어느 쪽을 택할 것인지 확실하게 자신의 뜻을 밝히지 않은 것도 사실이다. 그러나 그렇다고 해서 나폴레옹 3세가 "동요하고 있었던" 것은 아니다. 그의 생각은 정해져 있었다. 이와 관련하여 윌리엄 스미스는 이렇게 분석한다.

> 이러한 상황에서 해야 할 것은 하나밖에 없다. 그리고 나폴레옹 3세는 그것을 했다. 즉, 자신의 의도를 알리지 않은 채 하나의 그룹이 장래성이 있는 프로그램을 가지고 등장하기까지 기다렸던 것이다.
>
> ─『나폴레옹 3세』

그 증거로 스미스는 나폴레옹 3세가 11월로 예정되어 있던 입법의회의 개회를 앞당겨 6월에 임시회의를 소집한 사실을 들고 있다. 임시회의 소집 소식을 접한 사람들은 너나없이 의회와 정부가 전면 대결을 펼치지 않을까 잔뜩 긴장했다. 에밀 올리비에마저 나폴레옹 3세에게 의회를 소집하는 것은 시기상조라고 충고했다. 하지만 나폴레옹 3세는 들으려 하지 않았다.

6월 6일, 슈네데르 의장이 개회를 선언하자 116명의 의원이 연명으

로 질문권을 행사하여 정부에 현재의 정치 정세에 대한 설명과 책임내
각제 확립을 요구했다. 이것이 저 유명한 '116인 질문'이며, 이를 통해
에밀 올리비에의 제3당이 마침내 정치의 전면에 나섰던 것이다.

이 행동에 나폴레옹 3세는 즉각 응했다. 7월 12일, '부황제' 루에르를
자른 것이다. 루에르는 의회에서 116명의 요구에 응하는 황제의 친서
를 읽은 다음 사임을 표명했다. 나폴레옹 3세는 망설이고 있었던 것이
아니라 자유제정을 향해 발걸음을 서두르겠다는 결심을 굳히고 있었던
것이다.

에밀 올리비에 내각으로

그러나 이것에 의해 에밀 올리비에 내각이 탄생한 것은 아니다. 헌법
에 입법의회 의원은 각료가 될 수 없다는 규정이 있어서 나폴레옹 3세
는 샤슬루 로바Chasseloup-Laubat 후작을 수반으로 하는 잠정 내각을 만들
어 책임내각제 확립을 위한 입법 조치를 위임했다. 내각은 에밀 올리비
에와 협의한 끝에 9월 8일 원로원 의결을 발령하여 자유제정 이관을 확
실시 했다. 올리비에는 일기에 이렇게 쓴다.

최근 12년 동안 다른 사람들은 내가 제국을 믿는 것을 비웃었다. 하지만 지
금은 나의 신념이 증명되었다. 문제는 해결되었다. 나는 목표에 도달했다.
내 인생의 제1부는 완결되었다. 이제부터 제2부가 시작된다.
—에밀 올리비에, 『일기』

실제로 원로원의 의결에 따라 입법의회는 법률의 발의권과 예산의

각종 심의권을 갖게 되었다. 원로원은 제2원으로서의 성격이 강해지면서 그 권능은 약해졌다. 양원 모두 무제한의 질문권이 인정되었을 뿐만 아니라, 각료는 양원의 의원 중에서 황제가 선발했고 의회에 집단적 책임을 지우게 되었다. 요컨대 1860년 11월에 나폴레옹 3세가 제시한 자유제정의 방향이 이것으로 확정된 것이다.

남은 것은 책임내각제의 수반을 누구로 할 것인가라는 문제뿐이다. 나폴레옹 3세의 마음은 결정되어 있었다. 에밀 올리비에다. 이리하여 둘 사이에 몇 차례 서간이 오가고 비밀리에 회담이 열리면서 조각 조건이 무르익었다. 에밀 올리비에의 조건은 황제의 지시가 아니라 자신의 판단에 따라 내각을 구성하는 것이었고, 나폴레옹 3세의 조건은 '신문왕' 에밀 드 지라르댕과 프린스 나폴레옹을 배제하는 것이었다. 나폴레옹 3세의 눈에 지라르댕은 당리당략만을 노리는 최대 선동가로, 프린스 나폴레옹은 대혁명 당시 필리프 평등공과 같은 역할을 하려는 위험한 인물로 비쳤다. 올리비에는 황제의 조건을 받아들였다. 그 결과 1869년 12월 27일 황제는 마침내 에밀 올리비에에게 조각을 명했다.

이리하여 제2제정에서 운명의 해인 1870년 1월 2일 에밀 올리비에 내각이 출범했다.

'열의의 내각'과 빅토르 누아르 살해 사건

에밀 올리비에 내각은 대부분 전년 선거에서 선출된 중도좌파 및 중도우파의 입법원 의원으로 이루어져 있었고, 장관 경험자는 거의 입각하지 못했다. 이 내각은 열의에 차 있어 '열의의 내각'으로 불렸다.

에밀 올리비에는 즉시 전국의 현지사에게 경찰의 감시체제를 완화하

열의의 내각

에밀 올리비에는 중도좌파 및 중도우파의 실무파 의원들로 이루어진 내각을 조직, '열의의 내각'으로 불렸다. [A]

빅토르 누아르

앙리 로슈포르가 주재하는 『라마르세예즈』의 기자 빅토르 누아르는 다른 신문의 편집장 파스칼 구르세의 결투장을 갖고 나폴레옹 일족 중 한 사람인 피에르 보나파르트의 집을 방문했다. [E]

라고 명함으로써 '권위제정의 종언'과 '자유제정'의 개시를 국민들에게 확실하게 각인시켰다. 여론도 새 내각에 호의적이었고 막연한 낙관주의가 온 나라를 뒤덮었다. 그런데 분위기를 앞세우는 내각이 간혹 겪는 일이지만, 새해가 밝자마자 생각지도 못했던 사건이 발생해 정권의 토대를 뒤흔든다.

나폴레옹 일족 중에 피에르 보나파르트라는 인물이 있었다. 나폴레옹의 아우 뤼시앵 보나파르트의 둘째아들로, 젊은 날에는 사촌인 루이 나폴레옹과 함께 로마냐 봉기에 가담한 적도 있었지만, 나이가 들면서부터는 성격이 포악하고 방탕하여 군대에서 탈주 사건을 일으키는 등 세간의 평판이 나빴기 때문에 루이 나폴레옹과의 교제는 거의 없었다. 제2제정 성립 후에도 황제는 피에르를 멀리하여 그가 니나라는 노동자의 딸과 결혼하고 나서는 궁정 출입을 막았다. 나폴레옹 3세는 프린스라는 칭호만은 허가했지만 그가 제2의 세례명인 '나폴레옹'을 쓰는 것은 금지했다. 사촌동생이 추잡한 사건을 일으켜 나폴레옹 가문에 상처를 입히지 않을까 우려했던 것이다.

1870년 1월 1일, 황제의 불안은 최악의 형태로 적중한다.

이날 율리히 드 폰비에르와 빅토르 누아르라는 저널리스트 두 명이 오투유 로에 있는 피에르 보나파르트의 집을 찾았다. 그들은 '제정의 첫 번째 적'인 과격공화파 앙리 로슈포르가 주재하는 『라 마르세예즈』 기자로, 코르시카의 공화파 신문 『르 방쉬Revanche』의 편집장 파스칼 구르세가 부탁한 결투장을 갖고 있었다. 다른 코르시카의 신문에서 피에르 보나파르트가 자신에게 모욕적인 말을 퍼부었다면서 결투를 신청했던 것이다. 『라마르세예즈』의 두 기자가 구르세의 편지를 건네자 피에르 보나파르트는 그 편지를 읽지도 않고 구겨버렸다. 화가 난 누아르는 피에르 보나파르트의 뺨을 때렸다. 피에르 보나파르트는 정당방위라면서 권총으로 누아르를 사살하고, 도망가려던 폰비에르에게도 총격을 가했다.

피에르 나폴레옹은 이 사건의 개략적인 내용을 황제의 비서에게 직접 전한 다음 경찰에 출두하여 구속 수감되었다. 정당방위라는 자신이 있었기 때문이다.

한편, 폰비에르로부터 소식을 듣는 파스칼 구르세와 앙리 로슈포르는 이것이야말로 제정 타도를 위한 천재일우의 기회라고 생각하고 빅토르 누아르를 위한 대규모 장례식을 계획, 앙리 로슈

피에르 보나파르트
보나파르트 일족의 골칫덩이였던 피에르 보나파르트는 빅토르 누아르에게 뺨을 맞은 것에 화가 나 권총으로 누아르를 사살했다. [E]

앙리 로슈포르
빅토르 누아르 피살 소식을 접한 앙리 로슈포르는 장례식을 반체제 행진으로 바꾸기로 결심하고 맹렬한 반나폴레옹 캠페인을 조직했다. 폭동 직전까지 갔지만 거짓 선동이라는 이유로 체포되었다.

포르는 불꽃이 튀는 듯한 선동으로 반보나파르트 열기를 부채질했다. 피에르 보나파르트는 황제와 거의 관계가 없는 인물이었는데도 앙리 로슈포르에게는 보나파르트는 보나파르트, 모두 '피로 손을 더럽힌 살인범'이라는 점에서 다르지 않았던 것이다.

이리하여 빅토르 누아르라는 무명의 젊은 저널리스트는 피에 굶주린 보나파르트 일족에게 살해된 '민주주의의 영웅'이 되었고, 반권력의 상징으로 떠받들어졌다. 사건 이틀 후에 열린 장례식에는 10만 명의 공화주의자가 참가, 앙리 로슈포르를 선두로 뇌이Neuilly의 묘지까지 행진한 후 샹젤리제로 돌아왔는데, 그곳에 경찰과 군대가 대기하고 있었다. 충돌을 피할 수 없다고 생각한 순간, '여기는 로도스가 아니다'라고 판단한 로슈포르와 들레클뤼즈가 양자 사이에 끼어들어 아슬아슬하게 유혈 참사로 치닫지는 않았다.

그 후에도 피에르 보나파르트가 정당방위로 무죄 방면되면서 약 한 달 동안 파리는 혁명 전야와 같은 불온한 공기에 휩싸였다. 에밀 올리비에는 앙리 로슈포르를 반체제 악선전이라는 이유로 체포, 구금했다.

출범하자마자 언론과 집회의 자유를 획득한 과격 공화파의 격렬한 흔들기에 직면한 에밀 올리비에 내각은 기로에 섰다. 계속 양보할 것인가 아니면 질서 유지를 내걸고 탄압할 것인가.

'제정과 자유의 결합'을 표방한 올리비에는 자유만으로는 제정이 흔들린다고 생각하고 확고하게 후자를 선택했다. 프랑스 중공업의 지주인 슈네데르사社의 클루조 공장에서 파업이 일어나자 내각은 군대를 파견하여 진압하고, 나폴레옹 3세가 인정한 노동자 인터내셔널의 해산을 명하는 한편 그 간부들을 체포했다.

4월에는 황제의 목숨을 노린 음모가 적발되었고, 위험인물로 간주된 활동가에게는 체포영장을 발부했다. 요컨대 '자유제정' 개시를 알린 에밀 올리비에 내각은 바로 자신의 방침에 따라 위기를 부르고 말았던 것이다.

이러한 정세를 말없이 관찰하고 있던 나폴레옹 3세는 한 가지 큰 도박을 걸었다. 다음과 같은 물음에 답하는 국민투표를 실시한 것이다.

"프랑스 국민은 1860년 이후 헌법의 자유주의적 개정에 동의하는가?"

이 물음은 교묘하게 설정되어 있었다. 왜냐하면 만약 이 질문에 '아니다'라고 대답하면 권위제정으로 되돌아가기를 바란다는 뜻이다. 반대로 '그렇다'라고 대답하면 황제와 제정을 다시 승인한다는 뜻이다. 결국 제정에 반대하는 반체제주의자라 해도 '아니다'라고 대답하기 어려운 설문인 셈이다. '아니다'라고 주장한 것은 권위제정을 대망하는 가톨릭이었지만, 그들마저 황제와 제정을 부정하면 혁명을 초래한다고 하여 기권으로 돌아서는 자가 많았다.

1870년 5월 8일, 국민투표 결과가 발표되었다. '그렇다' 733만 6000표, '아니다' 156만 표, 기권 189만 4000표. 나폴레옹 3세는 압도적인 다수로 신임을 얻었다. 에밀 올리비에 내각은 안도했고 야당은 낙담했다. 강베타는 "제국은 이전보다 강고해졌다. 계약이 갱신된 것이다"라고 탄식했다.

따라서 만약 이 시점에 나폴레옹 3세가 사망했다면, 조르주 루가 『나폴레옹 3세』에서 말하고 있듯이, "황제는 프랑스가 일찍이 경험한 가장 행복하고 인기 있는 치세의 추억을 후세에 남겼을지도 모른다."

하지만 운명은 최후에 얄궂은 반전을 준비하고 있었다.

빌헬름 1세

비스마르크는 스페인 왕위에 호헨
촐레른-지그마링겐 왕가의 레오폴
드 왕자를 후보로 내세울 결심을
하고 빌헬름 1세에게 재가를 요청
했다. [A]

베네데티

베를린 주재 프랑스 대사 베네데티
는 스페인 왕위 문제로 외제니 황
비로부터 절대 저지하라는 명을
받고 빌헬름 1세를 만나기 위해 온
천장 엠스를 찾았다. [A]

비스마르크의 세기의 음모 '엠스 전보'

국내의 위기를 국민투표로 돌파한 에밀 올리비
에 내각은 그 후 급속히 안정을 찾았고, 자유제정
은 궤도에 오른 듯했다. 국외에서도 아무런 문제
가 없었고, 올리비에가 6월 30일 의회의 연설에
서 단언했듯이, "유럽에서는 일찍이 보기 힘들었
던 평화가 유지되고 있는" 것처럼 보였다.

하지만 표면적인 평화의 이면에서 프로이센의
철혈재상 비스마르크는 은밀하게 음모를 꾸미고
있었다.

사건은 1868년 마드리드에서 일어난 군사쿠데
타로 거슬러 올라간다. 이사벨 2세 여왕을 추방한
임시정부는 새로운 왕조를 만들기 위해 각국에
타진한 후 호엔촐레른-지그마링겐 왕가의 레오폴
드 왕자를 선택했다. 레오폴드 왕자는 프로이센
왕 빌헬름 1세의 사촌동생이었던데, 프로이센 왕
과 달리 가톨릭이어서 스페인 왕으로 가장 적절
하다고 판단했던 것이다.

호헨촐레른-지그마링겐 왕가의 당주當主 앙투
안 공은 이 이야기를 썩 내켜하지 않았지만, 이를
적극적으로 추진해야 한다고 판단한 재상 비스마
르크는 빌헬름 1세에게 재가를 요청했다. 빌헬름
1세는 특별히 열의가 있는 것은 아니었지만 최종

적으로 동의했다.

한편, 나폴레옹 3세는 베를린 주재 프랑스 대사 베네데티 백작을 통해 이 이야기를 듣기는 했다. 그러나 레오폴드 왕자는 나폴레옹 1세의 황후 조세핀의 조카인데다 바덴 대공부인 스테파니 보아르네의 손자이기도 해서 특별히 반대할 이유가 없었다. 빌헬름 1세보다 촌수는 가까웠던 것이다.

그런데 프랑스의 여론은 달랐다. 7월 2일, 레오폴드가 스페인 왕의 유력 후보로 거론되고 있다는 소식을 접한 파리의 신문은 비스마르크야말로 프랑스에 대해 음모를 기도하는 장본인이라 결론짓고, 맹렬한 반대 캠페인을 개시했다.

휴양지 엠스

베네데티는 온천장 엠스에서 휴양 중이던 빌헬름 1세를 찾아가 스페인 왕위 문제와 관련하여 확약을 받아내려 했지만, 빌헬름 1세는 문제는 이미 해결되었다며 회견을 거부했다. 이에 관한 전보를 받은 비스마르크는 앞부분을 잘라내고 회견을 거부했다는 뒷부분만을 매스컴에 흘려 프랑스 여론을 도발했다. [A]

궁정이나 정부에서도 이 목소리에 동조하는 자들이 나타났다. 최선봉에 선 외제니 황비는 황제에게 즉시 반대하라고 요청했다. 이 흐름에 편승한 외무장관 그라몽 공작도 7월 5일 의회 연설에서 프랑스는 이웃나라의 왕좌에 프로이센의 왕자가 앉는 것을 좌시하지 않을 것이라고 호언장담했다. 그러자 비스마르크는 남몰래 득의의 미소를 지으며 측근에게 "갈리아의 황소가 투우사의 붉은 천을 보고 흥분하기 시작했다"고 말했다.

그라몽 공작으로부터 훈령을 받은 프로이센 대사 베네데티는 휴양지 엠스Ems에 머물고 있던 빌헬름 1세를 찾아가 레오폴드 왕자에게 스페인 왕좌를 포기하라고 요청해주었으면 한다고 전했다. 베네데티는 7

월 7일부터 11일까지 몇 번씩이나 빌헬름 1세와 회담하고, 프랑스의 호전적 상황도 알려줬다.

그 결과 7월 12일 레오폴드 왕자의 아버지 앙투안 공은 자식을 스페인 왕자에 앉히는 것을 단념한다는 뜻을 스페인 정부에 타전했다.

전보를 읽은 에밀 올리비에는 전쟁은 피할 수 있게 됐다며 안도했다.

하지만 호전파인 그라몽 외무장관과 외제니 황비는 이 조치에 만족하지 않았다. 그들은 에밀 올리비에의 허가도 없이, 프로이센 왕으로부터 앞으로 더 이상 스페인 왕좌에 눈독을 들이지 않겠다는 확약을 받아내라는 내용의 전보를 베네데티에게 보냈다.

7월 13일, 베네데티는 또다시 빌헬름 1세를 찾아가 이 전보 얘기를 꺼냈다. 온천에서 막 돌아온 빌헬름 1세는 깜짝 놀란 표정으로 이미 다 끝난 문제이니 굳이 확약까지는 하지 않겠다며 베네데티의 요청을 거부했다. 불안한 나머지 베네데티는 오후에 다시 한 번 회견을 신청했다. 성가시게 들러붙는 베네데티가 싫었던 국왕은 회견을 거부하고, 그날 있었던 일을 베를린에 있는 비스마르크에게 타전했다.

전보를 받은 비스마르크는 낙담했다. 프랑스를 도발해 전쟁으로 끌어들이려던 계획이 맥없이 무너졌기 때문이다. 하지만 곧 생각을 바꾸었다. 문제는 해결되었다는 전보의 앞부분은 잘라내고 베네데티와의 회견을 거부했다는 뒷부분만을 각 신문사에 보내면 그만 아닌가?

이튿날 7월 14일, 비스마르크가 뜯어고친 엠스 전보가 『북독일 신문』에 게재되자 뉴스는 금세 프랑스로 전해져 각 방면에서 분노를 불러일으켰다.

비스마르크의 음모는 멋지게 성공했다.

7
제2제정의 붕괴

"베를린으로!"

7월 14일, 엠스 전보가 조간 『북독일 신문』에 게재되자 파리의 석간신문들은 격렬한 어조로 전쟁 분위기를 부추겼다. 민중들은 미친 듯이 거리로 뛰쳐나와 입법의회가 있는 팔레 부르봉을 둘러싸고 외쳤다. "베를린으로! 베를린으로! 전쟁 만세!" 흥분한 민중의 모습은 졸라의 『나나』 마지막 부분에 생사의 기로에서 고민하는 고급 창부 나나와 대비되는 형태로 절묘하게 그려져 있다.

그런 와중에 튀일리에서 열린 각료회의에서 전쟁을 피하고 싶었던 나폴레옹 3세는 왕위 계승에 관한 국제회의 소집을 결정했지만, 생클루 궁전으로 돌아왔을 때 마중 나온 외제니 황비가 강한 어조로 "그런 제안은 국민 감정에 부응하는 것이 아니다"라고 말하는 것을 듣고 임시 각료회의를 요구했다.

개전 결정

각료회의에서 개전을 결정하자 입법의회는 에밀 올리비에가 제출한 전쟁을 위한 긴급예산안을 압도적 다수로 통과시켰다. 딱 한 사람, 티에르가 단상에 올라 전쟁 반대를 호소했지만 야유 때문에 연설을 제대로 할 수 없었다. [H]

이 각료회의에는 외제니 황비도 참석해 "이것은 나의 전쟁"이라고 선언한 것으로 전해지는데, 이것은 외제니의 정적이었던 프린스 나폴레옹이 지어낸 말인 듯하다. 다만 외제니의 존재가 각료회의에 영향을 준 것은 확실해서, 휴식시간 후 재개된 회의에서 전쟁은 기정 방침이 되었다. 더 이상 황제도 내각도 전쟁으로 치닫는 국민의 움직임을 막을 수가 없었던 것이다.

이튿날 15일, 에밀 올리비에가 입법의회에서 전쟁을 위한 긴급예산안을 제출하자 의회는 압도적 다수로 가결했다. 티에르가 발언권을 얻어 냉정한 판단을 호소했지만 성난 고함소리에 묻히고 만다.

에밀 올리비에는 다음과 같은 말로 연설을 매듭지었다.

"오늘 이렇게 우리 내각에도 의회에도 그리고 저에게도 무거운 책임이 주어졌습니다. 하지만 우리는 그 책임을 가벼운 마음으로 받아들일 것입니다."

집단적 광기에 내몰린 프랑스는 이리하여 '가벼운 마음으로' 돌입하고 있었다. 황제는 자유제정 이행 문제에서도 그랬지만 그보다 더 개전 결정에서 사실상 아무런 권리도 행사하지 못했다.

악화하는 황제의 병세와 절망적인 준비 부족

7월 19일 베를린 주재 프랑스 대리대사가 선전포
고서를 비스마르크에게 건넸을 때, 비스마르크는
좋아서 하늘로 날아오를 것만 같은 기분이었다.
이 선전포고로 지금까지 친프랑스적이었던 바이
에른을 비롯한 남독일의 여러 나라가 프로이센
쪽에 가세했기 때문이다.

한편, 나폴레옹 3세는 지병인 방광염이 극도로
나빠져 도저히 통수의 책임을 감당할 수가 없었
다. 이 시기에 황제를 알현한 자는 예외 없이 죽
을 때가 가까운 병자와 같은 황제의 안색에 놀랐
다고 증언한다.

그것은 병 때문만은 아니었다. 나폴레옹 3세는
자신이 조금도 바라지 않은 전쟁으로 내몰리는
것에 깊이 절망하고 있었던 것이다. 7월 23일 국
민에게 발표한 선언을 보면 고심에 찬 결단이 잘
표현되어 있다.

"나는 다음과 같이 말할 수 있습니다. 걷잡을
수 없을 정도로 전쟁 열기가 고양된 가운데 우리
에게 개전 결정을 명한 것은 국민 전체라고."

그럼에도 황제는 국민의 의지에 따른 전쟁을
수행하기 위해서는 자신이 총지휘를 맡을 수밖에
없다고 생각했다. 영국인 주치의가 전장에 나가

열광하는 민중들
엠스 전보가 보도된 이후 "베를린
으로!"를 외치며 정부에 개전을 촉
구했던 민중은 개전 결정 소식에
미친 듯 기뻐하며 거리로 뛰쳐나
왔다. [H]

나폴레옹 3세의 출진
병세가 나빠지고 있었음에도 출
진을 결심한 나폴레옹 3세는 외제
니 황비를 섭정으로 임명한 다음,
생클루 궁전의 지하역에서 황비와
작별 인사를 나누었다. [H]

전장의 황태자
황태자는 아직 열 네 살의 가냘픈 소년이었지만 나폴레옹 3세는 동행을 고집했고, 처음부터 끝까지 행동을 함께했다. [A]

프랑스군 수뇌
거의 아무런 준비도 없이 전쟁에 돌입한 프랑스군은 처음부터 열세를 면하지 못했다. 군 수뇌부도 연줄로 출세한 무능한 사람이 많았고, 그들은 전장에서도 별다른 위기의식을 느끼지 못했다. [H]

는 것은 자살행위나 마찬가지라고 반대했지만 황제는 뜻을 바꾸지 않았다. 나폴레옹의 이름을 가진 황제인 이상 여론이 바라는 전쟁 앞에서 기죽은 모습을 보일 수는 없었던 것이다.

1870년 7월 28일 아침, 황제는 생클루 궁전 지하의 철도역에서 외제니 황비와 작별 인사를 나눈 다음 특별열차에 올랐다. 황제 옆에는 황태자 루이가 있었다. 열네 살 치고는 가냘프고 믿음직스럽지 못한 소년이어서 장군들은 방해가 될 뿐이라며 난색을 표했지만, 황제는 어떤 예감 때문이었는지 동행을 고집했다.

열차는 파리를 지나 총사령부가 있는 메스로 향했다. 파리에서 출정식을 연출하지 않은 것은 건강 상태가 좋지 못했기 때문이다. 배웅 나온 사람들의 표정은 마치 장례식에라도 참석한 것 같았다.

외제니 황비를 섭정으로 임명하고 파리를 떠나기 전, 나폴레옹 3세가 세운 작전은 프로이센군이 전열을 정비하기 전에 라인 강을 건너 남북 독일을 양분한 다음 남독일 나라들을 프로이센에게서 떼어내고, 오스트리아와 이탈리아의 참전을 유도하는 것이었다. 프로이센군의 몰트케도 이것을 몹시 우려하고 있었다.

하지만 메스의 역에 도착한 황제의 눈에 들어온 것은 산더미처럼 쌓인 무기와 탄약, 식량이었다. 에밀 올리비에는 훗날 "메스는 시장의 광장 같았다"라고 말한다. 도착한 장병들도 자신들의 부대가 어디에 있는지 몰라 우왕좌왕하고 있었다. 병사들은 모젤 강에서 낚시를 하면서 시간을 보냈고, 장교들은 파리에서부터 동행한 아내나 애인들과 '휴가'를 즐기고 있었다. 총사령부에 대기하고 있는 장군들 중에는 작전지도도 제대로 못 읽는 자까지 있었다. 실력도 없이 연줄로 출세한 자들뿐이었다. 너나 할 것 없이 전쟁을 하러 메스에 왔다는 것을 잊고 있는 것 같았다.

절망한 나폴레옹 3세는 외제니에게 편지를 썼다.

"모든 게 예상 밖입니다. 병력도 부족합니다. 우리가 질 게 뻔해 보입니다."(앙드레 카스텔로, 앞의 책)

싸우기도 전에 결정된 우열

프랑스군이 메스에서 우왕좌왕하고 있는 사이 몰트케 장군이 이끄는 프로이센군은 셋으로 나뉘어 알자스와 로렌을 침입하기 시작했다. 총병력 50만, 잘 훈련된 데다 장비와 병참도 완벽한 정예 병사들이었다.

이에 비해 프랑스군은 알제리와 로마에 주둔하고 있는 병력을 포함해도 35만 명, 그것을 제외하면 실제 가동할 수 있는 병력은 고작 25만 명에 지나지 않았다.

또 프랑스군은 주황색 상의에 붉은색 바지, 그러니까 '위협적'으로 보이는 화려한 군복을 입고 있어서 쉽게 프로이센군의 표적이 되었다. 이와 달리 검은색 상의에 갈색 바지인 프로이센군 군복은 총탄으로부

라이히쇼펜의 패배
알자스에 침입한 프로이센 제3군
은 라이히쇼펜에서 마크마옹군을
격파했다. 프랑스군의 붉은색 바
지는 프로이센군의 표적이 되었다.
[A]

터 병사들을 곧잘 지켜주었다.

무기를 보아도 사정은 다르지 않았다. 프랑스
군의 샤스포 소총은 프로이센군의 드라이제 소
총보다 사정거리가 좋았지만 가장 중요한 탄약
이 결정적으로 부족했다. 대포도 프랑스군의 전
장식 청동포는 프로이센군의 후장식 쿠르프 강
철포의 상대가 되지 않았다.

결국 나폴레옹 3세는 큰아버지 나폴레옹이라
도 만회할 수 없는 불리한 조건을 짊어진 채 전장에 임했던 것이다.

8월 2일, 양군은 자르브뤼켄Saarbrücken에서 처음으로 충돌했다. 적군
의 기선을 제압할 작정으로 나폴레옹 3세가 프로이센 영토인 자르브뤼
켄 공격을 명해 프로이센군을 격퇴했다. 이 '승리' 소식은 파리에서 크
게 보도되었다.

하지만 승리의 열광은 오래가지 않았다. 먼저 8월 4일 프로이센 영
토인 비셈부르크Wissembourg에서 아벨 두에이Abel Douay 장군이 이끄는 프
랑스군 부대가 황태자 카이저 빌헬름 2세가 이끄는 프로이센군에 패했
다. 그리고 8월 6일에는 로렌의 포바흐Forbach에서 프로사르Frossard 부대
가 프리드리히 카를 왕자 휘하의 프로이센 제1군에, 알자스의 레쇼판
(라이히쇼펜)에서는 마크마옹 부대가 프리드리히 빌헬름 왕자가 이끄
는 프로이센 제3군에 각각 대패해 퇴각하지 않을 수 없었다. 이리하여
알자스와 로렌은 프로이센군에 점령되었고, 제1차 세계대전까지 독일
령으로 남는다.

메스의 총사령부에서 대패 소식을 들은 나폴레옹 3세는 절망의 밑

바닥으로 떨어졌다. 총사령부의 장군들은 간신히 퇴각하는 데 성공한 프로사르 부대와 마크마옹 부대를 한곳에 모아 반격을 준비해야 한다고 했지만, 나폴레옹 3세는 아예 샬롱Châlons까지 후퇴한 다음 그곳에서 예비군과 합류해 파리 방어를 위한 강고한 군을 재조직해야 한다고 생각했다.

어떤 길을 택할 것인지 의견이 분분했고, 그렇게 쓸데없이 며칠을 보낸 후에야 나폴레옹 3세의 의견대로 전군이 샬롱까지 퇴각하기로 했다. 8월 14일, 상심한 황제는 후퇴하는 군의 지휘를 바젠 장군에게 맡기고 황태자와 함께 메스를 떠났다. 샬롱에 도착했을 때 나폴레옹 3세는 이틀 동안의 마차 여행으로 대단히 피곤한 상태였다.

섭정 외제니 황비의 원격 조종

비셈부르크 패배에 이어 알자스와 로렌이 프로이센군에 점령되었다는 소식이 전해지자 승리를 확신하고 있던 파리의 민중은 심하게 동요했다. 부유한 계층은 파리를 떠날 준비를 했고, 민중 사이에서는 불온한 기운이 떠돌기 시작했다.

8월 9일 에밀 올리비에 내각이 총사퇴하고, 쿠쟁몽토방Cousin-Montauban을 수반으로 하는 내각이 성립했다. 이 내각은 쿠쟁몽토방 장군이 베이징 교외 바리차오八里橋(팔리카오Palikao)에서 승리해 백작 작위를 받았다고 해서 팔리카오 내각이라 불린다.

팔리카오 내각은 파리에 계엄령을 선포하고 정정政情의 안정에 힘썼지만 민중의 동요를 잠재우기는 어려웠고, 8월 16일에는 황제가 퇴위했다는 소문까지 돌았다.

이러한 불안에 자극을 받아서였을까. 외제니 황비는 이 무렵부터 원정 중인 나폴레옹 3세에게 하루가 멀다 하고 전보를 보내 프랑스 군사와 정치를 원격 조종할 뜻을 분명히 하기 시작했다. 외제니 황비는 제국이 붕괴할 수도 있다는 위기감 때문에 이런 행동을 한 것인데, 결과적으로는 외제니의 '지나친 긴장'이 제2제정을 멸망으로 이끌게 된다.

그런데 나폴레옹 3세 부자가 샬롱을 향해 출발한 후, 메스에 남은 바젠 장군은 8월 14일 모젤 강 우안의 보르니 전투에서 승리해 로렌에 침입한 프로이센군을 저지하는 것처럼 보였다. 하지만 프로이센군의 알벤슬레벤Alvensleben 장군이 모젤 강 좌안을 건너 맹공격을 퍼부었고, 진격을 저지당한 바젠 부대는 오도 가도 못하는 처지에 빠졌다. 이때 만약 양군이 정면으로 대치했더라면 수적으로 우세한 프랑스군이 프로이센군을 압도했을 터인데, 공포에 질린 바젠은 메스로 퇴각하여 프랑스군 최정예부대를 이곳에 묶어두는 큰 실책을 범했다.

한편, 알자스와 로렌에서 퇴각해 샬롱에 결집한 프랑스군 주력부대는 앞으로의 방침을 둘러싸고 의견이 갈렸다. 8월 17일, 나폴레옹 3세는 장군들을 소집하여 작전회의를 열고, 파리 방어를 위해 퇴각할 것인지 아니면 반격으로 전환하여 메스의 바젠 부대와 합류할 것인지 협의했다. 나폴레옹 3세는 파리 퇴각의 길을 택했다. 대다수 장군도 이 작전에 찬성했다.

17일 밤, 나폴레옹 3세는 외제니에게 파리 퇴각 방침을 타전한 다음 전군에 이동 준비를 개시하라고 지시했다.

그런데 이 전보를 받고 공황 상태에 빠진 외제니 황비와 팔리카오 백작은, 불안한 파리의 정정에 비춰 볼 때 만약 황제가 패배를 맛본 채 수도로 돌아오면 폭동이 발생해 제정은 붕괴할 수밖에 없을 것이니 재고를 강력하게 촉구한다는 내용의 답전을 보냈다. 게다가 메스의 바젠 부대가 프로이센군을 끌어들이고 있을 때 배후에서 급습하라는 전보를 잇달아 보냈다.

이 전보를 받은 나폴레옹 3세는 심하게 동요했다. 극도로 초췌한 상태였던 황제에게 외제니의 '명령'을 거스르면서까지 전군을 퇴각시킬 만한 힘이 남아 있지 않았던 것이다.

조르주 루는 외제니가 명한 샬롱의 방향 전환이 운명의 갈림길이 되었다면서 이렇게 지적한다.

팔리카오 백작
전쟁 초반 패배 소식을 접한 에밀 올리비에 내각은 총사퇴하고, 팔리카오 백작 즉 쿠쟁몽토방 장군이 내각을 조직했다. 장군은 베이징 공격 때 팔리카오(바리차오)에서 벌어진 전투를 승리로 이끌어 팔리카오 백작이라는 칭호를 받았다. [A]

이날 역사의 흐름을 바꾼 책임은 외제니에게 있다. 외제니만 아니었더라면 그 남편의 운명뿐만 아니라 제2제정과 프랑스의 운명도 틀림없이 달라졌을 것이다.

—『나폴레옹 3세』

샬롱에서 스당으로

8월 23일, 망설이고 망설이면서 귀중한 시간을 허비한 끝에 마크마옹 원수는 샬롱을 떠나 바젠 부대와 합류하기 위해 북으로 향했다. 그러나 외제니가 계획한 급습의 기회는 이미 사라진 뒤였다.

섭정 외제니
섭정으로 임명된 외제니는 전장의 나폴레옹 3세에게 연일 전보를 보내 원격조종을 하려 했는데, 그것이 지휘계통의 분열을 초래해 프랑스군은 참담한 패배를 맛보아야 했다. [A]

한편, 몰트케 장군은 파리의 신문이 전하는 샬롱에서의 급선회가 군사상식에 반하는 작전이어서 처음에는 신문이 적을 속이기 위해 거짓 보도를 흘리는 것이라고 생각했지만, 곧 급선회가 사실이라는 것을 알고는 파리로 향하던 제2군과 제3군을 급거 북으로 향하게 했다.

이 사이 외제니로부터 파리 귀환을 거부당한 나폴레옹 3세와 황태자는 어쩔 수 없이 마크마옹 부대를 따라 북으로 향하고 있었다. 황제는 소변 보기가 힘들어져 요도에 소식자消息子, probe를 삽입해 오줌을 눠야 했다. 죽은 사람 같은 그의 모습은 병사들을 고무하기는커녕 절망으로 내몰았다. 에밀 올리비에에게 황제는 쓸쓸하게 이렇게 말했다고 한다. "어딜 가나 나를 성가셔 하는 사람들뿐이다."

그러나 그럼에도 마크마옹 부대가 군대다운 군대였다면 아직 일전을 겨뤄 프로이센군을 막아낼 수 있었을지도 모른다. 하지만 마크마옹 부대는 이미 규율이 엉망인 패잔병 무리에 지나지 않았다. 그들은 적의 모습을 보기도 전에 전의를 상실한 상태였다.

상황이 좋지 않을 때에는 나쁜 일이 겹치는 법이다. 8월 27일, 메스에 다가가고 있던 마크마옹은 오른쪽에 프로이센군의 대부대가 있어서 오른쪽으로 방향을 틀겠다는 뜻을 외제니 황비에게 타전했다. 그러자 이것을 퇴각이라고 간주한 외제니는 격노했고, 기존 방침대로 바젠 부대를 구출하러 가라고 명했다.

8월 29일, 마크마옹 부대는 프로이센군의 본격적인 공격에 직면했다. 이제 프로이센의 두 개 군단이 진로를 끊으려 하고 있다는 것은 누가 봐도 명백했다. 황제와 마크마옹은 외제니에게 진로 변경을 타진했지만 외제니가 보낸 전보는 단호하게 명령을 관철하라는 내용이었다.

그러나 더 이상 명령을 따를 여유가 없었다. 황제와 마크마옹은 스당 요새에서 버티기로 결심했다. 이것은 위험한 도박이었다. 왜냐하면 스당 요새는 사방이 산으로 둘러싸인 사발 모양의 낮은 분지여서, 만약 병력이 두 배인 프로이센군에 포위되면 저항할 방법이 없었기 때문이다.

스당 농성

외제니 황비에 의해 파리 방어를 위한 퇴각을 거부당한 나폴레옹 3세는 프로이센군이 진로를 막아버리자 마크마옹 원수와 함께 스당의 요새에서 버티기로 했다. [A]

스당의 포로

9월 1일 날이 밝을 무렵, 프로이센군은 사방의 산 정상에 설치된 쿠르프 대포를 맹렬하게 쏘아대기 시작했다. 마크마옹 원수는 끝까지 저항하겠다는 의지를 굳히고 있었지만 포탄의 파편에 맞아 부상하는 바람에 뒤크로 장군에게 지휘를 맡겼다. 그러자 뒤크로 장군은 메지에르Mézières 방면으로 활로를 열기 위해 전군에 퇴각하여 일리Illy 평원으로 결집하라고 명했다. 바로 그때 외제니 황비의 친서를 휴대한 빔펜Wimpffen 장군이 나타나 "퇴각이라니 무슨 소리냐. 지금이야말로 공격으로 전환해야 할 때다"라고 호통을 치면서 뒤크로 장군의 명령을 취소하고 전군에 오른쪽으로 방향을 틀라고 명했다.

이렇게 명령이 두 번 세 번 번복되면서 병사들이 큰 혼란에 빠진 데다 프로이센군이 700문 이상의 쿠르프 대포로 포탄을 퍼붓는 통에 버틸 재간이 없었다. 빔펜은 포위망을 뚫기 위해 본망Bonnemant 장군이 이끄는 흉갑기병胸甲騎兵과 마르그리트Margueritte 장군의 아프리카 기병에 돌격명령을 내렸지만, 기병들은 프로이센군의 일제사격에 잇달아 쓰러졌다. 이 모습을 멀리서 바라보고 있던 빌헬름 1세는 "아아, 용감한 병사들이여!"라고 외쳤다 한다.

이 사이 나폴레옹 3세는 병사들을 격려하면서 포탄이 비처럼 쏟아지는 전선에 말을 타고 서 있었다. 그 모습은 분명히 죽음의 장소를 찾고 있는 것처럼 보였다.

빔펜 장군은 건곤일척의 최후 대책으로 황제에게 전군의 선두에 서서 돌격명령을 내렸으면 좋겠다고 진언했다. 그렇게 하면 황제는 틀림없이 목숨을 잃겠지만 명예도 지킬 수 있고 체제도 존속할 수 있다는 것이다. 하지만 황제는 한참 생각하더니 이렇게 말했다.

"돌격을 하면 만 명 아니 2만 명이 더 목숨을 잃을 것이다. 돌격을 쓸데없다. 나에게는 병사를 죽일 권리가 없다."

장군이 떠난 후 나폴레옹 3세는 잠깐 주저했다. 그리고 누구와도 상의하지 않고 최후의 결단을 내렸다. 스당 요새에 백기가 내걸린 것이다.

저녁 어둠이 밀려올 무렵, 백기를 든 레유 장군이 프로이센 진지로 가서 황제의 친서를 건네자 빌헬름 1세는 어이없다는 표정으로 외쳤다. "뭐하는 짓이냐. 황제가 저기 있지 않은가!"

날이 밝아 9월 2일 이른 아침, 포로가 되기로 결심한 나폴레옹 3세는 스당을 떠나 돈셰리Donchery로 가는 도중 마중 나온 비스마르크와 농가에서 회담한 뒤 벨뷔Bellevue 성으로 향했고, 그곳에서 빌헬름 1세와 회견했다. 프로이센 국왕은 낙담한 나폴레옹 3세를 위로했다.

백기
스당에서 버티고 있던 프랑스군을 향해 프로이센군은 포격을 가했다. 나폴레옹 3세는 더 이상의 희생을 피하기 위해 항복을 결심, 백기를 든 사자를 프로이센군 진지로 보냈다. [A]

이튿날 3일 저녁 무렵, 황제가 스당에서 포로
가 되었다는 소식이 프랑스 전역으로 퍼졌다.

9월 4일, 외제니 황비가 권한 이양을 거부하자
민중들은 입법의회에 난입하여 강베타를 의장석
에 앉히고 제정의 폐지를 선언하게 했다. 쥘 파브
르 등 파리에서 선출된 의원들은 시청사에서 민
중들과 함께 공화제를 선언하고, 파리군관구 사
령관 트롱쉬 장군을 수반으로 하는 임시정부를
세웠다.

이리하여 1851년 12월 2일 쿠데타와 함께 출범
한 체제는 황제가 포로가 되는 뜻하지 않은 사건
으로 맥없이 무너지고 말았다.

스당의 포로
프로이센군의 포로가 될 것을 결
심한 나폴레옹 3세는 적진으로 가
는 도중 마중 나온 비스마르크와
농가에서 회담한 후 빌헬름 1세를
만나러 갔다. [A]

제2제정의 종언
1870년 9월 4일, 입법의회에 난입
한 민중들은 강베타를 의장으로
내세워 제정의 폐지를 결정하고,
쥘 파브르 등은 파리 시청사에서
공화제를 선언했다. 이리하여 제2
제정은 종언을 고했다. [A]

8
사로잡힌 황제

"왜 자살하지 않았는가?"

조금 시간을 거슬러 올라 9월 1일 저녁 무렵, 비스마르크는 나폴레옹 3세가 스당의 요새에서 보낸 항복 친서를 빌헬름 1세 앞에서 읽었다.

친애하는 형께
전쟁터에서 죽을 수가 없었습니다.
저의 검을 폐하의 손의 맡길 따름입니다.

폐하의 선량한 아우
나폴레옹

비스마르크는 이것이 "나폴레옹 3세가 스당 요새에서 항복"했다는 뜻이지 "프랑스 제국의 항복"을 의미하는 것은 아니라는 것을 바로 알아채고 심경이 복잡해졌다. 왜냐하면 프로이센은 이제부터 머리(황제)가 없는 몸(프랑스)를 상대로 전쟁을 계속하지 않으면 안 되기 때문이고, 메스에 있는 바젠 부대는 물론이고 파리에 있는 섭정 외제니 황비의 임시정부가 항복을 받아들일지 여부마저 분명하지 않았기 때문이다. 게다가 황제가 포로가 되었다는 소식에 제정이 무너지기라고 한다면 휴전 교섭을 담당할 주체가 존재하지 않게 된다.

비스마르크는 일이 도리어 성가시게 되었다고 생각했다. 전쟁을 조기에 결판내는 것을 급선무로 여기고 있던 비스마르크에게 포로 나폴레옹 3세는 아무런 쓸모가 없는, 귀찮은 장기 말이었던 것이다.

9월 3일 늦은 오후, 스당에서 보낸 전보가 튀일리 궁전의 외제니 황비에게 도착했다.

"군은 패했다. 우리 병사들 사이에서 죽을 수가 없었다. 군을 구하기 위해 포로가 되는 길을 선택했다."

외제니 황비는 전보를 읽자마자 얼굴이 새파래지더니 마구 소리를 질러댔다. "저 인간은 왜 자살을 하지 않았단 말인가! 자신의 명예가 더럽혀질 것을 몰랐다고? 도대체 자식에게 어떤 이름을 남길 셈인가?"

결과적으로 비스마르크의 예감도, 외제니 황후의 예감도 멋지게 적중한다. 그것도 최악의 형태로.

3일 밤에 "황제가 스당에서 포로가 되었다"는 소식을 접한 파리 민중들은 이튿날 날이 밝자마자 곳곳에 바리케이드를 쌓았다. 대로에는 "공화국 만세!"를 외치는 민중들이 흘러넘쳤고, 수도는 이미 통제 불가능한 상태였다.

튀일리의 창문으로 밀려오는 군중의 파도를 망연히 지켜보고 있던 외제니 황비는 그럼에도 입법의회 대표 뷔페의 권한 이양 권고를 단호하게 거부하고 끝까지 섭정으로 남을 것을 분명히 했다. 하지만 사태는 이미 그녀의 의지를 넘어서고 있었다. 민중은 콩고르드 광장의 철책을 부수고 튀일리의 정원으로 몰려들고 있었다.

도움의 손길을 찾아

이탈리아 대사 니가라와 오스트리아 대사 메테르니히가 달려와 외제니를 설득했다.

"서둘러야 합니다. 머뭇거릴 시간이 없습니다!"

이 말을 듣고 외제니는 탈출을 결심했지만, 도망갈 길은 하나, 루브르 미술관을 지나 생제르망 로세루아 성당 앞 광장으로 나갈 수밖에 없다. 니가라는 지나가던 합승마차를 세워 외제니와 독서담당 르브르통 부인을 안으로 밀어 넣었다.

이제 어디로 가야 하나?

르브르통 부인의 머리에 떠오른 것은 국무원 의원 베송과 시종 피엔이었지만 두 사람 다 집에 없었다. 막심 뒤캉에 따르면, 와그람 대로에 있는 피엔의 집에 갔을 때 외제니의 얼굴을 알고 있던 하녀가 두 사람에게 이런 말을 퍼부었다.

"주인님께서 돌아오실 때까지 기다리겠다고요? 주인님을 길거리로 끌고나가 총살이라도 시키실 작정인가요? 자, 돌아가세요. 밀고를 하지 않은 것만도 저에게 감사해야죠."(『반세기의 회상』)

망연자실한 외제니와 르브르통 부인은 거리로 나왔다. 그때 외제니의 머릿속에 퍼뜩 미국인 치과의사 토머스 에번즈 박사의 얼굴이 떠올랐다. 그 사람이라면 오랜 친구이니 틀림없이 도와줄 것이다. 외제니는 승합마차 마부에게 말라코프 대로에 있는 에번즈 박사의 주소를 알려주었다. 에번즈 박사는 부재중이었지만, 다행히 하인이 외제니를 알아보고 아파트 안으로 안내했다.

집으로 돌아온 에번즈 박사는 거실에 황비가 있는 것을 보고 깜짝 놀랐지만, 영국인 친구 클레인과 상의한 후 이튿날 아침 일찍 랑도_{landau} 마차에 두 사람을 태우고 마이요 시문市門을 통해 파리를 빠져나가기로 했다.

마이요 시문에서 에번즈 박사는 지금 친구들과 함께 시골로 휴양을 떠나는 길이라 속이고 검문을 통과하는 데 성공했다. 사흘 만에 노르망디 해안의 투르빌에 도착한 일행은 요트를 빌려 타고 도버를 건넜다. 도중에 태풍이 접근해 라이트 섬에 기항할 수밖에 없었지만, 9월 9일에는 증기선 프린세스 앨리스 호를 타고 간신히 영국의 사우스시_{Southsea} 항에 도착했다.

외제니는 헤이스팅스의 마린 호텔에서 한 발 먼저 망명해 있던 황태자 루이를 만날 수 있었다. 루이는 8월 27일 스당으로 향하는 아버지와 투르트롱_{Tourteron}에서 헤어진 뒤 계속 피해 다니다가, 벨기에의 오스텐트_{Oostende}에서 배를 타고 도버에 도착해 이 호텔에 머물고 있었다.

모자는 에번즈의 권유로 헤이스팅스 근처의 시골 소읍 틸즈허스트의 성곽 캠든 플레이스를 빌려 살기로 했다.

포로 생활의 길

그 사이 포로가 된 나폴레옹 3세는 어떻게 지내고 있었을까?

9월 2일, 벨뷔 성에서 나폴레옹 3세와 회견한 빌헬름 1세는 그의 울적한 심사를 위로하기 위해 카셀 근처에 있는 빌헬름스회허 Wilhelmshöhe(빌헬름의 언덕) 성을 제공하겠다고 제안했다. 이곳은 얄궂게도 나폴레옹 3세의 작은아버지 제롬 나폴레옹이 베스트팔렌 왕이었던 시절에 사용했던 성으로, 당시에는 나폴레옹스회허로 불렸다.

빌헬름 1세는 빌헬름스회허 성으로 갈 때 벨기에를 통해 가고 싶다는 나폴레옹 3세의 요청을 흔쾌히 받아들였다. 나폴레옹 3세는 자국 영내를 포로의 모습으로 통과하는 굴욕을 참을 수 없었던 것이다.

9월 3일, 빌헬름 1세의 부관 헤르만 폰 보이엔 장군이 호위하는 가운데 나폴레옹 3세는 마차의 창문을 커튼으로 가리고 벨기에 국경으로 향했다.

9월 5일 아침, 벨기에의 베르비에Verviers에 있는 철도호텔에서 나폴레옹 3세는 신문을 읽고 외제니 황비가 모습을 감추었다는 것과 공화제가 선포되었다는 것을 알았다. 카셀 행 기차를 기다리고 있을 때 나폴레옹 3세의 방에서 루이 황태자의 시중을 들었던 크랄리 대위가 나타났다. 황태자는 지금 벨기에의 나뮈르에 있는데 병 때문에 합류할 수 없다는 것이다. 자식이 무사하다는 것을 안 나폴레옹 3세는 서둘러 영국으로 가라고 지시했다. 외제니 황비도 어떻게든 영국으로 망명할 것이라고 생각했기 때문이다.

저녁 무렵, 거의 반세기만에 빌헬름스회허 성의 거실에 들어선 황제는 깜짝 놀라 발을 멈췄다. 어머니 오르탕스 여왕의 초상이 걸려 있었던 것이다.

그는 시중들던 사람에게 눈짓을 했다. 혼자 있고 싶
었던 것이다. 그리고 반시간 동안 스당의 패자는 어
머니와 오붓한 시간을 보냈다. 포로의 첫날밤, 조세
핀의 딸의 얼굴에 감도는 희미한 미소는 자식이 오
기를 기다렸다가 환영하고 있는 것처럼 보였다.

—앙드레 카스텔로, 『나폴레옹 3세』

빌헬름스회허 성의 나폴레옹 3세
스당에서 포로가 된 나폴레옹 3세
는 프로이센 국왕 빌헬름 1세의 배
려로 카셀 근처의 빌헬름스회허
성으로 가서 시종들과 함께 '유폐
생활'을 보냈다. [B]

빌헬름스회허 성에서 나폴레옹 3세는, 세인트헬레나 섬에서 나폴레
옹이 그러했듯이, 신변을 돌봐주는 시종들과 함께 지내는 것을 허락받
은 터여서 우선은 쾌적하게 생활할 수 있었다.

2주일 후, 오랫동안 소식이 없었던 외제니로부터 캠든 플레이스에
서 루이 황태자와 함께 건강하게 지내고 있다는 연락이 왔다. 나폴레
옹 3세는 한시름 놓았다. 포로생활에 익숙해지면서 건강도 회복되고
있었다.

기묘한 '패스포트'

한편, 프랑스는 그 사이에도 계속 갈팡질팡하고 있었다. 9월 20일, 임
시정부(국방정부)의 쥘 파브르는 파리가 프로이센군에 포위된 가운데
페리에르에서 비스마르크와 휴전 협상에 들어갔지만, 스트라스부르와
그 주변을 할양하라는 조건을 거부했기 때문에 전쟁은 기묘한 형태로
계속되게 되었다.

그러자 비스마르크는 점점 초조해졌다. 전쟁을 오래 끄는 것은 프로이센에 최악의 결과를 초래할지도 모른다. 나폴레옹 3세든 뭐든 다 좋다. 활용할 수는 있는 것은 모두 동원해 휴전을 매듭지어야 한다.

한편, 메스와 스트라스부르에서 프로이센군에 포위되어 있던 프랑스군에도 염전厭戰 분위기가 퍼지고 있었다. 과연 누가 전쟁을 끝낼 수 있을까?

쌍방이 이런 상황에 처해 있었기 때문인지 전대미문의 어처구니없는 사건이 일어났다.

중재를 자처하고 나선 보나파르티스트가 휴전을 성공시키기 직전까지 와 있었던 것이다.

외제니와 황태자가 틸즈허스트에 안착한 지 며칠 후의 일이다. 캠든 플레이스에 레니에라는 이름의 사내가 나타나 외제니에게 면회를 요청했다. 황태자의 가정교사 필롱이 대응하러 나갔다. 레니에는 임시정부의 무능을 하소연하면서 국민과 군대에 대해 황비 주위로 결집하라고 호소하여 제정을 부활시키는 게 어떻겠느냐고 제안했다.

필롱은 이 얘기를 외제니에게 전했다. 외제니는 비스마르크의 스파이일지 아니면 임시정부의 염탐꾼일지 모르는 사내와 상대해서는 안 된다며 냉정하게 거절했다.

그런데 레니에가 이제 자신은 비스마르크와 빌헬름스회허 성의 황제를 만나러 떠날 것이라며 열변을 토하자, 필롱은 그의 열의에 이끌렸는지 헤이스팅스의 그림엽서 석 장을 건넨 다음 루이 황태자에게 여기에 서명을 해달라고 했다.

이 기묘한 '패스포트'를 들고 프랑스로 돌아온 레니에는 곧바로 페리에르의 비스마르크에게 갔다. 그는 비스마르크에게 자신이 이제 메스의 바젠 부대로 가서 황제의 이름으로 항복하라고 설득할 터이니 통행허가증을 달라고 부탁했다. 레니에의 계획은 황비가 바젠 부대의 힘을 빌려 임시정부를 진압하고 휴전 협정을 매듭짓는다는 것이었다.

정상적인 때였다면 비스마르크도 이런 '특사'의 말을 믿었을 리 없다. 하지만 쥘 파브르와의 휴전 협상 결렬로 안절부절못하고 있었던 탓일까, 비스마르크는 레니에의 말을 믿고 메스 요새로 가는 통행허가증을 내주었다.

예의 그림엽서를 들고 메스에 도착한 레니에는 통행허가증을 내세워 바젠 사령관과 면회하고 용건을 꺼냈다. 항복의 타이밍을 고대하고 있던 바젠도 이 이야기를 그대로 믿고 그림엽서 위에 자신의 서명을 했을 뿐만 아니라 부르바키 장군을 영국의 외제니에게 파견해 지시를 받들도록 했다.

그런데 부르바키 장군으로부터 이야기를 들은 외제니는 자신은 전혀 아는 바가 없다며 격노했고, 레니에의 시나리오는 순식간에 물거품이 되고 만다. 그리고 당연히 휴전도 물 건너가고 말았다.

제정 부활을 위한 희망의 불꽃

하지만 레니에의 계획은 생각지도 못한 곳에서 영향력을 발휘하기 시작한다. 그중 한 사람이 런던에 망명해 있던 페르시다.

아마도 페르시니는 레니에의 계획을 괜찮은 방법이라고 생각했음에 틀림없다. 그리고 그렇게 생각함과 동시에 음모가답게 바로 행동으로 옮겼다. 런던 주재 프로이센 대사 베른슈토르프에게, 부르바키 장군이

가지고온 계획은 그 자체로는 결코 나쁜 것이 아니므로 꼭 재검토해주기 바란다는 내용의 전보를 보냈다.

여기에 호응이라도 하듯이 외제니가 움직이기 시작했다.

외제니는 비스마르크의 허가를 얻어 런던으로 온 바젠 장군의 부관 바제이에 장군을 통하여 베른슈토르프 앞으로 전보를 보냈다. 전보의 내용은 휴전 협정을 맺기 위해 바젠 원수에게 전권을 부여할 용의가 있으니, 만약 이 제안에 동의한다면 2주일 동안 정전을 하고, 바젠 부대에 식료품을 보급해주지 않겠느냐는 것이었다.

비스마르크는 베른슈토르프가 전송해온 이 제안에 관하여 빌헬름 1세에게 지시를 요청했다. 빌헬름 1세는 현명하게도 휴전 협정을 맺기 전에 우리에게 대들지도 모르는 적을 돕는 짓은 하지 않겠다고 못을 박았다.

외제니는 낙담했지만 일단 타오른 제정 부활을 향한 희망의 불꽃은 10월 27일 메스의 바젠 부대가 항복한 후에도 꺼지지 않았던 듯하다. 이렇게 판단하는 것은 10월 30일, 외제니가 빌헬름스회허 성에 있는 나폴레옹 3세 앞에 갑작스럽게 모습을 드러냈기 때문이다.

전前 황제 부부는 만난 순간에는 주변 사람들의 눈을 의식해 감정을 자제했지만, 두 사람만 남자 하염없이 눈물을 흘리면서 서로를 힘껏 껴안았다. 그리고 격한 감정의 물결이 지나가자 두 사람은 곧 프랑스의 운명에 관해 이야기하면서 현상을 분석했다.

외제니는 이렇게 추측했다. 비스마르크는 지금도 여전히 나폴레옹 3세의 정부를 프랑스의 유일한 정통적인 정부로 인정하고 있다. 그러므로 만약 그가 나폴레옹 3세 정부와 휴정 협정을 맺는다면 포로가 된 군

대와 함께 나폴레옹 3세를 프랑스로 돌려보낼 것이다. 그 후 공화정부
와 내전을 벌이더라도 그것은 그에게 프랑스의 내정 문제일 뿐이다 운
운…….

영국으로 돌아온 외제니는 자신에게 평화를 위해 수행해야 할 최후
의 사명이 있다면서 귀국 캠페인을 개시했다. 프로이센에 사부아와 니
스를 할양하고 휴전 조약을 체결한 다음, 자신이 아미앵으로 돌아가 국
민투표를 실시한다는 프로그램이다.

그러나 나폴레옹 3세는 외제니가 인기가 없다는 것을 잘 알고 있었
기 때문에 편지를 보내 그런 생각에 강하게 반대했다.

그대가 아미앵에 나타난다. 그건 그럴 수 있다. 하지만 프랑스의 절반은 프
로이센군에 점령되어 있다. 나머지 절반은 정력적인 선동가들의 손에 있다.
선동가들은 나라가 그대의 호소에 응하는 것을 방해할 것이다. 그대가 아무
리 자신에게는 제정 부활의 야심은 없고 다만 프랑스에 평화의 은혜를 베풀
고 싶을 따름이라고 말해도 소용없을 것이다. 그들은 틀림없이 이렇게 대답
할 것이다. '놈들이 제안하는 평화란 굴욕적인 평화다. 놈들이 국민 감정의
고양을 마비시키지 않는 한 우리는 프로이센으로부터 보다 좋은 조건을 끌
어낼 수 있을 것이다.' (……) 그대와 나의 의무는 무명의 바닥에 침잠해 사태
가 끝나기까지 그저 지켜보는 것이다.

—앙드레 카스텔로, 『나폴레옹 3세』

몇 번씩이나 혁명을 헤쳐 나온 사람답게 나폴레옹 3세는 공화주의자
끼리의 싸움이 결국은 비참한 내란으로 이어질 수밖에 없으리라는 것

을 정확하게 예견하고 있었다. 실제로 이후 국방정부는 항복 조건을 둘러싼 좌우 대립으로 분열하여 파리 코뮌의 대학살을 초래하는데, 이를 보면 나폴레옹 3세의 판단이 정확했다는 것을 알 수 있다.

마침내 '역사'가 되다

하지만 나폴레옹 3세도 어쩌면 비스마르크의 판단에 따라 제정이 부활할 수도 있을 것이라는 한 가닥 희망의 끈을 놓지 않고 있었다.

그러나 두 사람은 레니에 사건 이래 프로이센 정부 내부에서 비스마르크의 영향력이 줄어들고 있었다는 것을 모르고 있었다. 비스마르크가 아무리 나폴레옹 정부를 휴전 교섭의 상대로 삼으려 해도 독단이 허용되지 않는 상황이 발생하고 있었던 것이다. 특히 1871년 1월 18일 베르사유 궁전에서 빌헬름 1세가 독일 제국 황제로서 즉위한 후부터 비스마르크의 영향력을 상대적으로 낮아졌다.

또 다른 마이너스 요인은 나폴레옹 3세가 포로가 된 이래 확산되어 온 매스컴의 나폴레옹 3세 매도 캠페인이다. 공화파도 왕당파도 이제까지 억압받아온 한을 풀기라도 하듯이 '나폴레옹 3세＝바보 같은 호색황제' '외제니 황비＝음란하고 히스테릭한 여자'라는 이미지를 끝도 없이 증폭시켜 민중의 친나폴레옹 감정을 일소하려고 애썼다. 그 때문에 적어도 도시 주민들은 나폴레옹 3세 부부에게 서슴지 않고 악역 딱지를 붙였다.

더욱 결정적이었던 것은 지금까지 영토 할양을 거부하고 전쟁 계속 방침을 취해온 임시정부가 전국戰局의 타파는 불가능하다는 판단 아래 프로이센 측의 가혹한 휴전 조건을 받아들일 결심을 굳힌 것이었다.

이러한 정세의 변화를 알아차린 나폴레옹 3세는 전 장관 클레망 뒤베르누아를 비스마르크에게 밀사로 보내 자신이 휴전 조건의 교섭 상대가 되어야 한다고 주장했다.

하지만 여기에서도 외제니의 주제넘은 참견이 나폴레옹 3세의 의도를 좌절시키고 만다. 외제니로부터 명령을 기다리라는 얘기를 들은 뒤베르누아가 벨기에의 브뤼셀에 발목이 잡혀 있는 사이, 기다리다 지친 비스마르크는 임시정부를 교섭 상대로 선택할 생각을 굳혔기 때문이다.

1871년 1월 28일, 비스마르크와 임시정부의 외무장관 쥘 파브르는 파리 항복을 조건으로 국민의회 선거 준비를 위한 2주 동안의 정전에 합의했다. 그 직후 뒤베르누아가 베르사유에 있는 비스마르크를 찾아왔다. 비스마르크는 뒤베르누아가 건넨 명함 뒷면에 이렇게 적었다.

"클레망 뒤베르누아, 20분 늦었다!"

2월 8일 실시된 국민의회 선거에서는 왕당파가 압도적인 승리를 거두었고, 17일부터 보르도에서 열린 의회에서는 오를레앙파인 티에르가 공화국 행정장관으로 선출되었다. 티에르는 휴전 교섭을 진전시켜 26일에는 가조약이 체결되었다. 알자스와 로렌의 할양, 50억 프랑의 배상금이라는 프로이센 측의 조건을 그대로 받아들인 것이다.

이 조건을 안 나폴레옹 3세는 외제니에게 보낸 편지에 "이 평화는 한순간에 지나지 않을 것이며, 유럽에 더 큰 불행을 초래하게 될 것이다"라고 썼다.

물론 공화국 정부는 3월 1일 황제 나폴레옹 3세의 폐위와 그 왕조의 실권失權를 선언하고 휴전의 굴욕적인 조건은 모두 전 왕조의 책임으로 돌렸다.

이리하여 그 후의 혼란과 참상은 어찌됐든 나폴레옹 3세와 제2제정은 현재가 아닌 과거에 그러니까 '역사'에 속하게 된 것이다.

그리고 당연한 결과로 나폴레옹 3세의 석방이 결정되었다. 3월 19일 나폴레옹 3세는 독일 군악대가 제2제정의 주제곡인 「시리아로 출발하라Partant pour la Syrie」를 연주하는 가운데 빌헬름스회허 성을 떠나 영국에 있는 가족을 만나기 위해 벨기에 국경으로 향했다. 열차가 발차하기 직전 나폴레옹 3세는 전보 한 통을 받았다. 전보에는 이렇게 적혀 있었다.

"파리에서 혁명. 장군 두 명 피살. 사회주의자가 파리를 지배. 화평은 멀어짐."

파리 코뮌이 발발한 것이다.

그 후의 나폴레옹 3세

틸즈허스트의 캠든 플레이스는 성이라기보다 빌라라고 부르는 것이 어울리는 아담한 저택으로 전 황제가 살기에는 아무래도 빈약해서 수행원들은 실망을 감추지 못했지만, 나폴레옹 3세는 편안한 느낌을 주는 이 집이 마음에 들었다. 침실에 머물 때면 전선에 출진할 때부터 늘 지니고 다녔던 아내와 자식의 미니어처를 꺼내 머리맡에 두었다.

캠든 플레이스 주위에는 영국으로 망명한 제2제정의 왕족이나 귀족이 살고 있어서 작은 궁정이 형성되었다. 이전 망명 시절에 사귀었던 영국의 친구들도 빈번히 찾아왔다. 이 친구들에게 나폴레옹 3세는 우스갯소리처럼 이렇게 말했다고 한다.

"이제야 나도 영국에 정착하게 되었습니다. 정말로 행복합니다."

영국인 방문객 중에는 빅토리아 여왕도 있었다. 빅토리아 여왕은 자신의 일기에 파리 코뮌의 비극을 이야기할 때 나폴레옹 3세의 표정은 참으로 비통했다면서 이렇게 쓴다.

"내가 비키와 프리츠가 두 사람의 근황을 알고 싶어 했다고 말했을 때 두 사람은 모두 행복해 보였다." 비키와 프리츠는 독일 황제 부부를 가리킨다.

전 황제 일가의 살림살이는 외제니가 튀일리 궁전을 탈출하기 직전에 스페인으로 보낸 보석과 많은 현금이 있었기 때문인지 아주 넉넉해서 생활에 전혀 어려움을 겪지 않았다. 영국의 관세 당국은 나폴레옹 3세 일가의 자산을 300만 프랑으로 산정했지만, 해외에 쌓아둔 자산도 많았기 때문에 총자산은 그 배를 웃돌았을 것이다. 어찌됐든 외제니가 망명 후 반세기 가까이 살면서도 먹고 사는 데 어려움을 느끼지 않을 만큼 자산이 막대했다.

자산은 있었지만 캠든 플레이스에서는 호색한 나폴레옹 3세도 예전과 같은 염문을 퍼뜨리지는 않았다. 그런 생각이 없었다기보다 외제니의 감시를 피할 수 없었고 체력적으로도 이제 무리였을 것이다.

실제로 나폴레옹 3세의 건강은 나날이 나빠지고 있었다. 1872년 가을에 캠든 플레이스를 방문한 윌리엄 피트 레녹스 경은 나폴레옹 3세가 대단히 초췌했다고 말했다.

하지만 건강이 쇠약해질수록 파리 코뮌의 전란으로 마비상태에 빠진 프랑스에 대한 생각은 점점 많아졌다. 그리고 최후에는 엘바 섬에서 귀환하여 백일천하를 이뤄냈던 나폴레옹 1세의 기적이 자신에게도 불가능하지는 않을 것이라고 믿기도 했다.

그럴 때면 예의 음모가의 피가 꿈틀대기 시작한다. 나폴레옹 3세는 진지하게 프랑스 귀환과 권력 재탈환 계획을 가다듬기 시작했다. 1836년의 스트라스부르 봉기 때와 같은 작전으로 부르바키 장군이 있는 리요에서 먼저 봉기한 뒤 파리로 진공한다는 것이다. 국민의회 의원에 관해서는 그들을 태운 열차를 뫼동Meudon의 터널 안에 가둬버리기로 했다.

1872년 12월 9일, 음모 참가자를 캠든 플레이스에 모아 실행 계획을 이야기하고, 행동 개시일은 1873년 1월 31일로 잡았다.

자금에 관해서는 계획에 가담한 프린스 나폴레옹이 장인 그러니까 지금은 이탈리아 왕이 된 비토리오 에마누엘레 2세로부터 100만 프랑을 빌리자고 제안했지만, 나폴레옹 3세는 이를 거절하고 자신의 돈을 쓰겠다고 우겼다.

프린스 나폴레옹이 그건 그렇다 치고 봉기가 성공하기 위해서는 전군의 선두에 반드시 나폴레옹 3세가 서야 할 터인데 과연 그 몸 상태로 말을 탈 수 있겠느냐고 물었다. 나폴레옹 3세는 "할 수 있을 것 같다"라고 대답하고, 이틀 후 아들 루이가 다니는 울리치의 사관양성학교 로얄 아카데미에 갈 일이 있으니 그때 말을 타고 출발할 것이라고 말했다.

그리고 그의 말대로 12월 11일에 말에 올랐지만 1킬로미터도 가지 못해 나폴레옹 3세는 하복부에 격렬한 통증을 느끼고 캠든 플레이스로 되돌아왔다. 런던에서 의사가 와 진찰한 결과, 방광에 달걀만한 결석이 있어서 외과수술로 이것을 제거하지 않으면 회복이 어렵다는 것이 분명해졌다. 1873년 1월 7일 재차 수술을 했지만 건강은 나아지지 않았고, 9일 아침에는 위독한 상태에 빠졌다.

울리치에 있는 아들을 부르러 가려던 외제니가 의사로부터 임종이 가까웠다는 얘기를 듣고 방으로 돌아왔을 때 나폴레옹 3세는 이미 사경을 헤매고 있었다. 최후에 의식이 돌아온 순간 나폴레옹 3세는 주치

나폴레옹 3세 최후의 주거 공간

포로 상태에서 풀려난 나폴레옹 3
세는 외제니와 루이 황태자가 사
는 시골마을 틸즈허스트의 '캠든
플레이스'에 정착했고, 이곳에서
숨을 거둘 때까지 살았다. [R]

나폴레옹 3세의 임종

1873년 1월에 계획된 제정 부활
음모에서 전군의 선두에 서달라는
요청을 받은 나폴레옹 3세는 승마
연습을 시작했지만, 그것이 빌미
가 되어 방광 결석이 재발하는 바
람에 불귀의 객이 되었다. 마지막
남긴 말은 '스당에서 우리는 비겁
하지 않았지?'였다. [B]

의 코노를 불렀다.

"그대도 스당에 있었는가?"

"있었습니다. 폐하."

"그렇다면 알겠군. 스당에서 우리는 비겁하지
않았어. 그렇지?"(앙드레 카스텔로, 앞의 책)

이것이 나폴레옹 3세가 마지막으로 남긴 말이
었다. 10시 반에 고다르 신부가 종유례終油禮를 베
풀었다. 30분 후에 황제는 숨을 거두었다. 오전
11시였다. 향년 64세. 파란만장한 인생이었다.

장례식은 1월 15일 틸즈허스트의 가톨릭교회
에서 열렸다. 상주는 루이 황태자였다. 프랑스에
서 달려온 제정 관계자는 1만 명 이상, 그중에는
88명의 노동자 대표단도 있었다.

『타임즈』는 이렇게 보도했다. "가라앉고 있는
배를 떠나려는 자는 거의 없었다. (…) 이 작은 전
원의 집에 1870년의 튀일리가 있었다."

유해는 마을의 묘지에 묻혔다. 여행작가 외젠
델레세르는 튀일리 정원에서 가져온 흙을 관에
뿌렸다. 프랑스에서 온 노동자 대표가 "황제 만
세!"라고 외치자 동료들이 "황비 만세! 나폴레옹
4세 만세!"라고 화답했다. 루이 황태자가 그들을
향해 간청했다.

"그러시면 안 됩니다. '황제 만세!'는 멈춰주십

시오. 황제는 이미 돌아가셨습니다. 정 원하신다면 '프랑스 만세!'라고 외쳐주십시오."

청년이 된 루이 황태자는 "모든 것은 인민에 의해, 인민을 위해"를 아버지의 유언으로 삼았고, 이 유언을 충실하게 지키며 살 것을 맹세했다. 루이는 성인식에 해당하는 열여덟번 째 생일날, 유럽 각지에서 달려온 보나파르티스트들 앞에서 다음과 같은 말로 연설을 맺었다.

"아버지의 끊임없는 관심은 국민 전체의 복지였습니다. 프랑스 땅에서 보낸 최후의 하루는 영웅적인 행동과 자기희생의 하루였습니다."(앙드레 카스텔로, 같은 책)

1878년 줄루 전쟁이 시작되고 울리치의 로열 아카데미 졸업생들이 희망봉을 향해 출발하자, 보나파르트 일족에게 흐르는 군인의 피를 어찌할 수 없어서였을까, 루이 황태자는 어머니의 만류를 뿌리치고 남아프리카로 떠났다.

1879년 6월 1일, 줄루족이 정찰 임무를 수행하고 있던 영국군 기병소대를 기습했다. 말이 기이한 소리에 놀라 뒷발로 서는 바람에 황태자가 떨어졌다. 줄루족이 달려들어 황태자를 한칼에 베어버렸다. 아직 스물네 살을 채우지 못한 생애였다. 유해는 영국으로 옮겨져 틸즈허스트 묘지의

울리치 로열 아카데미의 루이 황태자
나폴레옹 4세가 될 것으로 기대를 모았던 루이 황태자는 안타깝게도 24세의 젊은 나이에 죽고 말았다. [R]

만년의 외제니 황비
외제니 황비는 제정의 붕괴로부터 50년, 황태자가 죽고난 뒤로부터도 41년을 더 살았다. 그녀는 1920년에 94세의 나이로 사망했다. [B]

나폴레옹 3세 옆에 묻혔다.

외제니 황비는 제정 붕괴 후 50년, 아들이 죽은 후 41년을 더 살다가 1920년 7월 11일 마드리드의 알바 공 저택에서 숨을 거두었다. 향년 94세. 황비로 군림한 17년에 비해 여생이 너무 길었다고 할 수밖에 없다.

나폴레옹 3세와 루이 황태자의 묘는 1887년 빅토리아 여왕의 배려로 런던 근교의 프랑스 베네딕트파 수도원에서 관리하는 판버러 묘지로 옮겨졌다. 외제니 황비의 유해도 1920년 이 묘지로 이송되어 남편 옆에 매장되었다.

세인트헬레나 섬에 있던 나폴레옹의 유해는 대대적인 환영 속에 파리의 앵발리드로 옮겨져 국민의 영웅으로서 세계적으로 숭배를 받고 있다.

그런데 실질적으로 프랑스를 위해 큰아버지 이상의 업적을 남긴 나폴레옹 3세의 유해는 사후 130년이 지날 때까지 프랑스 이송 계획이 세워진 적도 없다.

제2제정이 없었다면 과연 프랑스가 근대 국가의 대열에 설 수 있었을지 의심스럽다는 것이 역사가들 사이에서 정설로 자리 잡고 있는 마당에 이런 처사는 너무 잔혹하다고 말하지 않을 수 없다.

나폴레옹 3세야말로 "제대로 평가받지 못한 위대한 황제"다.

참고문헌

일본어 문헌

— 저자의 저작

『'レ・ミゼラブル'百六景』(文藝春秋, 1986)

『馬車が買いたい!』(白水社, 1991)

『新聞王傳說』(筑摩書房, 1991)

『デパートを發明した夫婦』(講談社現代新書, 1991)

『絶景, パリ萬國博覽會 サン=シモンの鐵の夢』(河出書房新社, 1992)

『パリ時間旅行』(筑摩書房, 1993)

『パリ・世紀末のパノラマ館』(角川春樹事務所, 1996)

『かの惡名高き』(筑摩書房, 1997)

『パリ五段活用』(中央公論社, 1998)

『文學は別解で行こう』(白水社, 2001)

— 문학작품

ジャン・ド・ラ・フォンテーヌ, 『寓話』全二卷, 今野一雄譯(岩波文庫, 1994)

オノレ・ド・バルザック, 『娼婦の榮光と悲慘──惡黨ヴォートラン最後の變身』, 飯島耕一譯
　　(藤原書店, 2000)

オノレ・ド・バルザック, 『從妹ベット──好色一代記』, 山田登世子(藤原書店, 2001)

ヴィクトル・ユゴー, 『懲罰詩集』(日譯'ヴィクトル・ユゴー文學館'第一卷『詩集』, 辻昶・
　　稻垣直樹・小潟昭夫譯, 潮出版社, 2000)

ヴィクトル・ユゴー, 『小ナポレオン』, 佐藤夏生・庄司和子譯('ヴィクトル・ユゴー文學館'第
　　八卷『海に働く人びと・小ナポレオン』, 潮出版社, 2001)

ヴィクトル・ユゴー, 『レ・ミゼラブル』全五卷, 佐藤朔譯(新潮文庫, 1967)

ジェラール・ド・ネルヴァル, 『ボヘミアの小さな城』, 中村眞一郎・入澤康夫譯(筑摩書房,
　　1975)

ギュスターヴ・フローベール, 『ブヴァールとペキュシエ』, 新庄嘉章譯(筑摩書房, 1966)

ギュスターヴ・フローベール, 『感情教育』, 生島遼一譯(筑摩書房, 1966)

シャルル・ボードレール, 『惡の華』, 安藤元雄譯(集英社, 1983)

エミール・ゾラ,『パリの胃袋』, 朝比奈弘治譯(藤原書店, 2003)

エミール・ゾラ,『金錢』, 野村正人譯(藤原書店, 2003)

エミール・ゾラ,『ボヌール・デ・ダム百貨店 デパートの誕生』, 吉田典子譯(藤原書店, 2004)

エミール・ゾラ,『獲物の分け前』, 中井敦子譯(ちくま文庫, 2004)

エミール・ゾラ,『ナナ』, 平岡篤頼(中央公論社, 1968)

マルセル・プルースト,『失われた時を求めて』全二卷, 鈴木道彦編譯(集英社, 1992)

동시대의 증언

カール・マルクス,『ルイ・ボナパルトのブリュメール十八日』, 伊藤新一・北條元一譯(岩波文庫, 1954)

マルクス, エンゲルス,『共産黨宣言』, 大内兵衛・向坂逸郎譯(岩波文庫, 1971)

アレクシス・ド・トクヴィル,『フランス二月革命の日日 トクヴィル回想録』, 喜安朗譯(岩波文庫, 1988)

サン=シモン,『サン=シモン著作集』全五卷, 森博編譯(恒星社厚生閣, 1987~1988)

ピエール=ジョゼフ・プルードン,『革命家の告白 二月革命史のために』, 山本光久譯(作品社, 2003)

연구서

ジョルジュ・デュプー,『フランス社會史 1789-1960』, 井上幸治監譯(東洋經濟新聞社, 1968)

ジョルジュ・デュビイ, ロベール・マンドルー,『フランス文化史Ⅲ』, 前山貞次郎・鳴岩宗三・島田尚一譯(人文書院, 1970)

フランク・マニュエル,『サン=シモンの新世界』, 森博譯(恒星社厚生閣, 1975)

エミール・デュルケム,『社會主義およびサン=シモン』, 森博譯(恒星社厚生閣, 1977)

セバステイアン・シャルレティ,『サン=シモン主義の歴史 1825-1864』, 澤崎浩平・小杉隆芳譯(法政大學出版部, 1986)

ハワード・サールマン,『パリ大改造 オスマンの業績』, 小澤明譯(井上書院, 1983)

F・キャロン,『フランス現代經濟史』, 原輝史監譯(早稻田大學出版部, 1983)

ピエール・ギラール,『フランスの晝と夜 1852-1879 資本主義黄金期の日常生活』, 尾崎和郎譯(誠文堂新光社, 1984)

ジークフリート・クラカウアー,『天國と地獄——ジャック・オッフェンバックと同時代のパリ』, 平井正譯(せりか書房, 1978)

アラン・コルバン,『においの歴史 嗅覺と社會的想像力』, 山田登世子・鹿島茂譯(藤原書店, 1990)

ジュリア・クセロゴン,『自由・平等・清潔——入浴の社會史』, 鹿島茂譯(河出書房新社, 1991)

ヴァルター・ベンヤミン,『パリ——十九紀の首都』, 川村二郎譯(晶文社, 1976)

ヴァルター・ベンヤミン,『パサージュ論』全五卷, 今村仁司他譯(岩波書店, 1995)

ギ・ブルトン,『フランスの歴史をめぐった女たち(第10卷)』, 曾村保信譯(中央公論社, 1995)

__ 일본인의 저작

澁澤榮一述, 小貫修二郎編著, 『青淵回顧錄』全二卷(青淵回顧錄刊行會, 1995)

井上幸治編, 『世界各國史12 フランス史(新版)』(山川出版社, 1968)

柴田三千雄·樺山紘一·福井憲彦編, 『世界歷史大系 フランス史3 十九世紀なかば~現
　在』(山川出版社, 1995)

福井憲彦編, 『新版 世界各國史12 フランス史』(山川出版社, 2001)

宮本文次, 『フランス經濟史學史』(ミネルヴァ書房, 1961)

河野健二編, 『フランス·ブルジョア社會の成立』(岩波書店, 1977)

中木康夫, 『フランス政治史 上』(未來社, 1975)

中村秀一, 『産業と倫理 サン=シモンの社會組織思想』(平凡社, 1989)

窪田般彌, 『皇妃ウージェニー――第二帝政の榮光と沒落』(白水社, 1991)

坪井善明, 『近代ヴェトナム政治社會史』(東京大學出版會, 1991)

服部春彦·谷川稔編著, 『フランス近代史―ブルボン王朝から第五共和政へ』(ミネルヴァ
　書房, 1993)

松井道昭, 『フランス第二帝政下のパリ都市改造』(日本經濟評論社, 1997)

橫張誠, 『藝術と策謀のパリ』(講談社選書メチエ, 1999)

木下賢一, 『第二帝政とパリ民衆の世界―"進步"と"傳統"のはざまで』(山川出版社, 2000)

野村啓介, 『フランス第二帝制の構造』(九州大學出版會, 2002)

平野千果子, 『フランス植民主義の歷史―奴隸制廢止から植民地帝國の崩壞まで』(人
　文書院, 2002)

서양어 문헌

Napoléon III : *Œuvres de Napoléon III*, 4 vol., Henri Plon/Amyot, 1854-1856

Napoléon III : *Discourse, Messages et Proclamations de l'empereur*, Henri Plon,
　1860

Napoléon-Louis Bonaparte : *Des Idées Napoléoniennes*, Amyot/Henri Plon,
　1860

Napoléon III : *Histoire de Jules César*, 2 vol., Plon, 1865

Napoléon III : *Œuvres Posthumes de Napoléon III*, Lachaud & Burdin, 1873

Agulhon, Maurice : *The Republican Experiment 1848-1852*, Cambridge
　University Press, 1983

Allem, Maurice : *La vie quotidienne sous le Second Empire*, Hachette, 1948

Apponyi, Rodolphe : *De la Révolution au coup d'Etat 1848-1851*, La Palatine,
　1848

Aubry, Octave : *Napoléon III*, Arthème Fayard, 1929

Belhoste, B./Masson, F./Picon, A. : *Le Paris des Polytechniciens, Des ingénieurs
　dans la ville 1794-1994*, Délégation à l'action artistique, 1994

Bellesort, André : *La Société Française sous Napoléon III*, perrin, 1960

Bogot, Robert : *Les Banques française au cours du XIX siècle*, Recueil Sirey, 1947

Blayau, Noël : *Billault, Ministre de Napoléon III d'après ses papiers personnels 1805-1863*,

Klincksieck, 1969

Bleton, Pierre : *La vie sociale sous le second empire*, Ouvrières, 1963

Bornecque-Winandy, Edouard : *Napoléon III "empereur social"*, Téqui, 1980

Bouin, Ph../Chanut, Ch-Ph : *Histoire Française des Foires et des Expositions Universelles*, Baudouin, 1980

Bourachot, Christophe : *Bibliographie critique des mémoires sur le Second Empire, 2 décembre 1852, 4 septembre 1870*, La Boutique de l'Histoire, 1994

Breton, Yves/Lutfalla, Michel : *L'Economie Politique en France au XIX siècle*, Econimica, 1991

Briais, Bernard : *Grandes Courtisanes du Second Empire*, Tallandier, 1981

Cabaud, Michel : *Paris et les Parisiens sous le Second Empire*, Belfond, 1982

Cameron, Rondo : *La France et le développement économique de l' Europe(1800-1914)*, Seuil, 1971

Caron, François : *Hitoire de l'exploitation d'un grand réseau, La compagnie du chemin de fer du nord 1846-1937*, Mouton, 1973

Castelot, André : *Napoléon Trois*, 2 vol., Perrin, 1973-1974

Chemla, Guy : *Les Ventres de Paris, Les Halles, La Villette, Rungis, L'histoire du plus grand marché du monde*, Glénat, 1994

Colson, Jean/Lauroa, Marie-Christine : *Dictionnaire des Monuments de Paris*, Hervas, 1992

Conchon, Georges : *Nous, la gauche, devant Louis-Napoléon*, Flammarion, 1969

Corbin, Alain : *Le miasme et la jonquille, L'odorat et l'imaginaire social 18-19 siècle*, Aubier, 1982

D'Alméras, Henri : *La Vie Parisienne sous le Second Empire*, Albin Michel

Dansette, A. : *Du 2 décembre au 4 septembre*, Hachette Littérature, 1972

Dansette, A. : *Louis-Napoléon à la conquête du pouvoir*, Hachette, 1961

Dansette, A. : *Naissance de la France morderne*, Hachette, 1976

Dayot, Armand : *Le Second Empire*, Ernest Falmmarion

De Chambrier, James : *Second Empire, Entre l'Apogée et le Déclin*, Albert Fontemoing, 1908

De La Gorce, Pierre : *Histoire du Second Empire*, 7 vol., Plon, 1894-1913

De Lano, Pierre : *L'Amour à Paris sous le second empire*, H. Simonis Emois, 1896

De Lano, Pierre : *Les Femmes et Napoléon III*, Ernest Falmmarion

De Moncan, Patrice/Mahout, Christian : *Le Paris du Baron Haussmann*, Seesam-RCI, 1991

De Moncan, Patrice : *Baltard, Les Halles de Paris*, Observatoire, 1994

De Persigny, Jean Gilbert duc : *Mémoires du duc de Persigny*, Plon, 1896

De Richard, L. Xavier : *Histoire Mondaine du Second Empire, En Attendant l' Impératrice(1852-1853)*, Universelle, 1904

Decaux, Alain : *Amours, Second Empire*, Hachette, 1958

Delord, Taxile : *Histoire Illustrée de Second Empire*, 6 vol., Germer Baillière

Delvau, A. : *Paris qui s'en va et Paris qui vient*, Les Editions de Paris, 1985

Des Cars, Jean/Pinon, Pierre : *Paris-Haussmann, "Le Pari d'Haussmann"*, Pavillon de l'Arsenal/Picard, 1991

Des Cars, Jean : *Eeugénie, la dernière Impératrice ou les larmes de la Gloire*, Perrin, 2000

Du Camp, Maxime : *Souvenirs d'un Demi-Siècle*, 2 vol, Hachette, 1949

Duby, Georges : *Hitoire de la France Urbaine, La ville de l'âge industriel*, tome 4, Seuil, 1983

Dufresne, Claude : *Money, le roi du Second Empire*, Jean Picollec, 1993

Duveau, Georges : *La Vie Ouvrière en France sous le Second Empire*, Gallimard, 1946

Earls, Irene A. : *Napoléon III, L'Architecte et l'Urbaniste de Paris*, Centre d'étude Napoléoniennes, 1991

Ferry, Jules, *Les Comptes Fantastique d'Haussmann*, Guy Durier, 1979

Fleury/Louis-Sonolet : *La Société de Second Empire*, 2 vol., Albin Michel

Gaillard, Jeanne, *Paris, la Ville 1852-1870*, Honoré Champion, 1977

Gille, Bertrand : *La Banque en France au XIX siècle*, Droz, 1970

Gille, Bertrand : *La Banque et le Crédit en France de 1815 à 1848*, Presses Universitaires de France, 1959

Girard, Louis : *Napoléon III*, Arthème Fayard, 1986

Goyau, Georges : *Un roman d'amitié entre deux adversaires politiques Falloux et Persigny*, Ernest Falmmarion, 1928

Guériot, Paul : *Napoléon III*, 2 vol., Payot, 1933-1934

Haussmann : *Mémoires du Baron Haussmann, 1853-1870 Grands Travaux de Paris*, 2 vol., Guy Durier, 1979

Lebey, André : *Louis-Napoléon Bonaparte et La Révolution de 1848*, 2 vol., Félix Juven

Lecaillon, Jean-François : *Napoléon III et le Mexique*, L'Harmattan, 1994

Lemoine, B./Mimran, M. : *Paris d'Ingénieurs*, Pavillon de l'Arsenal/Picard, 1995

Loliée, Frédéric : *Le Duc de Morny et la Société de Second Empire*, Emile-Paul Frères, 1928

Magen, Hippolyte : *Histoire du Second Empire 1848-1870*, Maurice Dreyfous, 1878

Malet, Henra : *Le Baron Haussmann et la Rénovation de Paris*, Municipales, 1973

Maneglier, Hervé : *Paris Impérial, La vie quotidienne sous le Second Empire*, Armand Colin, 1990

Marrey, Bernard : *Le Fer à Paris Architectures*, Picard/Pavillon de l'Arsenal, 1989

Merlat-Guitard, O. : *Louis-Napoléon Bonaparte et l'exil à l'élysée*, Hachette, 1939

Merruau, Charles : *Souvenirs de l'Hôtel de ville de Paris, 1848-1852*, Plon, 1875

Minc, Alain : *Louis Napoléon revisité*, Gallimard, 1997

Miquel, Pierre : *Le Second Empire*, André Barret, 1979

Morizet, André : *Du Vieux Paris au Paris Modernem Haussmann et ses Prédécesseurs*, Hachette, 1932

Newman, Edgar Leon : *Historical Dictionary of France from 1815 Restoration to the Second Empire*, 2 vol., Greenwood Press, 1987

North-Peat, Anthony B. : *Paris sous le Second Empire, Les Femme-La Mode-La Cour, Correspondance(1864-1869)*, Emile-Paul, 1911

Ollivier, E. : *Journal*, 2 vol., éd. T. Zeldin et A. Troisier de Diaz, Julliard, 1961

Ollivier, E. : *L'Empire libéral*, 17 vol., Garnier Frères, 1895-1915

Ory, Pascal : *Les Expositions Universelles de Paris*, Ramsay, 1982

Pereire, Emile & Isaac : *Réorganization des Banques, Légalité et Urgence d'une Réforme*, Paul Dupont, 1864

Pereire, Emile & Isaac : *Enquête sur la Banque de France*, Paul Dupont, 1866

Pereire, Isaac : *Principes de la Constitution des Banques et de l'Organization de Crédit*, Paul Dupont, 1865

Pierre, Michel : *L'Age Industriel*, Casterman, 1989

Pinon, Pierre : *Atlas du Paris Haussmannien, La ville en héritage du Second Empire à nos jours*, Parigramme, 2002

Plessis, Alain : *The Rise & Fall of the Second Empire 1852-1871*, Cambridge University Press, 1987

Plessis, Alain : *De la fête impériale au mur des fédérés 1852-1871*, Seuil, 1979

Régnier, Philippe : *Le Livres Nouveaux des Saint-Siminiens*, Du Lérot, 1991

Rouleau, Bernard : *Le Tracé des Rues de Paris, formation, typologie, fonctions*, Centre National de la Recherche Scientifique, 1983

Roux, Georges : *Napoléon III*, Flammarion, 1969

Sabatès, Fabien : *Les Champ-Elysées*, Olivier Orban, 1983

Salles, Catherine : *Le Second Empire*, Larousse, 1985

Séguin, Philippe : *Louis Napoléon de Grand*, Grasset, 1990

Sioriot, Pierre : *Ce fabuleux XIX siècle*, Belfond, 1990

Smith, William H. C. : *Napoléon III*, Hachette, 1982

Sonolet, Louis : *La Vie Parisienne sous le Second Empire*, Payot, 1929

Tudesq, André-Jean : *L'élection présidentielle de Louis-Napoléon Bonaparte 10 décembre 1848*, Armand Colin, 1965

Tulard, Jean : *Dictionnaire du Second Empire*, Fayard, 1995

Vincenot, Henri : *L'âge du chemin de fer*, Denoël, 1980

Walch, Jean : *Michel Chevalier, Economiste, Saint-Simonien*, J. Vrin, 1975

Zeldin, Theodore : *The Political System of Napoléon*, Macmillan, 1958

Paris et ses Réseaux, Naissance d'un Mode de Vie Urbain XIX-XX siècle, Hôtel d'Angoulôme-Lamoignon, 1990

La Documentation Photographie, La Monarchie de Juillet, La Documentation Française, 5-225 mai 1962

La Documentation Photographie, La Restoration, La Documentation Française, 5-217 juillet 1961

Les Grands Noms de L'histoire: Napoléon, Rocher, 1998

Regards sur Emille Ollivier, Publications de la Sorbonne, 1985

__ 도판 출전 일람

A······Salles, Catherine : *Le Second Empire*, Larousse, 1985

B······Vincenot, Henri : *L'âge du chemin de fer*, Denoël, 1980

C······Castelot, André : *Napoléon Trois*, 2 vol., Perrin, 1973-1974

D······De Moncan, Patrice : *Baltard, Les Halles de Paris*, Observatoire, 1994

E······Dayot, Armand : *Le Second Empire*, Ernest Falmmarion

F······Sioriot, Pierre : *Ce fabuleux X IX siècle*, Belfond, 1990

G······Sabatès, Fabien : *Les Champ-Elysées*, Olivier Orban, 1983

H······Delord, Taxile : *Histoire Illustrée de Second Empire*, 6 vol., Germer Baillière

I······『オノレ・ドーミエ版畫 1·2』(東武美術館, 1997)

J······Colson, Jean/Lauroa, Marie-Christine : *Dictionnaire des Monuments de Paris*, Hervas, 1992

K······*La Documentation Photographie, La Restoration*, La Documentation Française, 5-217 juillet 1961

L······*La Documentation Photographie, La Monarchie de Juillet*, La Documentation Française, 5-225 mai 1962

M······Tulard, Jean : *Dictionnaire du Second Empire*, Fayard, 1995

N······Tudesq, André-Jean : *L'élection présidentielle de Louis-Napoléon Bonaparte 10 décembre 1848*, Armand Colin, 1965

O······Marrey, Bernard : *Le Fer à Paris Architectures*, Picard/Pavillon de l'Arsenal, 1989

P······Potémont, Martial : *Ancien Paris*, Cadart

Q······Hugo, Victor : *Les Misérables*, Hugues, 1879-1882

R······講談社資料センター

S······*Les Grands Noms de L'histoire: Napoléon*, Rocher, 1998

T······De Moncan, Patrice/Mahout, Christian : *Le Paris du Baron Haussmann*, Seesam-RCI, 1991

U······Cabaud, Michel : *Paris et les Parisiens sous le Second Empire*, Belfond, 1982

V······Des Cars, Jean/Pinon, Pierre : *Paris-Haussmann*, Pavillon de l'Arsenal/Picard, 1991

W······Belhoste, B./Masson, F./Picon, A. : *Le Paris des Polytechniciens, Des ingénieurs dans la ville 1794-1994*, Délégation à l'action artistique, 1994

X······Delvau, A. : *Paris qui s'en va et Paris qui vient*, Les Editions de Paris, 1985

Y······Miquel, Pierre : *Le Second Empire*, André Barret, 1979

Z······鹿島茂, 『絶景, パリ萬國博覽會 サン＝シモンの鐵の夢』(河出書房新社, 1992)

후기

고단샤 현대신서로 간행된 나의 책 『백화점을 발명한 부부』를 담당했던 호리코시 마사하루堀越雅晴 씨가 요코하마에 있는 내 집을 찾아와 "다음에는 현대신서로 꼭 나폴레옹 3세를 다룬 책을 내고 싶다"며 집필을 의뢰한 것이 벌써 13년 전인 1991년 가을이었다.

그때는 나도 한가해서 바로 쓰기 시작했지만, 쿠데타를 준비하는 부분까지 집필한 시점에서 신서로는 도저히 감당할 수 없는 분량이 될 것만 같아 아무래도 단행본으로 내는 게 낫겠다고 호리코시 씨에게 역제안을 해 편집부의 양해를 받아낸 것까지는 좋았는데, 연재를 비롯한 이런저런 일로 점점 쓸 시간이 줄어들어 원고를 방치한 채 몇 년을 보냈다. 단행본을 쓸 시간이 전혀 없었던 것이다.

그 후 호리코시 씨도 부서가 바뀌어서 그 이야기는 흐지부지되었다고 생각했다. 아쉬운 마음이 없지 않았지만 동시에 약간은 안도하고 있었다. 그런데 어느 날 고단샤 선서選書 출판부에 있던 소노베 마사카즈園部雅─ 씨가 연구실로 찾아와 선서메티에의 한 권으로 내고 싶다고 말했다. "실은 나폴레옹 3세 원고가 200매(400자 원고지─옮긴이) 정도 있는데……"라고 했더니, "연재할 곳을 찾아볼 테니 계속 써달라"고 말하고 돌아갔다. 얼마 지나지 않아 고단샤의 PR지 『책本』의 편집장을 맡고 있던 와타세 마사히코渡瀬昌彦 씨가 『책』에 연재하는 것을 흔쾌히 승낙해 『괴제 나폴레옹 3세』라는 제목으로 연재하기 시작했다.

이후 편집부의 사정에 따라 쉬기도 했지만 42회에 걸쳐 매회 20매 분량의 원고를 연재했다. 여기에 마지막 장과 에필로그를 덧붙여 이제야 겨우 단행본으로 내놓게 되었다.

그 사이 『책』의 편집 업무를 담당했던 이시자카 준코石坂純子 씨가 암으로 세상을 떠나는 등 슬픈 일을 겪기도 했는데, 최종적으로는 와타세 씨 밑으로 자리를 옮긴 소노베 마사카즈 씨가 연재 담당과 단행본 작업을 함께 맡았고, 도판 등을 배치하는 단계에서는 철야작업도 마다하지 않고 책 만들기에 몰두한 덕분에 나의 책으로서는 참으로 오랜만에 도판이 넉넉히 들어간 호화판이 완성되었다. 진심으로 감사드린다.

장장 13년 동안 함께해온 나폴레옹 3세와 이제야 가까스로 인연을 끊게 됐지만, 막상 마무리하고 보니 이런저런 문제가 적지 않은 성가신 '괴이한 황제'였음에도 불구하고 완전히 정이 들어 왠지 허전해지는 것은 어쩔 수 없다.

적어도 이 책을 통해 "음모를 즐기는 단순한 바보"라거나 "호색한에게 연회만 좋아하는 벼락출세자"와 같은 마르크스와 빅토르 위고가 뒤집어씌운 누명은 벗을 수 있을 것이다. 또, 생시몽주의에 기초한 사회

자본의 가속적 정비, 강한 추진력의 소유자 오스만 지사를 활용한 파리 대개조 등의 긍정적인 측면에 대한 인식도 깊어지기를 기대한다. 그러나 그 반면 나폴레옹 3세의 인간적으로 가장 매력 있는 측면과 제2제정의 흥미진진한 에피소드가 제대로 전달될 수 있을지 불안이 없지 않다.

가능하다면 이제는 주로 제2제정의 사회에 역점을 둔 책을 써보고 싶다. 그때는 발자크가 그러했듯이 나폴레옹 3세에게 조연이 아니라 주역을 맡기고 싶다.

2004년 11월 1일

학술문고판에 부쳐

지지난해 가을, '파리일본문화회관'(관장 나카가와 마사테루)과 프랑스의 '제2제정 아카데미'(회장 알랭 부미에)에서 공동 주최한 심포지엄에 강사로 불려가 '1858년 당시 일본이 프랑스에 기대한 것'이라는 제목으로 미니 강연을 했는데, 그때 "만약 나폴레옹 3세와 제2제정이 존재하지 않고 역사가 제2공화정에서 갑자기 제3공화정으로 이어지고 말았다면 과연 오늘날의 프랑스의 발전과 꽃의 도시 파리가 있을 수 있었을까?"라고 마무리했던바 박수갈채가 쏟아졌다.

폐회 후 열린 파티에서는 많은 사람이 "참 잘했다"며 악수를 청해왔다. 웬일인지 제5공화정 하 프랑스에서는 아직껏 나폴레옹 3세와 제2제정을 현양顯揚하는 것은 금기시되는 듯하다. '제2제정 아카데미'도 이러한 공화정 식의 편견과 싸우기 위해 조직된 역사 연구 단체인 듯한데, 외국인인 내가 공평한 눈으로 나폴레옹 3세와 제2제정을 재평가한 것이 놀랍게 받아들여졌던 것이다.

　그 정도로 본국 프랑스에서는 나폴레옹 3세 재평가의 길이 21세기인 오늘날까지 멀기만 하다. 문고로 만들면서도 단행본 때와 마찬가지로 소노베 마사카즈 씨에게 많은 신세를 졌다. 이 자리를 빌려 감사의 뜻을 전한다.

2010년 9월 17일

가시마 시게루

인명 색인

괴제 나폴레옹 3세

초판 인쇄	2019년 5월 13일
초판 발행	2019년 5월 20일

지은이	가시마 시게루
옮긴이	정선태
펴낸이	강성민
편집장	이은혜
기획	노만수
마케팅	정민호 정현민 김도윤
홍보	김희숙 김상만 이천희

펴낸곳	(주)글항아리	출판등록 2009년 1월 19일 제406-2009-000002호
주소	10881 경기도 파주시 회동길 210
전자우편	bookpot@hanmail.net
전화번호	031-955-1936(편집부)	031-955-8891(마케팅)
팩스	031-955-2557

ISBN	978-89-6735-612-5 03920

글항아리는 (주)문학동네의 계열사입니다.

이 도서의 국립중앙도서관 출판시도서목록(CIP)은 서지정보유통지원시스템 홈페이지
(http://seoji.nl.go.kr)와 국가자료공동목록시스템(http://www.nl.go.kr/kolisnet)에서
이용하실 수 있습니다. (CIP제어번호 : CIP2019012003)